Contemporary Legal Methodology

現代法學方法

新 論

黃維幸　著

三民書局

國家圖書館出版品預行編目資料

現代法學方法新論／黃維幸著.－－初版二刷.－
－臺北市：三民，2019
面；　公分

ISBN 978–957–14–5898–4　（平裝）
1. 法學 2. 方法論

580.1　　　　　　　　　　　　　　103004772

© 　現代法學方法新論

著 作 人	黃維幸
責任編輯	陳韻筑
發 行 人	劉振強
著作財產權人	三民書局股份有限公司
發 行 所	三民書局股份有限公司
	地址　臺北市復興北路386號
	電話　(02)25006600
	郵撥帳號　0009998–5
門 市 部	（復北店）臺北市復興北路386號
	（重南店）臺北市重慶南路一段61號
出版日期	初版一刷　2014年4月
	初版二刷　2019年10月
編　　　號	S 586180

有著作權・不准侵害

ISBN　978–957–14–5898–4　（平裝）

http://www.sanmin.com.tw　三民網路書店
※本書如有缺頁、破損或裝訂錯誤，請寄回本公司更換。

自 序
Preface

約十年前，也就是在準備回臺前後的幾年，我除了繼續在美執業的商法及國際經濟法本行的研究及著作，以及有鑑於臺灣正處於民主轉型的情勢而加強原本就有研究興趣的憲法知識之外，我沒有想到對過去雖有關心的法哲學及法學方法，會有一天成了我的精力及時間專注的領域。但是，2005 年返臺執教後不久，我已經深深了解臺灣法學界的根本問題之一是：法學基礎理論的薄弱及陳腐。在這樣不穩固的根基之上，企圖在個別法學領域有所提升，真宛如緣木而求魚；而個別領域表面上的熱鬧，不過看似外強而中乾。就像先賢培根 (Bacon) 早就說過：「如果你要樹多結果，改進樹枝沒有用，必得翻泥添土。」我於是開始構想一本法學方法的專著，試圖在最短時間內與苦心摸索、尚無成見、不盲信「大師」，對法學研究依然充滿熱誠與好奇的年輕法學者，在這相當空白的領域互相交流。之所以遲至今日，一方面是國科會的「專家」兩度認為我沒有資格（應該說是認為沒有生活補貼的必要），拒絕我的相關申請計劃，使我少掉結案期限的自律。他方面則是近幾年來，其他研究占用了我大部分的注意。本書雖是千呼萬喚始出來，我一則高興不必受一些「權威」在結案時，胡言亂語，自曝其短的「評審」，或委曲己見做不必要的妥協；再則更高興我在臺六、七年來對自己也是知識成長的一個記錄終能面世。

出版雖有遲延，我在本書盡量以過去臺灣法學界探討不足，或至少不是以本書的研究取向處理的法學方法議題做為闡釋的對象。你或許會奇怪我何以會有這種態度及評價？臺灣的法學界不是以「繼受」外國法學理論為法學研究進步的最高象徵，而對各種「深奧」的法學論述不都

是琅琅上口嗎？我想這是因為大家只以理所當然的努力「繼受」為務，卻很少進一步深究法律「繼受」的可能或什麼樣的可能的前置性問題。

「繼受」的法律及法學是外國文化及社會脈絡整體的一部分，既無法脫離其脈絡而了解，也不能切割脈絡而承受。不只如此，「繼受」法學方法的現象本身就代表自身傳統法哲學及法學方法的弱勢，至少是與「繼受法」不同。因此，從自身的文化及社會的基礎試圖了解充斥不同價值及意識形態的外國法律，絕對無法做到全部及真正的理解，最多只能有不同的領悟。同時，以本來就已是不同或扭曲的根基去了解「繼受」的法律，結果如果不是錯誤，至少是與真貨非常不同。所以德國思想家海德格(Heidegger)才會說：「不論有多少資訊都不是真知，即使課程及考試的必要使資訊有其實際的重要，資訊仍然不等於知識。就算這些資訊關係最必要的需求，有了資訊也非知識。只取得此種資訊及學到一些雕蟲小技的人，遇到了真正的情況還是迷惑不解，因為實際情況總是與貌似飽學的人所謂的實際不同，他永遠是個蠢蛋。為什麼？因為他沒有知識，因為要知，必得會學。」而以本就不同，甚至是曲解或冒牌的「繼受」方法及視野再如何努力研究「繼受」法，即使不出大錯，成效也極有限。

更令人感嘆的是落伍的「繼受」法學方法及法律觀根本與民主社會積不相容。在一個講求議論的民主體制下，法律及法律活動是說理及說服的過程。在法律活動中，我們自我定位，界定自己與他人及社會妥適的關係，進一步勾勒生活及生命的願景。每當法律訓練出身的總統登高一呼要「依法行政」；而同樣是法律人士的在野黨領袖也鼓吹它的孿生兄弟：「惡法亦法」。這樣的法律圖像，如此的法律視野，阻礙了我們的認識，限制了我們的想像。當一個社會的宰制性法律觀還停留在十七、八世紀的了解，它所鋪陳出來的法律景觀，如果不是法律的文化沙漠，至

少是法律的窮鄉僻壤。出於這樣的認識與體驗，一些「繼受」的什麼「主權者的命令」（奧斯丁）、「理性的要求」（格老秀斯）、「普世的命令」（康德）、「純粹的規範」（柯爾森）、「主要／補助規則」（哈特）、「理性的官僚制度」（韋伯），只會以觀念分析據說是法律「客體」。這些都已是「俱往矣！」法律活動的真義還要看民主的今朝。

我以上的批判，不只針對一般情況，更適用到自己。我認為真正的知識分子從來不會陷入自以為莫測高深的自戀狂，也絕對不會陶醉在大師泰斗的掌聲中。他知道以有限的生涯追求無垠的知識，任何成就都微不足道，更不用說是自以為發現了什麼顛撲不破的真理，值得莘莘學子奉為獨得之寶，不傳之祕。所以，我期待本書所能對你可能的幫助，最多是在你「懸樑刺股」的蠻幹當中，讓你有機會參考不同意見，或許你有朝一日因而真能達到「脫胎換骨」的境界也說不定。所以，就如奧籍分析哲學大師韋根斯坦 (Wittgenstein) 奉勸讀者對待他的理論一樣，要「如同用一把梯子去爬高，爬到了就可以把梯子摔了。」也就是說，你必須超越這些理論，然後才能從自己的角度認識世界，企求有所進步。

其實，尼采 (Nietzsche) 筆下神祕的查拉魯斯圖 (Zarathustra) 早已說過：

> 學生們！走自己的路！我也要走自己的路。
> 真的，我告訴你們要遠離我，拒絕查拉魯斯圖！
> 最好是以他為恥，因為他可能騙了你。

我沒有，也不會，存心騙你。但是，你一定要細嚼慢嚥尼采忠告背後誠懇的真意。

我這樣說，也不是要你全盤否定前人的成就或他人的協助。而是要你在前人及他人幫助的基礎上，做出有原創性的貢獻。我同時也要對成

書過程中所有提供我不同程度的砥礪的一些同事及朋友略表謝意。由於
人數太多，我在其他場合也一再感謝大家一反臺灣學界很多人以為學研
能夠單打獨鬥的錯覺，或可以自給自足的幻想，願意與我對話。我的朋
友也許不曾想到：即使是象徵性的補助，也是極大的肯定；而任何程度
的真誠的批評及建議都會促使我再思考、更細密，甚至真正了解自己想
要傳遞的信息。有多位年輕的朋友曾對我說：我以前出版的《法律與社
會理論的批判》影響了臺灣至少一代的法學研究。一方面，我不敢也不
會如此高估我一本書的影響力。他方面，我必須說我沒有明顯的感覺。
也許這是因為年輕朋友仍未掌權，仍然在「主流」的桎梏之下艱苦奮鬥。
那麼，看起來我應更加努力才是。希望大家在本書出版之際，不吝繼續
鞭策與鼓勵。

作者 2012 年 12 月 5 日謹識於牛津旅次。

▌目次▌

┃第一章┃
導　論
Introduction

　　我們評論一本著作時，問題常常出現在第一章，甚至是第一頁，因為作者沒有檢驗的假設大都在最開頭。尤其是困難不在作者說了什麼，而是沒有說出來的東西。而且不是作者有意識地假設了什麼，而是他下意識地假設了什麼。(It often happens...that in criticizing a learned book...one's whole trouble is with the first chapter, or even with the first page. For it is there, at the very outset, where the author will probably be found to slip in his assumptions. Farther, the trouble is not with what the author does say, but with what he does not say. Also it is not with what he knows he has assumed, but with that he has unconsciously assumed.)

ALFRED NORTH WHITEHEAD, SCIENCE AND THE MODERN WORLD（懷德海，《科學與現代》）

　　認識事物本身是漫長而複雜的過程，尤其必須先掃除掩蓋它的成見。([T]he movement toward the matters themselves is a long and involved process which, before anything else, has to remove the prejudices which obscure them.)

MARTIN R, HEIDEGGER, HISTORY OF THE CONCEPT OF TIME: PROLEGOMENA（海德格，《時間觀念史芻論》）

　　幾年前出版了《務實主義的憲法》一書❶，褒貶不一。其中有一個意見是說該書僅是收集發表過的論文成冊，不成「體系」。這當然是不了解問題取

---

❶　黃維幸，《務實主義的憲法》，新學林，2008 年。

向的研究方法的偏見。由於本書也包括有些過去發表（但做了必要的修改）的論文及評論，也許我應該對法學上自認有所謂「體系」的存在，先做一點澄清。

　　我從不了解，也不認為臺灣法學界只會呼口號的任何「體系」論者知道什麼叫做「體系」。如果說一本書的內容應該前後連貫，相互呼應，那是沒錯，也是傳統上寫作的基本要求。但是，如果說一本書必然要先建立一定的框架，然後在這個框架之內填充資料才算是「體系」發展，那不僅是偏見，更是謬論。或者，以為歐幾里德幾何既然可以由幾個簡單的基本原則，甚至只用點、線、面的觀念就開展出一個體系，則其他領域如果要成為科學當然也必須形成像數學那樣的體系。只是，也許除了幾何學以外，我們從來沒看過什麼人寫書運用這樣的「體系」，或寫出如此的「體系」。

　　邏輯經驗論主要人物卡納普 (Carnap) 的理論現在已經無人問津，而他在企圖整合科學的嘗試中，也曾提出用邏輯結構建立包括人文社會科學的「體系」❷。他認為文化的「客體」(objects) 雖然不同於數學或物理，但卻也可以從基本概念及關係發展更上層的陳述，最後提昇成邏輯完整的「體系」❸。至於什麼是文化的「客體」? 他認為最基本的文化關係表現在「文件」(documentation) 及「現象」(manifestation)。而文化「客體」可以是單一事件、集體事件、團體、制度等❹。從這些較低層的「客體」可以逐漸向上發展為一個體系。對這種夢想，法國邏輯學家 Blanché 有一個簡單而率直的宣告：認為科學畢竟講究的是**假說**之下的演繹 (hypothetico-deductive)，歐幾里德式的體系化過程中，總結定理的武斷及從絕對的公理「涵攝」導出正確結果，只不過是幻想❺。

---

❷　*See generally,* RUDOLF CARNAP, THE LOGICAL STRUCTURE OF THE WORLD AND PSEUDOPROBLEMS IN PHILOSOPHY《世界的邏輯結構及哲學的假議題》(Rolf A. George trans., 2003).

❸　*Id.* at 2, 39, 47.

❹　*Id.* at 39–40.

　　所以尼采就說：如果以為複雜的情況及想法能夠整理為一種「體系」就比較接近真理，是自欺欺人。他進一步說：「主張有秩序，有安排，有系統才能呈現事物的本質，而相反的無序，混沌，無法計量則只能搔到假的或不甚了解的世界的表象，是照著『模範公務員』（暗指康德）的偏方賣弄學問而無法檢驗的道德偏見❻。」尼采說他對體系論者避之唯恐不及，因為將分歧的具體判斷整合為抽象一致的「體系」是知識不誠實的道德妥協❼。為什麼是知識的不誠實，因為在抽象化的「系統」整合之中（或中共最喜歡說的「總結經驗」），必然會扭曲、妥協各個具體情況的不同，勉強「總結」成抽象的「普世」。德國現代思想家海德格 (Heidegger) 也說：「科學〔做為一種對象〕研究是特殊的秩序化體系，而體系化同時影響了秩序。把世界看成一個〔有結構的〕圖像，體系宰制思想及其他。然而，當體系看俏，卻永遠有將體系淪落為捏造及拼湊的膚淺的可能❽。」他的意思是說：以體系成就研究的秩序，又以秩序建構體系。在體系的宰制之下，可能產生實際上是東添西補的大雜燴。

　　法律史上一個最強調「體系」的流派當屬十九世紀以薩維尼 (Savigny) 為主的德國歷史法學派❾。可是，如果仔細研究，而不盲目地將口號當現實，

---

❺　ROBERT BLANCHÉ, L'AXIOMATIQUE《公理體系》107 (2ᵉ ed. 1999). 並參閱本書第三章註 14 及其本文。

❻　Quoted in JUNLIAN YOUNG, FRIEDRICH NIETZSCHE: A PHILOSOPHICAL BIOGRAPHY《尼采：哲學傳記》544 (2010).

❼　See, FRIEDRICH NIETZSCHE, TWILIGHT OF THE IDOLS《偶像的黃昏》26, in TWILIGHT OF THE IDOLS AND THE ANTI-CHRIST 35 (R. J. Hollingdale trans., 2003) ("I mistrust all systematizers and avoid them. The will to a system is a lack of integrity.") （此處尼采顯然把書名改裝自其原來崇拜的華格納的歌劇「諸神的黃昏」）。

❽　Martin Heidegger, *The Age of the World Picture*, in MARTIN HEIDEGGER, THE QUESTION CONCERNING TECHNOLOGY AND OTHER ESSAYS《科技問題論叢》(hereinafter Technology) 141 (William Lovitt trans., 1977).

❾　關於 Savigny 及其學派參閱例如 Mathias Reimann, *Nineteenth Century German Legal Science*《十九世紀日耳曼法科學》, 31 B.C. L. REV. 839 (1990); Luis Kutner, *Legal*

歷史法學派的「體系」即使有可能，但事實上並沒有實現，也沒有具體實現的方法。歷史法學派所謂的「體系」不外是說以清晰的法律觀念組成內部邏輯一致的規範的整體❿。但這種說法只不過是一種宣言，實際上如何達致？用薩維尼自己的話說：「可以用幾何的術語說明一種完美的體系。只要知道部分資料，每個三角形的其他都能推算出來；知道兩邊及角度就知道整個三角。同理，法律也有基本原理像幾何的點，據之可以得出其餘⓫。」只是，法律史上似乎還沒看過如此神奇的法律「體系」建構。歷史法學派奉為圭臬的查士丁尼大帝編纂的羅馬法，其不成「體系」、只是收集法學家的意見，也是眾所周知。如果說因為大陸法的民法典都模仿羅馬法債、物、身分這樣的分類，或是某些地方有由幾個下位觀念更顯抽象化的作法就是所謂「體系」，那幾乎什麼都可以說成「體系」。

　　從義大利的人文主義者韋科 (Vico) 看來，法律的「體系」建構，在歷史上已經證明是徒勞無功。他指出有人在法律研究鼓吹「體系」，但是先賢（指古希臘羅馬）早知其困難而且不可能，因此放棄理論的體系建構的迷夢，而求助於常識的處理⓬。意思是法律不是邏輯的「涵攝」，而是論辯的藝術 (the

---

Philosopher: Savigny: German Lawgiver《法哲學家薩維尼》, 55 Marquette L. Rev. 280 (1972); Munroe Smith, *Four German Jurists*《四個日耳曼法學家》, 10 Pol. Sci. Q. 664, at 666 (1895); Ernst Friend, *Historical Jurisprudence in Germany*《日耳曼歷史法學》, 5 Pol. Sci. Q. 468 (1890).

❿ Reimann, *supra* note 9, at 849. 這裡討論的「體系」建構，不同於將法律制度以哲學或社會學的角度視為一種社會制度、一種系統或體系 (system) 的問題。關於後一種分析參閱例如 Hans Kelsen, General Theory of Law & State《法律與國家總論》110 (2005); Joseph Raz, The Concept of a Legal System《法律體系論》(1970).

⓫ Quoted in Reimann, *supra* note 9, at 881. Savigny 雖然攻擊鼓吹編纂德國民法典的 Thibaut，後者卻也是 Leibniz 幾何式「體系」論的信徒。參閱 M. H. Hoeflich, *Law & Geometry: Legal Science from Leibniz to Langdell*《法律與幾何：從萊布尼滋到藍岱爾的法科學》, 30 Am. J. Legal Hist. 105 (1986).

⓬ Giambattista Vico, On the Study Methods of Our Time《現代方法論》12 (Elio art of rhetoric)。而現代德國學者韋格 (Viehweg) 也指出法律活動大都是論辯的藝術，因此從問題出發，環繞不斷出現的問題來解決問題。體系導向如果可能，是在已然知道問題是什麼才有得講求「體系」。不但如此，圍繞問題解決，則適當的體系脈絡即會顯現❸。

從上所述，想像法律論述有「體系」化的必要及可能已是荒唐，以為確實是已然發生的實在更是無稽。我的目的主要並不在辯解或許是自己的無能，而是也許能使你安心：沒有什麼嚇唬人的「體系」值得你去傷腦筋。不過，本書以問題為中心的論述方法倒也顯現其不得不然的「體系」。本書一開始就以傳統的論辯法 (rhetoric)，在歷史詮釋的視角下，將法學界法學方法的問題「定調」(invention)❹為有意識或潛意識受到陳舊的科學典範扭曲，而緊抱「法科學」(legal science; Rechtswissenschaft) ❺ 或「形式法學」(legal formalism)❻的毛病（第二章）。指出法界不知法律推理主要不是「涵攝」(deduction)，而是「推斷」(abduction)（第三章）；不了解法律活動主要是說理及說服的藝術，而非科學的論證。從而解釋如何正確認識與「推斷」功用有關的類推 (analogies)（第四章），並破除法律邏輯適用的傳統「因果」關係的神話（第五章），和從法律到事實的迷信（第六章），以及從「法源」概念

Gianturco trans., 1990).

❸ THEODOR VIEHWEG, TOPICS AND LAW: A CONTRIBUTION TO BASIC RESEARCH IN LAW《議題及法律》19–21 (W., Cole Durham, Jr. trans., 5th ed. 1993).

❹ 關於論辯中的 invention，參閱例如 CICERO, DE INVENTIONE TWO BOOKS ON RHETORIC《論辯術二冊》, in CICERO II《西塞羅全集第二冊》(H. M. Hubbell trans., Loeb Classical ed. 1949).

❺ See, e.g., Duncan Kennedy, *The Disenchantment of Logically Formal Legal Rationality, or Max Weber's Sociology in the Genealogy of the Contemporary Mode of Western Legal Thought*《去除形式邏輯法律推理的迷障》, 55 HASTINGS L. J. 1031 (2004).

❻ See, e.g., Richard H. Pildes, *Root of Formalism: Forms of Formalism*《形式法學的根源》, 66 U. CHI. L. REV. 607 (1999).

來分析先例拘束力的無聊（第七章）。然後進一步將這些基本的認識以女性法學方法加以展示（第八、九章），以論辯的方式處理「新聞自由與隱私」的糾纏（第十章），並批判法律本位主義及概念法學對主權的運用（第十一章）。最後再以科學之外的法學倫理議題印證以「繼受」方式吸收外國「法科學」，甚至倫理觀念的幼稚（第十二章）。所以，許多後來的論述仰賴及開展前面的主張。如果有什麼「體系」，這就是本書的「體系」。

本書雖然不鼓吹或佯裝有什麼想像中的「體系」，也不依照任何外國教科書對法學方法議題現成的「體系」安排，不代表它是學究們想要詆毀的一部雜亂無章的大雜燴❶。本書有幾個明顯的中心思想貫穿全書。如上所述，其中之一就是批判在其他法律先進國度的法學界也許已不是新聞，在臺灣的法學界卻還緊緊擁抱，捨不得放棄但事實上已遠遠落於形勢之後——你說是美國過去的「形式法學」也好，或法國傳統式的「逐條釋義」法 (exegesis)❶也罷，或德國傳統的「法科學」或其後的「概念法學」(Begriffsjurisprudenz)❶也行——在我看來，很大一部分都是受十七、八世紀機械自然科學觀所影響的特殊法律意識形態。這種意識形態可以有很多不同的講法。例如，有學者把傳統的「形式法學」定義為：法律是一個完整一致的科學規範及制度的體系，可從一些基本原則以邏輯的演繹推演出不論後果如何，但每次都相同的

---

❶ 雖然也許無法期待自以為是的「正統」「體系」論者會了解，我再引海德格的一段評論供參：「唯有以數學的形式才有所謂『體系』可言。與此形式不同，也不同於相對應的以確定為真理的思維模式，基本上因而沒有體系，也不成體系，但卻非武斷及混亂。只有以為體系為正統，才有認為不成體系就是混亂的餘地。」Martin Heidegger, Contributions to Philosophy (from Enowning) 《為哲學添輝》45 (Parvis Emad and Kenneth Maly trans., 1999). 在海德格轉換傳統思維模式的努力中，「體系」思維正是必須克服的舊模式。*Id.* at 56.

❶ *See, e.g.*, Andre Tunc, *Methodology of the Civil Law in France* 《法國民事法律方法》, 50 Tul. L. Rev. 459, 470 (1976).

❶ *See, e.g.*, Reimann, *supra* note 9, at 837.

答案 ❷。也有學者認為以潘德克敦式的民法為代表的「法科學」主張：法律活動以抽象原則適用到具體事實，基本上是邏輯推演；法律是完整沒有縫隙的「體系」；無法做成法律命題的事件與法律無關；人的行為不外是適用或違反法律 ❷。至於「概念法學」則是就法律概念以邏輯的方式組成沒有漏洞的獨立「體系」 ❷。這種意識形態的政治哲學前提是保護傳統個人主義的個人自由意志。而其衍生的法律適用是對法律文字以「釋義」(dogmatic) 或我們所說的「說文解字」，加上三段論法的「涵攝」，達到一致的解釋。

　　不論上述這種主張在歷史上發生了什麼作用，好像特別值得臺灣的法學界「繼受」、「保留」，如今有大陸法的學者對這一類的法學思潮有如下的批判：「英國的實證分析法學，德國的概念法學，法國的注釋法學都以形式自由、法的確定性、法的安定性、法的穩定及一致，做為法治的最高價值。法律乃是封閉、一致、完整的體系。而抽象及普遍適用 (general/universal) 的國會法乃是最高的法源。法官是法律的傳聲筒，沒有制法的能力，這種看法是教科書常常採為**法律虛構故事**的著例 ❷。」我在本書第二章對「科學的法律」的檢討雖是在看到此種評論之前，但基本上與之吻合。

　　本書另外一個與批判「形式法學」相關聯的中心思想是指出法律本位主義（尤其是只會朗誦法律抽象觀念的法律本位主義）的謬誤。由於誤以為法律是「體系」完整，自成一格，所以在個人的層次上，法律人士唯法律是問的訓練，以及只能在法言法的能耐，常常使我們變得非常乏味。法律人士不僅談吐之中充斥行外人不大了解也沒有興趣的法律言語和口號，而且有時連一篇短短的感言都只能寫成訴狀的形式。在我教學的過程裡或法律的實踐中，

---

❷　Pildes, *supra* note 16, at 608–09.

❷　Kennedy, *supra* note 15, at 1041.

❷　Reimann, *supra* note 9, at 859.

❷　Raimo Siltala, A Theory of Precedent: From Analytical Positivism to a Post-Analytical Philosophy of Law《論先例》3–4 (2000).

法律討論時我最常遇到的主張或反應是重複抽象原則，好像複誦抽象原則就必要而又充分地解釋或解決了問題。不僅如此，好像論者及聽者對所謂「原則」有一定的共識及一致的了解，乃至於引述一個「盡在不言中」的抽象觀念，就可以簡單或簡潔地處理一個議題❷。所以，每當學生以一句「違反誠實信用原則」的萬用丹回答我在上課時的發問，我就知道他或她的病情不輕；而每次我聽到其實是飽學之士來一句「依照權力分立」、「根據法治國原則」、或「由程序正義看來」，我心裡就不由得湧起「又來了一個書呆子」的警戒。

　　如果考慮法律人士在民主社會各方面的顯著責任，在法言法的單軌思考常常在社會及公共的層面上，呈現不切實際，甚至是僵硬危險的主張。數學／哲學家懷德海說得再好不過：「現代知識領域的專精……以可用的知識等同專業知識，只對附從於專業知識的有用領域有偏狹的認識……這種情勢有成為單軌心態的危險。在單向的軌跡上前進，只不過是在一堆固定的抽象裡打轉。單軌固然避免旁騖，卻也以抽象抽離了其他有關的注意。但是，**沒有一種單向的抽象可以妥適地了解人生**❷。」

　　以法律本位做學問並進一步參與民主社會的公共議論，本已是難有的論，險象環生。如果法律中心的分析又基於錯誤過時的哲學假設和科學觀念，那麼，兩相結合就會產生致命的謬誤。不論法界自己有無意識到，這種現象是法學界現存主流成見的反映。這種謬誤是我在第二章討論「科學的法律」及陳腐的法律科學觀或科學假設的重點。有道是：「一個時代的思想受到教育階層的主流宇宙觀的影響……而過去三個世紀來的主宰思潮是科學。人既有地域的偏狹，又有時代的短視。我們可以自問：近代的科學觀是否是此種偏狹及短視的極佳例證❷？」

---

❷　參閱本書第四章第 127 頁及第九章第 315–316, 325 頁對以抽象大名詞做斷言式宣示做為問題的回答的批評。

❷　ALFRED NORTH WHITEHEAD, SCIENCE AND THE MODERN WORLD《科學與現代世界》196–97 (1925)（粗體為作者所加）。

　　「法科學」的歷史淵源久矣，研究羅馬法的德意志哲學家萊布尼滋 (Leibniz) (1646–1716) 早就主張：「探討正義……要用無可爭論的邏輯定理。」並認為就像必然及確定的科學，要使用「理性，諸如不仰賴經驗及事實的邏輯、形而上學、算術、幾何、力學、及正義的科學❷❼。」但是，這種基於傳統科學觀的見解早已無以為繼。「受現代科學影響的後現代科學觀一反傳統物理的機械觀；但現代科學的科學模式已因相對論、量子物理、與混沌及複雜理論而徹底改觀。受現代科學影響的後現代科學觀一反傳統物理的機械觀：強調變化而非秩序、相對而非絕對、機率而非確定、整體而非部分、開放系統而非封閉體系、解釋而非介紹、社會建構而非客觀實在❷❽。」**臺灣法學界不察，不知道現代科學的典範與「法科學」時代的科學觀已經完全不同。**

　　在我看來，遵循錯誤的科學典範尚非問題困難的本質。人發展科學為我所用。但是，科學發達的結果，科學卻外化為「客觀」的「實在」，反賓為主，倒過來以僕人的身分控制發明科學的主人，宰制人的思想及行為。同樣的現象也發生在法律的領域。人制定法律為的是妥善規範人的生活。但是，法律膨脹的結果，法律卻外化為外在「獨立」的「客體」，反過來以原來只是僕人的地位，命令制定法律的主人（即粗糙的「依法行政」、「惡法亦法」）。法律表面上看似依然是人所建構的制度，卻以偽裝及掩蓋的姿態，成了宰制人的思想及行動的外在的「客體」。更危險的是：法律人士不認識此種危險，在法律「客體」宰制之中，還誇誇而談，誤以為人還是製造或控制法律「客體」的「主體」。

　　我因此批評臺灣法學界「受到主流自然科學的觀念及方法宰制已經不適；

---

❷❻　*Id*. at vii.

❷❼　Leibniz, *Meditation on the Common Concept of Justice*《正義觀念的沉思》, in THE POLITICAL WRITINGS OF LEIBNIZ《萊布尼滋政論集》49–50 (Patrick Riley trans. & ed., 1972).

❷❽　見本書第二章第 25 頁。

遵從已經落伍的自然科學典範更是時空錯亂❷。」我更為純潔如白紙一張的年輕學子抱屈，認為這種認識及訓練使「進入法學院好似進入知識的迷宮；研讀六法全書好像陷入思想的泥淖」❸，幾近誤人子弟。

在這樣的認識之下，第三章進一步討論臺灣法學界所不熟悉的法律思維方法：「推斷」(abduction)。推斷是一種提供最佳解釋的推理方法，也就是在分析一堆素材之後，提出對這些素材最合理的解釋❸。舊科學典範下以為法律適用是邏輯的「涵攝」。這種基於過時的科學典範的見解必無可取，而法律活動很大程度上是論辯的藝術。**論辯不在做科學的「展示」(demonstration)❷，而在議論機遇率式的可靠的推論❸**，與推斷的功用吻合。

與「涵攝」中由已知的前提推出必然的結論不同，但就像論辯必須先找出 (invent) 議題之所在，推斷有它的創造性。所以，「邏輯推理不能代表思考的全部；邏輯告訴我們推理的對錯，但是沒有辦法告訴我們所有達成判斷、做成結論的所有方法❸。」邏輯對思考的重要性不言而喻，但不能窮盡思考的一切。所以，思考的最重要能力，也許不是達到正確結論的技巧，而是試探及創想的潛能，以及真正需要驗證這些新觀念時的專注。我們不能「車前馬後」，本末倒置，而必須了解：先有發現，才有驗證；沒有發現，何需驗證❸？

---

❷　見本書第二章第 27 頁。

❸　見本書第二章第 55 頁。

❸　見本書第三章第 67 頁。

❷　"Demonstration" 在亞里斯多德的邏輯傳統中有特別的意思，指的是不證自明的邏輯演繹。參閱例如 Aristotle, *Prior Analytics*《前解析》, Book I, ¶¶24^{a}10–24^{b}10, in 1 THE COMPLETE WORKS OF ARISTOTLE《亞里斯多德全集第一冊》(hereinafter 1 Complete Works) 39 (Jonathan Barnes ed., 1984).

❸　*See*, Aristotle, *Topics*《議題》, Book I, ¶100^{a}25, in *id*. 1 Complete Works, at 167.

❸　見本書第三章第　頁。

❸　同上。

臺灣法學界另一個法律思維的誤解是第四章檢討的類推。我說明了類推的本質並批評其濫用，指出法學界大都以為類推是「有效的法學方法，理所當然地以為已了解了它的操作，不僅沒有進一步探究類推做為一種思維模式的本質，檢驗其是否是可靠的推理方法，而且是廣為援用，甚至興高采烈地允為正義的實現、法學進步的象徵。在學術界這種心態的教化及感染之下，實務界對法條的類推適用，以及判例（廣義）之間的『參照』比擬，除了偶而以某些含糊的實質理由（例如『非基於同一法律理由』），推而不採之外，並不懷疑類推的結構或使用會有什麼邏輯效力上的問題❸❻。」

但是，該章並不是否定類推的所有功能，指出它是「無所不在、無可避免的思維模式，不是要不要類推的問題；但它即使並非嚴整的邏輯形式，卻常常使我們找到解決問題的點子❸❼。」所以，我們要同時克服兩種極端的傾向：一方面以為類推無往不利，能推則推，推完就大功告成；他方面認為既然類推不是邏輯嚴謹的形式，它就毫無用處。海德格曾經說：「自哥白尼以來，科學不再體認日出日落這種事情。對科學而言，這些絕對只是感官知覺的幻象……但是這種真理不是科學證明的問題，因為每天期待日出，無法以科學論證❸❽。」他不是在否定科學的所有功能，而是在指出科學不是思維的全部，要了解它適當的地位。同理，法學界的錯誤在同時不知類推本身的侷限及其應有的功能。

第五章指出臺灣的法學及實務界以各種「相當因果關係」理論解釋「因果關係」，是連最基本的概念都掌握不了，而幾近胡說八道的詮釋。但主要的目的是表示修繕條件式因果論述的努力雖然看到了病徵，可以說是一大進步，卻也會因搞錯方向，以為解決之道在愈往本非法律考量的「嚴謹」的形式邏

---

❸❻　見本書第四章第 98–99 頁。

❸❼　同上，第 99 頁。

❸❽　Martin Heidegger, What Is Called Thinking? 《什麼叫思考》55 (J. Glenn Gray trans., 1968).

輯靠攏而適得其反，徒勞無功。我更進一步批評因果觀念的可疑，強調至少要與現代的科學機遇觀念相連結。

對於世事之所謂「因果」，除了在佛學的冥想下已是宗教而非科學的範疇外，該章引用了諸多哲學家／數學家（休姆、尼采、羅素、韋根斯坦、戴魏森）對因果理論的質疑。此處我再引用海德格取笑牛頓式機械物理世界觀的觀察。他說：「在以因果看世界之下，連上帝都失去了神祕感而成了一種製造『因』(*causa efficiens*)❸❾。上帝成了所有製造以掩蓋實在為因果的理論家的上帝，不再衡量因果的本質❹❶。」因為歸根結柢，上帝成了所有所謂「因果」的第一因。

我更要進一步指出連邏輯學家都從根本懷疑條件式邏輯規律與「因果」觀念連結的妥當性。所以，雖然廿世紀前期以為能以數學／邏輯表現的論述才算科學的邏輯經驗論早已破產，但它的最主要人物 Carnap 卻也曾批評將邏輯觀念胡亂應用到真實的物理世界的不當。他說：「科學而言，因果只不過是指某種互賴關係，但一直有人主張在兩個事件有互賴關係之外還必須有『真正』或『必要』關係；換句話說，**必須前一個事件『製造』，『產生』，『造成』後一個事件**。物理學家及認識論哲學家到現在還以為必須知道『真正原因』實是怪事❹❶。」又說：「『因』『果』觀念只在概念世界有用，物理世界沒有什麼『因』『果』❹❷。」那麼，即使從邏輯經驗論的眼光看，將物理界的現象與包括條件律的邏輯規律相結合，無非是一種荒謬的組合。法律人士大費周章「改進」胡言亂語的「相當因果」為法律的條件因果的努力，某種程度雖是

---

❸❾　在亞里斯多德的眼中，「因」有四種： 即 *causa materialis*、*causa formalis*、*causa finalis* 及 *causa efficiens*，與現在幾乎以時間的先後為「因果」不同。參閱本書第五章第 181–182 頁。及 Martin Heidegger, *The Question Concerning Technology*《科技問題》, in Heidegger, *supra* note 8 Technology, at 6.

❹❶　Heidegger, *supra* note 39, at 26（斜體原有）。

❹❶　Carnap, *supra* note 2, at 204（粗體為作者所加）。

❹❷　*Id*. at 204–05.

進步，看起來卻是逆水行舟、自討苦吃。

　　既然法學界的「通說」主張法律的適用是一種形式法學式的「涵攝」，法律規定是大前提，事實是小前提，事實與法律雖然難解難分，卻可用「價值的評價」建立獨立於法律理論之外的「事實」，第六章「分割事實與法律的謬誤」在反思是否有分隔及分別建立事實與法律的方法。從而指出：「傳統觀點在法律適用的過程中將事實與法律視為有本質上的不同，即使有時容有重疊，基本上可以區分為兩種不同的事項，此種區隔與切割事實與理論，事實與價值的二分法一樣，均非可能❹。」該章又指出：法律程序又有特殊的「方法」建構事實，除了在歷史上影響了自然科學之外，也代表建構事實不僅在實質上由法律理論認識事實，而且在程序上也完全受制於這些「方法」（理論）❹。

　　我在該章特別引用了美國法學家波斯納 (Richard Posner) 的觀察，並認為波斯納的批判，極為務實及深刻地動搖了人云亦云的「涵攝」傳統法律適用印象。但是，要了解波斯納所謂的「直覺」，必須要同時認識「直覺」的多面性。心理學家指出：如果沒有注意其缺陷並適當調修，過於直接了當的直覺判斷常常有錯誤的可能❹。我主張：法律人的法律思考及判斷極少直接適用「涵攝」，而是多半運用第三章及第四章討論的推斷及類比；在使用推斷及類比達到相當的經驗之下的「直覺」，才是法律判斷最常見的思維模式。

　　由於我在國外某學術研討會發表以上的觀察後，仍然有很多人不服，並以各式各樣，節外生枝的理論，認為可以進一步解釋事實與法律有時看來相同，但又必須不同。我要特別強調：從科學哲學的歷史及角度觀察，此種錯誤的堅持並不難理解。科學上建構理論之時，如果無法完全吻合觀察或經驗，

---

❹　見本書第六章第 218 頁。

❹　同上。

❹　JUDGMENT UNDER UNCERTAINTY: HEURISTICS AND BIASES《不確定下的判斷：率斷及偏見》417 (Daniel Kahneman, Paul Slovic & Amos Tversky eds., 1982).

或一個現成而被質疑為不正確的理論，常常可以用附加的理論 (auxiliary theorem) 試圖解圍❹。科學哲學這個理論說明所謂假說的反證 (refutation) 並非容易或直截了當的程序。當假說被觀察及事實駁斥之後，科學家當然可能放棄假說，但也可能再創造一些補助假說 (auxiliary hypotheses) 來挽救原來的假說。同樣的鬧劇也在分割事實及法律的解釋裡發生：原本就是在進行理論建構，卻因為在割裂事實與法律之下無法自圓其說，只能在站不住腳的假設之外，勉強炮製一個使用價值觀念「先行判斷」的補助理論。這就是類似試圖以想像的補助假說，搶救已然碰壁的理論。由於補助理論本身也常是問題叢生，當然完全無法說明問題。所以，言之鑿鑿的「二重性」、「社會經驗」、或什麼「先行判斷」，都是為了合理化本不可能，卻勉為分割的「事實」與「法律」的附加理論。

綜合第二章對傳統科學觀的批評，第三章和第四章對「法科學」的質疑，及第六章指出建構理論及事實的實情，我想用我對法國現代人類學家 Bruno Latour 比較傳統科學活動及建構科學理論的印象，及真正的科學活動的了解❹，作出下列理想形態 (ideal types)❹的對比，可以使你即刻看出兩者的不同：

想像中的法律活動及解釋	實際發生的法律活動及解釋
1.先將事實整理清楚	1.與法律相干的才是事實

❹ G. POLYA, HOW TO SOLVE IT: A NEW ASPECT OF METHEMATICAL METHOD《如何解決：數學方法的新面向》46 (1985). 又可參閱 FOR AND AGAINST METHOD: IMRE LAKATOS & PAUL FEYERABEND《贊成及反對方法：拉卡多和費爾班》60–61, 103–04 (Matteo Motterlini ed., 1999) 及所引許多科學史例。

❹ 我相信我是臺灣法學界最早使用 Latour 的理論的人，或至少是其中之一。但我做的對比是本於我自己的解釋。參閱 BRUNO LATOUR, SCIENCE IN ACTION《科學活動》1–17 (1987).

❹ 所謂 ideal types 是 Max Weber 創立的方法，參閱黃維幸，《法律與社會理論的批判》，新學林，2007 年，修訂二版的韋伯一章。

2.法律活動及解釋要使用最好的方法	2.想辦法找到得出適當結果的解釋和方法
3.事實確定，方法正確，相同的結果自然產生	3.結論決定了，事實也就可以建構，方法也成為有效
4.使用最好的方法處理法律，結果必然符合民眾對法律安定的期待	4.結論的適當使民眾相信法律是公正安定
5.當法律結論客觀一致，符合正義，民眾就會接受法律的效力	5.當民眾接受法律的結論，法律就看起來是客觀公正

　　無論「形式法學」或「法科學」都偏好概念分析。第七章就在指出以法源概念認識及處理判例的觀念及方法的錯誤。同時指出：「法律解釋中的證明及依據不是確定的『展示』(demonstration)，而是效力多寡的問題。辯論不在講求對錯，而是效力的強弱❹。」換句話說，不是「形式法學」或「法科學」模仿自然科學所能妥善解釋。而對先例的畏服，不是因為「法源」的概念，而是對傳統的因循。「什麼是傳統？傳統不過是對一種威權的順服，不是出自於傳統是對我們有用的需要，而只因傳統如此要求❺。」從這種角度觀察才能透視先例拘束的本質，在某種程度內提防先例的壓力，避免「率斷」(heuristic thinking)❺。

　　至於判例的解釋不在分辨那一部分有拘束力，而在認識其不可避免的拘束及限制下，關注其歷史詮釋及民主議論的層面❺。換句話說，我不承認判例的詮釋及議論功能可用抽象概念的「要旨／傍論」，做有效或武斷地區分及限制。

　　第八及九章主要在呈現宰制女性法學方法與傳統方法的不同。傳統的法

❹　Ch. Perelman, *The Specific Nature of Juridical Proof*《法律證明的特性》, in Cн. Perelman, The Idea of Justice and the Problem of Argument《正義的觀念及辯論的問題》101 (John Petrie trans., 1963).

❺　Friedrich Nietzsche, The Dawn of Day《黎明破曉》, Book I, §9 (J. M. Kennedy trans., 1911).

❺　見本書第七章第 239 頁。

❺　同上，第 228–229 頁。

律「科學」論證認為法律是「中立」與「客觀」的分析；宰制女性法學卻指出真正能點出女性面對的法律困難是由女性角度追問女性的問題。傳統的男性中心法學認為法律運作是「冷靜」的邏輯推論；宰制女性法學卻強調喚起女性被壓迫及歧視的意識，從女性生活及生命的際遇訴說女性的故事。傳統法學汲汲以鋪陳或安排普世抽象的法律觀念之間的「一致」及「體系」為務；宰制女性法學拒絕抽象論述可以取代具體分析女性生活的實際。像宰制女性法學這種研究取向對於臺灣落後的法學方法有很大的啟示作用。

第十章屬於以新聞自由及隱私的平衡做為法律論辯的各論。雖然司法院第 689 號解釋不能算是近年來我看過的最糟的憲法解釋。但是，該解釋做為判解仍然充滿一般司法院解釋及法院判決太常見的缺點：⑴同義反覆，以問答問；⑵斷言宣示，官腔官調；⑶缺乏論證，不求說服；⑷以為引用或陳述抽象原則即為解決具體問題。或以為因為是「抽象解釋」（或類似「法律審」），所以就必須（而且可能）脫離實際。

不過，原本是寫給憲法法庭參考的法律意見書的這一章，其收錄在本書的主要目的是以一個實例展現：法律人士遇到一個法律問題真正是如何處理。面對法律問題，法律人士首先遇到的並不是一個現成的法律「大前提」。必須解決的也不是由混亂的現象整理出「事實」的「小前提」做為「涵攝」之用，這種主張之無稽在第六章已為詳論。由於此刻既不知有什麼「大前提」，更不知什麼是「小前提」，法律人士先要在既有的法律理論的引導下檢驗整個問題，為問題「定調」(invention)，發現議題之所在。所以，我遇到這個案子，首先無法不以**先置性**的法律分類、觀念、範疇（都是「理論」）決定這不僅是類似違警程序或民法侵權的問題，而且有憲法層次的新聞自由及隱私權的面向。然後，在衡量整個案情之後，我做出了「社會秩序維護法」違反憲法對新聞自由的保護的初步結論（假說）。其後，無論是傳統說法的「本案事實」（其實是較具體的「理論」），或案情分析，都是在初步結論的指導下，圍繞在上述假說的論述❸。所以，意見書的開展絕對不是「涵攝」，而是本書第三

章所討論的推斷 (abduction)。其餘的法律討論則既有積極的主張，更有對合憲意見的反駁。總的說來，這是論辯 (rhetoric) 的鋪陳，不是邏輯的推論。由於論辯的藝術時常必須「動之以情」(pathos)，我在最後的結論試圖以我們對無知的挫折感（新聞自由不足）對抗隱私權的恐懼情緒（喪失個人自由）。固然，以釋憲的結果而論，我沒有說服多數大法官。但是，我絕對證明該案法律的論述不會是：

> 凡是沒有侵犯新聞自由或隱私權的法律都是合憲
>
> 「社維法」相關規定沒有侵犯新聞自由或隱私權
>
> ∴「社維法」合憲。

這種理論家強要你相信的夢囈。

第十一章是以兩岸關係中起關鍵作用的國際法「主權」觀念為軸，帶引對主要是臺灣方面智庫的兩岸關係一些觀點的討論及批評。一方面指出在法言法的「法律中心主義」(legalism, legalistic, legal centrism) 的偏頗，另一方面也主張法學研究宜參酌一般社會科學方法並知其侷限。

就前者而言，我指出盲目採納像「主權」這一類法律抽象觀念為行動指南的危害。務實主義大師詹姆士 (James) 有句精闢的觀察：「我們自以為是地使用觀念，將原來豐富的現象變成抽象的大名詞，待之僅僅是一種觀念，並好像剔除之所以產生觀念的其他情況。如此看待抽象觀念，是阻礙而非促進思維。這樣一來，事情被閹割，困難產生，並且造成不可能。我確信一半以上玄學家和邏輯學家的世界裡自找的矛盾和迷惑來自這種相對簡單的根

---

❺❸ 關於現代「科學研究」(research project) 如何是以先有的對自然的理解，使計量及實驗方法成為必要及可能，然後先做成研究計劃並盡量使研究程序及方法符合先置的理解及計劃，幾乎與一般人迷信科學自認是事先毫無成見，只是以客觀中立的態度，由事實與實驗得出符合獨立存在的實在完全不同的討論，參閱 Heidegger, *supra* note 8 Technology, at 118–36.

源❺。」無論兩岸對雙方關係的定位或臺灣島內的統獨之爭及其衍生的紛擾，其真正的根源在於政治目標不同，但法律抽象觀念的「主權」卻絲毫沒有差別。其實，將人自己構想出來的法律觀念及原則當成千古不易的「普世原則」是荒謬的作法。在另一種脈絡之下，美國哲學家杜威 (Dewey) 有這樣的評論。他說：「我們不可誇大真理永恆持久，一再可用。真理不變是相對性的。當適用到新事物，用之以應付新困難的資源，某種程度上即使最古老的真理也是再造。事實上，只有透過這樣的適用及再生，真理才能保持新鮮及活力。否則真理就淪落為古老傳統模糊的記憶❺。」「主權」是最高、絕對、不可分，是一種論者專斷的意識形態，歷史上從未存在，與現實也全然不符。

至於社會科學方法，則是絕大部分法律人士不能也不願了解的議題。他們既不知其他社會人文科學如何處理問題，也不知那些方法有什麼缺點及限制，而寧願龜縮在法律「自主」性的保護殼裡，做自言自語或「相互涕泣」的概念分析。對此，我已有很多批評，我只再引分析哲學大師韋根斯坦 (Wittgenstein) 的一個反思供你斟酌。他說：「我發現在哲學的冥思中，不斷變換角度非常重要。就像不要用一隻腳站太久，太久會酸❺。」

在另一方面，本章特別指出：許多社會科學及法律學者都以為社會科學之為科學，一定要在研究方法上往「嚴謹」的自然科學靠攏的謬誤。所以，不僅必須質疑理性主義的假設，同時需要懷疑做出定律、數學座標或模式等等努力的用處。海德格也說：「所有人文社會，事實上所有有關生命的科學，都必須以**不確定**保持一定的嚴謹。活生生的事物當然也可以時空及運動來了

---

❺ WILLIAM JAMES, THE MEANING OF TRUTH《真理的意義》, in WILLIAM JAMES WRITINGS 1902–1910《威廉詹姆士 1902–1910 作品集》951 (Bruce Kuklick ed., 1987).

❺ John Dewey, *The Intellectualist Criterion for Truth*, in 4 JOHN DEWEY, ESSAYS ON PRAGMATISM AND TRUTH: 1907–1909: THE MIDDLE WORKS, 1899–1924《1907–1909 務實主義及真理論文集第四冊：1899–1924 中年作品》74 (Ann Boydston ed., 1977).

❺ LUDWIG WITTGENSTEIN, CULTURE AND VALUE《文化及價值》27e (Peter Winch trans., 1980).

解，只是這樣一來就不能稱得上生命。人文社會科學不能確定不是缺陷，而是此種研究的本質的要求❺。」

第十二章是以法律倫理展示本書的主要看法之一：即法律及法律活動雖有邏輯論證的成分，但絕大部分是論辯的藝術。邏輯的「涵攝」只有及只能關切推理的對錯或效力；論辯的藝術講求前提的來歷及有效。因而檢驗前提包含價值判斷，而呈現不斷的倫理選擇。並以之呼應前幾章批判傳統的「科學」觀以為必須，而且可能切割事實與價值，區分理論與實際的錯誤。法律倫理既是法律理論也是實踐。

本章又以倫理為例，探討法學方法上對「繼受」外國法規所會面對的問題。主張不能以為某種觀點或學派的倫理論述做了「繼受」的重述即是倫理實踐。並部分回應及深化本書第二章對法律「繼受」必須在文化脈絡中檢視的呼籲。

還有一個最重要的理由是：既然法律活動必然涵蓋倫理選擇，我把這麼多的法學方法傳授給你，是要你用一身的武藝行善。在尼采的眼中，古希臘科學知識的莊嚴及地位，即使在最熱心的支持者眼中也是低於德行的追求。最值得讚賞的是以科學知識做為追求德行的手段❺。

附錄收集以現代法學觀念及方法處理具體法律問題的「普及版」。我既已指出認為理論與實際不同及可以二分的謬誤，又主張法律活動主要是說理 (reasoning) 及說服 (persuasions) 的論辯，當然不會要你相信法學研究一定要扳起臉孔說教或只能做玄而又玄的論理，而是要與現實生活相結合。我更反對法學「學術」論述只有一種寫法的迂腐之見。

把以上法學方法討論的取向用來處理真實世界的問題，那首先當然要拋棄「形式法學」及其一切衍生或配套的觀念及實踐。其次，必復避免改變以

---

❺ Heidegger, *supra* note 8 Technology, at 120（粗體為作者所加）。

❺ FRIEDRICH NIETZSCHE, THE GAY SCIENCE《歡愉的科學》, Book III, §124 (Walter Kaufmann trans., 1974).

為法律是封閉、完整、一致的「體系」的法律本位主義，以為生命中只有法律的判例學說才值得我們關切，誤認法律分析是解決所有問題的萬能鑰。然後當然必須掌握正確了解的「繼受」觀念及法律。最後，必須具體分析自己所處的脈絡情景，據之以評估法律抽象觀念可否或如何適用。

　　附錄第 1 篇「法界的集體早發性痴呆症」是對法界以為「繼受」或實踐形式法學的「法科學」才是法治的總體批判。尤其是要破除以為法律文字是「代表」或「反映」(represent) 客觀「實在」(reality)，所以可以用「正確」的「方法」得出符合外在的客觀實在的一定的解釋這種幻覺。由於根本不可能有什麼客觀一致的解釋，所以又指出法官的法律解釋一定是造法。

　　第 2 篇「吳淑珍當然是公務員」是對以為咬文嚼字才是法治精神的法律解釋的批判。同時以比較務實及功能的態度，取代在「法科學」薰陶之下，必然受到只是人為定義的法律概念所宰制的機械僵硬思維。不過沒想到令人忍俊不禁的是有人不懂不能，而且不想了解該文的意思，反而以在法學院一年級剛學到的刑法第 10 條對公務員的定義，真的是「不如法學院一年級」的法律知識，在匿名的保護傘之下，「勇敢」批評黃教授「不如法學院一年級」。本書主張並鼓勵年輕學者要敢於批判及挑戰權威。但是，要如此做有一個前提，即以新的觀念及角度提出有原創性或至少是與現有成見不同的意見才是本意。如果反其道而行，以被批評的成見反過來批評不同思維的嘗試及努力，不是批判精神的表現，而是保守反動的標誌。還有，欣賞勇於創新不等於容忍胡言亂道，要對任何意見先有真正了解始足當之。千萬不要誤以為批判是容易而率性的作為。我雖然不太同意羅馬論辯學家昆蒂連 (Quintilian) 基本上保守的態度，但他說過「對『浸淫學研多年的人的意見』我們必須謙虛謹慎，避免胡亂批評我們不懂的事。如果要錯，寧可錯在好壞全收，而不是到處反對❺❾。」昆蒂連的意見好壞不一，你不必全信。但這段話卻是我們在批判別人

---

❺❾　4 QUINTILIAN, INSTITUTIO ORATORIA (THE ORATOR'S EDUCATION)《辯士的培育第四冊》, Book 10.1 (Donald A. Russell trans., Loeb Classical ed. 2001).

之餘，應該時常自我批評的忠言。

　　第 3 篇「華人與狗不准入內」是對舊板橋地院法官禁止導盲犬進入法庭的評論。法形式主義以為法典及法條獨立自主，自給自足，文義解釋才是「嚴謹」的法律解釋。事實上，結果荒謬所在多有。臺灣的「恐龍」法學教授教出來的「法匠」的典型思考模式是：既然有明文規定不得帶動物進入法院，狗當然不得入內。狗是不是動物？當然是。導盲犬是不是狗？當然又是。於是，法匠的問難到此劃下句點。所以，法律文字「明顯而一般」的意思 (plain and ordinary meaning)❻❿就當然是導盲犬不准入內。不僅無須再追問法律文字背後的真義，「釋義學」不說，在英美傳統普通法的解釋原則規範下，甚至不准違背「明顯的文義」，做不同的解釋。只是，雖然臺灣的大法官還有人臉不紅，心不跳，仍然視「明顯的文義」為「鐵律」，至少經過美國法學界過去二、三十年的辯論，傳統解釋方法早已無人相信。這並不是「英美法」現行的特殊解釋方法，也不是了解現象學後的領悟，大陸法的源頭羅馬法早就揭示：「認識法律不是咬文嚼字，而是掌握法律的態勢❻❶。」對於解釋法律必須注意法律的真正目的，也說：「當一個人做了法律希望禁止，但沒有明文禁止的行為，他對法律做了詐欺。如果允許以文害義，那詐欺也不違法❻❷。」

---

❻❿　這種理論只有臺灣法學界「自我感覺良好」，但遠遠落於時代之後的法律人士仍然奉為圭臬。批判意見是俯首皆是，例如 Ino Ausberg, *Reading Law: On Law as a Textual Phenomenon*《讀法條：論做為章句現象的法條》, 22 LAW & LITERATURE 369, 370–77 (2010)。我也曾經批評過 WTO 上訴機構一些與時代脫節的「老先生」成員，偏好這種「文義解釋」的做法，參閱黃維幸，同上註 1，第 69 頁。但只知這些「老先生」的理論的徒子徒孫似乎也好不到那裡去。希臘神話中有一個特洛伊 (Troy) 的女祭師 Cassandra，神給了她預見未來卻無人會相信的能力，以至於沒有人相信她的特洛伊終將覆亡的預言。所以，愚昧或許是個人的福報，卻是臺灣法界的大災難。

❻❶　1 THE DIGEST OF JUSTINIAN《查士丁尼匯覽第一冊》, Book I, §17 (Alan Watson trans. & ed., rev. ed. 1998) (Celsus).

所以幾百年前韋科就評論:「沒有見識的人以為法律即是法條的文義❷。」而當今臺灣法律界的「大師」卻還威權式地宣示:法律解釋要從文義開始,然後再回到文字;或法律解釋首重文字「明顯而一般意思」,真令人有當今何世之感!

　　第4篇「誰說法律絕對不能溯及既往」,第5篇「大法官竟不敢消滅貪腐」,第6篇「奧妙推理　法律人不食煙火」及第7篇「無罪『推定』不是『真正』無罪」,都在批判曲解及誤會「繼受」的法律觀念及原則之下,不切實際,缺乏常識的「抽象」議論。我實在非常驚訝臺灣法學界對琅琅上口的「原則」,諸如「法律不溯及既往」、「罪刑法定主義」、「無罪推定」等基本的舶來觀念,有如此似是而非的「本土」理解。幾百年前,普魯士一位與康德同樣重要的哲學家賀德 (Herder) 早就取笑這種不求甚解,胡亂借用外國觀念及理論的「科學研究」。他說:「借來的觀點轉換為新的思考及觀察的方式;繼受的真理被改裝得無法辨識;一知半解的概念變成飄忽不定的幽靈;誤解的對象成了奇怪的形狀;從各地接受的語言以同樣生疏的異國風味在各種領域占領一席之地❻。」這個觀察對臺灣法學界某些一面倒,但又時時自我發明的「繼受派」真是入木三分。我想在「繼受」之餘,更應該聆聽另一位先賢培根的警語。他說:「你的思想因人種及習慣的不同有如『坐』在『井』底,即使我們生活在同一個蒼『天』之下。如果不知檢驗思想,會導致無窮的錯誤及荒謬的主張❺。」這個觀察何其貼切!

---

❷　*Id*. Book I, §30 (Ulpian).

❸　Giambattista Vico, New Science《新科學》116 (David Marsh trans., 3d ed. Penguin Books, 1999).

❻　Johann Herder, *Fragments on Recent German Literature*《新近德意志文學斷緒》, in Johann Gottfried von Herder, Philosophical Writings《哲學作品》51 (Michael N. Forster trans. & ed., 2002).

❺　Francis Bacon, *The Advancement of Learning*《求知的進展》, Book II, in Francis Bacon: The Major Works《培根主要作品》228 (Brian Vickers ed., 1996).

　　第 6 篇「奧妙推理　法律人不食煙火」是批評前板橋地方法院（新北地方法院）法官不知也不顧真實世界及人情世故的法律論述。當然，這種謬誤不是該案法官的專利，而是大部分法官處理通姦案，以及一般法官採證時的常例。法院一向要求非常特殊的「物證」來印證通姦。可是，嚴格說來，只有現在進行式的「捉姦在床」才有可能符合法院非常奇特的「罪刑法定主義」及「無罪推定」觀念。換句話說，法院傾向前面所說的「不證自明」的科學確定，而非論辯性的或然（或「蓋然」）。法律及法律程序不能違背常識自成一格而又期待它有一定的效力及效率。通姦罪本身是否必要或合理固然是一個問題，脫離實際太遠的法律運作很難得到社會的尊重。通姦如此處理，好似鼓勵日本古代武士「物語」描繪武士將姦夫姦婦一刀切成四塊的神勇。

　　第 8 篇「總統職權　不只寫在憲法」同樣也是批判對「罪刑法定主義」法律解釋及法律原則的誤解。在我看來，主其事的法官還屬勇於任事，只是在不正確的認識及方法下，反而誤事。無論如何，一定有很多「法匠」對我這樣批評「列舉說」不服，也許甚至咬牙切齒，認為法條不如此解釋，無法符合大家對法條解釋必須「客觀」、「中立」、「公正」的期待。我不反對解釋必須公正，但公正不是由某種特殊的「文義」或「法定」觀念而來，而是由大家充分的商議後的共識支撐，最多也只有特定時空下的意義。我很久以來已經放棄了「理性」的辯論一定可以改變一個人的成見的夢想。不過，對還沒有偏見的讀者，我改裝一下哲學家羅蒂的類似看法供你參酌：選擇某種言語解釋法律已經是做了價值判斷。除非有所謂價值中立的言詞，即不可能有不帶價值判斷的解釋。所以法律上不可能做不帶價值判斷的解釋❻。

　　第 9 篇「精神分裂的娼嫖罰而不罰」是第八及第九章女性法學方法的具體應用，以女性法學的角度批判形式平等的抽象觀念。大法官的「娼嫖都罰」或「娼嫖都不罰」才是平等正是在 70 年代盛行，後來已經證明不能絕對適用的「男女相同理論」(the sameness theory) 的翻版。我指出：如果性別平等可

---

❻ RICHARD RORTY, PHILOSOPHY AND THE MIRROR OF NATURE《明鏡本非檯》363–64 (1979).

以如此形式地解釋，理論上提倡「三妻四妾」對上法律允許「三夫四郎」當然也就非常平等了。事實上當然是把肉麻當有趣，痴呆當嚴肅。

第 10 篇「如此的『憲法守護者』」批評原本應該高興的大法官試圖在法律解釋中注入常識性的處理。只可惜以常識性的態度理解及詮釋法條及法律文字是一件事；以「社會通念」等同立法目的或法律精神是完全不同的事情。常識的解釋是妥適的追求；服從「通念」是意識形態的宰制。臺灣法學界既不援用常識，又不知檢驗「通念」。這是沒有常識加上缺乏智慧，是火上加油的方法謬誤。

第 11 篇「主權迷思　當務實面對」是第十一章的具體適用。在以淺顯的方式批評法律本位主義的「主權」概念處理兩岸關係的危險的同時，並在法律討論時注入社會科學對話。

第 12 篇「宇昌案的「左傾」幼稚病」部分由倫理的角度評論「宇昌」案的爭議，並與本書第十二章相互呼應。主要是指出解釋倫理要求必須具體分析實際情況，不宜將倫理規範無限上綱。

後記及進階書目是我的讀書心得及對有心進一步探討法學方法的年輕學者的建議。是否真正有用，有待實踐及時間的考驗。培根很早就說過：「在人能夠判斷自己作品的程度內，[我的意見] 最多不過像樂師調整樂器時毫不悅耳後來卻變成仙樂的雜音。所以，我最多是對繆司神的樂器做了調音，讓更高明的音樂家以後能夠奏出更美妙的音樂❻。」此書既已與你相見，我已調了雜音，仙樂靠你。

---

❻　Bacon, *supra* note 65, at 288.

‖第二章‖
法律與科學
Law and Science

科學真正的進步發生在其基本觀念改變之時，此種必須是激烈及顯然的科學本身的改變。科學發展的深淺取決於其基本觀念能夠經得起震盪的程度。(The real "movement" of the sciences takes place in the revision of...basic concepts, a revision which is more or less radical and lucid by the extent to which it is capable of a crisis in its basic concepts.)

MARTIN HEIDEGGER, BEING AND TIME（海德格，《存在與時間》）.

摘要 包括法學在內的社會科學一向受到自然科學研究的影響。從歷史上看，美國及歐洲各國法律的發展，都受到以牛頓物理為象徵的傳統自然科學模式的宰制，強調以中立客觀的態度分析獨立存在的外在世界，再以邏輯實驗的方法得出一般規律，組成系統，做為一貫的適用，臺灣法學界的主導法科學觀念與此歷史模式相同。但現代科學的科學模式已因相對論、量子物理、與混沌及複雜理論而徹底改觀。受現代科學影響的後現代科學觀一反傳統物理的機械觀；強調變化而非秩序、相對而非絕對、機率而非確定、整體而非部分、開放系統而非封閉體系、解釋而非呈現、社會建構而非客觀實在；對鬆動傳統機械法律科學觀，以及法學研究、法律解釋、法條適用，都會有深遠的影響。但臺灣法律人士的背景，法學訓練及研究的方向，都停留在傳統科學模式的認識，使法律教育的再思考增添一份急迫感。

壹 前 言

　　無論什麼領域的研究或發展，最終常常要受到時代大環境及大趨勢的影響，但是在這大環境之下所形成的，籠罩該領域原則假設的「典範」(paradigms) 卻也有一定的生命力，要再經過環境的變遷，長久的動盪，才可能建立新的一套典範❶。從歷史上看，社會科學一直受到自然科學發展及研究方法的左右❷，法學研究也不例外。

　　由於十七、十八世紀以降，自然科學令人昏眩的成就，使社會科學群起效尤自然科學。英國的穆勒 (John Stuart Mill) 就說過：道德（人文社會）科學的非科學落後狀態要以模仿物理學來補救❸。即使是仍然信奉傳統理論的當今學者，也理所當然地認為社會科學果真要成為科學，只有像自然科學一樣，努力發現客觀世界的一般規律❹。不知不覺之中：

> 科學成了現代宗教，認為：只有科學方法才能提供一條通往真理之路，而且只有一套合適的邏輯及一種可靠的方法，最終所有科學及知識領域都可以一統在簡化論及唯物觀之下❺。

❶　參閱 Thomas Kuhn, The Sturcture of Scientific Revolution《科學革命的結構》(1976).

❷　L. Douglas Kiel and Euel Elliott, Chaos Theory in the Social Sciences: Foundations and Applications《社會科學中的混沌理論：原理及適用》1 (1996).

❸　John Stuart Mill, A System of Logic《邏輯體系》833 (J. Robson ed. 1974).

❹　Ernest Nagel, The Structure of Science: Problems in the Logic of Scientific Explanation《科學的結構：科學解釋的邏輯問題》(2d ed. 1979). 關於 Nagel 的理論，參閱黃維幸，《法律與社會理論的批判》，新學林，2007 年，修訂二版，第 239–244 頁。

❺　Steven Best & Douglas Kellner, The Modern Turn《現代的轉變》202 (1997) ("Scientism became a modern faith, promoting the belief that the scientific method alone provided and royal road to truth, that there was one legitimate logic and one reliable

如果把法學也歸類在社會科學，依照這個意見當然也只有使用自然科學的邏輯和方法，尤其是物理學的方法，法學才能成為科學。

本章首先回顧一般對法律應該是科學的看法，從而指出：

一、法律的確是受到十七世紀以來自然科學，尤其是牛頓 (Newton) 機械物理觀的典範的影響，強調以中立客觀的態度，觀察檢驗外在獨立的世界，以演繹 (deductive)、歸納 (inductive) 及實驗 (empirical) 的方法得出體系完整的一般原則做為普遍的適用。

二、現代自然科學的典範已因相對論 (relativity)、量子物理 (quantum physics)、混沌及複雜理論 (chaos and complexity theories) 等的出現而徹底改觀。

三、法學盲從傳統觀念的自然科學已不適當，緊抱落伍的科學典範更是時空錯亂。

四、不過，雖然不適合將新的科學典範直接適用到法學領域，但是了解新典範才可能揚棄舊糟粕，使法學研究從現代科學觀念受到新的啟發，得到新的靈感。就像即使可能，卻從來沒有人直接運用牛頓物理到法學，而只是採納它的觀念❻，法學研究也不能照抄現代科學觀念及方法。但是，無論如何現代科學的啟示與比喻，對傳統法學的科學觀應該有震撼性的作用❼。

五、再者，我們更必須注意到在後現代的觀念裡，已經不再絕對割裂自

methodology, and that eventually all sciences and fields of intellectual endeavor could be unified within the same nomological reductionist, and materialist framework.")（在作者許多有關後現代的著作，本書較為平衡及深入，後現代科學部分甚佳）。

❻ *See*, FRITJOF CAPRA, THE TURNING POINT: SCIENCE, SOCIETY AND THE RISING CULTURE《轉振點：科學、社會及湧現的文化》102 (1982).

❼ EVELYN FOX KELLER, REFIGURING LIFE: METAPHORS OF TWENTIETH-CENTURY BIOLOGY《重新定位生命：廿世紀生物的隱喻》xi (1995). (Roles of scientific metaphors suggesting similarity and difference and "family resemblances" among different disciplines.) 我相信 Wittgenstein 首先使用 "family resemblance" 一詞。

然及社會科學，而認為自然及社會科學不過是不同領域的社會（人們的）構想 (social construction) 而已。

 科學模式

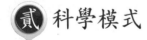 傳統的自然科學模式

近代科學的興起有許多科學家參與，十六及十七世紀許多科學巨人如哥白尼 (Copernicus)、克普勒 (Kepler)、伽利略 (Galileo) 等都對科學的發展做出鉅大的貢獻，留下輝煌的記錄。但是如果談到對近代科學有決定性影響的人物，通常大家會舉法國的數學／哲學家笛卡爾 (Descartes) 及英國的物理學家牛頓 (Isaac Newton)。

笛卡爾主張除了自我的存在無可懷疑之外，開始要懷疑一切，經過思考，根據證據，再以演繹的方法才能得出真正可靠的知識。所以他說：「我思，故我在。」(cogito, ergo sum.) 在笛卡爾的眼裡，思想（心）比外界的實在（物）重要，從而得出心物兩者不同而分離的結論❽。而在他的理論裡，外在物質世界就像一部機器，自然界的運作是根據數學和機械原理❾。

除了笛卡爾，牛頓之前還有英國的培根 (Bacon) 主張實驗 (empirical) 及歸納法。牛頓結合笛卡爾的演繹法與培根的方法，主張光是實驗而沒有理論的解釋，或由理論的演繹而缺乏實驗的證明，都不可能得到可靠的知識❿。

牛頓最基本的物理觀念是所有物體的運動發生在歐幾里德 (Euclid) 幾何的三度空間，而宇宙的物體是在一個絕對而靜止的空間中運動⓫。宇宙是一

---

❽ DESCARTES DISCOURSE ON METHOD AND THE MEDITATIONS《笛卡爾的方法論及沉思》53 (F. E. Sutcliffe trans. 1968). 又見 CAPRA, *supra* note 6, at 50.

❾ CAPRA, *supra* note 6, at 60.

❿ *Id*. at 64.

個整體與個體持續不斷互動的體系，這個體系內部有精確的平衡。例如他形容太陽系的運行有一段話是這麼說的：

> 木星 (Jupiter) 和土星 (Saturn) 的物質遠大於其他星球，這就是為什麼上帝將它們安排在離太陽那麼遠的地方。由於引力的關係，它們互相敏感地干擾對方的運行……如果它們離太陽以及相互之間再近一些，在同樣的引力之下，對整個體系會造成相當的擾亂⓬。

所以宇宙物體的運行就有如時鐘，精準、穩定、各就各位、生生不息。

由於牛頓物理的驚人成就，其他領域逐漸模仿它的方法。首先是化學，然後是生物，最後是心理學及社會科學。不過，運用牛頓的機械模式，也就必須像物理學對待物理現象一樣，將對象及事件視為客觀實體，依照一般規律，都要從外部以客觀冷靜的態度觀察⓭。

二 傳統的法律科學

傳統法學也深受以物理學為代表的科學典範的感染，以下從美國、歐洲傳統法學的發展，以及臺灣法學界的科學觀，都可以看到傳統物理科學觀深深的烙印。

1.美國的藍岱爾 (Langdell) 與形式法學 (Formalism)

美國法律的發展起源於殖民時期的英國普通法，一般而言，談不上對法律有比較有系統的研究。但是這不代表科學對法律毫無影響。有學者就認為

⓫ Id. at 65.

⓬ PHILOSOPHICAL PERSPECTIVES ON NEWTONIAN SCIENCE 《牛頓科學的哲學觀》 11 (Phillip Bricker and R. I. G. Hughes eds. 1990).

⓭ Id. at 215.

美國 1787 年憲法就是牛頓機械物理觀下的產物，以其權力分立及相互制衡的設計，做出有如一部自動運行的機器，應付未來可能發生的情況❶。

不過學者認為美國在 1860 年之前，所謂法律科學性的觀念大致表現在系統化及嚴格分門別類的訴求，並沒有一致的科學方法顯示它的科學性。當時所謂法的科學，主要在認為法須客觀，法須擺脫政治，以及法須專業化❶。

在這樣的氣氛之下，在十九世紀中葉美國的法學界出現了哈佛大學法學院長藍岱爾，提倡科學的法律。藍岱爾與當時的哈佛大學校長艾略特 (Eliot) 都認為：法學教育除了應該基於他們認為的實際存在的法律（即普通法 (common law)）之外，更須視法律為自然科學的一環。所以藍岱爾認為法學研究就如同當時的自然科學（尤其是物理），在尋求一般及客觀的法律原則，而各類法律（例如契約）即是一般原則組成的完整體系❶。由於法律是一般原則組成的體系，了解了這些原理原則之後，就可以對人世的繽紛，以形式邏輯的推演做出一貫而確定的適用❶。所以以藍岱爾為象徵的法律科學被稱為法律「形式主義」(formalism)。

就像物理學的研究在觀察客觀的外在世界，藍岱爾主張科學的法律研究

❶　參見 Laurence H. Tribe, *The Curvature of Constitutional Space: What Lawyers Can Learn from Modern Physics*《憲法空間的曲度：法律人士可以從現代物理學到什麼》, 103 HARV. L. REV. 1, 3 & fn 5 (1989). 又見 Daniel S. Goldberg, *Comments: And the Walls Came Tumbling Down: How Classical Scientific Fallacies Undermine the Validity of Textualism and Originalism*《樓牆倒塌：古典科學的謬誤如何影響文義主義及原意主義的效力》, 39 HOUS. L. REV. 463, 470 (2002).

❶　MORTON J. HOROWITZ, THE TRANSFORMATION OF AMERICAN LAW 1780–1860《美國法律的蛻變 1780–1860》257 (1977).

❶　Edward Rubin, *What's Wrong with Langdell's Method, and What to Do About It*《如何矯正藍岱爾方法的錯誤》, 60 VAND. L. REV. 609, 632 (2007).

❶　Thomas C. Grey, *Langdell's Orthodoxy*《藍岱爾的正統學說》, 45 U. PITT. L. REV. 1, 13 (1983). 又見 LAWRENCE M. FRIEDMAN, A HISTORY OF AMERICAN LAW《美國法的一個歷史》531 (1973).

的素材就是活生生的普通法判例，判例就是客觀存在的事實。而分析上訴審法院的判決，即可得出法律的一般原則 ❶。他又主張如同化學研究需要研究室，科學的法律研究也要有實驗室，而法律的實驗室就是圖書館，館中文件資料的分析，就可以得出法律制度的一般原例 ❶。所以藍岱爾與韋伯 (Max Weber)❷ 的看法相似：科學的法學教育不像英國的學徒式訓練，而在採用他所謂的「案例教學法」的大學法學教育 ❷。不僅法學院的訓練逐漸完全取代律師事務的學徒制，根據 1915 年美國教育當局的統計調查，所有美國的法學院都已經採用了藍岱爾發明的「案例教學法」❷。

風靡一時的科學的法律如今如何評價？有學者批評藍岱爾法律是科學的觀點，他的科學模式是純粹的理論科學，他的科學甚至不是物理或生物，而是歐幾里德的平面幾何。就像地質學不研究岩石，天文學不觀察星球，法律專業談法律好像只談與生活無關的邏輯推理❷。如今已經很少人奉「科學的法律」與「案例教學法」為法律科學的全部內涵。

2. 美國的法實在主義 (Realism)

法律形式主義在美國 20 及 30 年代受到法律實在主義 (legal realism) 的挑戰。但是實在主義並不質疑自然科學的重要性，反而是接受當時科學主流意識的實驗主義 (empiricism) 的觀點，認為只有用實驗方法，摒除價值判斷研究社會法律問題，才是科學的法律❷。法律要以這種科學的方法研究法律

---

❶ Rubin, *supra* note 16, at 633.

❶ *Id*.

❷ 參閱黃維幸，同上註 4，第 176 頁。

❷ Howard Schweber, *The "Science" of Legal Science: The Model of the Natural Sciences in Nineteenth-Century American Legal Education*《法律科學的「科學」：19 世紀美國法學教育中的自然科學模式》, 17 LAW & HIST. REV. 421, 461–62 (1999).

❷ *Id*. at 464.

❷ FRIEDMAN, *supra* note 17, at 535.

真正的運作 (law in action)，而不是紙上談兵式的法條分析 (law on the books)；使法官了解並盡力排除主觀價值判斷；最重要的是將法律改革視為社會工程 (social engineering) 來解決社會問題㉕。所以，實在法學雖然在很大程度上鬆動了法律形式主義，但是實在主義法學並沒有脫離十七世紀以來的傳統自然科學模式。

3.歐洲的「法科學」

⑴英倫的法律科學

就因傳統物理在英國起家，當時的法律思維也與古典科學觀息息相關。古典模式以歐幾里德幾何為師法的對象，注重觀念的一致，普遍而形式化的體系。法律原則適用到個案，就如同幾何原則運用到個別計算問題的分析。這些觀點以將英國普通法 (common law) 系統化的布雷克史通 (Blackstone) 的「匯覽」(Commentaries) 為最重要的代表㉖。

後來建立實證法學派 (positivism) 的奧斯丁 (John Austin) 更認為法學研究要運用純粹的幾何觀念㉗。法律要成為科學，一定要區分道德與法律原則，

㉔ Hanoch Dagan, *The Realist Conception of Law*《實在法觀念》, 57 Univ. Toronto L. J. 607, 640–41 (2007). 關於法實在主義又有 Stewart MaCaulay, *The New Versus the Old Legal Realism: "Things Ain't What They Used to Be"*《新舊法實在主義：時代不同了》, 2005 Wis. L. Rev. 365 (2005)（馬克禮是成名的法社會學家，但本文令人不敢恭維）。

㉕ Heikki Pihlajamaki, *Against Metaphysics in Law: The Historical Background of American and Scandinavian Legal Realism Compared*《反對法的形而上學：比較美國及北歐法實在主義的歷史背景》, 52 Am. J. Comp. L. 469, 473 (2004).

㉖ 此書版本很多，可以參考 Blackstone's Commentaries on the Law of England: In Four Books (Thomas M. Cooley ed., 3d. 2003).

㉗ Grey, *supra* note 17, at 16–17. 又見 Richard T. Bowser and J. Stanley McQuade, *Austin's Intentions: A Critical Reconstruction of His Concept of Legal Science*《奧斯丁的企圖：其法律科學觀批判性的重建》, 29 Cambell L. Rev. 47 (2006).

前者是形而上，而後者是科學❷。物理學的影響下的普通法觀念就是以歸納法得出原則，然後由演繹法去運用原理原則。所以普通法的基本原則由個案觀察得來，而又以如此得來的原理原則解決個案❷。

(2)德國民法典為代表的「法科學」

以德國民法典 (1896, the BGB) 為其高潮及代表的歐陸法律科學觀念及運動，影響之重大深遠眾所周知。雖然在發展的期間也有像後期的自然法學派認為法之所以科學是因為符合自然的理性，或薩維尼 (Savigny) 強調法律科學的歷史性，略呈不同風貌❸，但其認定法律應是科學的完整體系，則無二致。弔詭的是薩維尼對羅馬法的註釋研究導致德國民法典式的「法科學」❸。

歐陸這種法律科學觀的看法是將法律現象視同自然現象，要如同自然科學一般使用觀察及分析的「科學」方法得出一般規律。前面說過的穆勒 (John Stuart Mill) 主張人文科學必須效法物理學，影響德國人創造了「精神科學」(Geisteswissenschaft) 一詞（即現在的社會科學）❸；而德國的大羅馬法學家宋姆 (Rudolph Sohm) 也認為要用化學分析的方法研究法律❸。總而言之，科學的法律表現在：不含非法律雜質，而以概念定義及邏輯形式理性嚴謹的一般原則所建構的體系❸。

上述由研究羅馬法的註釋學派所主導的「法科學」，在十九世紀末到廿世紀初被法國的法學自由科學研究（以 François Gény 為代表的 libre recherche scientifique）及多少受其感染的德國的自由法運動（例如 Jhering 及

---

❷　Goldberg, *supra* note 14, at 469.

❷　Grey, *supra* note 17, at 19.

❸　RUDOLPH SOHM, THE INSTITUTES: HISTORY AND SYSTEM OF ROMAN PRIVATE LAW《法律匯覽：羅馬私法的沿革及制度》155 (James C. Ledlie trans., 1970).

❸　*Id.*

❸　*See, supra* note 2 and its accompanying text.

❸　HENRY MERRYMAN, THE CIVIL LAW TRADITION《大陸法傳統》62 (2d ed. 1985).

❸　*Id.* at 61–67.

Kontorowitz)，對「法科學」的形式主義提出一定程度的批判，後者並影響
了美國的法實在主義。但是與實在主義相似，自由法運動沒有質疑科學，而
是要求更多的經驗科學❸。

4. 臺灣法學界的法律科學觀

除了法律應該是一種科學，或法學研究應該適用科學方法，似乎是一種
沒有人懷疑的共識之外，臺灣學界對法律的科學內涵以及法律做為一種科學
究竟是什麼意思，似乎並沒有多少人深入思考。

早期王伯琦教授認為：法學與藝術不同，法學與科學同樣是以理性對事
物做客觀的觀察、追求真理的原則、是抽象概念的體系、探求事物的原因、
運用邏輯方法❸。又說：

> 所有法條，無不是極抽象而有普遍性的原則……各個概念
> 及各個原則之間，加以嚴密的邏輯組織，而成為極有系統
> 的規律。將這種規律適用於同種同類的各別事例時，就獲
> 得了普遍一致的結論❸。

所以，法律是以客觀理性及觀察邏輯的方法做成的具有確定性的體系。
基本上是德國式的「法科學」觀念的翻版。這是至少半世紀前基於當時認識
的科學的法律的代表性看法，神似牛頓物理的科學模式。

當代學者對法科學性的觀念則又是如何呢？用功之勤如王澤鑑教授者只

---

❸　參閱 James E. Herget and Stephen Wallace, *The German Free Law Movement as the Source of American Legal Realism*《美國法實在主義源頭的德國自由法運動》, 73 Vᴀ. L. Rᴇᴠ. 399, 401–18 (1987), 尤其是第 440 頁以下附錄中 Fuchs 的主張。作者認為法國的 Gény 才真正是自由法運動的始作俑者。*Id*. at 409–10.

❸　王伯琦，《王伯琦法學論著集》，1999 年版，第 13–14 頁。

❸　同上，第 14 頁。

說：「中國法制因繼受德國法而科學化❸。」所以，我只能假定王教授認為像律例這種中國的傳統成文法典及民商習慣法不是科學，而完全同意上述「法科學」就是科學的法律的內涵。

又有學者認為：法學與自然科學雖不盡相同，但「一般事物之認識，依邏輯分析的方法或經驗事實的驗證方法為之，可以獲致客觀性。法學或法解釋學……亦復相同。」「憑此二者，科學乃具有客觀性❸。」意思是：法學依邏輯分析及實驗方法達到客觀，這就是法律之所以是科學的理由。這是類似牛頓和培根的科學觀。

不過，在這麼大量同質性的「通說」壓得胸悶的時候，偶爾也有較清新的觀點讓人能夠稍微喘一口氣。有學者批評：

> 一般法律人所熟悉的法學方法，幾乎等同於法律的解釋方法，也就是所謂的「文義解釋」、「目的解釋」、「體系解釋」、「比較解釋」、「歷史解釋」等等方法……教導學生如何在法律規範體系內找到具體的答案。法學研究儼然自成一個體系，而在法律文義的框架下推演「從文義出發，再回到文義」的邏輯❹。

論者認為這樣的觀點算不得法學方法，我則以為這種主張就連法律解釋的妥適性都成問題❹。物換星移，滄海桑田，這種批評連對科學的法律觀是否造成了小小的漣漪都有疑問。

❸　王澤鑑，《民法學說與判例研究第五冊》，1987 年，第 9 頁。同義又見第 18 頁。

❸　楊仁壽，《法學方法論》，1999 年，簡體版，第 32 頁。

❹　劉尚志、林三元、宋皇志，〈走出繼受，邁向立論：法學實證研究之發展〉，《科技法學評論》，3 卷，2006 年，第 13 頁。此文某些主張頗有見地，但我對法學的「實證」(positive) 及「實驗」(empirical) 方法才是科學方法的說法，有所保留。參見以下現代及後現代科學的討論。

❹　參閱黃維幸，《務實主義的憲法》，第三章務實主義與憲法解釋，新學林，2008 年。

5.傳統的科學的法律模式

從以上的討論可以看出，受到傳統科學影響的法律模式的基本態度是採納體系式的解決方法，不受政治或意識形態左右的實驗主義方法，體系完整的一般原則，以及講求科學方法。總之：

⑴由中立的角度做客觀的觀察；

⑵測試假說；

⑶根據普遍一般的原則，做一貫的適用❷。

所有的傳統法律科學觀都涵蓋在這個模式之下。

根據這個模式，我做出傳統法科學的四個命題：⑴法律是客觀存在的外在實體，與自然界沒有基本上的差異；⑵觀察或適用法律或法條的取向與自然科學家觀察自然界的態度無異；⑶法律由當為的命題構成，與自然科學現象的素材固然有別，但不影響法律人士參與與發現普世的共同規律；⑷法律解釋與自然科學沒有本質上的不同，都要以中立客觀的方式發現客觀存在的法律意義，然後適用到具體案件。只要法律的解釋方法正確，法律的意思可以有客觀的一致性。這種一致性成就法的安定性及預測性，是為法治的最高價值。我們以下會看到所有四個命題及其衍生的觀念所仰賴的自然科學觀，在現代及後現代科學的觀念變化之下，都已成為泡影。

參 現代科學的典範

以牛頓為代表的傳統科學觀在現代科學興起之後其實已經處於無以為繼的場面。現代科學在愛因斯坦的相對論 (relativity)，其後的量子物理 (quantum

---

❷ John Veilleux, *The Scientific Method in Law*《法律的科學方法》, 75 Geo. L. J. 1970–71. 又見 Goldberg, *supra* note 14, at 468.

physics)，以及 70 年代崛起的混沌及複雜理論 (chaos and complexity theories)❸的衝擊之下，已呈現異於傳統科學的嶄新典範。

一 相對論

　　愛因斯坦的特殊相對論有兩個「基本假設」：⑴根本無法確定物體到底是靜止或相對於固定的乙太 (ether) 做均速運動❹。⑵不論光源如何運動，通過太空的光速恆等❺。而其基本的觀念就是沒有一種絕對的方法可以確定均速運動❻。愛因斯坦舉了一個通俗的例子，一個在運行的火車中的乘客，在牛頓的觀念裡認為：絕對無法用機械物理的方法在火車中測出該人的運動，愛因斯坦更進一步主張沒有任何包括光學或電磁波的方法可以測出這種運動。只有乘客往車外看到窗外景色的變換並以之做為參考架構（參考系），才有可能知道自己的運動。但另一方面如果以火車做為靜止的參考架構，那麼可以說相對於靜止的火車，是窗外的物體在移動❼。愛因斯坦之前的物理界都認為宇宙充滿了一種固定靜止看不見的乙太，而光就是通過乙太傳遞運動。愛因斯坦一反成見，主張根本沒有「乙太」，從而最多只能根據選擇的參考架構

---

❸ 此處沒有暗示所謂現代科學只有相對論，量子物理，及混沌理論。有學者認為除了以上三個領域，還有熱力學 (thermodynamics)、控制論 (cybernetics) 也對現代科學起了變革的作用。BEST, *supra* note 5, at 196. 關於熱力學發展對科學新典範的影響參閱 ILYA PRIGOGINE AND ESABELLE STENGERS, ORDER OUT OF CHAOS《混沌有序》(1984) 及 Alvin Toffler 的導讀。

❹ MARTIN GARDNER, RELATIVITY SIMPLY EXPLAINED《淺釋相對論》34 (1997) (There is no way to tell whether an object is at rest or in uniform motion relative to a fixed ether.)（相當不錯的科普作品。有不完整又有基本錯誤的中文譯本《大眾相對論》）。

❺ *Id.* (Regardless of the motion of its source, light always moves through empty space with the same constant speed.)

❻ *Id.* at 31.

❼ *Id.* at 30–31.

得出相對運動的結論。

　　特殊相對論又認為時間也是相對，一反牛頓物理中以地球的時間當成普世的時間。愛因斯坦用通俗的邏輯思考解釋他的意思，而我把他的例子稍為簡化：假定有一乘客在停在火車站的車廂同時看到遠處兩個閃電，他可以斷定兩個閃電發生在與他等距的兩個不同地方。假定在火車以相當速度前進時，他又同時看到車前方與車後方兩個閃電，由於火車是向著前方閃電的方向運動，簡單的物理強迫他得出車後方的閃電一定是先發生的結論。所以，時間的同步性取決於你的參考架構，因而時間是相對而非絕對❹。換句話說，宇宙之間沒有一種絕對時間可以用以測出絕對的同步性❹。

　　愛因斯坦發表了特殊相對論後，經過十一年的苦思進一步提出一般相對論，把均速運動做為相對論的特例，將相對論推展到加速運動。其中最基本的觀點是消除了牛頓力學中「慣性」(inertia) 與「重力」(gravity) 的區別。在牛頓物理觀念，去除了空氣的阻力的話，由於作用於不同質量的自由落體的引力必須克服本身對等的慣性，所以質量不等的物體在等高點向地球落下時會同時到達地面，事實上伽利略 (Galileo) 已經做過這樣的實驗。愛因斯坦說「慣性」與「重力」沒有區別，其實是同一個現象，只看你用什麼做參考架構。把落體當成靜止，外部的宇宙就成了（加速度的）慣性場。這是愛因斯坦著名的慣性即是引力的理論 (principle of equivalence)，在這個理論之下，加速運動也是相對的❺。換句話說，沒有任何實驗可以顯示無論在做均速運動或加速運動的觀察者是在運動還是靜止，運動或靜止是相對於參考架構的觀念❺。

---

❹　*Id*. at 35–37.

❹　*Id*. at 37. ("There is no absolute time throughout the universe by which absolute simultaneity can be measured.")

❺　*Id*. at 69.

❺　*Id*. at 73.

我的目的不在（也不可能）深入研究物理學，而在從了解相對論尋找新的啟發和靈感。⑴愛因斯坦放棄原本就找不到的乙太，從而提出了邏輯一致的特殊相對論。同樣的，放棄了慣性與引力的區別，使他從特殊擴展到一般相對論。⑵沒有客觀絕對的標準來衡量時間、空間、速度、與長度，這些都是決定在選擇參考架構下的相對觀念。從這個角度看，對研究法律的新角度至少有兩點啟示：有些問題沒有答案是因為問題本身不對，解決的辦法是放棄這些問題❺❷，而不是尋求更好的解釋；而有些問題沒有絕對標準，答案是相對的。

▊ 量子物理

廿世紀初期，緊接著相對論的偉大發現是量子物理。牛頓物理認為除非外力干擾，依伽利略「動者恆動，靜者恆靜」的道理，物體沿直線不間斷地運動；量子力學認為物體運動不一定是直線運動，原子內的分子運動是不規則跳躍。牛頓物理是客觀觀察外在井然有序的世界的一種程序，因此外在世界存在而且可以經由觀察發現；量子物理則認為在微觀的物理世界，觀察的對象由觀察者及觀察方法所決定，並非客觀存在❺❸。量子物理主張在不規則的表面現象之下，宇宙有其規律性，只是此種規律不是一般想像或期待的規律性，更無法用傳統物理的語言陳述❺❹。此外，牛頓物理認為宇宙可以視為諸多物體的運動，而運動可分解為個體觀察；量子物理則主張複雜的宇宙整體由各部分的運動組成，但觀察部分無法了解整體❺❺。

---

❺❷　放棄錯誤問題才能得到答案的例子，在以下討論的量子物理也發生過。在 Max Born 的機遇理論出現以前，物理學家一直想要準確地測量電子如何向低溫狀態跳躍運動，直到 1926 年 Born 一反追求確定，而認為原子以下物質的活動原則上不是機械觀的確定，而是機遇率，從而解決了問題。參見 KENNETH W. FORD, THE QUANTUM WORLD《量子世界》105–13 (2004).

❺❸　FRED ALAN WOLF, TAKING THE QUANTUM LEAP《量子跳變》9, 56 (1989).

❺❹　GARDNER, *supra* note 44, at 6.

在諸多量子力學的發現中，特別值得注意的是海森柏 (Werner Heisenberg) 的「不確定理論」❺ (principle of indeterminacy 或 principle of uncertainty。有人翻為「測不準理論」，不傳神)。海森柏在與哥本哈根實驗所的薄爾 (Niels Bohr) 工作之前，已經根據薄爾原子不是物質的看法，進一步推論所有傳統對世界的看法的錯誤。他領悟到物體的運動並不是川流不息的連續運動，而以肉眼觀察大型物體的運動方式並不能毫無疑問地轉而運用到原子以下的微觀物理世界。他同時又受到愛因斯坦相對觀念的影響，認為沒有絕對的標準可以確定電子等在原子中的運動❺。

但是如何觀察原子內部的活動？有一個方法是利用光的照射與反射，可是光子 (photons) 照射在電子的時候一定會因為所攜帶的能量對電子的衝擊，使電子的運動即刻發生變化。於是海森柏從而主張：觀察的結果並不能發現客觀存在的運動狀態，而是取決於觀察者用什麼樣的觀察方法觀察；不是結果等待我們觀察發覺，而是「實在」(reality) 或結果只有在觀察開始才發生，更因觀察者及觀察方法而有別。觀察大型物體運動時的誤差也許可以忽略，原子內部活動因不同觀察產生的差異，卻使確定的測試結果成為不可能。進一步而言，如果宇宙由運動無法準確觀測的電子組成，則牛頓的客觀機械的世界無疑是虛幻的❺。

直接引用力學原理到法律研究，即使可能，也不易成功。但有幾個量子力學的觀念，例如：整體觀察的取向，以及海森柏的不確定原理，強調因觀察而異的現象，都對鬆動機械的法科學模式很有啟發作用❺。

---

❺　*Id*. at 56.

❺　*Id*. at 115.

❺　*Id*. at 106–07.

❺　*Id*.

❺　參閱 R. George Wright, *Should The Law Reflect the World?: Lessons for Legal Theory from Quantum Mechanics*, 18 FLA. ST. U. L. REV. 855 (1991)（比較早期的嘗試，主要在印證批判法學派：法不確定，法非客觀等觀點）。

三 混沌及複雜理論

傳統科學一向注意規律性的一面，科學之所以為科學在於發現可以檢驗的一般規律，如果在科學研究過程發現了不規律，通常的態度是把它當成一時的不便，很少想到不規律也許才是常態、不規律之中或許有其規律性。另一方面，量子物理的出現，某一程度上又將十七世紀以來科學的專精細緻帶到極致，科學發展可以說是已經窮盡對部分及細節的研究。同時，專精主義也將科學研究部門化，學科的領域狹窄，不同領域也互不聞問。

在這個背景下 60–70 年代興起以研究複雜系統的混沌理論，由不同領域的專家合作研究複雜系統的不規律現象。我們可以舉雪的例子說明混沌及複雜理論❻。雪片由雪花形成，但看似相似的雪花其實沒有一片相同，因為雪花的形成受到起頭點 (initial conditions) 的影響，起始的條件諸如氣溫壓力及雪花的化學成分都使每片雪花發展不同。所以，從雪花凝聚成為雪片並不是依照簡單確定的原則，而是決定在起頭點不同，亂中有序的不規律發展，其結果並非可以預測，科學家稱之為混沌。從雪花的合併互動造成雪片。雪片並非毫無秩序，而是雪花的自組 (self-organizing) 發展而成，科學家稱之為「發生」(emergence)。混沌是不穩狀態，大量的雪片的淤積在某些情況下可能造成雪崩，這就突變成了「災難」(catastrophes)。

混沌理論對牛頓機械式及可預測的世界衝擊很大。牛頓的世界建築在穩定及秩序的觀念上，混沌理論認為自然界不僅充滿不穩及混亂，不穩及混亂還是宇宙複雜體系演化的必要❻。混沌及複雜理論使科學家看到前所未知的

---

❻ 以下的陳述大都取自 J. B. Ruhl, *Complexity Theory as a Paradigm for the Dynamical Law-and-Society System: A Wake-up Call for Legal Reductionism and the Modern Administrative State*《複雜理論做為動態法律與社會系統的典範：喚醒法律簡化論及現代行政國》, 45 DUKE L. J. 849, 876–89 (1996).

❻ KIEL, *supra* note 2, at 2.

形式，新的結構，新的秩序，以及亂中有序❷。

　　有些學者試圖從混沌及複雜理論觀察法律做為自生 (self-organizing) 的
系統及法律與社會做為共同進化 (co-evolutionary) 的體系，強調法律體系不規
律性的一面及有利於進化的幾近混沌狀態，自有其新穎之處，但是離一家之
言也許還有相當距離❸。不過，有幾個比較大的取向對法學研究可能非常有
價值，例如，混沌及複雜理論強調整體而非部分觀察；開放系統而非自成體
系❹；相互的聯繫而非單元的切割❺；原始條件對發展歧異的關鍵作用❻；

---

❷　BEST, *supra* note 5, at 220.

❸　已經有一些法律論文採用混沌及複雜理論，例如：J. B. Ruhl, *Regulation by Adaptive
Management－Is It Possible?*《適應管理的管制——可能嗎?》7 MINN. J. L. SCI. &
TECH 21 (2005); Thomas Earl Geu, *Chaos, Complexity, and Coevolution: The Web of
Law, Management Theory, and Law Related Services at the Millennium*《混沌、複雜、共
同演化：二十一世紀法網，管理理論，法律有關的服務》, 66 TENN. L. REV. 137
(1998); J. B. Ruhl, *The Fitness of Law: Using Complexity Theory to Describe the
Evolution of Law and Society and Its Practical Meaning for Democracy*《法律的妥適：以
複雜理論陳述法律與社會的演化及對民主的實踐意義》49 VAND. L. REV. 1407
(1996)；Mark J. Roe, *Chaos and Evolution in Law and Economics*《混沌及法律與經濟
的演化》, 109 HARV. L. REV. 641 (1996).

❹　PRIGOGINE, *supra* note 43, at xv. ("Most phenomena of interest to us are, in fact, open
systems, exchanging energy or matter (and, one might add, information) with their
environment.")

❺　相關作品可參閱 STEVE JOHNSON, EMERGENCE: THE CONNECTED LIVES OF ANTS, BRAINS,
CITIES AND SOFTWARE《發生：螞蟻，腦部，城市，及軟件的關聯》(2001) (科普作品
使用 "emergence"、"self-organizing"、"CAS"、"networks" 等觀念解釋螞蟻生活，
都市計劃等非常不同的現象)。比複雜理論更進一步用到網絡觀念的參閱 LABERT-
LASXLO BARABASI, LINKED: HOW EVERYTHING IS CONNECTED TO EVERYTHING ELSE AND WHAT IT
MEANS FOR BUSINESS, SCIENCE, AND EVERYDAY LIFE《關聯：事情如何都是連在一起及其對
商業，科學，和日常生活的意義》(2003) (以網絡觀念解釋看似全然不同的活動像
酒會，商業和科學)。

穩定與變動；甚至混沌對系統演化相同的重要性等等，都與傳統法學思維相
當不同。

四 後現代科學觀

現代科學的發展產生嶄新的科學典範，但這種變化並不是孤立的，而是
與整個後現代的思潮相呼應，可以說現代科學激發了後現代潮流，但本身又
受到時代大趨勢的影響。簡單地說，後現代理論認為工業革命之後帶來的現
代社會及文化，已經因物質及科學不斷的進展邁入一個性質不同的後現代歷
史階段。後現代的文化，及其隨同的價值觀與世界觀與現代社會迥異。

以科學而言，進入後現代意味著與牛頓物理的機械、專精、實在、確定
的世界觀決裂。後現代科學主張二十世紀以後科學的典範是質換 (entropy) ❻❼、
演化、有機、不確定、機遇率、相對性、互補性 (complementarity) ❻❽、解釋、
混沌、複雜、自我形成 (self-organization) 這些觀念 ❻❾。我們在前面已經看到，

---

❻❻　KIEL, *supra* note 2, at 24.

❻❼　所謂「質變」的觀念首先是由熱力學發展出來。我們過去都學過物質或能量不滅定
　　律。但是熱力學發現這在穩定平衡的系統之內有其適用，但在發展變動的系統就不
　　一定正確。例如，水變成蒸汽時，在某種情況下可能在質變的過程中喪失部分的能
　　量。所以「質變」的觀念成為複雜理論研究複雜系統變化裡重要的一個觀念。關於
　　entropy，參閱 PRIGOGINE, *supra* note 43, at 117–22.

❻❽　互補性是薄爾 (Niels Bohr) 的理論，他認為互補性觀念與海森柏的「不確定原理」
　　是量子物理的兩大事實。他認為測量必然改變測量的對象，所以測量只能測出部分
　　的現象，有部分沒有顯現出來的現象並不是消失了，而是與測出的現象互補地存
　　在。這個觀念在哲學上有更進一步的適用。參閱 ALASTAIR RAE, QUANTUM PHYSICS:
　　ILLUSION OR REALITY?《量子物理：幻想還是實在》49–50 (1986).

❻❾　關於現代與後現代科學不同的列表，參閱 BEST, *supra* note 5, at 195. 關於現代與後現
　　代之不同，*id.* at 225; *see also id.* at 255–57. ("Rejecting unifying, totalizing, and
　　universal schemes in favor of difference, plurality, fragmentation and complexity;
　　renouncing closed structure, fixed meaning, and rigid order in favor of play,

這些觀念與相對論、熱力學、量子物理、混沌及複雜理論鼓動的思潮沒有兩樣。

由於後現代思維強調文化及語言的作用，認為科學不僅是自然的建構，同時也是社會的構想，也像社會科學一樣經由語言的作用，受文化的制約，法律與科學因此都有社會建構的一面❼⓿。所以，後現代思潮從反面顯示法律執著傳統科學模式的不當，同時又縮小自然科學新典範與社會科學的距離。

肆 現代科學與科學的法律

現代及後現代科學觀對法律會有什麼影響是一個法律學界仍待思考的問題，我選擇幾個議題，提出可以思考的方向。

一 心物之分／主客觀之辨

前面已經討論了笛卡爾的心物之分，但是其淵源卻始自希臘古典哲學。在蘇格拉底之前的帕孟尼底斯 (Parmenides) 就有了心物之分的萌芽，其教義的中心問題呈現為神諭的二種訊息：凡是神告訴他有關實在 (reality) 的種種完全為真；神告訴他有關世間的意見則完全為假❼①。從而得出：實在的本質

---

indeterminacy, incompleteness, uncertainty, ambiguity, contingency, and chaos; abandoning naïve realism and representational epistemology, unmediated objectivity and truth; and deconstructing boundaries within and among different disciplines.")

❼⓿ David S. Caudill, *Law and Science: An Essay on Links and Socio-Natural Hybrids*《法律與科學：論社會——自然連結和融合》, 51 SYRACUSE L. REV. 841, 853 (2001). 以後現代觀念分析法律思潮變化的嘗試參見 GARY MINDA, POSTMODERN LEGAL MOVEMENTS: LAW AND JURISPRUDENCE AT CENTURY'S END《後現代法律運動：世紀末的法律與法理學》224 (1995).

❼① 2 W. K. C. GUTHRIE, A HISTORY OF GREEK PHILOSOPHY: THE PRESOCRATIC TRADITION FROM PARMENIDES TO DEMOCRITUS《希臘哲學史第二冊：蘇格拉底前，從帕孟尼底斯到德摩

是真理；人為觀念構想的世界則為假象❼。其後柏拉圖在對話錄中藉由帕孟尼底斯與蘇格拉底的對話提出「形式」(Form) 的觀念，認為客觀世界的存在形式是一種真實。但是由於我們無法掌握「形式」，所以無法得到真正的知識，只能認識實在的表象 (appearances)❼。所以，有一個獨立存在的實在叫做「形式」，人的知識活動是去認識這個外在的「形式」。上面已經提到，笛卡爾繼續這心物二分的傳統。

從心物二分，自然就產生了影響西方哲學最為深遠的主觀／客觀二元論。一旦心／物二分被習以為常地接受，久而久之心物二分好像是真正的「實在」。所以牛頓以來近代科學把「外界的實在」當作觀察的對象。而法律不僅是觀察外在世界得來的一般原則，解釋和適用法律也是對客觀存在的法律「實體」的認識。

新的科學典範及其鼓動的後現代思維否定了心／物、主觀／客觀的二元劃分，早期的海森柏就已經發難，他說：

> 自然科學不僅僅描述和說明自然，而是自然與我們之間的
> 互動，自然科學描繪的自然是我們研究方法看到的自然❼。

同樣的，我們已經知道相對論認為沒有絕對標準可以陳述宇宙絕對的時空：量子力學主張觀察方法及觀察者界定「實在」；混沌理論否認確定有序的

克理塔》4 (1965).

❼ *Id*.

❼ Plato, Parmenides, ¶134A–E, in Plato: The Collected Dialogues, Including the Letters 《「帕孟尼底斯」》，收入《柏拉圖對話錄及信箋》928–29 (Edith Hamilton & Huntington Cairns eds. 1961).

❼ Werner Heisenberg, Physics and Philosophy: The Revolution in Modern Science 《物理及哲學：現代科學的革命》81 (1958). ("Natural science does not simply describe and explain nature; it is a part of the interplay between nature and ourselves; it describes nature as exposed to our method of questioning.")

體系。

在這樣的新典範及新思潮之下，長期以來依附傳統科學觀的許多法學論述忽然變得有重新檢討的必要。一向優而為之的「主觀說」、「客觀說」；強以為有意義的「價值的客觀面向」；夢裡追求的「原意」，仔細一想，全都變得虛無縹緲。

二　法律與事實

傳統的科學觀對待事實有如客觀存在的實體，有待人的觀察。中立客觀的觀察者（即科學家）觀察的結果即可做成理論。所以理論與事實雖有聯繫，此種聯繫只是表示理論基於事實，事實的存在有其自主的獨立性。

但是近代科學及科學哲學既不承認主體與客觀實體的分別，不認為理論與事實可以截然劃分。事實的陳述需要理論，沒有理論事實的分類及意義即屬不可能，有時只有不同的理論才能看出不同的事實❼❺。

在傳統科學影響之下，事實是獨立外在的觀察對象，法律（理論）與事實不同，可以分割。法律適用之中的事實認定，不僅獨立於法律適用之前，而且一般而言被視為證據及相關性的問題，只要能發現更多及更可靠的證據，法律的適用即只剩法律解釋的問題。如果你把相關的事實抽離為「法律事實」，法律即有適用餘地。所以即以行為的刻畫，也有所謂「事實行為」與「法律行為」之分；一般的事實可以發現法律事實，甚至可以將事實與事實之間分割為「因果關係」，說一般的現象是「因」，法律事實是「果」❼❻，將

---

❼❺　參閱 1 Paul Feyerabend, Realism, Rationalism & Scientific Method: Philosophical Papers《實在主義，理性主義及科學方法第一集：哲學論文》157 (1981).

❼❻　黃茂榮，《現代民法與法學方法》，2006 年 4 月，增修五版，348–349 頁（所引何孝元、鄭玉波、劉得寬等人意見）。所謂一般事實與法律事實有因果關係是極為驚人及荒謬的看法。傳統的看法裡，觀念或事實陳述之間沒有因果關係，最多只能經由語言陳述物理界的因果。

傳統物理界的因果變成觀念界的規律運作。

雖然涂爾幹 (Durkheim) 認為科學研究要把社會現象當成客觀的事物 (choses) 觀察❼❼，蕭滋 (Schutz) 卻認為如何刻畫社會現象是社會科學仍待解決的問題❼❽。但是從上面近代科學及科學哲學的主張看來，自然科學就事實的認定也是爭議極多。傳統科學忽視的事實認定問題在現代科學及科學哲學的挑戰之下突顯了許多問題：現代科學否認有客觀、獨立、永恆存在的實在，不承認傳統科學研究以第三者的中立觀察客觀世界的可能。

尤有進者，事實的刻畫仰賴理論，從人為建構的理論才能陳述事實，所以說：

> 事實與理論，事實與語言，有比事實是外在自主觀點所假
> 定的更為密切的關聯。事實如何陳述本就需要理論，有時
> 只有不同理論才能看出不同的事物。因此，事實陳述改變
> 但理論不會改變這種說法講反了。不尋常的理論及不熟悉
> 的言語先發生才會知道習慣的說法的不足❼❾。

所以即使有所謂「法律事實」做為與法律截然分割的可能，必須有法律理論及觀念存在於事實分析之前，事實才能成為「法律事實」。所以，刻畫事實已經是分析法律，並不是「法律事實」存在於法律理論及觀念之前❽⓪。同理，法律解釋或適用絕不純粹是中立客觀分析事實之後的一種選擇。可以說：

---

❼❼ ÉMILE DURKHEIM, LES RÈGLES DE LA MÉTHODE SOCIOLOQUE《社會學方法論》77 (1988). ("La proposition d'après laquelle les faits sociaux doivent être traités comme des choses—proposition qui est à la base meme de notre mèthode....").

❼❽ ALFRED SCHUTZ, THE PROBLEM OF SOCIAL REALITY: COLLECTED PAPERS《社會實在的問題文集》1 (1982).

❼❾ FEYERABEND, *supra* note 75, at 157.

❽⓪ Ronald J. Allen & Michael S. Pardo, *The Myth of the Law-Fact Distinction*《法律／事實分割的神話》, 97 NW. U. L. REV. 1769, 1806 (2003).

事實分析必然是法律分析；法律的適用必然是事實的解釋。

　　傳統科學還有一個原因需要把事實當成外在獨立的實在，那就是以為必須切割價值與事實。牛頓物理下的認識論完全分割事實與價值，後者是慾望、情緒的主觀表現，即使看起來是連結外在世界，事實上只是代表感情❽。

　　但是，把法律當成中立的觀察者所觀察的外在實在並不可能。制定了一套抽象法律原則，其存在對我們並不產生特別的意義，只有法律原則在具體情況的運用才對我們產生意義，也才是開始對法律的理解。換句話說，抽象原則對人並無影響，只有具體適用影響才會發生，也才產生意義。所以法律的意義並沒有客觀認知及價值取捨的分別；沒有認知法律客觀意義 (cognitive) 及判斷法律主觀價值 (normative) 有意義的區分。法律的意義永遠發生在具體情況當為的拘束❽。

三 法學研究

1.形式邏輯

　　傳統法科學以為做成體系完整的法律原則後，適用形式邏輯的推理就可以達到對個案一致的適用，這就是法律之所以為科學的理由。其實，不必等到後現代思潮，杜威 (Dewey) 早就認為真正的思考過程並不使用邏輯形式，而是以形式邏輯組織思考的結果。他特別指出律師早就知道他如何證明想得到的結果，為了證明推理嚴謹，最後也許以三段論法的邏輯形式呈現，但是

---

❽　Errol Harris, *Ethical Implications of Newtonian Science*《牛頓科學的倫理意義》, in Bricker, *supra* note 12, at 213.

❽　參考 Frederick Mark Gedicks, *Conservatives, Liberals, Romantics: The Persistent Quest for Certainty in Constitutional Interpretation*《保守派，自由派，浪漫派：堅持追求憲法解釋的確定》, 50 V<small>AND</small>. L. R<small>EV</small>. 613, 628–29 (1997)（運用 Gadamer 及 Betti 理論批評原意主義）。

這與原來想法及結論沒有直接關係❸。他認為人的思考過程是首先有些想法，然後形成問題，暫時做出結論，繼續推論，最後加以檢驗完成❹。

現代科學的新典範更進一步顯示形式邏輯思考的侷限：在量子力學強調現象的不確定，測量的機遇性；混沌理論主張的不規律，非線形思考等新觀念的對照之下，「法科學」的形式邏輯之對法律的科學就有如霧裡看花。

2.專精細緻

臺灣的法學界之所以落後現代科學如此之遠，與傳統科學強調專精主義 (reductionism) 有分不開的關係。法學既是專業教育，當然以絕大部分的時間訓練學生熟悉法律。傳統「法科學」又以為所有法律問題理論上都可以在法典中找到答案，加上學生進入法學院之前只有高中的訓練，法律人士對法學以外包括對自然科學的了解，不僅膚淺，而且瞬時之間即變為陳舊過時。但是沒有一個社會或法律問題可以完全由法律角度得出完整的理解或妥適的解決，法律專精主義對臺灣法律人士的社會角色形成嚴重的挑戰。

從後現代科學思維衡量，這種不完善的專業法律教育為害甚大。混沌理論跨越許多不同領域，「由於它是對系統的普遍性的科學，它聚集許多不同領域的思想家……他們覺得是在揚棄科學走向專精的潮流，扭轉以分析單元諸如粒子 (quarks)、染色體 (chromosomes)、神經末梢 (neurons) 來分析系統。他們認為他們自己在發掘整體」❺。整體論者主張整體才能解釋部分，整體不

---

❸　JOHN DEWEY, HOW WE THINK《我們如何思考》74 (1933).

❹　*Id.* at 107.

❺　JAMES GLEICK, CHAOS: MAKING A NEW SCIENCE《混沌：創造新科學》5 (1987). ("Chaos breaks across the lines that separate scientific disciplines. Because it is a science of the global nature of systems, it has brought together thinkers from fields that had been widely separated...They fell that they are turning back a trend in science toward reductionism, the analysis of systems in terms of their constituent parts: quarks, chromosomes, or neurons. They believe that they are looking for the whole.")

只是部分的集合；反之，機械論者則主張部分可以孤立且精確地掌握而不會對脈絡造成太大的影響❽。法律人士如果不能對知識有較完整的浸淫，他們不能也不應該承擔不成比例的社會責任。

3.法律移植及繼受

臺灣的法律絕大部分由國外繼受而來，而學界也以援引外國法條、判例及學說為法律研究之圭臬。並進一步主張：「外國之法例得視為法理而適用，實是法律解釋學方法論上一項重大進步❽。」

研究外國法有其不可否認的重要性，對於提昇法學研究又有不可磨滅的貢獻。我只是想重申混沌理論的基本主張：起始點的絲微差別，可能導致其後發展的重大差異（蝴蝶效應），而複雜系統的發展基本上無規律可循。所以，繼受不管多麼「科學」的外國法及援用不論多麼「深奧」的外國法例或學說，要看到本國不同環境，即不同的起始點。對外國法例的效果只能有合理及有限度的期待，甚至不能期待它們在本國會有如在外國預期的發展。從這個角度看，既要了解外國法制，更應該注意本國的脈絡。

四 追求法律的最佳解釋方法的迷信

由於我有其他專文詳細說明沒有所謂最佳的法律解釋方法❽，在此我只重申沒有外在獨立的標準可以用來評估某種特定的法律／憲法解釋，更沒有

---

❽ 參閱 STEVEN BEST & DOUGLAS KELLNER, THE POSTMODERN ADVENTUER: SCIENCE, TECHNOLOGY, AND CULTURAL STUDIES AT THE THIRD MILLENNIUM《後現代探新：廿一世紀的科學，科技及文化研究》22 (2001). ("Proponents of holism claim that parts are explained by the whole, rather than the whole being merely the sum of its parts, each of which, mechanistic theorists assert, can be isolated and precisely controlled without significant consequences to its context.")

❽ 王澤鑑，《法學入門——民法概要》，2007 年 9 月，二版，第 20–21 頁。

❽ *See*, *supra* note 41.

客觀存在的尺度可以用來衡量解釋的好壞與對錯。所有我們所謂的標準不過是我們習慣成自然的信念。既然沒有獨立存在的標準，也就沒有理由認為某種解釋方法或某些方法優於其他方法。從我的觀點，我們對解釋的結果是否覺得妥適，能否接受是主要的關鍵。至於如何達到這個結果，無論是法律文字的要求、法律目的的影響、脈絡情境的決定，我想並非重點。所以，分析各種解釋方法固非毫無意義，爭論何種解釋方法最好卻是形同嚼蠟。

　　愛因斯坦解決傳統物理數百年來關於「乙太」(ether) 如何影響運動的問題，不是提出另一套更好的理論，而是直接了當認為根本沒有物理學家尋求的「乙太」❽❾。新務實主義哲學家羅蒂 (Rorty) 最有名的一個主張就是：我們應該全盤放棄自希臘時代數千年以來追求思想或語言表現外在實體的表象／實在之分，以及笛卡爾以來哲學上的心／物之別，因為這些錯誤的問題問些不存在的問題，反而成了哲學進步的障礙❾⓪。法律界也應該放棄「什麼是最好的法律解釋方法？」這類無聊的問題。

五　科學是社會構想

　　前面已經提到，包括法學的社會科學一直受到自然科學典範的左右，傳統的法律科學觀就是明證。但是，在這個主流意識之外，也有一些反思認為社會科學有異於自然科學的特點，不能完全使用自然科學觀察實驗的方法從事研究❾①。

　　後現代的科學觀進一步主張：傳統科學觀不但有其不適當之處，而且不

---

❽❾　GARDNER, *supra* note 44, at 30.

❾⓪　Richard Rorty, *A Pragmatic View of Contemporary Analytic Philosophy*《務實地看現代分析哲學》, in 4 RICHARD RORTY, PHILOSOPHY AS CULTURAL POLITICS: PHILOSOPHICAL PAPERS《哲學論文集第四冊：做為文化政治的哲學》133 (2007).

❾①　參閱黃維幸，同上註 4，第 244 頁。又可參閱 JÜRGEN HABERMAS, ON THE LOGIC OF THE SOCIAL SCIENCES《論社會科學的邏輯》(S. Michelson & Starke trans., 1988).

應有「君臨天下」的態勢，籠罩社會科學的研究。後現代思想拒絕現代認識論中主客體的區別，主張「對外界的認識通過議論及社會構想的主觀❾❷。」混沌理論也告訴我們：二種科學的「差別」也許大都是人為的❾❸。所以科學哲學家費爾本認為：

> 自然科學與社會科學的分別（或古老的 Naturwissenschaften 及 Geisteswissenschaften 的區別），或類似的科學與藝術的切割（科學與人文），其實不是真有區別。藝術、人文、科學都只是還在使用的不同傳統。強為區分只不過無端製造了不必要的頭痛❾❹。

重要的是：「科學是社會構想：科學由一群人集在一起從事，是一種社會活動，活動依照某些模式、某些方法、某些原則，所以科學是一種構想❾❺。」

後現代典範的蛻變表示科學和人文二種文化的區隔縮小，二者都強調真理一般而言由語言及文化決定。而無論科學、文學、或哲學，也都採納時間觀念及歷史方法。這一來鬆動許多領域之間方法不同的僵硬狀態，但仍然允許科學有它獨特的方法及成果❾❻。

---

❾❷ Steven Best & Douglas Kellner, Postmodern Theory: Critical Interrogations《後現代理論：批判研究》83 (1991). 本書為較早期嘗試由分析及批評 Foucault、Deleuze、Guattari、Baudrillard、Lyotard 等人思想建構後現代。可讀性雖高，很多綜合觀察似乎勉強。

❾❸ Kiel, *supra* note 2, at 3.

❾❹ Paul Feyerabend, Farewell to Reason《再見了理性》14 (1987).

❾❺ Best, *supra* note 5, at 236 ("In a very important sense, science *is* a social construction: It is made by people working in groups, it is a *social* activity, and it is made according to certain models, methods, and principles, and thus it is a *construction*.")（原作者的 italics）。

❾❻ *See*, Best, *supra* note 5, at 261.

六 封閉的法律體系

　　儘管美國法學界有過實在法學的衝擊，歐陸法學也有自由法學的挑戰，但是直到最近以前，法學研究仍然皈依十八、十九世紀依據傳統科學觀的舊法科學模式❾，而臺灣的法學就更是如此。一方面絕大部分法律人士不知道科學的典範已是今非昔比，另一方面則正因如此，法律人士圍繞著法條和法典互相使用圈外人無法了解的語言，繼續建構他們的法律科學。簡而言之，體系封閉是目前法學界最嚴重的致命傷。

　　複雜系統與以前的自成體系的系統有別，自成系統不與外部互動，內部維持「均衡」的物質或能量有時會消失。複雜系統對外開放，與外部交換能量、物質及信息，有如五色繽紛的萬花筒❾。法律系統的封閉至少導致法學研究的呆滯。由於觀念及方法陳腐（我沒有說有或要有一定方法），哈佛大學法學院有個著作等身，名噪一時的契約法大師韋里斯頓 (Williston)，其著作如今看來不過是一卷一卷空洞無物的資料堆砌❾。

　　緊抱落伍的科學觀，又以為世事的紛擾真的完全可以在大部頭的法典找到解決，因此語言、詞藻、觀念、構想常常是脫離常識，不食人間煙火的法律概念式表達，這是法律人士易犯的錯誤。對量子力學做出偉大貢獻的薛丁格 (Schrödinger) 對科學界類似的現象有過這樣的評論，他說：

---

❾　*See*, Glenn Harlan Reynolds, *Chaos and the Court*《混沌與法院》, 91 COLUM. L. REV. 110, 116 (1991).

❾　BEST, *supra* note 86, at 121. (Unlike 'closed systems' that do not interact with their environment, remain in conditions "near equilibrium" and suffer entropic breakdown, complex systems are "open" in that they exchange energy, matter, and information with their surroundings and exist in conditions "far-from-equilibrium." Turbulence, change, and structures and forms of behavior at a higher level of order and complexity, just as a turn of a kaleidoscope changes the entire pattern of colors and shapes.)

❾　FRIEDMAN, *supra* note 17, at 543. ("...volume after volume of a heavy void.")

我們常忘記所有科學活動與文化息息相關，而且即使目前
最先進、最奇妙、最深奧的科學理論，放在文化脈絡之外
就失去意義。理論科學不要忘了，科學一些相關和合宜的
想法終會變成社會教育群使用的觀念和詞彙，成為他們的
世界觀。我的意思是：理論科學如果忘了這點，而懂得理
論的這些人持續在少數專家及搖旗吶喊的人之中使用只有
這些人才懂的語言互相吹捧，總有被整個社會唾棄的一天，
不管這些孤立的專家的討論多麼妙不可言，終會喪失活力，
變得僵化**⑩**。

只要把「理論科學」換成「法律」，上面的評論完全可以適用在法律界。

---

⑩ Erwin Schrödinger, *Are There Quantum Jumps?*《有量子跳變嗎》, III The British Journal for the Philosophy of Science 109–10 (1952). 引自 PRIGOGINE, *supra* note 43, at 9–10. 為了中文的流暢，我採非常自由的意譯方法，原文如下："...there is a tendency to forget that all science is bound up with human culture in general, and that scientific findings, even those which at the moment appear the most advanced and esoteric and difficult to grasp, are meaningless outside their cultural context. A theoretical science unaware that those of its constructs considered relevant and momentous are destined eventually to be framed in concepts and words that have a grip on the educated community and become part and parcel of the general world picture－a theoretical science, I say, where this is forgotten, and where the initiated continue musing to each other in terms that are, at best, understood by a small group of close sallow travelers, will necessarily be cut off from the rest of cultural mankind; in the long run it is bound to atrophy and ossify however virulently esoteric chat may continue with in its joyfully isolated groups of experts."

伍 結 論

臺灣的法律界對現代科學的忽視是真實而嚴重的問題。如果我們真正以嚴肅的學術態度看待法律人士對科學的了解，我幾乎可以說在臺灣也許只有法律人士仍然使用傳統的科學語言，連其他社會科學及哲學領域都已不再如此。因為法律人士大都沉溺在自成體系的法條裡，法律訓練及法律人士的背景也從來沒有培養對法律以外的知識足夠的能力與好奇，因此對法律以外的發展渾然不覺或了無興趣。進入法學院就像誤入知識的迷宮；研讀六法全書好似陷入思想的泥淖。法律人士所使用的科學語言既然還停留在培根及牛頓的時代，法學研究裡就沒有現代科學的詞彙和觀念，法律人士自然也就無法描繪現代科學語言和角度陳述的世界。即使一些「見多識廣」的「法界領導」不會同意我的評價，而認為目前法學教育「非常成功」！我還是要很不客氣的說：除了某些特別的科技領域（例如生物生醫或電腦）與法律管制之間的關係，這種程度之內的科學知識和觀念之外，法律界對現代科學的認識是一片空白。

傳統的科學觀對法律的進步和現代化當然有過不可磨滅的貢獻，但是也到了應該放棄舊科學觀念和詞彙的時候了。德國大社會學家韋伯 (Max Weber) 曾經說過：理論被推翻乃是科學家共同的命運，我們不能一方面希望科學更進步，他方期待理論不被超越。偉大如愛因斯坦者也只能期待：他的理論是就我們現在的了解的範圍內對自然最佳的解釋。

愛因斯坦去世之前回想了他一輩子的作為，說了一句對牛頓最為尊崇的話。他說：「牛頓，原諒我！」（"Newton, forgive me!"）[101] 也許臺灣法學界說：「薩維尼，藍岱爾，原諒我！」的時間早就過了，不過我還是相信永遠不會太晚。

---

[101] GARDNER, *supra* note 44, at 65.

第三章

法律推理：推斷
Legal Reasoning: Abduction

現代的人被古希臘所謂的 sorites 也就是純粹演繹式的推理誤導了。使用三段論法開創不了新知，因為結論早就涵蓋在大前提之內。三段論法最多只能發現包含在大前提內的次要真理。([T]he moderns are led astray by their fondness for that strictly deductive form of reasoning which the Greeks called sorites. The person who uses the syllogism brings no new element, since the conclusion is already implied in the initial proposition or assumption: analogously, those who employ the sorites merely unfold the secondary truth which lies within the primary statement.)

GIAMBATTISTA VICO, ON THE STUDY METHODS OF OUR TIME（韋科，《論當代研究方法》）

其實，我們一般都是從朦朧的期待結論（或至少是各種結論）開始思考。然後再找某些原則及資料來支持結論或讓我們在不同結論之間做出明智的選擇。沒有律師用三段論法思考當事人的案子。(As a matter of actual fact, we generally begin with some vague anticipation of a conclusion (or at least of alternative conclusions) and then we look around for principles and data which will substantiate it or which will enable us to choose intelligently between rival conclusions. No lawyer ever thought out the case of a client in terms of the syllogism.)

JOHN DEWEY, LAW AND LEGAL METHOD（杜威，《法律與法學方法》）

摘要　推斷 (abduction) 是一種日常生活及法律推理中常見的推論方式，但卻是極為陌生的邏輯觀念，通常被掩蓋在法界對經驗法則或自由心證的討論之中。大部分人也不了解推斷在法律判斷中的地位及作用。認識推斷的形式、要件、限制、及缺陷，才能使所謂心證的公開或論理的判斷 (reasoned decisions)，具有實際的意義。

壹　前　言

對於很多人來說，即使在日常生活中經常使用推斷 (abduction)❶，它卻是一個非常陌生的觀念。之所以陌生，是因為我們不大有意識地察覺它是思考的一種特殊形式，不僅一般邏輯書籍沒有討論推斷❷，而且連「推斷」一詞都不是常見的詞彙❸。以法律領域而言，不僅法學方法的研究一向不多❹，一般法學方法及法理學論述極少觸及推斷❺，而法律實務也沒有對它的闡述。

❶ ABDUCTIVE INFERENCE: COMPUTATION, PHILOSOPHY, TECHNOLOGY《推斷推論：計算，哲學，科技》6 (John R. & Susan G. Josephson eds., 1996).

❷ 例如 IRVING M. COPI, INTRODUCTION TO LOGIC《邏輯導論》(7th ed. 1986)（討論包括非形式邏輯、符號邏輯、歸納、演繹、類推等，但沒有討論推斷）; ALFRED TARSKI, INTRODUCTION TO LOGIC AND TO THE METHODOLOGY OF DEDUCTIVE SCIENCES《邏輯入門及演繹方法》(Olaf Helmer trans., 1995)（沒有討論推斷）。

❸ 也有漢英字典將「推斷」用來泛指 "infer" 及 "deduce"。北京外語學院英文系編，《漢英詞典》，商務印書館，1986 年，第 698 頁。本文以「推斷」指 "abduction"，「推論」指 "inference"，「演繹」指 "deduction"，而以「推理」指 "reasoning"。

❹ Vern R. Walker, *Discovering the Logic of Legal Reasoning*《發現法律推理的邏輯》, 35 HOFSTRA L. REV. 1687 (2007)（認為法律界投入法學方法的研究極為有限）。

❺ 例如下列標準法律推理的專著都沒有討論推斷：FREDERICK SCHAUER, THINKING LIKE A LAWYER: A NEW INTRODUCTION TO LEGAL REASONING《像律師一樣思考：法律推理新論》(2008); NEIL MACCORMICK, LEGAL REASONING AND LEGAL THEORY《法律推理及法律理論》

近來雖漸有對推斷的注意，但是大部分的討論也僅集中在科學哲學❻及人工智慧（或人工智能）(artificial intelligence)❼的論述之中。

　　至於包括法律在內的臺灣學術界及實務界對推斷則似乎是毫無認識。以法律界而言，我沒有看到過學術或實務界任何討論，實體法及程序法也無規範。儘管有不少對論理法則（邏輯）、經驗法則、或自由心證的分析，即使這些分析本應與推斷息息相關，但是這些論述都未觸及推斷。說到論理法則或經驗法則，不僅不假思索地接受演繹及歸納的「科學」性，而且在所有討論之中，推斷則不與聞焉。或許因為推斷的思維本非一種法則，其不在論理或經驗法則的討論範圍似不足為奇。講到自由心證，在一般的了解之中則是與所謂「法定證據」互為區隔的證據判斷方法。至於如何可以從證據的認定，在不經歸納、演繹、類推、或什麼「法則」可以達到法律判斷，則是在思想上跳躍了一個未經解釋或論證的巨大鴻溝。此種陌生，從我必須鑄造「推斷」

(1978)；Edward H. Levi, *An Introduction to Legal Reasoning*《法律推理導論》, 15 CHI. L. REV. 501 (1948)（後出為專書）。極少數的例外是 RICHARD A. POSNER, THE PROBLEMS OF JURISPRUDENCE《法理學問題》105 (1993)（只提及，無討論。此書有中文翻譯：朱蘇力譯，《法理學問題》，2002 年 11 月，元照繁體本。但把 "abduction" 譯為「劫持」；"Peirce" 譯為「皮爾斯」（即 Pierce），第 540 頁）。又中央大學楊凱琳教授也提到 "abduction"（譯為「誘導」或「臆測」較為接近），《HPM 通訊》，第 8 卷，第 2、3 期合刊，2005 年 3 月（感謝黃光雄教授的指引）。中文有關（但不甚完整精確，引用資料又出奇的稀少）的討論，參閱大陸學者雍琦著，楊智傑校訂，《法律邏輯學》，五南，2008 年 1 月，第 431–458 頁；吳家麟編，林文雄校訂，《法律邏輯學》，五南，1993 年 1 月，第 275–311 頁。但討論的題目是「假說」，並參雜在其他章節之中，比較不能令讀者領略到「推斷」的重要性，不過已屬難能可貴。

❻　例如 Bas C. van Fraassen, *The False Hopes of Traditional Epistemology*《傳統認識論的妄想》, 60 PHILO. & PHENOMENOLOGICAL RES. 253 (2000).

❼　*E.g.*, Josephson, *supra* note 1. 較早期也多少已經過時的對法律與人工智慧的討論，參閱 Edwina L. Rissland, *Artificial Intelligence and Law: Stepping Stones to a Model of Legal Reasoning*《人工智慧及法律》99 YALE L. J. 1957 (1990).

一詞來代表英文的 "abduction" 一字，也可窺見一二。總而言之，在很多自以為邏輯嚴謹的推論裡，我們用的不是什麼演繹、歸納或「法則」，而是沒有經過深入了解的推斷。

可是另一方面，一般學界對如何建立假設，怎麼建構假說，法律界對如何做成判斷，卻存在一些道聽塗說、以訛傳訛，甚或想當然爾的錯誤或陳舊的觀念。例如，胡適的「大膽假設，小心求證」，流傳多年，琅琅上口。可是看完本章的討論，你雖不一定會覺得應該「大膽求證」，也許你會同意必須「小心假設」。又如有些所謂「研究方法」的討論，似乎過分強調某些學派把發掘或建立假說視為科學論證之外的心理學範疇的觀點（下詳），認為所謂「發現的場合」(context of discovery) 不僅與邏輯無關，甚至可以包括非理性的冥想、託夢、或「上帝的啟示」❽。可是一旦你了解推斷與假說（包括建

---

❽　郭秋永，《經驗主義的因果解析》，第 5 頁（無註明日期之國科會社科中心研習營學術交流坊 2008 年 9 月 25 日於世新大學舉辦「社會科學的哲學問題」電子檔講義）。（「在『發現系絡』中，研究者如何獲得良好述句，幾無定則可尋；它可能來自上帝的啟示，或別人的沈思結晶，或個人的偶現靈感等等。」）如果我沒看錯，也許因為論文題目的目的所限，郭教授的講義雖屬國內極少數難得深入探討因果關係的論文，但似乎偏重或深受邏輯經驗論（又稱邏輯實證論）的影響，而比較疏於著墨該派學說之後的發展（波柏 (Popper) 及韓培 (Hempel) 基本上沒有跳脫邏輯經驗論，雖然波柏不是邏輯經驗論者），可能造成學員的誤解。不過我從該次會上參與者的討論裡得到的印象是：社會科學領域對邏輯經驗論以外的發展不是完全不熟悉，「方法論」可能偏差的問題，似尚不算嚴重（反之，國科會法律方法論「研習營」的胡摸瞎碰，以為除了對已是日薄西山的「釋義學」(legal dogmatic) 做些妥協之外，可以以連法學界一般都不甚了了的「實證調查」一法來做方法論上的交代，才是問題）。我服膺穆勒 (John Stuart Mill) 的觀點，堅信學術的健全與進步，一定要通過並歡迎不同觀點，並做誠實的交互詰難（不是吹捧）與相互監督（不是中傷）。我的朋友許登源（何青）比我更是深受殷海光老師的啟迪，在 60 年代遠赴美國柏克萊加州大學擬拜邏輯經驗論最主要人物，逃脫納粹迫害赴美的卡納普 (Rudolph Carnap) 為師。沒想到那時美國已幾無人信奉殷老師當時還在臺灣大力提倡，而我

構科學理論）的關係，或許你會同意：原來科學發現（也可以擴及法律判斷）並非胡思亂想，毫無章法，以為可以一股腦兒推在理性的論證之外。至於法學界之奉三段論法的「涵攝」(subsumption) 為法律推理至高無上的「鐵則」，我已在其他場合批判❾，不需在此重複。換句話說，由於沒有合理認識推斷，即便討論牽涉到推斷或誤解了推斷也毫不自覺❿。

　　本章的目的在盡量以淺顯的方式，試圖填補或分析上述的不足，從而指出：

　　一、推斷是包括法學界在內的臺灣學界比較陌生，甚至是完全不曾了解的推理模式。臺灣學界在法學方法就法律推理 (legal reasoning) 的討論裡，也許會觸及或介紹邏輯的演繹法 (deduction)、歸納法 (induction)、甚或類推 (analogy)，但是我沒有看到對推斷做詳盡的分析。

　　二、雖然推斷在邏輯上不是有效的推論方法，但是它卻是日常生活及法律實務上無可避免的思考形式的一種。

　　三、法律學術及實務界就法律決斷的推理過程，一向圍繞在決定過程的一些雖是重要但屬周邊的議題——止於討論「經驗法則」、「自由心證」、「法定證據」；分析「論理原則」又多限於演繹歸納；講到「類推適用」也從不了解推斷與類比（甚至比喻）的關係及所起的作用。

　　四、面對如此生疏的局面，加上推斷雖在邏輯上站不住腳，卻必然使用在法律推理上的現象，法界應當充分了解其存在的事實及其適用的侷限。尤其是司法判決及行政處分更應徹底討論如何以推斷做成判斷，披露推斷的過

　　們當時所皈依的邏輯經驗論，卡納普也因而被迫離開柏克萊。許登源因而撲了一個大空，最後成了馬列主義的忠實信徒。他告訴我這段典故後，自己又寫在何青，《現代辯證法：「資本論」新說》，2007 年 11 月，「資本論」研究會，序言。我以這個故事與研習營和我交流的所有學員共勉。

❾　見本書第六章第 188–191 頁。

❿　例如法院作出實例時將所有不論有意義或無意義的判斷經過（包括推斷），一股腦兒推給說都說不清楚的「經驗法則」。參見同下註 76–84 及其本文。

程，進一步論證其推斷做成的判斷的正當性。

 何謂推斷 (Abduction)

▇ 一 柏爾斯論推斷❶

　　一般研究推斷的論述大都同意❷：真正提出推斷理論的是美國務實主義 (pragmatism)❸的鼻祖柏爾斯 (Charles Sanders Peirce) (1839–1914)。他的創見雖然不是最為詳細及系統化，但是後人對推斷的進一步解釋，很少能夠超越柏爾斯所提出的基本架構，所以，講到推斷必定要談到柏爾斯。柏爾斯的理論可以大略分為討論推斷做為邏輯方法的一種、推斷的作用、運用推斷的限制、以及推斷與務實主義的關係。

---

❶　柏爾斯較早期並沒有發明 "abduction" 一字，而是用 "retroduction" 指同樣的意思。1 COLLECTED PAPERS OF CHARLES SANDERS PEIRCE: PRINCIPLES OF PHILOSOPHY《柏爾斯作品集第一冊：哲學原理》68 (Charles Hartshorne & Paul Weiss eds., 1960). 有時則乾脆叫 "hypothesis"，即「假說」。

❷　有學者指出亞里斯多德也指出過類似推斷的邏輯形式，NORWOOD R. HANSON, PATTERNS OF DISCOVERY《發現的模式》85 (1969); Pek van Andel & Daniele Bourcier, *Serendipity and Abduction in Proofs, Presumptions, and Emerging Laws*《靈感及推斷到證明，推定，及法律的發生》, 22 CARDOZO L. REV. 1608 (2001). 參閱 Aristotle, *Prior Analytics & Posterior Analytics*《前後解析學》, Book I, ¶24ª10–Book II, ¶100ᵇ15, in 1 THE COMPLETE WORKS OF ARISTOTLE《亞里斯多德全集第一冊》39–166 (Jonathan Barnes ed., 1984).

❸　關於對柏爾斯的務實主義的詮釋參閱 WILLIAM JAMES, PRAGMATISM, in WILLIAM JAMES: WRITINGS 1902–1910《務實主義，詹姆士作品：1902–1910》(Bruce Kuklick ed., 1987). 法律方面的中文簡介參閱黃維幸，《務實主義的憲法》，新學林，2008 年 10 月，第 49–56 頁。

1.什麼是推斷?

　　柏爾斯主張邏輯推理有三種，即推斷、歸納、演繹。演繹是絕對可靠的推理方式，從一定的前提可以得出正確的結果，事情的真假與推理過程的正確完全是兩回事。歸納則是某種程度的計量。推斷則要看有多少符合眾多的事實。他認為歸納與演繹永遠沒有辦法產生新觀點，所有科學的觀念來自推斷。推斷檢視事實然後建立理論（假說）來解釋這些事實❶❹。

　　柏爾斯舉了一個親身的例子說明推斷：有一次他在土耳其某港口看到一個人騎在馬上，周邊由四個騎士在他頭上頂了遮陽的大傘。他覺得只有該地的總督才有這種派頭，因此他做出此人必是總督無疑的結論❶❺。這就是一種推斷出來的假說。

　　我個人也有類似經驗。有次我在泰國某一高爾夫球俱樂部打球，由於只有我一個人，又是私人俱樂部，打球的會員不多，所以一下子就趕上前面的球員。可是仔細一看，前頭只有一個年紀不小的球員，卻有二十來個隨從又是打傘又是搖扇，也有人提水及搬椅子，前呼後擁，好不熱鬧。由於是私人俱樂部出現此種場景，我猜測或許是泰國總理在打球。我得出這個結論，也是從各種跡象推斷出假說，事後也得到俱樂部有關人員的證實。這也是從事

❶❹　5 COLLECTED PAPERS OF CHARLES SANDERS PEIRCE: PRAGMATISM AND PRAGMATICISM《柏爾斯作品集第五冊：務實主義》§145 (Charles Hartshorne & Paul Weiss eds., 1963). 這必須與 Carl Hempel 著名的 hypothetico-deductive model（簡稱 H-D Model）或 Karl Popper 影響很大的 theory of refutation 嚴格區分。兩者雖都強調積極或消極測試假說，但都不認為如何建立假說是科學或邏輯關切的問題。參見 CARL G. HEMPEL, ASPECTS OF SCIENTIFIC EXPLANATION《科學解釋面面觀》(1965) 及 KARL R. POPPER, THE LOGIC OF SCIENTIFIC DISCOVERY《科學發現的邏輯》(1959) 以及以下對「發現的場合」的討論。

❶❺　2 COLLECTED PAPERS OF CHARLES SANDERS PEIRCE: ELEMENTS OF LOGIC《柏爾斯作品集第二冊：邏輯》625 (Charles Hartshorne & Paul Weiss eds., 1960).

實推斷假設的例子。

　　推斷與一般主張建立科學理論的假說必須可以消極地駁倒 (refute) 或積極的成立 (confirm) 有很細膩而重要的差異。推斷而建立的假說固然應該依據其根據的事實不斷調修，但修正的目的在做好假說，而不在汲汲建立理論的效力。用柏爾斯自己的話說：

> 在結果及觀察的事實之間，看到了某些一致的地方之後得
> 出來的假說，可以有兩種方法繼續處理。首先，我們可以
> 從已知的事實詳加檢驗假說是否符合事實，或有無修正必
> 要……但這不是歸納，還是不能證明結論正確，只是創造
> 性地做出假設的推斷。很多研究邏輯的人將這段過程視為
> 歸納是推理的重大錯誤。但是如果將之理解為進一步適用
> 歸納的前奏，不在檢驗假說而是繼續調修假說使之更為精
> 確，那這部分的過程是為研究方法必要的部分❶❻。

　　所以，推斷雖然不是歸納，但是它與歸納卻是程序相連，「推斷是科學推理的第一步，而歸納則是最後的步驟。推斷與歸納的共同之處在於因觀察的事實而成立假說。但兩者是推理的兩極……推斷從事實開始，但還沒有一定理論；歸納則已經有了假說，再繼續尋求事實的支持❶❼。」其他科學理論對建立假說不是以為推斷就是歸納，就是以為這根本不是什麼特殊的思考形式(現代統計學是特殊的例外)；柏爾斯則主張設想假說雖非歸納，但卻也是一種叫做推斷的推理形式。

---

❶❻　7 Collected Papers of Charles Sanders Peirce: Science and Philosophy《柏爾斯作品集第七冊：科學與哲學》114 (Arthur W. Burks ed., 1958).

❶❼　*Id*. at 218.

2.推斷的作用

　　柏爾斯認為推斷建立假說的目的是在說明有待解釋的事件。亦即，推斷有三個步驟：察覺需要解釋的事實 (P)；提出可以解釋事實的假說（如 H 則可解釋 P)；進一步檢驗 H 是否正確❶。換句話說，推斷雖是建立假說，它卻也是一種在現有事實之前所下的判斷。

　　根據柏爾斯的看法，以推斷建立假說又有其科學上的特別重要性，因為推斷能夠發現新觀念及新理論。據他說：

　　　　推斷是建立假說解釋現象的程序。因為歸納只是集合大量
　　　　材料後的結論，而演繹是推演純粹假說的必然結果，邏輯
　　　　上只有推斷才能導出新觀念。演繹證明必然結果；歸納說
　　　　明某些規律；推斷指出可能。推斷建立的假說可以用演繹
　　　　預測而以歸納檢驗。如果我們知道什麼或了解什麼現象，
　　　　只有推斷才能做到❶。

　　總結柏爾斯對推斷的看法，推斷不僅是邏輯歸納及演繹之外的一種推理形式，可以從事實建立假說，而且是唯一以假說發現新理論的推理方法。

3.推斷的侷限

　　推斷雖然在科學發現上有無可取代的重要性，但是柏爾斯也明白承認推斷有其問題與侷限。柏爾斯在堅持推斷無論如何應該屬於一種邏輯形式的同時，也承認其邏輯效力十分微弱。他明白地說：「……推斷不是可靠的邏輯方

---

❶ Scott Brewer, *Exemplary Reasoning: Semantics, Pragmatics, and the Rational Force of Legal Argument by Analogy*《類型推理：語意學，務實學，及法律類推的合理性》, 109 HARV. L. REV. 925, 947–48 (1996).

❶ PEIRCE, *supra* note 14, at 171.

法。推斷假設常常是完全錯誤，推斷方法也不一定發現真實，因為假設所要解釋的現象可能會毫無合理的解釋。使用推斷的唯一理由是因為推斷是可能找到合理解釋的僅有方法❷。」

推斷是不精確的方法，所以建立假說有其必須小心的地方。柏爾斯這方面的陳述雖然不盡詳細，但是他強調：「假說如果能成立，必須將假說視為一個問題，而非平鋪直述的結論；檢驗假說能不能適用到新事實，支撐假說的證據不能刻意挑選對假說有利部分，而是能適用或無法適用到新事實都要誠實記錄❷。」同時更要考慮假說能否用實驗檢驗；有無事實的相干性；並兼顧「時間、精力、費用、檢驗等經濟因素❷。」

所以，在柏爾斯心目中：假設不是大海撈針式的「大膽假設」，或遊魂式的漫無邊際的瞎碰，而是根據事實並有效加以檢驗的合理程序。推斷不是胡思亂想，而是必然受到理性的限制。以法律的領域而言，推斷雖然能有發揮想像及創意的自由空間，但是不能缺少合理的法律論證及對具體個案的妥適性❷。也許就因為如此，柏爾斯認為推斷是與歸納及演繹並列的邏輯形式。我們可以不同意推斷是嚴謹的推理方法，但是不能忽略推斷之為理性的思維模式。

4.推斷與務實主義

柏爾斯是美國務實主義的始祖❷，務實主義主要在反對形而上學喜愛在

---

❷　PEIRCE, *supra* note 15, at 777.

❷　*Id*. at 635; 參閱 DOUGLAS WALTON, ABDUCTIVE REASONING《推斷推理》31 (2004). (「柏爾斯的觀點認為推斷是建構假設的推理過程。一個假設不過是證據累積之後就可以推翻的暫時猜測。所以推斷的推理是假定，只是暫時猜想，不必馬上證明，可以只存在少量的證據。不過，假說在相反的證據出現之下就應該放棄。」)

❷　PEIRCE, *supra* note 16, at 220.

❷　Brewer, *supra* note 18, at 1026.

❷　關於務實主義在法學上的運用，參閱黃維幸，同上註 13，第 39–56 頁。

抽象觀念之間做定義、分類、比較、推演，但脫離實際、忽視實際後果的習慣。柏爾斯認為務實主義其實就是推斷問題。務實主義的看法之一是認為：至少就邏輯而言，一個理論和觀念與另一個理論和觀念如果對實際行動沒有產生任何實際的區別，那麼這種理論和觀念就沒有邏輯的意義可言。如果務實主義提出了有效的假說足以解釋面對的事件，其他假說就沒有必要❷❺。換句話說，推斷假說必須由實際出發，而不是任意的冥想；所接受的假說必須比其他可能的假說對於實際更能產生實質的影響，這些都是務實主義的精神。

柏爾斯還明白承認：推斷是一種沒有把握成功的一般預測方法，既然如此，它唯一還能成立的理由是因為只有通過這個辦法還有可能對將來的行為有所影響。歸納則是由過去的成功的例子使我們期待將來也是如此❷❻。柏爾斯這裡的說法必須與他提倡的務實主義合起來看，從他的眼光來看，推斷不僅符合務實主義的態度，它本身就是務實主義的實踐。

二　推斷研究的發展

柏爾斯創建（至少是發揚）了推斷，但是他對推斷的論述流於一般，有些議題也沒有系統的陳述。而除了零星的引用，他的推斷理論也近乎一個世紀無人聞問。可是近年來很多科學哲學及所謂「數理哲學」（computational philosophy，主要發展在人工智慧）重新認識並推廣了推斷做為推理的一種形式的理論。這些發展可以由對推斷形式及定義的調修、擴大推斷觀念到事實推斷（又叫「簡單推斷」simple abduction）之外、以及如何選擇假說等柏爾斯不曾論及的議題中看得出來。

推斷是一種提供最佳解釋的推理方法，也就是在分析一堆素材之後，提出對這些素材最合理的解釋。兩位喬攝森 (John & Susan Josephson) 主張推斷是理論建構或解釋性推論。簡單地說：

---

❷❺　Peirce, *supra* note 14，at 196.

❷❻　Peirce, *supra* note 11, at 270.

D 是一堆素材（事實、觀察、推定）

H 如果是真，則可解釋 D

沒有其他理論（假說）比 H 更能解釋 D

所以：H 可能是真❷

　　或

D

If H then most likely D

∴.H

如果用簡單的圖表解釋，推斷應該有如下圖：

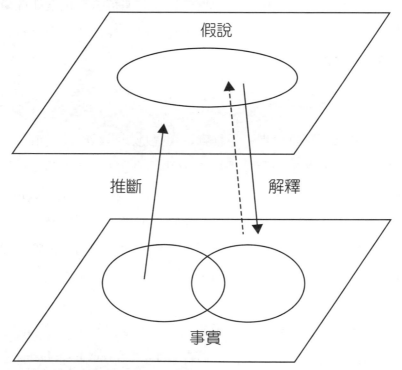

由於新近對推斷的研究強調推斷出來的假說必須是最為可信，但是並沒有主張絕對正確（有如演繹），所以除了更加強調推斷過程之中與其他假說比

---

❷ Josephson, *supra* note 1, at 5.

較之外，似乎也不再堅持推斷一定是絕對正確的邏輯方法。

　　柏爾斯所討論的推斷似乎僅限於事實推斷，但是新近的研究擴大了推斷的適用範圍。例如薩格 (Thagard) 就主張由事實推斷假說只是推斷的一種，推斷還有假設以前未知的事實 (existential abduction)、形成規則 (rule-forming)、以及在類推適用中的應用 (analogical)❷❽。最重要的發展是對如何取捨假設提出比較多的想法。以下我先將與法律較有直接關聯的推斷在形成規則及類推適用中的過程合起來觀察，再談如何選擇假說。

　　無論在邏輯上❷❾或法律上❸❶如何看待類推，在「前例」(source) 及「本案」(target) 中間的類推適用，常常是以推斷的方式尋求共通的原理或目的，亦即比較推斷在「先例」得出的潛在原則，及「本案」推斷建構的假說，兩者之間如果有其足夠的相干性，便將潛在的共同原則或調整的共通政策，適用而解決「本案」❸❶。某些學者認為類推適用要斷定既存法條的規範目的或相同特徵❸❷，但沒有解釋推斷在類推之中的作用，也沒有論證如何決定「目的」或「特徵」。我們已經從本章的討論中，知道推斷是一種特殊的推理模

---

❷❽　PAUL THAGARD, COMPUTATIONAL PHILOSOPHY OF SCIENCE《數理科學哲學》54 (1993). 另外對推斷有所延伸的是 Umberto Eco，參閱 David A. Schum, *Abductive Inference: Species of Abductive Reasoning in Fact Investigation in Law*《推斷：法律上事實調查的推斷推理的態樣》, 22 CARDOZO. L. REV. 1645, 1655 (2001).

❷❾　邏輯處理參閱例如 COPI, *supra* note 2, at 403.

❸❶　法律上的處理參閱從主張類推是最重要（如果不是唯一）的法律推理方法的，例如 LLOYD L. WEINREB, LEGAL REASON: THE USE OF ANALOGY IN LEGAL ARGUMENT《法律推理：法律論證中的類推》(2005) 到認為根本沒有法律的特殊類推方法的，例如 Larry Alexander, *Bad Beginnings*《起頭就不對》, 145 U. PA. L. REV. 57 (1996).

❸❶　參閱 Richard A. Posner, *Book Review: Reasoning by Analogy: Legal Reason: The Use of Analogy in Legal Argument*《類比推理：法律推理：法律論證使用的類推（書評）》, 91 CORNELL L. REV. 761, 772–73 (2005).

❸❷　例如王澤鑑，《民法總則》，三民，2000 年 9 月，第 69 頁；黃茂榮，《法學方法與現代民法》，自刊，2006 年 4 月，增訂五版，第 730 頁。

式，不是類推所能涵蓋。

推斷既然是建構假說的思維方法，而同樣的素材可以合理支撐許多不同的理論，如何評估假說是否可用遂為重要的議題。對此，柏爾斯語焉不詳，研究人工智慧，主張假說必須最有可能成立的學者，進一步發展了選擇假說的考慮因素。吳敦 (Walton) 認為必須考慮下列問題：

1.推斷的假說是否比其他現成的假說更能圓滿解釋待證事實；
2.更能解釋的程度有多大；
3.調查已到什麼程度，有多詳細；
4.假說可以接受了嗎？還是有進一步深入的餘地❸❸。

兩位喬攝森也提出相類似的考慮因素：

1.建立的假說超越其他可能假說的程度。
2.不論其他假說如何，建立的假說不僅最可信，其本身可以成立的程度多高。
3.資料可靠性的程度。
4.考慮所有假說的徹底性，是否值得考慮的假說全已充分顧及。

他們進一步指出兩個現實的問題：

1.現實的考慮，包括假說錯誤的代價或正確的利益。
2.必須總結的必要，尤其是是否還有其他證據可待發現❸❹。

---

❸❸　WALTON, *supra* note 21, at 226–27.

❸❹　Josephson, *supra* note 1, at 14; 又見 John R. Josephson, *Abductive Inference: On the Proof Dynamics of Inference to the Best Explanation*《推斷推論：動態推論到最佳解

　　總之，假說不僅必須最好，也必須在情況下達到可信的程度；而如果調查徹底，考慮周詳，不會有重大的不良後果，即可接受。

三　對推斷的批評

　　上面已經提到，柏爾斯認為邏輯推理的方法之中只有推斷才能產生新觀點，但是並非所有人都同意這種主張。有人批評推斷既然需要想像與猜測，那麼與邏輯井然有序的推理顯然格格不入 ❸❺。其次，推斷形式的前提中已經包含有了假設（即「如果 H 則可解釋 A」），則結論的假說（即「H 可能是真」）不可能是超越假說 H 的「新觀念」❸❻。

　　我認為之所以有這樣的批評，問題出在一方面推斷的解釋不當地模仿了演繹法的形式（即「凡 A 都是 B；C 是 A；所以 C 是 B」），容易引起推斷是有如演繹的誤會。他方面，批評的人也以演繹的角度期待推斷的假說結論必須在邏輯上自然地由前提導出。我的看法是柏爾斯雖然有時候也用「導出」(result from) 假說的說法，然而，他的假說是由事實，而非邏輯的前提來「導出」。如果我的看法合理，創造性的假說或以推斷得出新理論，與推斷過程並無矛盾。換句話說，演繹的結論在邏輯上之所以絕對正確，是因為結論已經包含（「涵攝」）在前提之內；推斷的「新觀念」不在結論，而是在前提（即前段的 H）。而前提本身是由需要解釋的事實建構的假說，這個假說即已包括新的發現，新的觀念，或新的理論。

　　對推斷比較全面的批評可以普林斯頓大學教授弗拉森 (Bas van Fraassen) 的觀點為代表。弗拉森認為除了數學及邏輯演繹法，各種其他的所謂推論方法，包括歸納及推斷都只是邏輯上真正的有效推論方法（基本上只有演繹）

釋》, 22 CARDOZO L. REV. 1621, 1626–27 (2001).

❸❺　Harry G. Frankfurt, *Peirce's Notion of Abduction*《柏爾斯對推斷的主張》, 55 J. PHILO 594 (1958).

❸❻　*Id.*

的擴大適用 (ampliative methods)，一般而言全然不可靠❸。如果這些擴大適用在科學史上有其成功的例子，那麼就是不含推斷方法的邏輯及數學的功勞再加上運氣與巧合，不能歸功於這些不可靠的推論方法❸。以下的討論雖然主要仰賴弗拉森的主張，卻是根據我個人對其了解後的解釋。

弗拉森以為至少有兩個理由可以認為：任何由資料的堆積然後得出理論（假說）的擴大推論方法（包括歸納及推斷）都無法得出可靠的理論：

第一、歸納等推論如果能夠成立，必須基於自然的規律性，由於規律的一致性，才能從已知的眾多特殊具體事件歸納成全稱命題，並預測出下一個相同的具體事件。換句話說，由「所有已知的 A 都是 B」（例如到目前為止看過的每隻鷺鷥都是白的），推論出「下一個 A 也會是 B」（下一隻鷺鷥也會是白的）❸。規律性的假設認為下一個事件大概會與已發生的相同 (more of the same)。但我們沒有理由不認為下一個事件會與前面不同 (time for a change)。問題在於自然規律的結構不是人在推論中可以輸入的條件，因此擴大推論方法即無法信賴❹。他舉天氣預報為例，例如今天沒下雨，如果條件相當，明天大概也不會下雨，就是基於自然規律性的假設。可是很多因素及具體事件無法窮盡（永遠有可能下一隻鷺鷥不是白的），自然結構又非推論思維的一部分，注定了天氣預報的不可靠。即使猜中，那是因為我們到目前為止，幸運地生活在相對穩定的環境，使猜測有許多機會應驗，但這並不能歸功擴大推論方法的有效❹。

第二、雖然從來沒有人能真正駁倒休姆 (David Hume) 對歸納法的懷

---

❸　Fraassen, *supra* note 6, at 264.

❸　*Id*. at 275.

❸　參閱 Martin Curd & J. A. Cover, Philosophy of Science: The Central Issues 《科學哲學的中心問題》499 (1998). 這是歸納法中的一種，稱之為 "inductions to a particular"。

❹　Fraassen, *supra* note 6, at 266.

❹　*Id*.

疑 ❷ ，很多主張歸納是邏輯的有效方法的人，放棄歸納推論的必然性觀點，改而主張以機遇率看待歸納 ❸ 。比如以最簡單的從大量具體事件的同一，總結到全稱命題的歸納為例：假定目前看過的 999 隻鷺鶯都是白的，第 1,000 隻鷺鶯也是白的機遇率應該是 999/1,000 ❹ 。所以從同樣具體事件的累積歸納的結論，對下一個具體事件的推論，雖然並不像演繹的結論一樣在邏輯上嚴整無誤，卻能有高度機遇的可能性。主張推斷也做機遇率解釋的論點即因此也不在於認為推斷有百分之百的邏輯必然性。上述「最佳解釋」只主張推斷的假設是在所有假說或理論之中的「最佳推論」(inference to the best explanation)，意即最有可能正確 ❺ 。

可是，推斷所該運用的機遇率講的是重複事件可能性的高低，例如第一次丟銅板出現人像 (H) 而非另一面 (T) 的機遇率是 50%，第二次與第一次一齊同樣再出現人像的機遇率應該是 25%（1/2×1/2=1/4，即 Ω={HH, HT, TH, TT}）。一般討論推斷（證據法也是）則廣泛引用貝氏 (Thomas Bayes) ❻ 的條

---

❷ 這是科學哲學上很有名的「歸納法問題」(the problem of induction)，非常約略地說，即休姆認為我們從眾多類似的具體事件歸納總結 (inductive generalization)，從而期待下一個相似的具體事件，並無邏輯基礎，而只不過是時間先後的規律性的、非理性的習慣性心理期待。參閱 CURD & COVER, *supra* note 39, at 497. 休姆有一句很有名的觀察："In reality, all arguments from experience are founded on the similarity which we discover among natural objects, and by which we are induced to expect effects similar to those which we have found to follow from such objects." 轉引自 COPI, *supra* note 2, at 403. 又參閱 DAVID HUME, A TREATISE OF HUMAN NATURE《論人性》76 (NuVision ed. 2007).

❸ 參閱 COPI, *supra* note 2, at 405, 550.

❹ 這是歸納法中的所謂 "inductive generalization"。

❺ Fraassen, *supra* note 6, at 266–67.

❻ 關於 Bayes 理論簡單的介紹，參閱 DIMITRI P. BERTSEKAS & JOHN N. TSITSIKLIS, INTRODUCTION TO PROBABILITY《機遇率導論》31 (2d ed. 2008); CURD & COVER, *supra* note 39, at 627. 不過機遇的觀念當然不是始於 Bayes. *See*, *id*. Bertsekas, at 17.

件機遇率說 (conditional probability)，但依貝氏理論，連續事件機遇的主張必須先知道並確定前一事件的機遇率 (prior probability)（雖然意思不同，但可直覺地了解連續丟兩次銅板的機遇率要在知道丟第一次銅板的機遇率才有可能）。換句話說，除非像丟銅板一樣每單獨的一次都有二分之一的可能，單一事件的機遇率通常沒有數學上的意義❹。所以，從素材建構假說的推斷方法無法真正以機遇率表示其正確性的高低❹。

弗拉森的結論是：「如果科學無法贊同那些擴大推論方法，當然也就無法認為這些方法可以發現真理。歸納及推斷不過是哲學家的冥想，是以為科學必然是如此的先入為主的假定❹。」

---

❹ STEVEN PINKER, HOW THE MIND WORKS《腦筋如何動》350 (1999). 關於早期對零星或單一事件可能以機遇率表示的見解，參閱 RUDOLF CARNAP, AN INTRODUCTION TO THE PHILOSOPHY OF SCIENCE《科學哲學導論》25–28 (Martin Gardner ed., 1995). 但此種辯解多不為人接受，而卡納普其實是立論在有限的零星事件的場合 (the limit of the relative frequency in a finite series of instances; 即相對於歸納原來的了解必須是對所有具體事件有效的全稱命題)，試圖挽救歸納法的「科學性」或邏輯嚴整性，與證明單一事件的機遇率的可能，尚有一段距離。單一事件的所謂機遇率帶有主觀的心理因素，不過這不是說主觀的機遇率觀念完全沒有討論的意義。參閱 E. T. JAYNES, PROBABILITY: THE LOGIC OF SCIENCE《機遇：科學的邏輯》39 (1995). 主觀機遇率在法學上的適用問題極帶爭議，可以比較下列文獻：Michael O. Finkelstein & William B. Fairley, *A Bayesian Approach to Identification Evidence*《認證證明的貝氏方法》, 83 HARV. L. REV. 489 (1970) 及 Laurence H. Tribe, *Trial by Mathematics: Precision and Ritual in the Legal Process*《以數學判案：法律程序中的準確及儀式》, 84 HARV. L. REV. 1329 (1971); Lea Brilmayer & Lewis Kornhauser, *Review: Quantitative Methods and Legal Decisions*《計量方法及法律決定》, 46 U. CHI. L. REV. 116 (1978).

❹ 同理，臺灣的法學及實務界異口同聲要以「經驗法則」蓋然率的高低來決定是否違背法令得以上訴第三審的「通說」，但又不說明是那一種「經驗法則」，與夫蓋然率如何計算？從何而來？令我百思不得其妙。參閱本書第六章有關「經驗法則」的討論。並參閱以下註 88–100 及其本文的討論。

❹ Fraassen, *supra* note 6, at 271.

我認為弗拉森對推斷的質疑非常強而有力，但是，就像他及同僚回應他人的批評時所指出的：弗拉森指出的是擴大推論做為推論方法的不可靠，不是說推斷方法完全沒有價值❺⓿。即使柏爾斯認為推斷與歸納演繹一樣，是邏輯形式的一種，但他卻也說過：推斷不過是猜測，其準確性有待進一步驗證。而推斷建立的假說與其他假說比較，必須真正對行為有了實際的效果才有意義，並不是鼓勵漫無目的作白日夢。所以說

> 只是依靠邏輯雖然或許可以找到無關緊要的真相，卻也可能忽略了關係重大的事實。思維也許要用到邏輯原則，但是邏輯原則只是加入以語言了解的過程，混合了世間的知識，並在適當場合受到各種不同推論方法的補充或調整❺❶。

換句話說，邏輯正確不能代表思維的全部意義。在這個理解之下，推斷雖不是嚴整的邏輯推理方式，卻存在一般的推論之中，而有其實際作用及探討必要。忽略了推斷，不僅是將人類思維的實際過程攔腰而折，而且不當地減損了創造活動的重要。

四 推斷與所謂「發現的場合」(Context of Discovery)

上面已經提到在科學哲學上非常有名的觀念：「發現的場合」(context of discovery)❺❷，這個觀念首先由 30 年代左右主要以維也納一群學者為中心的

---

❺⓿ 關於對弗拉森此一觀點的批評及反駁參閱 Stathis Psillos, *On Van Fraassen's Critique of Abductive Reasoning*《論弗拉森對推斷推理的批評》, 46 PHILO. Q. 31 (1996); James Ladyman, Igor Douven, Leon Horsten, and Bas van Fraassen, *A Defence of Van Fraassen's Critique of Abductive Inference: Reply to Psillos*《捍衛弗拉森對推斷推論的批評：答西羅》47 PHILO. Q. 305 (1997)（承認包括推斷在內的所謂擴大推論方法也許有實用價值，但堅持其邏輯上無效）。

❺❶ PINKER, *supra* note 47, at 338.

❺❷ 中文在此不易表達 "context" 一字的意思。我想臺語的「度合」最為妥適，因而勉

邏輯經驗論 (logical empiricism) 者 ❸，其中之一的賴亨巴哈 (Hans Reichenbach)（他本人在柏林）所提出，與所謂「論證的場合」(context of justification) 相區隔，認為前者為純粹心理學的問題，非科學所能置喙，而後者才是科學及邏輯的範疇。其後廣為科學哲學界援用，例如波柏 (Karl Popper) 就認為開始建構理論的時候用不到也不受制於邏輯分析。他說不論是音樂旋律、戲劇構思、或科學理論，人類為什麼會有新的想法也許在實驗心理學上饒有趣味，但就科學知識的邏輯分析而言是毫不相干。他說後者關切的不是事實問題，而是證明或效力的問題 ❺。換句話說，前者關係發現，後者才是科學驗證。

　　有些受到這種特殊自然科學觀感染的法學者甚至認為只有「論證」才是法律推理研究的對象，完全忽略「發現」問題 ❺。有些則開始注意到推斷的作用，因而小心翼翼地提出推斷及「發現」的重要性。例如，哈佛法學院的布魯爾教授認為就「發現的場合」有兩派意見：一派以波柏為代表，視科學發現為心理學的問題，缺乏科學的嚴謹。另一派以柏爾斯及韓森 (N. Hanson) ❺ 為代表，認為科學發現是以推斷為手段的一種理性活動 ❺。布魯爾看來是先已接受了「發現」及「論證」可以做有意義區分的前提假設，才有這種觀察，如果放棄了此種二分法，則兩者不僅在推斷過程中呈現來回的辯證發展，「發現」也不一定在「論證」之前。

　　強以「場合」（或「場景」）稱之。

❸　很簡略地說，邏輯經驗論主張有效的科學理論唯有通過觀察的經驗，而可以用數學與邏輯做成的命題，其他都是非科學、缺乏認知意義的形而上 (metaphysical)。

❺　POPPER, *supra* note 14, at 7.

❺　MacCormick, *supra* note 5, at 19. ("...in relation to legal reasoning, 'the process which is worth studying is the process of argumentation as a process of justification.'")

❺　Hanson, *supra* note 12. 又可參考 Norwood R. Hanson, *An Anatomy of Discovery*《剖析發現》, 64 J. Philo. 321 (1967).

❺　Brewer, *supra* note 18, at 945–47.

　　詳細一點申論，任何科學理論都可能包含許多假設。從理論上說，純粹假設的建構及組合可以說沒有什麼特別限制。但從實際而言，建構假說與理論不能是浪費精力式的漫無目標，而假說及理論的成立也必須考慮其可信的程度。所以，無論假說或理論的建構或成立，必然包括評估及來回驗證調適的過程。截然劃分「發現」及「論證」事實上即不可能；即便可能，亦非恰當。推斷的過程明白顯示「發現」及「論證」界線模糊，以及循環詮釋的實際及必要❺❽。

　　有學者因而認為：科學的發現與證明是一個整體過程，因此無法強為區分。在此意義下，我們必須揚棄賴亨巴哈 (Reichenbach) 所謂的「發現的場合」(context of discovery) 與「論證的場合」(context of justification) 的分割對立。「發現」與「論證」的過程就是柏爾斯所說的推斷❺❾。

　　我想過分強調「論證的場合」，貶抑「發現的場合」的人，不過是受到由來傳統自然科學觀影響的偏見，不僅很多像愛因斯坦的科學家珍惜嚴謹科學之外的創造活動，屢屢被援為主張「論證的場合」為科學唯一關切對象的波柏，開宗明義就說了下面一段十分誠懇的話：

　　　我一定要承認我的主張畢竟是由我的價值及偏愛得來。不過，我希望我的主張不僅能被那些只注重邏輯嚴謹的人所接受，更會被那些沒有偏見、講求實際，甚或關切科學進步的人所接納。**經由發現，我們不僅面對新奇而沒有料到**

---

❺❽　*See*, Josephson, *supra* note 1, at 9.

❺❾　Thagard, *supra* note 28, at 51. 事實上這些研究人工智能的學者，只是重複某些科學哲學討論早已提出的質疑。參閱例如 Paul K. Feyerabend, Against Method《反對方法》147–49 (3d ed. 1993) ("Scientific practice *does not contain two contexts side by side, it is a complicated mixture of procedures* and we are faced by the question if this mixture should be left as it is, or if it should be replaced by a more 'orderly' arrangement.")

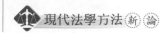

的問題，也挑戰我們試驗從未想過的答案❻。

一般過分主張「嚴謹」的科學論證的人，只看到波柏的一面，是以先入為主的偏見，忽略了波柏比較平衡的陳述，或者可以說根本沒有了解波柏。

我再強調一次：邏輯推理不能代表思考的全部；邏輯告訴我們推理的對錯，但是沒有辦法告訴我們所有達成判斷，做成結論的方法。邏輯對思考的重要性不言而喻，但不能窮盡思考的一切。所以「思考的最重要能力，也許不是達到正確結論的技巧，而是試探及創想的潛能，以及真正需要驗證這些新觀念時的專注❻。」我們不能「車前馬後」，本末倒置，而必須了解：先有發現，才有驗證；沒有發現，何需驗證？

 法律推斷

一 推斷與法律推理 (Legal Reasoning)

證據法泰斗韋格姆 (Wigmore) 雖不曾明白援用推斷❻，卻也曾經舉一個盜取財物的例子說明法律人如何根據某些事實做成假設：某人在竊盜發生之前沒有什麼財產，但竊盜發生之後卻擁有大量金錢，由此可以假定此人竊盜。在此同時有其他假設也能解釋該人忽然有錢的情況。也許該人繼承巨額遺產，也許別人向他還債，也許賭博大贏等等。不過，進一步的證據顯示竊盜是最有可能的解釋，假說因而確立❻。原本的假說並非從開始就確立無疑，只是在眾多假設之中最可能說明問題，在進一步證明或缺乏反證之下而成立，這

---

❻ POPPER, *supra* note 14, at 15（粗體為作者所加）。

❻ *See*, Josephson, *supra* note 1, at 45.

❻ JOHN H. WIGMORE, A STUDENTS' TEXTBOOK ON THE LAW OF EVIDENCE《證據法》54 (1935)（認為邏輯推理形式只有歸納與演繹）。

❻ 引自 WALTON, *supra* note 21, at 25.

就是法律推斷的過程。

韋格姆在其他著作將推斷視為歸納法❻，剛好與柏爾斯的意見相左。他認為從事實 A 推論事實 X 的存在是歸納，我們已經知道這不是歸納而是推斷。他舉例說明 A 可以建構各種可能的假說，更顯示他所說的是推斷。他說假定一個精神病院的園丁在院裡發生失竊案後⑴失蹤。我們又知道⑵他很窮；⑶竊盜發生後他忽然有一大筆錢；⑷一精神病人指控園丁偷竊。他認為園丁是否犯罪要看證據有無證明事實的可能。單獨地評估，⑵及⑷恐不是可能犯罪的證據❻。不論韋格姆是否正確了解歸納，他的例子及解說討論的都是推斷。

數學家薄利亞 (Polya) 也引用了韋格姆兩個法律推斷的例子，進一步建構他所謂「可信的推理」(plausible reasoning)。第一個例子是：警察在某餐廳發生蒙面盜搶劫案後，在附近城鎮盤查數個嫌犯。其中有一人的外衣破了一個缺口，剛好與餐廳外面找到的一塊布料形狀及質料相合，因此可以推斷此人犯搶劫案的假說❻。第二個例子是發生在芝加哥的謀殺案。嫌犯的手槍最近發射過子彈；彈殼與嫌犯家中搜出的未用子彈屬同一廠牌；嫌犯左手有死者公寓窗外欄杆的油漆印；鄰居作證案發當晚看到有人越窗而入死者公寓；嫌犯被捕時謊報姓名及地址；嫌犯說不清案發當晚人在何處。根據這些事實，伊里諾州最高法院認為：雖然沒有任何一項證據可以單獨直接證明嫌犯有罪，可是陪審團從所有跡象推斷被告犯罪，完全合理可信❻。薄利亞從而導出一個公式：

---

❻ JOHN H. WIGMORE, WIGMORE'S CODE OF THE RULES OF EVIDENCE IN TRIALS AT LAW《韋格姆訴訟證據法典》45–46 (3d ed. 1942).

❻ *Id*. at 46.

❻ 2 G. POLYA, MATHEMATICS AND PLAUSIBLE REASONING: PATTERNS OF PLAUSIBLE INFERENCE《數學與可信推理第二冊：可信推論的模式》32–33 (1954).

❻ *Id*. at 36–37.

B（事實）使 A（犯罪）成為可信

B 的存在如果不是 A，則變得較不可信

當 B 為真

....

A（犯罪）更為可信[68]

國內法界對此種稀鬆平常，無日不有的法律推斷之不熟悉，可以由對「財產來源不明罪」的恐懼看得出來。據說公務員的財產增加的程度顯然不是正常收入所能解釋，尚不足以推斷財產來源之可能不法。又說如此推斷即是違反「罪刑法定主義」和「無罪推定」，翻轉舉證責任，非「法治國」所許云云[69]。可是「無罪推定」也只是法定的假說，並非證據確切或不證自明的結論。在衡量諸如遺產繼承、彩券中獎、股市斬獲、律師收入等均無法說明財產增加的速度及額度之下，無罪的假說對例如三級貧戶如何變成億萬富翁，顯然無法比「不法所得」的假設更具解釋的妥適性。在推斷的過程，不僅各種假設必須彼此競爭，更需受證據及可信度高低的制約，最後在諸多暫時的假設之中，也許「不法所得」的判斷終將脫穎而出，成為最適當的解釋。這種推斷過程沒有忽略無罪推定，也沒有翻轉思考，更不宜無限上綱到法治與否的問題。法界習以為常，奉行不悖的形而上的觀念遊戲，不僅不是推理，顯然完全無視法律推斷是一種法律論理的形式。

另有對如何判斷通姦之有無，也常常不知法律推理之中有推斷一事[70]。

---

[68]　*Id.* at 33, 36.

[69]　參閱黃維幸，「大法官居然不敢消滅貪腐」，蘋果日報，論壇（原題「消滅貪腐不是觀念遊戲」）（參見本書附錄）。一個不知推斷過程並毫不質疑「翻轉舉證責任」的看法的例子參閱陳鋕銘，〈公務員財產來源不明罪立法之研究〉，《世新法學》，2 卷 2 號，2009 年 6 月，第 86 頁。

[70]　關於臺灣各級法院對如何認定通姦之有無，案例極多，嘆為觀止。一個有趣的蒐集參見姜世明，〈論經驗法則〉，《政大法學評論》，107 期，2009 年 2 月，第 52 頁。

據報載前板橋地方法院合議庭將簡易法庭判處通姦的原判撤銷，理由是男女兩人裸體獨處旅社，即使警方到時男方正在洗澡，女方一絲不掛，如無其他旁證，最多只能認定是「交情匪淺」的朋友❼。法院做成這樣的判斷，不會是歸納，因為沒有無數「男女裸處旅社只是純吃茶」的具體事例，可以在邏輯上允許我們導出這種「經驗法則」。由於無法驗證上面這種假說，自然也無法用邏輯演繹推論到本案男女一定在「純聊天」的結論。法院也不是類比以前發生過的「交情匪淺」具體案例，而判斷本案應該「類推適用」。既然不是歸納，不是演繹，又非類推，法院其實是在做自己都不知道的推斷。只是這樣的推斷並不是在所有事實下得出的最可信的假設，因為這種假設所無法解釋的問題太多。「交情匪淺」的朋友有何必要到旅社「坦誠相見」？即使男女有裸體的愛好（而法院也可以查證其有無，進一步評估假說的可能性），天體營或自己家裡的後院恐怕是比較好的去處。反之，兩人通姦的推斷，卻能解釋所有沒有通姦的假說所不能解釋的異象。

　　又如陳水扁在判刑或三審定讞之前有羈押的必要嗎？拋開刑事訴訟法上羈押要件是否妥當的議題不談❼，贊成羈押的人認為此時釋放陳水扁有擾亂審判及潛逃失蹤的可能❼，反對的人批評一定逃亡這種說法純屬臆測。問題是除了少數的例外，對未來不確定的事件（包括不會逃亡的主張），都可以稱之為臆測。而更準確的說法是：可能逃亡或不可能逃亡是必須根據存在事實評估推斷的不同假說，我們應該接受的是一個比較有發生可能的推斷。從以上應該如何篩選不同假說的討論中，我們也可以知道：像是否羈押的裁定（法

---

❼　此項報導見「妻會小情郎　衣衫不整…逆轉無罪」，聯合報，2008 年 10 月 18 日。<http://city.udn.com/54532/3067100>（最後上網日期：2009 年 9 月 17 日網址已撤，作者存檔）。

❼　參閱司法院釋字第 665 號解釋 (2009)。

❼　參閱黃維幸，「我的老師孔傑榮錯了」，蘋果日報，論壇，2009 年 10 月 3 日。<http://www.appledaily.com.tw/appledaily/article/headline/20091003/31988522>（最後上網日期：2009 年 10 月 4 日網址已撤，作者存檔）。

律推斷），也必須考慮時間因素，無法拖延或懸而不決，以及比較交保與否對社會及個人的影響及利弊，從而做出採納其中最妥適的假說的決定（裁定）。就像地院對林益世案高度可疑的見解，法界必須放棄只有邏輯式的確定才是科學，高度的機遇則不可靠的誤解。

二 推斷與法律實務

1.法律實務上的推斷

⑴偵　查

法律實務上運用推斷可以說是無所不在。神探福爾摩斯 (Holmes) 偵探小說及警檢辦案，以及法醫鑑定都不能不使用推斷建立各種假設。福爾摩斯首次遇到他的夥伴華生醫師的時候，馬上就說華生剛從阿富汗回來，使華生大吃一驚。於是問福爾摩斯如何知道他從阿富汗回來。福爾摩斯說：「你是醫生，卻有軍人的舉止，所以我知道你是軍醫。你的皮膚很黑，手腕卻很細白，所以你一定剛從熱帶回來。你面貌飽受風霜，左手受傷。我考慮了一下英軍在什麼地方會如此艱苦？只有阿富汗❼。」

⑵律師及法官

律師及法官在處理案件的過程，隨時都要做出判斷，做成進一步採證及解決法律問題的基礎。甚至有學者認為證人是否讓我們覺得是在說實話也不過是一種推斷。我們推斷⑴證人相信他所陳述的是真實；⑵因為證人確實經歷了他所陳述的事實，他才相信他自己的證詞。我們相信證人的證詞是因為我們推斷證詞比較可信❼。

用法律學者的語言來說：

---

❼　ARTHUR C. DOYLE, THE COMPLETE SHERLOCK HOLMES《福爾摩斯全集》24 (1927).

❼　Gilbert H. Harman, *The Inference to the Best Explanation*《推論的最佳解釋》, 74 PHILO. REV. 89 (1965).

法律專業必須使用推斷。例如律師在開始處理案件的時候，不僅訊息不多，而且來源多半不一定可靠（例如當事人的偏見），律師不得不在現有的資料下先做一些假設（例如當事人清白的假定），並根據這些假設進一步搜集分析更多的資料，考慮其他的可能性，衡量並檢驗假設的正確性，必要時修正或擴充原來的假說，設想可能的解決辦法❼⑥。

律師在這個過程所使用的不一定或不只是邏輯或什麼「經驗法則」，而是使用想像及創意建構假說，也就是推斷。

⑶法律研究

法律學者從事研究，通常也是在看到一些需要解釋的現象、理論或實務上的一些問題，根據現有的資料形成一些初步的印象（假說）（絕非「大膽假設」），然後進一步深入調查研究，印證、修改、或放棄原來暫時的結論，絕對不是想像中的毫無假設之下，大海撈針式地從大量的訊息資料之中，有如抽絲剝繭地在最後才得出結論❼⑦。基本上，法律論證的過程是推斷。

⑷推　定

有學者指出：法律上常見的「推定」也只不過是法律預先做成有利一方的推斷假設而已。推定是暫時的假說，必須受到實際證據的檢驗甚至推翻。例如前面已經略為討論的「無罪推定」，不過是將誤判的風險較高地分配到社會，而對嫌犯給予優越的待遇而已❼⑧。

---

❼⑥ Terence Anderson, David Schum & William Twining, Analysis of Evidence《證據分析》99 (2d ed. 2005).

❼⑦ Thargard, *supra* note 28, at 176.

❼⑧ Larry Laudan, Truth, Error, and Criminal Law: An Essay on Legal Epistemology《真實，錯誤，及刑法：法知識論》29 (2006).

2.臺灣的法院實例與推斷

(1)推斷與經驗法則

法院實務事實上使用推斷，觀念上卻不了解推斷。以下選擇的例子數量雖少，為了避免以偏概全的印象，我必須指出是從許多判例中，我認為比較有討論推斷理論可能的代表性案件挑選而來。

(a)地方法院

臺灣的法院在實務上不自覺地使用推斷雖是屢見不鮮，理論上卻常以結論式的「經驗法則」一詞做為理論根據。在一有關報社與分銷商之間的訴訟糾紛裡[79]，爭點之一是某些訂戶究屬預收報費之長期客戶或分銷商以滯銷報自行開發之讀者戶。如係預收之長期訂戶，分銷商自有向報社轉交報費之義務。法院認為報社主張某些長期訂戶，在分銷商被中止分銷契約後向報社反映，並改由報社直接送報，「合乎經驗法則，相當可信」。而分銷商在分銷契約終止後自購零售報分送所謂長期訂戶的主張，則「顯得較不可信」。問題是無論如何了解或界定「經驗法則」，報界經營的此種特殊安排，既非「日常生活經驗的定則」，也非「事之常理」，更不是什麼必然發生的「法則」。果真將「經驗法則」擴大為包括所有「定理」與邏輯原則，則長期訂戶在分銷契約終止後改由報社送報，絕非任何邏輯原理。還有，邏輯定理或許可以以結論式的陳述表達，讀者也許不至於誤會（例如：「此種陳述不合三段論法。」合與不合自有客觀標準），一句「合乎經驗法則」，究竟所指為何，實無從判斷。

其實，好壞不論，該法院不是引用什麼「經驗法則」，而是在做事實的推斷。法院從各種事實，從而判斷某些訂戶是分銷商隱匿的長期客戶。這種假設比之分銷商自行開發的訂戶的主張（也是假設），更有可能合乎事實。只是法院不熟悉推斷的論證，只能含糊籠統，一概稱之為「經驗法則」。

(b)高等法院

---

[79]　臺灣雲林地方法院，94 年訴字第 551 號判決。

又有同居人據稱信賴他方結婚之承諾及同居不嫁人的信誓，將財產移轉登記女方指定的第三人後，發覺被騙請求撤銷財產登記的案子❽。法院認為「依一般經驗法則判斷，男女交往同居後，男方為提供女方生活保障，而無條件贈與財產予女方，實屬平常……將財產過戶於受贈人所指定第三人名下，以避免債權人之執行，亦合於社會常情。」可是，法院這種判斷到底是根據什麼經驗法則或生活定則，甚或常識或原則？當然是完全說不上來。以常理判斷（或我個人的偏見），除非女方有如辛普遜夫人之國色天香，真是「佳人難再得」，使英國王儲愛德華八世捨江山而愛美人，如果沒有女方進一步的承諾（法院可以查證），男方只求一親芳澤即願移轉價值不菲的財產，究竟是符合那一種的普遍「經驗法則」，實令人納悶。再者，男人色迷心竅，做出如此愚笨的行為；而女江湖之善用色誘以達騙財目的，更屬平常。一方誤信甜言，受騙不甘，即思收回財產「亦合於社會常情」，符合「經驗法則」，怎可在沒有充分論證之下斷言「因故反悔並藉詞興訟」❽？

雖然，該法院的判斷在我看來實是答非所問，把是否有詐騙的問題變成雙方都不爭執的是否有因同居之意思而移轉財產的事實。但是法院其實是在做事實的推斷，法院是認為女方沒有詐欺，只是因故分居，是最有可能接近事實的假說。法院本應就各種假設的可能性詳加比較，以求服人。奈何不此之圖，以一句「經驗法則」的結論，草草論定男方主張「實無足採」❽，實為不解推斷，濫用「經驗法則」的結果。此種「心證公開」，到底公開什麼？真的是「實無足採」。

(c)最高法院

下級法院之不諳推斷論證如此，最高法院某些有關的判決是否就高明了一些呢？我看不然。也許正因為最高法院也不解推斷，下級法院通常自無超

---

❽　臺灣高等法院，97 年度上字第 1051 號判決。

❽　同上。

❽　同上。

越最高法院的期待可能性。在一妨害投票案裡❽，最高法院撤銷高等法院認定選舉椿腳之鄉里長常有侵吞部分賄款情事，不一定將賄款交付有投票權之被告，並說「衡諸社會實況……並非明顯昭著，亦非一定發生而無例外，尤非……基於日常生活經驗所得之定則❽。」

　　問題是最高法院強人所難地要求下級法院的判斷，必須遵照無中生有的所謂「定則」，其無法「基於……定則」自屬必然。高等法院其實在做事實推斷，而認為在衡量各種事實之餘，被告（選民）沒有一定收到賄款是有可能的假說，我看起來好像是說：既有這種相當可能成立的假說存在，高等法院無法達到刑事上要求之完全確信或「超越合理懷疑」。這種判斷以推斷的角度觀察，有一定的合理性，只是因為不了解推斷論證，說了一句「按諸社會常情」❽，就被最高法院以「經驗法則」必須是「社會上一般人基於日常生活經驗認為當然之一定規則」❽訓斥一番。可是，椿腳將賄款交付選民或中飽私囊本都可能，唯有看特定情況的事實及證據，有何日常生活經驗的「一定規則」可資依循？要知道道貌岸然地引用「法則」、觀念、或定義，不是論理的本事；法則或定義是否與論證相干或貼切，才是功力之所繫。如果最高法院以本案有其他證據或事實支持被告一定已收受賄款（例如里長多年以來在選舉名冊打勾者，一定收到賄款而無例外），推斷可以確定被告收受賄款妨害投票的假設為最為合理可信的判斷，則據此撤銷高等法院的決定或可說是會具有一定的說服力。可惜實務上不懂何謂推斷的結果，扯上不著邊際，卻狀似萬靈丹的「經驗法則」舞弄一番，只能說是下筆千言，離題萬里❽。而兩

---

❽　最高法院，86 年台上字第 6213 號判決。

❽　同上。

❽　同上。

❽　同上。

❽　我的討論限於推論與經驗法則的處理，沒有評論或否定本案「司法認知」（即我們所謂的「無庸舉證」）及「舉證責任」的議題。

級法院不知道檢討事實推斷的當否，卻討論既不存在又不相干的「法則」，形成雙重荒謬的「雞同鴨講」，隔空叫陣。

(2)推斷與機遇率

前面已經談到弗拉森批評試圖以機遇率解釋推斷的作法❽❽。不論同意不同意這種批評，我們必須嚴肅思考機遇率解釋的妥當性。而臺灣法律學界及實務界不僅不能批判地看待這個問題，反而充斥誤解機遇率的陳述。例如一個本屬極為難得討論法理（而我認為也是相當認真負責）的判決，卻以訛傳訛地做了以下錯誤的主張：

> ……（民事訴訟）只要收得「證據之優勢」，已經足使法院
> 取得蓋然性的心證即可（?）❽❾，而所謂心證，乃指審理事

---

❽❽　參閱前註 42–48 及其本文。

❽❾　我必須承認我無法了解此種有如遍地花開，琅琅上口的中文法學大名詞。雖然也有學者表示：「就蓋然性為具體定義……甚為困難」，而且也了解法界對「蓋然性」的解說並不符合例如貝氏 (Bayes) 一派的機遇理論（姜世明，〈證明度之研究〉，《政大法學評論》，98 期，2007 年 8 月，第 318–320 頁），但卻似乎又不為所動。由於我不諳德文，只能盡量尋找究竟學者所說的「蓋然性」心證或判斷在英文上是什麼意思，結果發現可能是稱之為 "problematic judgment"（駱永家，《民事舉證責任論》，商務，1972 年 1 月，第 8 頁），更使我如墜五里霧中（感謝現在臺北大學法學院游進發教授指引。但意見是我的，游教授與我絕無「犯意之連絡」，「合先敘明」）。即使我們接受康德獨特的用法，"problematic judgment" 是指邏輯的可能性 (possibility)，不指數學的「蓋然性」(probability)。參閱 Immanuel Kant, Critique of Pure Reason《純粹理性批判》¶¶B100/A75–B101/A76 (Norman Kemp Smith trans., unabridged ed., 1965). 我當然知道「蓋然性」心證的說法本於德日一些學者，而且流傳於臺灣的學術及實務界由來久矣（參閱例如雷萬來，〈再論票據訴訟之舉證責任〉，民事訴訟法研究基金會編，《民事訴訟法之研討第七冊》，三民，1998 年 10 月，第 3 頁；駱永家，同上，第 9 頁，註 7；以及姜世明上引「證明度」一文，第 357 頁及長篇累牘引用的李學燈意見）。問題是：不加批判地「繼受」及「傳承」現成國內外主張，從不停下來質疑其妥當性，學術研究如果不是以訛傳訛，至少是原

> 實之人因證據作用而引起之傾向（?），此種傾向，有程度
> 之不同，傾向程度較大者，心證較強，傾向程度較小者，
> 心證較弱。又心證已達於蓋然的心證時（?），在民事則可
> 基於事實之概然性，多可符合真實之經驗，而肯認待證事
> 實之存在 ❾⓿。

　　此段陳述混雜有道理與沒道理的意見，從「蓋然性」到「多可符合」，三級跳到「肯認存在」。並將借用的英美民訴「優勢證據」(preponderance of the evidence) 原則 ❾❶、機遇率、心證的確立，三者混為一談。再者，雖然心證的建立（至少依貝氏一派理論）也許不能完全排除心理因素，但絕不宜將「蓋然率」視為純粹的主觀的心理信仰 ❾❷。不假思索卻行文滔滔的結果是：言者諄諄，聽者「藐藐」。

　　「優勢證據」是（至少是英美）民事程序上認為一造所提證據的質或量超越對造（如果要勉強用數字表示，當然是＞50%，但這只是百分比），法院即可做出有利於提出較多證據的該造的判決。雖然也有學者以機遇率稱之，但我認為問題太大，橫生枝節 ❾❸。而英美民事訴訟尚有一造起訴，他造無言

　　地踏步。

❾⓿　臺灣宜蘭地方法院 95 年訴字第 33 號。

❾❶　有學者錯誤地稱之為 "preponderance of probability"。

❾❷　Cf. Leonard J. Savage, The Foundations of Statistics《統計基本原理》60 (2d ed. 1972).

❾❸　由於我的主要目的不在討論自由心證、舉證責任、證明度、或機遇率，我只能很簡單地指出：⑴就像許多其他大陸法系國家的程序法一樣，從我國民訴法要求的斟酌「全辯論意旨」如何導出民事有「優勢證據」原則，是非常有疑問的說法，參考 Michele Taruffo, *Rethinking the Standards of Proof*《重新思考證據標準》, 51 Am. J. Comp. L. 659 (2003)。⑵「優勢證據」套用機遇率產生的問題很多，例如假定所謂「蓋然性」心證是指法條的每個要件都要有超過 0.51 的機遇率，則依據數學機遇理論，各個獨立要件的總和的機遇率（例如原告主張被告有侵權責任成立同時必須證

以對，不能使法院相信有足夠的抗辯，甚至根本不來應訴❹，法院即可不經過整個審判程序「速裁」(entering a summary judgment)，判定該造敗訴。法院這樣做必須有什麼「蓋然率」心證，而所依據的「蓋然性」（其實是證據的多寡）又是多少？當然，有人可以說：在「優勢證據」的場合才須以機遇率視之，「速裁」之時，則無運用機遇率的必要。我說不對，兩種場合都沒有機械地完全套用機遇率的必要，亂套的結果反而導致許多無法解決的問題。

學界也多將「心證的程度」任意加上百分比，例如說「成見」只有低於50% 的「機遇率」；「經驗法則」（據說有別於「經驗定則」）則依該作者的意見應該有 85% 以上的機遇率。又說「優勢證據」原則的「機遇率」超過50%❺。除了前面已經批評了對「優勢證據」及「蓋然性」的誤用，不再重複之外，我對此種「蓋然性」的來源也是百思不得其解。機遇或統計的計算有其一定的規則，在某些案情的運用上也有非常有益的結果。例如，在醫療健康的領域有時只有賴機遇或統計的計算，不是全然沒有問題❻，但廣為人

明的三個要件：故意過失 (A)、因果 (B)、及損害 (C)），反而低於「優勢」（即 $P(A\cap B\cap C)=P(A)P(B)P(C)=0.51\times0.51\times0.51=0.132651$）。關於以機遇率解釋民事證據標準的批評參考 Ronald J. Allen, *Probability and Inference in the Law of Evidence: I. Theories of Inference and Adjudication: A Reconceptualization of Civil Trials*《證據法中的機遇率及推論：推論及審判：民事審判新思維》, 66 B. U. L. Rev. 401 (1986). 但仍以機遇率視之的相反觀點參閱例如 John Kaplan, *Decision Theory and the Factfinding Process*《決策論及發現事實的程序》, 20 Stan. L. Rev. 1065, 1072 (1968). 傳統英美證據法教科書講到機遇率，也犯了只做空泛論述，不知在講數學機遇還是主觀機遇，以及如何得到這種機遇率的毛病，參閱 McCormick on Evidence《麥可馬克證據論》568 (Kenneth S. Broun ed., 6th ed. 2006).

❹　參考民事訴訟法第 433 條之 3（一造辯論判決）。

❺　姜世明，同上註 89 證明度之研究，第 360, 378 頁；姜世明，同上註 70 論經驗法則，第 33 頁。

❻　參閱 David N. Barnes, *Too Many Probabilities: Statistical Evidence of Tort Causation*《太多機遇率：侵權行為的統計證據》, 64 L. Contemp. Prob. 191 (2001). 臺灣一個在

使用及接受。我所無法了解的是各種不同心證分類的根據、蓋然率的計算、以及即使可以有準確的所謂不同的「蓋然率」，其應用到具體個案做成判斷的標準。

前面這種分類的標準及各類的「蓋然率」根本無從判斷。很多人都說馬英九「賣臺」，這是一種假說。也許這個假說可以根據更高一層次的假說：例如「凡與中共接觸或對之採取溫和態度都是賣臺」。可是如何對這個假說依「心證的程度」給以一定的「蓋然率」呢？對深藍而言，這一定是「成見」，所以應該只有 50% 以下的「蓋然率」。對中間選民來說，也許這是不一定準確的個人觀察，那麼也許只能有 50% 的「蓋然性心證」。淺綠的也許認為這種假說應該是「經驗定則」，該有 50% 到 85% 的「蓋然率」。深綠則認為賣臺假說當然是「經驗法則」，已達 85% 以上的「蓋然率」。如果你去問某些「國師」（或「國奶」），這已不是假說的問題，當然非「普世原則」的「蓋然率」100% 定律莫屬。這樣的分類有意義嗎？這樣的「蓋然率」是機遇率數學的科學，還是「隔空抓藥」？

還有一個問題是同義反覆，循環論證，以「心證程度」的「蓋然率」，證明「蓋然性」心證的正確。拋開心證的分類（諸如「成見」、「定則」、「法則」）是否妥當，或學界使用「蓋然性」是否可以有異於數學上的機遇觀念這些問題不談，如果說「蓋然性多須藉由法官之評估過程……即有經驗法則、論理法則等因素之介入 ❾❼。」又說：「蓋然性具有一定程度之主觀性……難以避免；其審查可能性之客觀性要求，則須藉助於經驗法則及論理法則之運用 ❾❽。」單就經驗法則一項而論，本來是要論證「經驗法則」做為心證程度中的一種，而依作者之見該有 85% 以上之「蓋然性」；現在反過來主張「經驗

推斷中使用了相當有問題，甚至危險的統計證據的例子是：司法院釋字第 584 號解釋 (2004)，參閱本書第四章中對此號解釋的討論。

❾❼　姜世明，同上註 89 證明度之研究，第 320 頁。

❾❽　同上。

法則」的「蓋然性」，必須藉由待證的「經驗法則」（至少是蓋然性高低）來證明。這種說法是（惡性）循環論證，絕對沒有可以成立的理由。假定我主張推斷可以發現新假說，理由是：「假說是由推斷建構，所以是新的」，你必定認為我老年痴呆，瘋瘋癲癲。同理，有待論證的經驗法則的「蓋然率」，不能借助經驗法則本身的「蓋然性」使之變成有「客觀」的「經驗法則」，然後再以得到的「經驗法則」，去證明「經驗法則」的「蓋然性」。

　　我想有些學者也了解到他們主張的所謂「最佳推論」(the best explanation) 如果沿用機遇率觀念會造成這種難題，所以主張所謂「最佳」不應該說成「機遇率高」，而改稱是「最可信」(the most plausible)❾❾。這樣至少在某種程度上逃避了機遇率解釋的困難。

　　其實，使用機遇的概念想要完全解釋法律的推斷，如果不是不妥當，至少要了解及面對其侷限。如果我們同意法律推理極大部分必須採用推斷的方式，那推斷不論以何種誤導的形式或稱呼出現，不管我們認為它是「論理法則」、「經驗法則」、甚或籠統地視之為「自由心證」（我已說過，通通不是），那麼即使使用了正確的機遇率概念，也不足以，更不能適當地解釋推斷❿。

---

❾❾　參閱 WALTON, *supra* note 21, at 33; Josephson, *supra* note 1, at 271. 關於「可信論證」與演繹不同，但又相關的討論參閱 JAYNES, *supra* note 47, at 1–3. 法律學者類似意見參考 Ronald J. Allen & Michael S. Pardo, *The Problematic Value of Mathematical Models of Evidence*《數學證據模式價值的疑問》, 36 J. LEGAL STUD. 107, 135–36 (2007).

❿　學者引用貝氏理論試圖解釋偽造印章之蓋然率，陳述中包含由「質」的陳述跳躍到來歷不明的「量化」。例如，「**依一般經驗法則**，其係使用偽造者之蓋然率雖高，但尚未達於得信其為真的地步，**因此**設其蓋然值為 0.6」。又如，「**因此**，偽造之印章因皆與印鑑不符，(P(B/A)=0.9)」。再如，「即使非偽造者與印鑑不符之情形亦不算少，**因此** P (B/~A)=0.7」。既然此種數據的來歷不明，0.6，0.9，或 0.7 的蓋然率似乎只有是「不法所得」，用來證明支票的印文出於偽造就不牢靠（參閱雷萬來同上註 87，第 17 頁）（粗體為作者所加）。所以援用貝氏理論解釋單一事件或推斷有其困難。與其將 Bayes 的理論當成科學定律，不如小心了解其許多無法克服的缺憾，

推斷的程序包含了觀察、抽象化、建構、評估、修正、發展假設、判斷因果、分析結構及解釋各種關係等，不是囫圇吞棗地以一句「蓋然率」所能解說**⑩**。

肆　認識推斷的實際意義

一　法律沒有對推斷的具體規定

　　臺灣的訴訟法中沒有條文觸及推斷方法，或要求法院或行政機關說明如何做成判決或處分的決定。例如民訴法只規定：「法院為判決時，應斟酌全辯論意旨及調查證據之結果，依自由心證判斷事實之真偽**⑩**。」又說：「自由心證判斷事實之真偽，不得違背論理及經驗法則**⑩**。」再說「得心證之理由，應記明於判決**⑩**。」但心證是在判斷事實真偽，基本上是證據取捨的問題，與推斷有所不同。又刑事訴訟法也只說：「判決應敘述理由，得為抗告或駁回聲明之裁定亦同**⑩**。」又說：「有罪之判決書，應於理由內分別情形記載……認定犯罪事實所憑之證據及其認定之理由**⑩**。」但是，理由如何做成，怎麼表達，法律沒有說明。行政訴訟法也有必須說明「判斷而得心證之理由」**⑩**，但同樣也未指示如何說明。行政程序法則更為簡陋，僅規定：行政處分以書面為

参閱例如 PETER LIPTON, INFERENCE TO THE BEST EXPLANATION《最佳論證的推論》10–17, 103–107 (2d ed. 2004) 以及 Tribe, *supra* note 47; Brilmayer, *supra* note 47; 及 Allen & Pardo, *supra* note 99 的批評。

⑩　參閱 Josephson, *supra* note 1, at 270–271.

⑩　民事訴訟法第 222 條第 1 項。

⑩　同上，第 3 項。

⑩　同上，第 4 項。

⑩　刑事訴訟法第 223 條。

⑩　同上，第 310 條第 1 項第 1 款。

⑩　行政訴訟法第 189 條第 1 項。

之者，應記載「理由及其法令依據」❶⓿❽。

　　也許有人會認為推斷屬於「經驗法則」(maxims of experience)。但是，嚴格地說推斷並非任何「法則」，而是推論的一種過程，思維的一種習慣。推斷做成的判斷也許有好壞高下之別，推斷假設的可能也許也有高低大小之分，但是，推斷不是一種必須遵守的規範。換句話說，無論把「經驗法則」了解為「一般常識」、「事之常理」、「因果關係」、或「論理原則」，都無法涵蓋推斷。推斷是一個推理過程，很難視為實質性的什麼常識或原則；推斷的結論是一種碰到必須解釋的事件做出的假說，也不是常識或常理。它更不是什麼因果關係；大部分的學者也不承認推斷是可靠的邏輯（論理）形式。所以，即使是主張推斷是一種推論模式的學者也不諱言推斷不是可靠的邏輯原則，柏爾斯坦承推斷不過是建立假說的猜測。果是如此，推斷既又不屬於心證的證據評估（當然推斷過程可以評估證據），更不是法律規範，法律推理最常見的推斷似乎變成三不管地帶。

　　我認為在目前的法律規定沒有明白提及推斷的情況下，補救的辦法似乎是要由最高法院及最高行政法院對於所謂「說明理由」是否包括推論，做成指導性判例。同時統一說明既然判決應敘述理由，而又必須適用「法則」，那麼把推斷當作法則，或沒有敘述推斷的理由是否即是違背法令。這樣才能暫時補救法律上的模糊。

■三 改進推斷與推斷的披露

　　如果把推論的過程視為必須解釋的理由之一，則何時說明推斷又是一個問題。學界很早就主張心證的披露，指出是為防止裁判突襲及促進程序效能的必要手段❶⓿❾。近年裁判實務上，尤見一審法院判決中無不洋洋灑灑詳述得心證之理由。在這個基礎上，我要進一步指出：除了防止突襲及促進審判程

---

❶⓿❽　行政程序法第 96 條第 1 項第 2 款。
❶⓿❾　邱聯恭，《程序選擇權論》，三民，2000 年 9 月，第 137–178，156 頁。

序的效率之外，在適當階段為披露的要求，還有其他正當法律程序的必要。例如美國的聯邦行政機關的任何決定或處分均應包括重要事實認定及決定或裁量權行使的理由或依據❿，目的在使行政機關做出決定或處分時小心謹慎，並便於法院審查⓫。

　　我認為比較適當的看法是：不只在最後判決或處分時必須披露，暫時決定或終局決定做成之前必須給予當事人表示意見的機會，避免錯誤並使決定機構的最終決定不至於對當事人造成奇襲 (surprise)。這個觀點同時從力求判決或處分的正確及當事人程序權的角度切入，與例如民訴法審判長的闡明及「曉諭」⓬尚有不同。

　　近年來這種程序正當的思想，在許多國際爭端的程序規定中發揮得淋漓盡致。例如世界貿易組織 (WTO) 的爭端解決議定書中已經或正在增修，當事人及第三人對爭端報告草稿、中期報告評論的權利⓭。在這種設計之下，披露推斷的歷程及心證的確立，當然就比在終局決定才做披露更為確實，更具意義⓮。

<hr>

❿　Federal Administrative Procedure Act《美國聯邦行政程序法》, 5 USCA §557 (c)(3)(A).

⓫　KENNETH F. WARREN, ADMINISTRATIVE LAW IN THE POLITICAL SYSTEM《政治體制中的行政法》347 (3d ed. 1996)。

⓬　民事訴訟法第 199 條第 2 項（「……向當事人發問或曉諭、令其……陳述……」）、第 3 項及第 199 條之 1 第 1 項（「曉諭其敘明或補充之」）。

⓭　Report by the Chairman, *Ambassador Péter Balás to the Trade Negotiations Committee*《巴拉斯大使對貿易談判委員會之報告》, TN/DS/9 (June 6, 2002), art. 15, paras 1–2.

⓮　美國州及聯邦訴訟法上常有「審前會議」(pre-trial conferences) 的規定，決定何種證據須於審判中提出，或有何爭點有待決定固為目的之一，由於審前會議尚有其他功能（例如促進和解），以及當事人進行主義期待律師發現證據及發展爭點，法院通常不像職權調查主義下對案件那麼熟悉及主導。所以日本學者安達榮司認為在此階段法官屬行心證公開之觀察，或恐言過其實。參閱邱聯恭上引註 106，第 205 及 249 頁註 6；JACK H. FRIEDENTHAL, MARY K. KANE, and ARTHUR R. MILLER, CIVIL PROCEDURE《民事訴訟法》457 (4ᵗʰ ed. 2005).

程序上的改進，必須與實質上的實踐相互配合增強。判決及處分必須具備理由，包括闡明如何達成判斷的過程。如果我們以為法律及事實的判斷是在遵守某種法則，而事實上並無所謂「法則」足資依據，則心證的記錄顯然是毫無意義的文字堆砌，或是未經論證的宣示。一旦了解推斷不是什麼「法則」，披露心證過程就能確實比較論證各種假設，進一步解釋判斷的妥當性，而不是勉強炮製本來就不存在的「法則」，最後以潦草的「不符經驗法則」或「尚符經驗法則」做結，使記錄心證過程不僅不明確，而且形同具文，喪失了披露心證的本意。

總而言之，心證的披露必須包含正確的推論陳述，也就是說明推斷的過程。法院及行政機關不僅在終局裁判或處分必須陳述心證理由，在做成任何期中裁定或決定也應該披露心證的過程，允許各造為意見之表示。

伍　結　論

從以上的討論可以得知推斷會發生偏差，無法保證其準確性，但是即使面對此種不確定，使用推斷可以獲得知識[115]。而推斷不僅存在於日常生活，科學研究及法律運用也多借助。只是法界很少真正認識推斷的作用，尤其是臺灣的學術及實務界籠統地以「經驗法則」或「自由心證」交代推理，都是缺乏對推斷的認識。

正確地認識推斷的形式、要求、作用、侷限、及缺點，才能清楚地分析許多法律推理中的問題，不至於與「法則」或「心證」，以及部分以機遇解釋「法則」或「心證」的討論糾纏不清。同時在實務上的各種階段，必須解釋推斷過程，給予並鼓勵當事人對推斷提出意見。法律界能夠做到這個地步，才可能期待實務上有清晰的觀念，使心證的披露與法律的論證真正具有意義。

---

[115]　Josephson, *supra* note 1, at 16.

第四章
流於浮濫的類推適用
Legal Reasoning: Analogy

　　任何領域的發展通通是經由那些精通一門而不懂其他的人的鑽研，他們以熟悉的事物解釋他們不熟悉的現象，好像對其他作者巧妙的類同的類比，成了向所有其他事情開啟大門門上的鉸鏈。(Systems which have universally owed their origin to the lucubrations of those who were acquainted with one art, but ignorant of the other; who therefore explained to themselves the phenomena, in that which was strange to them, by those in that which was familiar; and with whom, upon that account, the analogy, which in other writers gives occasion to a few ingenious similitudes, became the great hinge on which every thing turned.) ADAM SMITH, ESSAY ON THE HISTORY OF ASTRONOMY （亞當史密，《天文學史》）

摘要 類推是一種無所不在的思維模式，我們雖然可能藉由類推得到一些啟發，但是，類推不是有效的邏輯推理。法學界不能逕以為法條的「類推適用」或判例的比擬「參照」是一個方便而有效的方法，而予濫用。除了做為思考方式的不可靠之外，應該了解類推是造法。法官造法在某種程度上雖是事實，也無可避免，但也不能以為「造法」與立法具有同等的能力與正當性。

 **壹　前　言**

　　臺灣法學界傳統上對類推 (analogy) 的討論裡❶，是無條件地接受類推為

一種有效的法學方法，理所當然地以為已了解了它的操作，不僅沒有進一步探究類推做為一種思維模式的本質，檢驗其是否是可靠的推理方法，反而廣

❶ 華語法學界討論類推的學者不少，以下是手頭方便（但非完整），內容優劣及長短不等的一些例子。李惠宗，《案例式法學方法論》，新學林，2009 年 10 月，第 271 頁；王澤鑑，《民法總則》，三民，2008 年修訂版，第 64 頁；王澤鑑，《民法學說與判例研究（第二冊）》，三民，2006 年 10 月，第 1 頁；王澤鑑，《民法學說與判例研究（第八冊）》，三民，2006 年 2 月，第 64 頁；黃茂榮，《法學方法與現代民法》，自刊，2006 年，增訂五版，第 736 頁；王澤鑑，《法律思想與民法實例》，三民，1999 年 5 月，第 301 頁；楊仁壽，《法學方法論》，三民，1995 年，第 79 頁；〈最高法院，「有關判例之摘取及類推適用等」專題演講座談會會議紀錄〉，《司法專刊》，2009 年 11 月 12 日，1466 期，第 2 頁；謝哲勝，〈民法第四二五條之一的類推適用〉，《月旦法學教室》，73 期，2008 年 11 月，第 10 頁；程明修，〈公法類推適用民法〉，2007 年 11 月（http://myweb.scu.edu.tw/~muenster/28%20OeffentlichesR_wie_BG.pdf）（最後上網日期：2013 年 10 月 23 日）；林誠二，〈買賣不破租賃規定之目的性限縮與類推適用〉，《臺灣本土法學》，97 期，2007 年 8 月，第 143 頁；吳從周，〈民法上之法律漏洞、類推適用與目的性限縮〉，《東吳法律學報》，18 卷 2 期（下引東吳），2006 年 11 月，第 103 頁；陳洸岳，〈保證之規定對物上保證人之類推適用〉，《月旦法學教室》，52 期，2007 年 2 月，第 14 頁；蔡明誠，〈公用地役關係類推適用民法取得時效規定之探討〉，《月旦法學雜誌》，127 期，2005 年 12 月，第 208 頁；謝哲勝，〈民法第二二五條第二項的類推適用〉，《月旦法學教室》，32 期，2005 年 6 月，第 14 頁；朱敏賢，〈公法上之類推適用〉，《法學叢刊》，187 期，2002 年 7 月，第 101 頁；黃建輝，〈類推適用析論——以民法為探討中心〉，《中原財經法學》，2 期，1996 年 10 月，第 147 頁；吳從周，〈當然解釋與類推適用係不同的思維方式？——最高法院八十三年台上字第二七一〇號判決之啟示〉，《植根雜誌》，12 卷 4 期，1996 年 4 月，第 134 頁；尹章華，〈論法律漏洞與類推適用之法理結構（下）〉，《萬國法律》，50 期，1990 年 4 月，第 14 頁；尹章華，〈論法律漏洞與類推適用之法理結構（上）〉，《萬國法律》，49 期，1990 年 2 月，第 10 頁。大陸學者討論類推與臺灣學者的取向及議題很不相同，引用資料也出奇地稀少，參閱雍琦著，楊智傑校訂，《法律邏輯學》，五南，2009 年 1 月，第 397 頁；吳家麟編，林文雄校訂，《法律邏輯學》，五南，2007 年 9 月，第 263 頁。

為援用，甚至興高采烈地允為正義的實現、法學進步的象徵。在學術界這種心態的教化及感染之下，實務界對法條的類推適用，以及判例（廣義）之間的「參照」比擬，除了偶而以某些含糊的實質理由（例如「非基於同一法律理由」）推而不採之外，並不懷疑類推的結構或使用會有什麼邏輯效力上的問題。至於法律人士的養成教育及訓練，也只能盲目地信奉學術及實務界的觀點，強行灌輸只是分類再分類，讓學子強記繁如秋荼的概念分析之間的比附援引。

本研究的目的在揭開類推的神祕面紗，質疑一些靠不住的觀點，防阻類推進一步的泛濫，從而認為：

一、類推不是邏輯嚴謹的推理形式，先例 (source) 與對象或本案 (target) 之間，既不像演繹的結論必然涵蓋於前提之內，也不像歸納的命題之間之帶有某種機遇率。

二、在不具相干性的先例與對象之間的類推，其結論是否妥適，依賴結論本身的良否；以先例為結論的支撐理由，在推理上不能涵蓋新的結論。

三、在有相干性的場合，以先例解釋對象比較有實質上的意義，但不是因為兩者推論結構的嚴謹，而是支撐先例的理由或政策本身的優越或妥當，適合相干地解決類推對象的問題。

四、類推是無所不在、無可避免的思維模式，不是要不要類推的問題；即使它並非嚴整的邏輯形式，卻常常使我們找到解決問題的點子。了解類推的本質，才能知其優點，防其缺漏。

五、臺灣的法學界大都視類推為理所當然的「方法」，有如無堅不摧的利劍，既少探討其推理的本質，又不懷疑其浮濫的可能，超越立法，盲目造法。但是，由於類推思維雖無可迴避，卻極不可靠，類推適用必須審慎嚴格，具體判斷。

貳 類推的形式、作用、及侷限

一 類推的形式及要件

在一頭栽進類推適用之前，我們首先必須釐清類推是一種什麼樣的推理形式。可是就連邏輯學家也只能含糊地說：

類推是兩事物的某些特徵之間相類似的主張❷。

也有數學家模仿三段論法的形式將類推做成下列公式：

以 A 類推 B

B 可信

所以 A 也比較可信

　　　或

A analogous to B

B more credible

A somewhat more credible❸

以上的公式雖然是模仿三段論法的形式，但它顯然不是演繹，它當然也不是類似同一律的邏輯結構。所以，如果將類推以 A→B；B→C；∴A→C 表示，那是錯的。換句話說，類推僅僅是從一個陳述在思維上飛躍到另一個陳述（結論）的過程。從以上的陳述及程式，我們大概已經可以了解類推不是嚴謹的邏輯形式。

---

❷ IRVIN COPI, INTRODUCTION TO LOGIC《邏輯入門》405 (7th ed. 1986).

❸ 2 G. POLYA, MATHEMATICS AND PLAUSIBLE REASONING: PATTERNS OF PLAUSIBLE INFERENCE《數學與可信推理第二冊：可信推論的模式》12 (1954).

類推要能夠成立，有許多必須考慮的因素。通常提到的條件包括：(1)發生次數的多寡。例如電視廣告常常以某知名人士或藝人推薦某產品，這就是統計上最沒有效力的所謂「一個抽樣」(sampling of one)❹的例子。類推也是如此，如果前例產生的次數只有一次或很少，其做為類推的依據就減色不少。(2)前例及本案的相同特徵愈多，類推就愈有實質意義。這個因素幾乎像常識一樣明顯，似無多加說明的必要。但是應該注意：A 事件有特徵 a, b, c, d，而 B 事件已知有特徵 a, b, c，只是給我們 B 也許也會有 d 的想像空間，無法證明 B 必定也有 d。(3)結論與前提之間關連的強弱。換句話說，前例的結論如果在邏輯上有問題，自然不能期待此結論類推適用到本案會有更強的效力。(4)不僅要看本案及前例相似的特徵，也要注意其間的不同，相異之處愈多，類推的妥適性就愈低。(5)前例愈多，由眾多前例得出的結論就愈有類推到本案的餘地❺。(6)類推的特徵與結論及比擬要有相干性❻。但是，邏輯學家這些說明只是指出類推時必須注意的因素，有些則是歸納的問題（例如以上的(1)、(3)、(4)、(5)），還是沒有確切地道出類推的結構如何。

社會心理學家及人工智能專家則以為：不論類推是否可以稱為一種邏輯方法，卻是思維上無所不在的思考形式。如果以不同的詞句描述類推的過程：類推不過是先由記憶中回憶資訊，然後從先例按圖索驥，連結到本案 (target)，最後再根據本案的特徵評估調整而後延伸適用❼。從這個角度觀察，類推並非嚴整的邏輯形式，即使可以認為是一種有效的推理方式，使用類推先例或既有規範不純粹是邏輯的運作，而是取決於我們的目的、對既有案例

---

❹　參閱 Deborah Rumsey, Statistics for Dummies《傻瓜統計學》32 (2003).

❺　也許如此，學者還創造或「繼受」在我看來毫無實際意義的所謂「總體類推」及「個別類推」。黃建輝，同上註 1，第 15–18 頁。

❻　Copi, *supra* note 2, at 411–14.

❼　Keith J. Holyoak and Paul Thagard, Mental Leaps: Analogy in Creative Thought《思維的飛躍：創造性思考的類推》15 (1996).

或規範的熟悉，以及與其他總體價值是否一致❽。

二 類推的作用

1.類推是自然的推理方式

　　類推既然不是嚴整的邏輯推理，討論類推的社會心理學家就認為：在不確定的狀態下做判斷的時候，人們會使用三種心理「率斷」(heuristics)。其一是以典型 (representativeness)，做為判斷 A 是否屬於 B 類型或過程；其二是熟悉或「浮上心頭」(availability)，用來判斷某種事物產生的頻率或某種事件發生的機率；其三是調整，通常是數目的增減。三種「率斷」通常可以使你很快做出判斷，但是也經常導致可以預期的錯誤❾。無論如何，其中的典型思考就是類推；而類推的案例或類型是否浮現在我們腦海，端靠我們對先例或法規的熟悉程度。換句話說，我們對無論政治、商業或日常生活中的重大決定的各種選擇及可能後果，通常並沒有把握，只能從類似事件推測❿。

　　⑴心理篤定

　　類推同時又有平撫某種程度的心理焦慮的作用。我們都有的經驗是夜裡走在一條不熟的小巷，心理上會不由得因不知是否有看不見的危險而忐忑不安。面對任何不確定的情況，我們也會略有緊張。所以學者認為：如果別人已經提出類似的法律理由及做過相同的法律判斷，是較好的理由及判斷；不是因為引為依據的理由或決定一定比不同的意見要具說服力，而是至少現在

---

❽　Barbara A. Spellman, *Law and Psychology: Reflections of a Recovering Lawyer: How Becoming a Cognitive Psychologist*－and (*in Particular*) *Studying Analogical and Causal Reasoning*－*Changed My Views about the Field of Psychology and Law*《法律及心理學》, 79 CHI-KENT L. REV. 1187, 1200–03 (2004).

❾　JUDGMENT UNDER UNCERTAINTY: HEURISTICS AND BIASES《不確定狀態下的判斷：率斷與偏見》20 (Daniel Kahneman, Paul Slovic, & Amos Tversky eds., 1982).

❿　HOLYOAK, *supra* note 7, at 139.

持相同意見的人並非無中生有❶。又說：法律人士引經據典只在替自己尋找奧援，但是在生活中也一樣，有奧援強過無人支持❷，下意識地表示別人都這麼認為了，我當然也不會錯。

　　一位認為類推是最重要法律推理方法的學者舉了美國普通法判例 Adams 案❸，將郵輪對乘客的責任類比旅館對投宿人的責任。不論我們同不同意他的論點，他認為如果沒有以類比或參照既存法律的方式類比，而只是認為適宜做出這樣的判決，那必然引起批評。所以，法官在引用法規或公共政策之時，類推先例可以表示判決並非即興而為，於法無據❹。似乎是認為能有類推的先例存在，心裡就會比較踏實。

　　⑵促進法的連貫性？

　　類推據說又可以促進法律的安定性。一個最有名的例子是美國最高法院對女性墮胎權利的一連串判決。幾位法官認為為了法律的連貫與安定，在 Planned Parenthood 一案❺，他們遵守普通法遵從先例原則 (stare decisis) 因而不推翻 Roe v. Wade 的主要精神❻。

---

❶　FREDERICK SCHAUER, THINKING LIKE A LAWYER: A NEW INTRODUCTION TO LEGAL REASONING《法律推理新論》73 (2009). 很多人講過類似的話，久而久之不僅不知誰先有創見，而且似乎還成為客觀的真理，參閱例如 ALAN WATSON, LEGAL TRANSPLANTS: AN APPROACH TO COMPARATIVE LAW《法律移植的比較法研究》99 (2d ed. 1993). ("It is a very marked characteristic of lawyers that they do not like to think they are standing alone or that their decisions are the result of their own limited reasoning power.") 關於從社會心理學的解釋參閱本書第七章。

❷　SCHAUER, *supra* note 11, at 74–75.

❸　Adams v. New Jersey Steamboat Co., 151 N. Y. 163 (1896). 並參閱 LLOYD L. WEINREB, LEGAL REASON: THE USE OF ANALOGY IN LEGAL ARGUMENT《法律推理：法律論證中的類推》41 (2005).

❹　WEINREB, *supra* note 13, at 95.

❺　Planned Parenthood of Southeastern Pennsylvania v. Casey, 505 U. S. 833 (1992).

❻　Roe v. Wade, 410 U. S. 113 (1973) (本案首次承認憲法隱私權保護女性在某些法律限

再有德沃金 (Dworkin) 的所謂「章回小說」式 (a chain novel) 的前後一貫主義 (law as integrity)，說穿了也不過是前後章回之間的類推適用。德沃金主張後來的法律解釋必須參照先例建立的整體價值，使解釋與之一貫 (fit)，有如章回小說的作者撰寫新章節，必定不能與現有章節前後脫節失序❶。那麼要保持一貫，最好當然是類推既存的價值或原則。

⑶創造性

數學家薄利亞舉了歷史上瑞士數學大師歐勒 (Euler) 在另一位數學大師貝努宜 (J. Bernoulli) 都束手無策之下，以邏輯上完全不相干的代數方程類推有限到無限序數，成就數學上的創新❶。

也許與其他所謂非嚴謹邏輯形式的思考形式例如推斷 (abduction)❶，甚至歸納 (induction) 一樣，邏輯可能效力微弱，但開拓我們無限想像與創新的空間。畢竟，邏輯的技術上意義並不代表理性的全部，而是指將一個真實的陳述由形式論證推論到另一個真實的陳述，無關乎陳述的實質❷。所以學者不得不務實地承認：「僅僅使用邏輯可能會因小失大，得出無關緊要的真理，卻沒看到重大的議題。思維好像不是用邏輯，只是在使用語言了解的時候，將其當成世俗的知識的一部分，由其他在情況下合宜的特別推論方法補充或取代❷。」

三 法律中的類推

有些學者主張類推是法律推理的中心內涵，但是也有學者認為：類推並

制之內有自主決定是否墮胎的權利）。

❶ RONALD DWORKIN, LAW'S EMPIRE《法網恢恢》228–30 (1986).

❶ 參閱 1 G. POLYA, *Induction and Analogy in Mathematics*, in MATHEMATICS AND PLAUSIBLE REASONING《數學與可信推理第一冊》17–22 (1954).

❶ 參閱本書第三章第 64–65 頁。

❷ STEVEN PINKER, HOW THE MIND WORKS《腦筋怎麼想》333 (1997).

❷ *Id.*

非法律推理獨特的形式，當有更多的折衷意見，以下主要討論兩極的看法，以及現在已無人否認的類推不過是造法的意見。

1.類推是法律推理及法學教育的核心？

有學者主張：類推不僅是法律推理的核心，它也是法學教育的中心內容。換句話說，法律以類推為其最重要的推理形式，而法學教育就在傳授如何類推❷。雖然我們不知道理為何，又說：「法律既是規範，則從規範適用到具體案件就必須使用類推❸。」不僅判解的類推如此，法條的類推適用與案例的參照比附沒有本質上的不同，都是類比思維及原則的適用，不論是參照判例、法規、權威解釋、或優秀的外國判例，都是原則的具體適用❹。

2.類推與一般思考並無二致

也有學者認為：我們常說法學訓練就是要使學習法律的人能夠像法律人一樣地思考 (thinking like a lawyer)。但是，所謂法律人士的思考與一般人的思考必須清晰並沒有兩樣。法律人士的思考也不過是與一般人一樣，包括道德的、經驗的、以及演繹的思維❺。學者又說我們有道德推理、經驗推理、

---

❷ WEINREB, *supra* note 13, at vii. 也可參考 Emily Sherwin, *A Defense of Analogical Reasoning in Law*《捍衛法律的類推適用》, 66 CHI. L. REV. 1179 (1999), 以及無多大實質內容的 Ruggero J. Aldisert, Stephen Clowney, & Jeremy D. Peterson, *Logic for Law Students: How to Think Like a Lawyer*《法學院學生要知道的邏輯》, 69 U. PITT. L. REV. 1 (2007).

❸ WEINREB, *supra* note 13, at 13.

❹ NEIL MACCORMICK, LEGAL REASONING AND LEGAL THEORY《法律推理與法學理論》153 (1994). (Arguing by analogy' in law has to be understood in essentially similar terms. Here again, what is at stake is an attempt to secure a value-coherence within the legal system.)

❺ Larry Alexander, *Premises and Conclusions: Symbolic Logic for Legal Analysis: The*

演繹推理、以及模糊推理，但是沒有法律人士幻想中的獨特推理方法。所以

> 普通法的法官自然的推理方式是：以歸納做成道德和經驗
> 的判斷，以演繹適用規範。法律無法拘束自然的推理；規
> 範排除自然推理而演繹又只能在規範之下為之。其他一般
> 意見以為法官類推案件，並由法律原則推理適用，通通只
> 是幻覺。法官表面上也許看起來好像這樣做，但是類推及
> 法律原則實際上不能拘束法官。以為是類推，事實上是自
> 然或演繹推理❷。

　　以上的陳述或許是平淡無奇，但是我必須解釋臺灣法界比較不熟悉的「省思均衡」。學者主張道德推理❷是在具體的道德判斷與一般道德原則之間的來回調整，也就是羅爾 (John Rawls) 所謂的「省思的均衡」(reflective equilibrium)❷。簡單地說，道德推理具有以下基本特點：⑴對具體事件做出具體的道德判斷；⑵從許多具體判斷以推斷的方式 (abductively) 做成可以適

Banality of Legal Reasoning《前提與結論：法律分析符號邏輯：稀鬆平常的法律推理》, 73 NOTRE DAME L. REV. 517 (1998).

❷　LARRY ALEXANDER & EMILY SHERWIN, DEMYSTIFYING LEGAL REASONING《揭去法律推理的面紗》104 (2008). 此書批評的主要對象雖像是哈佛大學法學院的 Weinreb，但仔細看 Weinreb 的論述，後者也只強調類推在法律中獨特的地位，沒有說法律類推有異於一般類推。WEINREB, *supra* note 13, at 12.

❷　我認為所謂道德推理就是某些學者所謂的「倫理推理」(ethical reasoning)，參閱 STEVEN TOULMIN, RICHARD RIEKE, and ALLAN JANIK, AN INTRODUCTION TO REASONING《推理入門》393 (2d ed. 1984).

❷　羅爾曾以對正義的判斷做例子，認為由道德哲學的角度看，在沒有檢驗任何正義觀念之前已經符合一個人的判斷的，不是他最正確的正義感，而是在省思的均衡之下符合其判斷才是最能表現正義感。這是在一個人衡量各種不同的觀念之後，調整判斷與之相符或堅持原來的信念以及相對應的觀念的一種均衡狀態。JOHN RAWLS, A THEORY OF JUSTICE《正義一論》48 (1971).

用到具體情況的暫時一般原則；⑶從一般原則演繹地適用到其他情況；以及
⑷對人性、社會、以及其他諸多影響道德判斷的因素，從經驗上做出推理。
以上的判斷及推理並非專屬法律人士，而是與任何做道德推理的其他人無
異❷。

　　所以採取折衷看法的就認為：法律人士在對法律觀念或規則的適用範圍
不是很有把握，而想以相似的情況類推的時候，基本上採取三個步驟：首先
是從許多具體情況推斷可以適用的規範，然後經由省思調整（即羅爾的
reflective equilibrium）決定規範是否成立，最後再將調整接受的規範適用到
原來不知如何解決的具體事例❸。

3.類推是司法造法

　　在歐陸的「自由法」（或在某種程度內的「利益法學」）及美國的「實在
法學」(legal realism) 運動之後❸，現代法學界一般的共識是法官一定造法，
法官的法律解釋其實無法不造法，在沒有先例或先例已經不合時宜的情況下，
法官更需要造法，類推適用法律或參照比擬先例也是造法❸。但是，造法之
不可避免與鼓動法官盡量立法是截然不同的心態，前者是現實的理解，後者
是權力的濫用。學者常常喜歡引用瑞士民法第 1 條，要求法官在無法可依的
時候，應該設身處地到立法者的地位創制法律，以為這就是法官可以毫無顧

---

❷　Alexander, *supra* note 25, at 518–19.

❸　Scott Brewer, *Exemplary Reasoning: Semantics, Pragmatics, and the Rational Force of Legal Argument by Analogy*《典型推理：語意，要件，及法律類推論證的理性》, 109 Harv. L. Rev. 925 (1996).

❸　參閱同下註 79 及其本文。

❸　Richard A. Posner, *Book Review: Reasoning by Analogy: Legal Reason: The Use of Analogy in Legal Argument*《類推推理書評》, 91 Cornell L. Rev. 761, 772–73 (2005). ("The use of analogy in law is a form of certain judicial legislation—policy analyses of the underlying standards in different, but substantially similar cases.")

忌，大膽類推的佐證。但是，不要說開「自由法」(la libre recherche scientifique) 思潮之先的錢尼 (François Gény) 對於日後德奧的「自由法」運動的鼓吹造法「無政府狀態」（把整個法律制度等同一個大漏洞）實無法負責❸，實證研究更發現瑞士民法第 1 條並沒有導致該國最高法院解釋法律的實踐有任何脫線演出，或改變了法院一貫的態度❸。

四 類推的侷限

1.類推在邏輯上無效

一般學者大都同意：類推不能有數學上的確定，因此不宜稱之為有效或無效，最多只能說有機遇率上的可能❸。但是我認為連客觀的機遇率都談不上，至多是我們日常習慣上方便地認為其可比性使得類似的解決辦法看起來可能更合適。

2.必須有相干的可比性

如果類比要有其效力，理論上最重要的考慮因素是以上所說的：類似事件的相同特徵與比擬的標的有相干性。例如，甲乙兩人都從某一中學畢業，他們的成績都在前 10% 之內，他們也都喜歡美食，愛看電影，愛交異性朋友。如果甲在大學的成績很好，以在同一中學的成績判斷乙在大學的學習大概也不會太壞就有相干性。但是，其他特徵與學習成績不一定相干，以之類比乙在大學的表現就毫無意義❸。如果能進一步認定特徵與標的之間有某種

---

❸ Jaro Mayda, François Gény and Modern Jurisprudence 《錢尼與現代法理學》 13 (1978).

❸ *Id*. at 53.

❸ Copi, *supra* note 2，at 405.

❸ *Id*. at 413.

聯繫或因果，那類比目標的特徵或標的之間雖然沒有必然性，但是它們之間的可比性就更為牢靠 **❸**。所以，類比之困難在於兩案之間的些許相似及某些特徵的相干，不代表所有重要的特徵全都相干 **❸**。

但是，類推之間的相干性或可比性並沒有標準可循 **❸**，因此類推之時，最大的挑戰在決定兩案的同異，與判斷的標的有什麼相干性。所以在類比時得出的適用原則，必須有相當實質的理由支撐，而不能僅僅以其相似就輕描淡寫地類推適用。

3.類推講求現在與過去一貫

以類推維持法律的連貫性、安定性、一貫性，說穿了只是傾向保守的心態。維護我們珍惜的傳統沒有錯，錯的是凡是過去的都值得珍惜的態度。這種心態沒有明示的假定是：因為社會不動所以法律不變，甚至以為可以以不變的法律阻止社會的變動。另外一個沒有檢視的假定是：只要是先例，大概都是對的，所以無論先例的拘束力或法規的類推適用，大都以本案遷就先例。可是，先例的拘束力或以先例為討論的出發，沒想到先例可能是錯的，也可能早已不合時宜，極可能造成進步的阻礙。例如女性法學學者就極為正確地指出這種「有類必推」的惡習，不過是綿延既存的男性中心的法律價值與實踐 **❹**。這些都是歌頌類推為法律發展的利器者所不得不察。

---

❸ *Id*. at 414.

❸ *See*, Toulmin, *supra* note 27, at 163.

❸ Cass R. Sunstein, *On Analogical Reasoning*《論類推推理》, 106 Harv. L. Rev. 741, 773–74 (1993). ("Analogy provides no criteria to judge relevancy of analogous cases.")

❹ *Id*. at 768, 789. 女性法學對盲目類推的批判參閱例如 Catharine A. MacKinnon, Feminism Unmodified: Discourses on Life and Law《本色不改的女性主義：論生命與法律》167 (1987). ("Doing something legal about a situation that is not really like anything else is hard enough in a legal system that prides itself methodologically on reasoning by analogy. Add to this the specific exclusion or absence of women and women's concerns

4.比喻與類推的差別

比喻 (metaphors) 與類推都是日常生活及科學研究裡常見的思維方式，兩者的思維過程也極為類似。但是，比喻是僅僅從兩件事情之間的相似，跳躍到兩者有一定連結或因果的不當結論。比喻和類推不同，比喻認為兩件事之間有可比性是因為它們類似；類推則認定兩者之間的可比性在其間的關聯性。前者是有如星相學之類的偽科學或文學的比喻方法；後者則是有相干性的思維❹。

無論類推或比喻的思維都強調相似性，但思維成為無效是因為從類似跳躍到因果。類推及比喻在科學及日常生活都占極重要的地位，但類推不僅僅是類比。在類比裡，我們誤將兩事物之間的相似視為因果❹。

假科學常常以表面上的類似做為論述的依據。傳統的星相學就充滿了此類的類比。例如火星的表面常呈紅色，星相家就把此種現象與血腥、戰亂、侵略合在一起。他們也把在此種時辰出生的人解釋為帶有侵略性格。民間醫學以同樣的思維認為薑黃因其色黃可治黃膽，而犀牛角因其堅挺可醫不舉❹。

穆勒 (John Stuart Mill) 譏諷培根 (Francis Bacon) 愛用擬於不倫的習慣，他說培根認為：歷史的時間就像一條河川，過去遺留給下一代的總是殘破不全的文化遺產，就像河川流到下游的都只是一些廢物雜草，歷史上真正有實質價值的東西早像重物一樣沉到河底流不下來。穆勒說培根沒想到如此比擬是把浮力等同於價值❹。

---

from the definition and design of this legal system since its founding, combined with its determined adherence to precedent, and you have a problem of systemic dimension.") 並參閱本書第八章及第九章第 311–312 頁。

❹ PAUL THAGARD, COMPUTATIONAL PHILOSOPHY OF SCIENCE《計算科學哲學》162 (1993).

❹ Id. at 165.

❹ MARTIN CURD & J. A. COVER, PHILOSOPHY OF SCIENCE: THE CENTRAL ISSUES《科學哲學：中心議題》74 (1998).

總之，即使對類推非常友善，承認其某些價值的學者，也無不指出類推的不牢靠，一致警告類推是必須極為謹慎處理的思考模式❹❺。

臺灣法界對類推的認識與實踐

臺灣法學界對類推的「共識」大致是不質疑類推的功能及效力，主要關切法律是否呈現「漏洞」，一旦發現「漏洞」，據說必須再以「違反規範計劃」或「不符法律體系」做一種法律的「價值評價」，果能如此，就可以斷定是真正的「漏洞」，而不是立法「沉默」，可以逕由任何具有類似性或「同一法律理由」的現存規範比附援引，以達「平等的目的」及「正義的要求」❹❻。

至於案例之間的類推，雖不一定是因為法律出現「漏洞」，而主要是因為案情類似，基於「平等的要求」，即可「參照」成例；而在判決被指定為判例之後，甚至還有某種程度的強制力，據說與純粹的類比還有不同❹❼。

我以下的討論要指出：(1)類推做為一種「方法」只是方便的說法；(2)將比喻視同類推的謬誤；(3)目的性「限縮」或「擴張」視為類推的無聊；(4)類推與平等或正義關係非常間接；(5)以法規的類推而言，強為區分「漏洞」與「沉默」的無稽；(6)計劃違反或體系不合毫無客觀標準；(7)擴大類推是造法的濫用。

---

❹❹ JOHN STUART MILL, A SYSTEM OF LOGIC: RATIOCINATIVE AND INDUCTIVE《邏輯制度》, Book v, ch. v, §7, in 8 COLLECTED WORKS OF JOHN STUART MILL《穆勒全集》801 (J. M. Robson ed., 1974).

❹❺ TOULMIN, *supra* note 27, at 163.

❹❻ 參見下引註 66–76 及其本文的討論。本節討論批評的所有觀念及理論都可以在下列一書找到，參閱陳愛娥譯，Karl Larenz，《法學方法論》，五南，1996 年，第 277–354 頁。

❹❼ 參見同上。又參考 SCHAUER, *supra* note 11, at 88 及本書第七章第 221 頁。

一 器物性類推適用思考模式的謬誤

了解了類比的形式及性質，我們就可以知道傳統對類推適用的功能及期待，充滿了不當。類比是思考的一種必然存在的形式，我們可以探討其優劣及得失，注意其侷限及濫用，但是，將之刻劃為器物性的所謂「方法」，視之如可以使用或放下的「工具」，就好像思考必然使用想像，而將想像待之如特殊的「方法」一樣無中生有。工具是獨立於人做為主體之外的東西，類比卻是人類思維的構成部分，好像笛卡爾說：「我思，故我在」；我們可以衡量工具的用途，卻只能認識類比的性質。

工具性觀念的不妥，可以在傳統上肆無忌憚地探討擴大適用類推上看得出來。所以，與其探討任何法律體系必然存在的缺漏可否以其他類似情況下的解決辦法應付，問題卻呈現為討論類比的有無適用；重點不在類似情況下的法律後果的實質分析，眼光卻移轉到類比「方法」有否適用的形式論證。某些問題像是「公法上有無類推適用」、「行政法的類推適用」，理所當然的器物性觀念，掩蓋了對類比本質的認識。我們常說「殺雞焉用牛刀」，只是質疑使用牛刀是否過當，不僅視牛刀為外在的工具，而且也沒有否認牛刀的好用；「有無類推之適用」，不僅將類比視為可以從思維過程中割裂的獨立工具，而且假定它只是一種「方法」的取捨。在這種理解及心態之下，一旦發現法律的「漏洞」，就磨刀霍霍，蠢蠢欲動，把類推適用當成有如奇妙的數學程式 (algorithms)，最多在拒絕適用類比時稱之為「立法沉默」。

但是，現代社會心理學的研究卻已經告訴我們：以先例或類別為類比的思考，或許因先例或類別在記憶裡的深淺遠近而有難易之別，類比是一種無所不在的思考模式❹。問題不在有無類比的適用，更不是擴大使用類比才是民法進步的象徵（前面已經說過，有時剛好相反）❹，而是在思考上無可迴

---

❹　Kahneman, *supra* note 9, at 20.

❹　見同上註 40 及其本文的討論。

避地類比之下，其法律效果是否妥適，我們願不願意接受；前者是形式論述，後者卻是實質的權衡。

三　所謂類推適用，但實際上只是比喻的例子

如果法律上的類推適用不加節制，不注意極難掌握的相干性，非常容易造成擬於不倫的比喻，就像前面已討論的歷史上「假科學」的錯誤❺⓿，連推論效力本已極為有限的類比都算不上。例如民法規定：「給付物僅以種類指示者，依法律行為之性質或當事人之意思不能定其品質時，債務人應給以中等品質之物❺❶。」學者認為：在給付勞務的類似場合沒有規定，也應該類推適用給付物的規定，給付「中等」品質的勞務❺❷。之所以要類推適用有許多理由，最一般的理由是所謂法律漏洞類似牆的缺口，必須修補❺❸，以下還要詳論。其次，好像由於物品及勞務都用來給付，所以「中等」物品可以類比「中等」勞務❺❹。這種類比假定我們可以非常確切地知道「中等品質」之物何指。但是如果我們進一步探討什麼是「中等品質」的物？也許忽然就了解無論如何解釋，所謂「中等品質」之物並非明確的概念。當然，即使英美立法上也有使用「一般品質」(average quality) 這種說法，但這不代表觀念即容易確定。所以法條上還羅列一大堆例如「業界習慣」等，試圖明確本來就無法確定的觀念❺❺。即使可得明確，此種規定合理嗎？或合理到有「普世的效力」，可以類推（侵略）到勞務給付的場合？當你接受醫生開刀或律師辯護，你會知道

---

❺⓿　CURD, *supra* note 43.

❺❶　民法第 200 條第 1 項。

❺❷　王澤鑑，同上註 1《民法實例》，第 301 頁。

❺❸　同上，第 302 頁。

❺❹　同上。

❺❺　ALI, UNIFORM COMMERCIAL CODE: 1962 OFFICIAL TEXT WITH COMMENTS《統一商典：1962 年正式條文及評論》(hereinafter UCC) §2–314 (2). ("fungible goods", "ordinary purposes", and trade customs etc.)

或滿意什麼是「中等品質」的醫療或服務嗎❺❻？類推本非嚴整的推理形式，而以比喻證明類推的效力或妥適，只是試圖以無效的推理「證明」另一個無效推理的效力，「漏洞」只有愈捅愈大。

三 目的性「限縮」或「擴張」只是自以為巧妙的抽象概念

雖然在一般法律解釋的實踐中，早已有常識性的所謂「嚴格解釋」(strict interpretation) 與「寬鬆解釋」(liberal interpretation)❺❼。由於類推適用有擬於不倫的傾向，學者又大張旗鼓，煞有介事地發展了一套「目的性限縮」（或前面已略為提及的相應觀念：「目的性擴張」）的理論。為了不曲解其定義及適用，我完整地引用學界最具代表性的意見如下：

> 類推適用的法理，在於「相類的，應為相同的處理」；目的
> 性限縮的法理，則在於「非相類似的，應為不同的處理」，
> 均係基於正義的要求。目的性限縮，與狹義（限制）解釋
> 不同，前者係將某項法律規定的適用範圍加以限制，於特
> 定案例類型不適用之；後者則係將法律概念侷限於其核心
> 範圍❺❽。

---

❺❻ 順便一提，律師倫理通常要求律師盡最大能力 (zealously) 伸張當事人利益，而不是「中等品質」的努力。中華民國律師公會，律師倫理規範第 26 條第 2 項（「律師應依據法令及正當程序，盡力維護當事人之合法權益……」。）（請注意，這是公會課予律師的義務，而非委任契約的一部分，與我的批評沒有矛盾；而眾所周知判斷醫生或律師是否失職已是難於確定的「專業標準」(professional standards) 也不是什麼所謂「中等」勞務）。

❺❼ UCC, *supra* note 55, §1–106 (1) (1963) ("The remedies provided by this Act shall be liberally administered...."); WILLIAM N. ESKRIDGE, JR., PHILIP P. FRICKEY, & ELIZABETH GARRETT, LEGISLATION AND STATUTORY INTERPRETATION 《立法及法規解釋》 331 (2000).

❺❽ 王澤鑑，同上註 1《民法實例》，第 321 頁。類似意見參閱楊仁壽，同上註 1，第 197–210 頁。

對於認為有辦法真正了解此種區分的人，我沒有意見；至於讀後搔首抓耳、不得要領的讀者（尤其是法律學子），我提供幾點觀察，或許可以使你安心：你的疑惑並非因為你是「朽木不可雕也」。首先，所謂「正義的要求」，與所謂「等者等之，不等者不等之」、「相類似的，應為相同的處理」，同屬白費唇舌的空話，以下還要討論。問題不在不證自明的道理 (truism)，困難在判別什麼情況是「等」，什麼情況是「不等」，或什麼才是「相類似」。在不明白是「等」還是「不等」之前，沒有「等者」、「等之」的可能；不知道什麼是「相類似」，當然不會知道如何「相同處理」。再者，即使同意類推與限縮的區分有其意義（但我認為絲毫沒有），把結論當前提剛好顛倒了思考的程序，不能解答什麼時候類推適用，什麼時候「目的限縮」。其次，即使所謂「核心範圍」可得確定，「目的限縮」與「狹義解釋」都是對條文的嚴格解釋 (strict interpretations)。我看不出來此種區分有任何可操作性，也不認為有什麼實質的意義。

有學者雖知道：「目的限縮或限縮解釋界限……並不……很清楚❺❾。」但是由於有德國學者這麼說了，當然寧可信其有。奧裔分析哲學大師韋根斯坦 (Wittgenstein) 說過：「兩種標的如果有相同的邏輯形式，除了外在特徵或有不同之外，兩者的不同，只是它們不同❻⓿。」意思是沒有實質的不同可言。務實主義者也說：兩種概念如果在實際上沒有不同後果，兩個觀念與一個觀念，也許除了名稱不同之外，事實上沒有差別❻❶。強而劃分，道其不同，只是「天下本無事，庸人自擾之」（或莎士比亞說的："Much ado about nothing!"）。

如果不信「目的限縮」是種無聊的觀念，我們可以檢驗其實際的適用，

---

❺❾　黃茂榮，同上註 1，第 736 頁。

❻⓿　Ludwig Wittgenstein, Tractatus Logico-Philosophicus《邏輯哲學論》§2.0233 (D. F. Pears & B. F. McGuinness trans., 1961).

❻❶　William James, Pragmatism《務實主義》, in William James: Writings 1902–1910《威廉詹姆士作品集：1902–1910》506 (Bruce Kuklick ed., 1987).

看看它比簡單的、常識性的嚴格解釋有沒有更優異的解釋能力，認為不僅可以填補「漏洞」，還可以幫助我們對非類似的情況予以不同處理，好像是一種特別犀利的「方法」，其實當然不是。有一個例子是舊民法第 1074 條：規定「有配偶者，收養子女，應與其配偶共同為之 ❻❷。」據說甲與乙結婚而欲收養乙之子女丙，自然必須與子女之親生父或母乙為之，產生親生父母乙收養親生子女丙的荒謬結果。解決之道在「目的性限縮」，製造原本不存在的「但夫妻之一方，收養他方之子女者，不在此限」的但書，而 1985 年民法亦如此修正云云 ❻❸。

加了但書的確使條文更顯示其常識性，但這不表示沒有但書即可棄常識於不顧。而且就因為理解法條必須符合常識，它不會又不必是「目的性限縮」的功勞。收養當然是基於要有收養的必要或可能，沒有必要或可能，自然沒有收養的適用。在我看來，不能將舊條文荒謬地「目的性擴張」成為「有配偶者，收養（配偶之）子女，應與其配偶共同（收養）為之。」先捅了一個無中生有、不合常識的大「漏洞」，然後再說是「目的不合」、「非相類似」，雖然不知類推什麼，而又難以類推，有必要「目的性限縮」。用作者自己批評最高法院的話是：「自己創造了一個實際上並不存在的法律漏洞 ❻❹。」美國實務界流行一個笑話：當一個律師說有道無的時候，法官或資深律師就會說：「別提那種法學院一年級考卷上才會出現的問題！」嘲笑一些「象牙塔」式不合常識的論述。對我而言，「限縮」、「擴張」看起來都只是學者無限發揮的想像，毫無必要地將基於常識就可以了解的「嚴格」(strict) 或「寬鬆」(liberal) 解釋 ❻❺，變成既複雜復又無可操作的概念分析。則「目的限縮」或「目的擴張」

---

❻❷　王澤鑑，同上註 1《民法實例》，第 321 頁。

❻❸　同上。

❻❹　同上，第 315 頁。關於不能將法律文字做荒謬的解釋，參閱 1 THE DIGEST OF JUSTINIAN《查士丁尼匯覽第一冊》, Book I, ¶19 (Alan Watson trans. & ed., 1985) (Celsus).

似乎不是什麼不傳之密、獨得之寶，值得莘莘學子浪費有限的時間及精力，硬是「全盤繼受」，強以為知。

四　類推與平等原則，或正義的要求關係牽強

類推既是兩案或兩事之間的共通政策的比附援引，平等原則沒有適用的餘地。類似事件之間如果有類比的餘地，則常常不只因其類似，而是相同的政策或法律效果的考量。再者，機械地以平等原則要求類推還有盲目援用過去錯誤的法律決定的危險❻。最後，類推的事件之間很少絕對相似的可能，所謂「等者等之」只是一句空話❻。

當然，平等與正義息息相關的觀點是西洋哲學古已有之的觀念，不論正確與否，或主張「正義的要求」的學者是否真正了解其來歷，其中亞里斯多德論正義與平等的關係最為經典。為了不曲解亞里斯多德著名的主張，我以下照引他的一段名言。他說：

> 當法律是普遍的規範沒有涵蓋某個具體情況，立法者犯了過分簡化的失誤，做出立法者在場而知情原該會放進法規的主張是正確的。所以，平等即是正義，而更優於某部分的正義——不是勝過絕對的正義，而是勝過法律陳述的絕對。而平等的本質在改正因為法律的普遍性造成的錯誤❻。

---

❺　參閱 ESKRIDGE, *supra* note 57, at 331.

❻　參見同上註 40 及其本文的討論。

❻　參閱 ALEXANDER & SHERWIN, *supra* note 26, at 37–39 對這些問題的處理，以及 Christopher J. Peters, *Equality Revisited*《再論平等》, 110 HARV. L. REV. 1210, 1215–18 (1997)（"...the proposition [that people who are alike should be treated alike] cannot be normatively prescriptive because it is a tautology." 「等者等之」的命題不能是當為的規範，因為它是同義反覆〔的廢話〕）。韋根斯坦 (Wittgenstein) 早就說過同義反覆沒有意義，WITTGENSTEIN, *supra* note 60, §§4.461, 4.462.

如果不予詳察，當然只有按照字義或某些學者的解釋，囫圇吞棗地說類推是為了達成平等，而「平等是正義的要求」。不過，即使完全接受亞里斯多德這段陳述，他所講的是普遍與特殊、一般與具體常有的矛盾。當立法只能以普遍的規範出現，規範即可能忽略無法預見的特殊個案，因而必須矯正堅持一般規範的普遍效力到具體案件可能造成的不公❻❾。

這種主張不是一把尚方寶劍，允許適法之人在全是普遍規範之間無限擴張，不分民刑商行政胡亂類推，脫離亞里斯多德整體陳述的脈絡，未加解釋、沒頭沒腦地逕自稱之為「正義的要求」。此外，平等待遇只有在立法者忽略之時有其適用，不是一味鼓動適法者取立法者而代之；立法者沉默時根本連一個範疇或分類都還沒出現，何來平等的要求（與什麼平等）？果是如此，那麼又回到必須先決定什麼時候是「立法沉默」，什麼時候又是「有意／無意的漏洞」的老問題，不是一句「平等原則」或「正義要求」所能解決。

最重要的是：亞里斯多德講的是具體個案的「錯誤」，即適用普遍規範到具體情況的妥適問題。如果脫離個案的考慮，一概以「平等即正義」、「漏洞須填補」這類抽象的普遍命題論證，以不論有無適用的普遍的要求壓制個案的具體分析，剛好與亞里斯多德的本意相反。如此曲解，我看他會死不瞑目。

---

❻❽　Aristotle, *Nicomachean Ethics*《尼可梅強倫理》Book V, ¶1137b 20, in 2 THE COMPLETE WORKS OF ARISTOTLE《亞里斯多德全集下冊》1729 (Joanthan Barnes ed., rev. ed. 1984)（Nicomachus 是亞里斯多德的兒子）。關於亞里斯多德對正義的其他看法，參閱 6 W. K. C. GUTHRIE, A HISTORY OF GREEK PHILOSOPHY: ARISTOTLE: AN ENCOUNTER《希臘哲學史第六冊：邂逅亞里斯多德》370 (1981).

❻❾　參閱 ALASDAIR MACINTYRE, WHOSE JUSTICE? WHICH RATIONALITY?《誰的正義？那一種理性？》120 (1988). 對亞里斯多德此種「正義觀」的批判，但比較不強調「普遍」與「特殊」的矛盾的觀點，參閱 CATHARINE MACKINNON, WOMEN'S LIFE—MEN'S LAWS《女人的命男人的法》45–48 (2005). 柏拉圖對普遍的法律與具體情況的衝突也有類似看法，參閱 5 W. K. C. GUTHRIE, A HISTORY OF GREEK PHILOSOPHY: THE LATER PLATO AND THE ACADEMY《希臘哲學史第五冊：後期柏拉圖及學院》186 (1978).

　　我看到難得主張必須具體分析，不得胡亂類推的是蘇俊雄大法官的意見⑩。他質疑將公務員保險缺乏時效規定盲目類推到性質全然不同的民法時效的妥當性。不幸，他在延伸討論之時，也許為了讓人了解並非不熟悉「通說」，在毫無解釋之餘也說類推是「正義的要求」，基於「平等原則」，使人丈二和尚摸不著腦袋，完全多餘。

　　已然不論以什麼樣的理由信奉類推是「正義的要求」的讀者，對我這樣的批評當然一時不會完全信服，有時甚至會（像我一個學生）勃然大怒，無法接受成名學者的論述最多是取自外國學者的結論，其實毫無實質內容⑪。不過，在糊裡糊塗地接受「正義的要求」之前，只要稍微停下來想，到底是「什麼正義」？「什麼人的正義」？你從一句「正義的要求」必然得不到確切的答案。如果擺脫無聊的概念陳述而具體一點分析：把大廈管理委員類推公司董事任期也許是很巧妙的技術解決辦法⑫。但是，兩者有什麼必要平等？相同類推處理又符合了什麼樣的正義？扯到「平等原則」或「正義要求」完全只是不經大腦，牽強附會。即使你認為名家這種結論式的宣示，深不可測，必有我們凡夫俗子難以領悟之處。那我只能說：學術論述的目的在傳道解惑，滿腹經綸卻深藏不露，只是有似傳說中厲害的方家術士的「腹語術」：腹中咕嚕，有似人語，唇齒不動，面無表情，使人不知意在不言中的千思萬意來自何方。

　　新近社會心理學的研究又發現：不能誤以為類推的思維過程是兩案之間

---

⑩　司法院釋字第 474 號解釋 (1999)（蘇俊雄大法官部分不同意見書）。但在質疑之餘，卻又不得不抬出「正義的要求」這種歪理，是人思考時「聲聲的人云亦云」效應 (reputational cascades)，有其不得不然的苦衷。見本書第七章第 242 頁。

⑪　如果你自認是在追求知識而非宗教信仰，而尚願保持對不同意見有某種開放的態度，也許你對最「嚴謹」的自然科學的理論如何變成毫無疑問的「結論」（即類似此處的「平等原則」或「正義要求」）會有興趣，那麼請看 BRUNO LATOUR, SCIENCE IN ACTION《科學的實踐》15 (1987).

⑫　見同下註 80 及其本文的討論。

的一種平等位移關係。首先，類推與我們對類比對象的熟悉度有關，不僅熟悉的類型使類推的前例較易浮現，而且社會心理學家發現：我們對比較熟悉的類型的事物之間，覺得比較類似；比較不熟悉的同一類型的事物之間，則不如前者之間類同。例如，我們比較熟悉歐洲國家，認為歐洲國家彼此較為類似，而非洲國家之間則沒有歐洲國家之間相同❼❸。所以，學債權的總是在債法範圍之內繞圈子；念物權的大都以物權的不同形式做類推適用；專攻憲法的，很難從公司法董事制度類推，想到監察委員任期到後，在新任委員難產之前，舊任委員是否可以或必須繼續行使監察權，直到新任委員就任❼❹。我沒有說應該或可以類推，而只是以之做為例子說明類推常常是以熟悉的範圍為限，或有心理的傾向認為同一類型的事件之間較有可比性❼❺。

其次，類推思維之間有位階性，而非平等原則所能解釋❼❻。例如，我們較多的時候會說：「妳長得很像媽媽。」較少觀察「媽媽很像女兒」（除非女兒是林志玲，那重心不得不移轉）。同理，在法律上的判例類推的思維方向是本案類似判例，而非判例與本案相像。所以，我們常說「判例的拘束力」或「法規是有拘束力的當為命題」，在判例或法規的類推過程，已然存在的前者的心理分量較重，當前考慮的本案分量較輕，換句話說，類推常常是一種非相等 (asymmetrical) 思維，不是想當然爾的平等關係。

最後，思維上無法避免類推，或具體分析之後可以類推提供解決方法，與凡有類必推的「平等原則」或「正義要求」，是兩種完全不同的心態。前者著重具體及特殊的法律後果，即使類推，是以當前的考慮切入（姑且稱之為

---

❼❸ MASSIMO PIATTELLI-PALMARINI, INEVITABLE ILLUSIONS?: HOW MISTAKES OF REASON RULE OUR MINDS 《無可避免的幻覺?: 錯誤推理如何宰制我們的思維》156 (Massimo Piattelli-Palmarini and Keith Botsford trans., 1994).

❼❹ 參閱黃維幸，《務實主義的憲法》，新學林，2008 年，第 254–256 頁。

❼❺ MASSIMO, *supra* note 73, at 157.

❼❻ *Id.*

ex nunc)；後者訴諸抽象的「平等」、「正義」觀念，事實上是以類推厚古而薄今（可以說是 ex tunc）。

五 漏洞或沉默，以及漏洞分類的無據

大家都同意立法或法典無法窮盡所有世事，所以會有「漏洞」，至於為什麼「漏洞」一定要修補呢？前面已提到因為學者認為法律像是一道牆，圍牆破了要修，所以法律破了當然要補。可是法律不是物理或固體現象，永遠不可能是一道牆。此種比喻就像說「女人是一朵花」，固然浪漫，卻恰好表現類比之不可靠及缺乏邏輯效力。再者，法律是人為的觀念，永遠不可能是固體的牆。民法不是牆，六法全書也不會是牆；法律上缺乏規定也不可能視同圍牆的缺口。牆的缺口或許必須修補，法律的「漏洞」則可能有正當的理由（不是有「立法沉默」嗎？）。牆破也許是物理界的必然，法有不備卻可能是人世的無奈，如此牆破／法補，因為／所以，亂比一通，與之犀牛角／不舉，所差幾何？

在一個有關鄉村用地是否受租金上限規範的案子裡，最高法院認為土地法的相關規定之所以僅及於城市住宅用地，而不及於非城市的用地（更不用說是營業用地），乃是立法者有意的沉默，不是高等法院認定的法律漏洞，因而撤銷這一部分的高院見解。但是，兩級法院的判決各有理由，無分軒輊：高等法院說沒有規定是「法律規範之不完整性」；最高法院則認為是「立法者的有意沉默」❼❼。

雖然某種情況下「立法理由」或可略現端倪，大部分情形並無萬無一失的方法偵測立法者的動機與意圖（這在立法或制憲「原意」(original intent) 觀飽受批判之後，幾乎已是常識），如何決定法律之所未規定是「漏洞」或「沉默」，實無客觀的確切標準可茲依循。最多只能像本案的最高法院：指出法律

---

❼❼ 最高法院 93 年度台上字第 1718 號判決。關於此判決的評論，參閱吳從周，同上註 1 東吳，第 103 頁。

許多用語係針對城市住宅地，為立法時對非城市土地的限制問題有意保持「沉默」尋求理由，能否服人端看判斷的合理性。

在此情況下，煞有介事地將漏洞繁瑣地細分為「有意漏洞」、「無意漏洞」；「形式漏洞」、「實質漏洞」；「明顯漏洞」、「隱藏漏洞」；「真正漏洞」、「評價漏洞」；「原始漏洞」、「嗣後漏洞」（即使真的可以劃分，果有那麼大的實際上的差別嗎?），除了勉強遵照發明這些繁瑣觀念的學者自創的概念之外，沒有一種定義得自漏洞特質的自然的衍生，而能容易地幫助我們分辨「漏洞」與「沉默」的不同。與將類推事項之間稱之為「事物當然之理」相同❼❽，因此可以填補「漏洞」，更是以毫無標準的抽象觀念，搪塞解釋及判斷的困難。

前面討論類推的不平等關係時，已經討論了一個在不熟悉領域之間，即以憲法類推公司法規定的困難的例子。至於憲法這樣的設計或這樣的實踐解釋（即任期終了不得跨屆），到底是制憲者在立憲時的「有意省略」，或是立憲時的「疏失」、立憲「計劃的疏漏」、憲法「體系不完備」，不要說憲法學者可能連議題都覺得不可思議，即使願意討論，除非是強詞奪理，睜著眼睛說瞎話，我看最多只能是見仁見智的判斷問題，沒有確定客觀的判別標準。則一向視「類推適用」為理所當然的熱心分子，恐都會為「舉重／舉輕」，為之

---

❼❽ 王澤鑑，同上註 1《民法學說第二冊》，第 31 頁。雖然說的是以外國法例填補漏洞，那也是類推。當然，這是德國學者的理論，參閱吳從周譯，亞圖・考夫曼，《類推與「事物本質」》，新學林，1999 年 11 月。所謂「事物本質」這種形而上的說法已經不很時興，參閱法國人類學家 BRUNO LATOUR, WE HAVE NEVER BEEN MODERN《我們從未現代化》51–52 (Catherine Porter trans., 1993) （「社會科學家很久以來就批判一般人的想法……一般人覺得上帝的力量，金錢的客觀性，流行款式的誘人，藝術的美，都本於**事物本質**的特質。幸好社會科學家知道事情正好相反。事實上是由社會到自然。上帝、金錢、流行、及藝術僅僅不過是我們社會形成的需要及要求投射出來的東西……做為社會科學家就要了解：沒有所謂事物內在的特質，這些特質不過是收集了人為的分類。」）（粗體為作者所加）。換句話說，不是「事物的本質」造就了我們的分類，而是我們的分類說成了「事物的本質」。

遲疑不決了吧。

　　幾近不可能分辨「沉默」或「漏洞」的困難的原因無他。「漏洞」與「沉默」所描繪的情況本無不同，都只是法律沒有適當或切題的規定。如何應付這種情勢固然是問題，面臨實際必須解決的案情或有必要設法，但問題不因稱之為「沉默」，或歸類為「漏洞」，從而解決。法律人士應該及早、極速擺脫這種「概念分析」的惡習，才能避免腦筋在做法律推論時，陷入更大的「漏洞」[79]。

　　我們常常以為了解某人或某派的理論，但是，卻只是在接受其概念與分類，以及一路咬緊牙根，盲目緊緊跟隨其思維的發展的結果。這時所謂的「了解」是在鑽入及鎖定既定框架中的了解。這與自我基於整體的省思及理解所得到的知識極不相同。一旦我們進一步質疑其概念，檢視其分類，探討其操作，思考其效果，忽然，以觀念搭蓋起來的空中樓閣，瞬間就消失得無影無蹤；而我們自以為了解的「觀念體系」，不過是一個思想的海市蜃樓。

六 違反規範計劃或體系完備並無標準

　　據說類推適用填補「漏洞」時必須是法規違反計劃或體系不完備，我們可以用最高法院關於大廈管委會委員任期屆滿有否類推公司董事延任至改選規定餘地的判解[80]，檢驗這到底只是無法確定的標準，還是無往不利的「方法」。高等法院基本上認為原大廈管理條例對此沒有規定是有意讓管委任期如同新法到期「視同解任」。最高法院則認為這是「漏洞」，可以類推公司法規

---

[79]　這絕對不是我一位思想已受污染，心靈已被荼毒的學生半信半疑說的：「這是**你們**受英美法訓練的老師特有的思考方式」(?)，或什麼不得了的創見。十九世紀末，廿世紀初歐陸的「自由法」運動，以及後來在 20 年代受其影響的美國「實在法運動」(legal realism) 早就批判所謂的 Begriffsjurisprudenz（概念法學），參閱例如 Mayda, *supra* note 32, at 7, 以及本書第二章。但有學者認為此運動始自德國 Jellinek，然後影響法國的 Gény，與史實不符。楊仁壽，同上註 1，第 79 頁。

[80]　參考最高法院 96 年度台上字第 2080 號民事判決。

定使到期管委的任期延續到新管委正式就任。因為兩種意見的不同是：不類推，則對被上訴人有利，「逾期」則管委無權代表大廈為任何法律行為；予以類推，則對上訴人有利，「過氣」管委仍有權代表大廈直至新委就任。兩種解釋的法律效果不同，但不能說因為法律的「體系不完備」，所以如果不予類推，爭端即無法解決。

　　換句話說，兩種解釋所指的問題其實就只是一個法律爭議缺乏規範可以適用的相同情況。稱之為違反計劃或體系不完備都只不過是事後有先見之明的判斷，已然認定是立法漏洞之後的自圓其說。對於如何解決爭議的實際問題並不增損困難的程度於萬一，或對解決問題有絲毫的助力，最多是談空說有，加胭添脂。至於認為類推適用只能填補法律漏洞，不能使用在「立法的固有錯誤」，即認為前者為類推的正當場合，而後者則為專屬立法政策的決定，非類推適用所應填補❸，我想在觀念上及實際上都是不易，甚或不可能的區分。根本沒有什麼客觀的標準分辨規範的缺漏是「違反計劃」，抑或「立法政策」。一個人或一個場合之下的「違反計劃」判斷，對另一個人或另一個場合則可能稱之為「立法政策」有意的省略。尤其是不論「違反計劃」或「立法政策」，要先知道「計劃」或「政策」是什麼。可是論者在「漏洞」的討論中，除了空呼口號之外，從來沒有解釋以什麼萬無一失的「方法」來確定什麼是「計劃」或「政策」。

　　前面已經提及最高法院與高等法院對於「違反計劃」及「立法疏失」（不止此案）常常有一百八十度相反的看法。學界各說各話也所在多有。更無法肯定那一種解釋比較正確。我看反而是因為都接受學界這種強加區分的分類，而都成了分析失敗的例證。之所以有這種說法，不過是機械的司法觀或僵硬的權力分立框架，使學者在誇大類推的功能之餘，不敢坦然承認法律人以類推適用造法的事實而已。當一種天花亂墜的理論經過長期的實踐上的檢驗，其真正的成果竟然如此不堪，到底是法律人士學藝不精，不堪大用，還是本

❸　例如王澤鑑，同上註 1《法律思維與民法實例》，第 304 頁。

來學到的就是花拳繡腿，無法上陣？我看我們可以合理地懷疑是後者。

七　類推適用的擴張濫用：民法第 796 條相關判決及學說示例

由於法學界（尤其是學術界）有一股傾向是只要發現「漏洞」，對法條的類推適用，或法官對法律「創造性的發展」，除了偶爾象徵性地指出立法司法有別之外，幾乎是毫無顧忌。實踐上又常以結論式的「具有同一之法律理由」一句帶過，逕以自己的判斷替代立法程序[82]。學界也贊同這種沒有解釋如何操作的「原則」[83]，其結果是名符其實的採用「無中生有」的法律解決辦法，略過適當的審議（我不僅指司法審判或學說論述），形成類比的濫用[84]。民法第 796 條某些被引為典型的案例，無論對判例的批評或引證都呈現這種濫用類推的傾向。最高法院在 52 年台上字第 2409 號判決中認為：地上權人雖得行使所有權人因建築越界的一些權利，但承租人的租賃權為債權，因此不宜類推適用物權的規定，而視同有所有權人或地上權人對鄰地關係的權利[85]。但是黃茂榮教授認為不對，民法第 796 條的權利應該類推適用到不僅是承租人，甚至是無權占有人[86]。

黃茂榮教授批評最高法院上述意見的理由有二，但是，兩點主張都有問題。第一、認為以物權／債權區分可否類推不對，因為〔舊〕民法第 833 條（地上權）及第 914 條（典權）都準用第 796 條下的所有權人的權利，「證明」最高法院的理由非立法者的考量[87]。但是，最高法院的理由也許略嫌機

---

[82]　例子太多，例如最高法院 63 年台上字第 2139 號判例。

[83]　參閱王澤鑑，同上註 1《民法總則》，第 69 頁。（「同一法律理由」）

[84]　關於立法程序調查及審議的能力優於司法審判的意見是一種常識，主張的人很多，例如 Hewitt v. Hewitt, 77 Ill. 2d 49, 61; 394 N. E. 2d 1204, 1209 (1979). （未婚同居人的財產關係；"...the superior investigative and fact-finding facilities of the legislative branch in the exercise of its traditional authority to declare public policy....")

[85]　黃茂榮，同上註 1，第 733 頁。

[86]　同上。

械，地上權及典權還是物權，用之以駁斥物／債之分不對，並不公平。第二、認為第 796 條的立法理由在避免移去或變更已然成立的越界建築對社會經濟的損失過大，所以，基於同樣的理由，主張應該將第 796 條類推到租賃甚或無權占有的場合❽❽。這不但是鼓勵法官盲目造法，而且是無限擴張的抽象觀念「帝國主義」的惡例。減少經濟損失固然是第 796 條的考慮因素之一，法條本身的重點卻是：所有權人知情，但不採行動任其發展，而建築已成卻要求拆除，法律因此剝奪其所有權人的部分權利，而僅保留其損害賠償請求權。不論法典為什麼也給地上權及典權人類似的請求權，無論在租賃或無權占有情況下，所有權人大概並沒有從地球上消失。因此，所有權人大可阻止鄰地建築的侵犯，或在知情但不採必要行動下，只能事後請求賠償。如果說土地還有別人（例如地上權人）在使用，所有權人最多以訴訟參加的方式將之捲入，以確保其相關權利部分應該有的權利，絕無以盲目的「目的性擴張」為類推適用到所有其他形式的物權人的道理。尤其是無權占有的場合，與其做第三人對無權占有人得否主張為無權人的概念分析，還不如問無權占有人是憑什麼地位類推行使所有權人的權利（這到底在「衡平」什麼?）。一個人不能因自己之不法，改善其原有地位或權利 (Nemo ex suo delicto meliorem suam conditionem facere potest.)，是早在查士丁尼法典就揭示的原則❽❾。準此，所有人既非已從人間蒸發，就不宜也不必將無權占有人類推到所有人的地位，而默認其「正義的實現」或「平等的要求」。之所以把權利推到如此極端，我看理由無他，是認為可以無限擴大類推的態度所致。

又最高法院認為在上述第 796 條下，知情而不異議尚得請求鄰地所有人

---

❽❼　同上。

❽❽　同上，第 734 頁。

❽❾　4 THE DIGEST OF JUSTINIAN《查士丁尼匯覽第四冊》, Book 50, §134 (Ulpian) (Alan Watson trans. & ed., 1985). 雖不是完全切題，英美衡平法裡也有著名的 "clean hands" 原則 ("He who comes into equity, must come with clean hands.")。

購買被越界部分的土地，舉重以明輕，不知情者「當然更得（類推適用該條之規定）……請求……購買越界部分之土地❾⓪。」只因為在判決書中用了一些「舉重明輕」、「衡平原則」、「類推適用」等大名詞，學者也就認為是「力求周全，深值敬佩」❾①。可是，本來「舉輕」或「舉重」是否可以稱之為類推適用已有疑問，何時為「輕」，何時為「重」，更是問題，我看許多情況下根本無從辨別。

何況除非法律明文限制（例如第 796 條），所有權人當然有排除妨礙及／或請求損害賠償（包括以購買鄰地形式賠償）的權利。尤其是賠償請求是民法下已然存在的基本機制，只為了表示理論的有用，採用複雜的迂迴論證，用「舉輕」「舉重」的類推適用，來個自以為聰明的「目的性擴張」，把原本所有權人就有的請求權再發明一次，並稱之為補救「立法體系之不完備」，不只是錦上添花，或許還是畫蛇添足呢！

肆　結　論

一　把顛倒的思考端正過來

如果我所批判的「概念分析」式的類推思考模式無可操作性，那麼出路何在？如何才是類推適用適當的方式？我有一個極不特殊的建議：即應該把顛倒的思維端正過來。當馬克思批評黑格爾的法哲學，他認為應該把黑格爾的市民社會觀念從唯心的觀念活動翻轉過來。與其在抽象的觀念中間打轉，不如分析社會及個人的實際情況❾②。上面的討論已經指出：臺灣學界一般分

---

❾⓪　最高法院 83 年台上字第 2701 號判決。

❾①　王澤鑑，同上註 1《民法學說第八冊》，第 10 頁。

❾②　參閱黃維幸，《法律與社會理論的批判》，新學林，2007 年，修訂二版，第 79–80 頁，及所引文獻。

析類推適用總是由「漏洞」的觀念及分類著手，如果主觀上任意斷定為「有意的漏洞」，那麼就是立法者有意的「沉默」，沒有類推的餘地；如果不論以什麼標準（如「體系違反」）刻畫為「無意」的漏洞，那麼即為立法的「疏失」，應該以類推填補「漏洞」。等到決定到底是「沉默」或「漏洞」之後，最多再解釋有無類推後的處理方式或法律效果。

　　當然，我講的是濫用類推的心理傾向，不是說有人愚蠢到不會在鼓吹大膽使用類推適用的同時，不知道同時說些例外，講些但書，面面俱到，杜人之口（例如輕描淡寫地提到權力分立）。但是，依我看來，既然主張「創造地」使用類推是法律進步的指標，所有但書例外都是次要，都是附從在類推適用的大目標下的一些點綴。我的目的就在探討接受類推之前沒有想過的前置觀念，解構已然僵化的「通說」或「通識」 ❾❸，反賓為主，把顛倒的事情端正過來，翻轉主導與附屬的觀念，主張不同法條之間的類推適用是例外，判例與其他個案的「參照」要嚴謹，而創造性的類比思維絕對不能等同鬆懈的「因為／所以」（「因為別的法條有規定，所以……」）的「因果」關係。

　　所以，我的建議是反過來思考：即使在有類推的成例 (source) 可以借鏡的場合，要先從有無規定的實際法律後果著眼。換句話說，以法條的類推適用而言，先從沒有規定的事實分析其法律效果，然後比較有類推適用之下的法律結果。如果缺乏規定的結果不合理或不妥適，而類推的結果比較可以接受，則或許有接受類推適用的結果的需要及正當（請注意，我說的是類推的結論，而非類推思考的取捨）。如果類推的結果與不類推的法律效果的合理與

---

❾❸　關於「解構」(deconstruction) 參閱黃維幸，《法律與社會理論的批判》，新學林，2007 年，修訂二版，第 266 頁。我的「解構」觀念當然是借自法國哲學家 Jacques Derrida，關於 Derrida 思想在比較法上可能的啟示，參閱 Pierre Legrand, *Derrida/America: The Present State of America's Europe: Law: Paradoxically, Derrida: For a Comparative Legal Studies*《美國歐洲法研究的現狀：德里達與比較法》, 27 CARDOZO L. REV. 631, 666–717 (2005).

妥適各有千秋，無分軒輊，則以司法或適法的角度而言，是否有考慮類推的結論的必要，即應存疑。尤其必須有意識地對司法程序發現「立法事實」的困難或缺失，銘記於心。更重要的是，在分析法律效果之時，沒有必要，也不應該訴諸「沉默」或「疏失」，或「明顯漏洞」或「隱匿漏洞」這些先驗的抽象觀念。或以所謂類推造就「等者等之，不等者不等之」的無可操作的空論。以為指出了一個空泛的「原則」，就解決了或可以解決問題。法律人士應該及早體認：以得自一定時空脈絡之下的具體情況的抽象觀念與原則，與另一個同樣是脫離具體情況的抽象觀念與原則相辯駁；即以脫離時空的「正義」、「平等」、「漏洞」、「沉默」論證分析類推的具體情況的妥適，是幾近不可能的做法❾❹。當然，「合理」或「妥適」也是抽象的觀念，但是這種抽象觀念是可得分析衡量的價值（例如「這是一支『好』錶」），而非對立法者主觀動機（例如「有意漏洞」）的揣測。

二　再論最高法院 93 年第 1718 號判決

　　結合從實際出發的分析方法，同時注意司法及適法與立法有間的事實，我們可以 93 年第 1718 號判決再做一次分析❾❺。與其像最高法院及高等法院「公說公有理、婆說婆有理」的論證方式，我們放棄探究：究竟是立法沉默的「有意漏洞」，或立法疏失的「無意漏洞」，改問非城市土地不限制租金的後果如何？從這個角度看，我對吳從周教授批評最高法院不予類推的決定，

---

❾❹　類似觀點參閱 MacIntyre, *supra* note 68, at 398. ("There is no way to engage with or to evaluate rationally the theses advanced in contemporary form by some particular tradition except in terms which are framed with an eye to the specific character and history of that tradition on the one hand and the specific character and history of the particular individual or individuals on the other.")

❾❺　參閱同上註 77 及其本文的討論。不過，吳從周教授認為：如果沒有非城市住宅用地租金狀況的實證調查或資料，本章強調以經濟後果切入的觀點，也不免流於空談。

並認為城市及非城市至少是住宅用地，應一體類推適用租金的上限，以保護經濟弱勢的主張，在理論的層次有相當的共鳴與同情。

但是，法律的實際後果不能僅止於理論的分析，或主觀的願望。顯然，土地法立法之時規範城市住宅用地而不及於非城市土地，應該是城市土地短缺，地價高漲，住宅不足，引起了立法者的注意。相對而言，非城市土地現在和過去有沒有呈現同樣的尖銳情勢，是一個待證的假設。以之為已然發生，但未受立法者眷顧的問題，因而稱之為立法「疏失」，最多是主觀而無證據的臆測，並不比最高法院的「立法沉默」更具說服力。而逕以用之批評最高法院見解，只會是拉拉扯扯，永無寧日。反之，如果從現實的法律效果切入，現在所要探討的是：非城市住宅用地是否也呈現了都市土地對經濟弱勢者的壓迫關係。如果有，也許類推適用的法律效果可以創造一個比較合理妥適的經濟秩序。但是，其有或無必須對照客觀的證據及情況做出判斷。在沒有證據之前，無法逕自以白費力氣的「沉默」、「疏失」、「漏洞」等抽象觀念分類判定同異，想當然地譴責最高法院不知類推，不補「漏洞」的「疏失」。

三 類推適用是法官造法，應慎而為之

法律沒有適當規定之時，固有必要由類似規定予以類推適用之場合，其要件為類似之外，兩案間有結構關係上一定之相干性為前提。如果缺乏足夠的相干性，即不宜有所類比。此點在案例的類比上最為明顯。在沒有可資直接援用的成文法的情況，學者更認為只有立法的疏失才有類比的餘地，如果只是有意沉默，則無以類推填補「漏洞」的可能。我已經指出不論相干性或「漏洞」（而非「沉默」）的認定，均非易事，甚至不可能有確切的客觀標準可茲依據。但無論如何，由於司法者在這種可左可右的判斷裡，實為「法官立法」。某種程度的「法官立法」雖然是事實，也無可避免，但除非沒有類推會產生荒謬的法律效果，非社會一般公平公正的情感所能接受之外，如果不當地擴大類推適用，不僅是不可靠的推理方法，更是濫用類推的機制。

法官造法有時並不適當，這不是機械觀的權力分立的偏見，而是基於立法及司法程序有所不同的務實考慮。認識及接受法官造法的事實，與認可和鼓吹類推適用，是兩種極為不同的心態。那麼，在大多數情況下，立法程序對「立法事實」的認定，恐怕遠遠超出法院的採證幅度及學者的分析能力。因此，不能驟然以為類推適用的造法，必然代表進步妥善的一面，進而盲目地歌頌類推適用，甚至將法官一味造法等同「法律思惟的益臻成熟，以及法律教育的進步」。這樣鼓噪真是思維上一種「十三天外」的飛躍❾❻。

四 拒絕全盤「繼受」、盲目「傳承」

我以上對國內類推適用共識的全面批判，無論成功與否，其實帶有更深一層的目的。中國在文革及文革之後曾有「凡是派」及「跟風派」，「凡是派」說凡是毛主席說過的都正確不得違背；「跟風派」說凡是中央指東就往東，中央指西就往西。我這幾年的觀察：臺灣的法學界也存在許多「凡是派」及「跟風派」。所以，凡是德國學者（也完全可以改成「美國最高法院」）說的，我們都該接受；凡是德國判例學說改變了，我們的理論也該跟進。我說：凡是對外國學說照單全收的都該存疑；凡是沒有主見的論述最多只能參考。尼采曾經說過一段耐人尋味的評論：「當我們努力考察鏡子，我們卻只看到它所反映的東西。可是當我們要檢驗這些東西，我們最終卻只看到鏡子❾❼。」我改裝了一下，那就成了：當我們努力想了解這些學者的主張，我們卻只看到他們『繼受』的糟粕。可是當我們要檢驗這些『繼受』的大道理，我們最終卻只是看到這些人的翻譯。

從另外一面看，雖然理論變成通說之後容易成為宰制思想的桎梏，我的立論也不在凡是通說必反，如果有這種傾向當然是錯的❾❽。我更要指出：不

---

❾❻　王澤鑑，同上註 1《民法學說第八冊》，第 98 頁。

❾❼　Friedrich Nietzsche, The Dawn of Day《黎明破曉》§243 (J. M. Kennedy trans., Dover ed. 2007).

僅所謂科學理論不過是某一時期科學社群大致的共識，多年以來某些基於文學批評的理論也已經主張：當解釋圈子 (interpretative communities) 根據大致共同接受的世界觀及價值觀，以該圈內特殊的角度切入解釋之時，圈內人會得出某種程度的共識❾。相對而言，當一個圈外人（我說的是經驗上的圈外）從不同的世界觀和價值觀，以不同的角度觀察，他／她得出的解釋當然會與圈內的通說不同❿。在這個程度內，對類推的「通說」的批判，沒有一定比「通說」優異或正確的當然理由。

但是，由於我不在主張判斷的絕對相對主義，而在進一步檢驗「通說」或「共識」隱藏的前提及價值，探討前提是否可靠，則這時候批判所呈現的問題，就不再是相對意義上的區別，而是進一步思考導出「通說」及「共識」的來源是否妥當⓫。以上對臺灣學界對類推適用的批評，希望既是基於不同前提及角度的分析，更是對「通說」的基礎是否穩固一種省思的建議。

也許由於根深柢固的學界實踐使然，很多人不會習慣這樣的嘗試，使我不得不多加原本不必要的解釋：美國一位文學批評兼法學家費雪 (Stanley Fish) 有一次在嚴厲批判著作等身的波斯納之時曾說：由於波斯納是全國知名的法官兼學者，「即使是錯得離譜，只要他一開口，便有人洗耳恭聽。所以，看到這些不僅是錯誤的主張，而且用來支持其他錯誤的觀點的人，有責任用最強烈的語言挑戰這些看法⓬。」這是從公共的層面說的。從個人的角度看，

---

❾ 參閱黃維幸，《務實主義的憲法》，新學林，2008 年，第 74–75 頁。

❾ 最典型的論述參閱 STANLEY FISH, IS THERE A TEXT IN THIS CLASS? THE AUTHORITY OF INTERPRETIVE COMMUNITIES《這堂課有講義嗎？解釋圈子的權威》10, 14–15, 342–43 (1980).

⓾ *Id*. at 15.

⓫ 沒有人對這個觀點比海德格說得更為懇切，參閱 MARTIN HEIDEGGER, BEING AND TIME《存在與時間》41–49 (John Macquarrie & Edward Robinson trans., 1962); MICHAEL GELVEN, A COMMENTARY ON HEIDEGGER'S BEING AND TIME《海德格存在與時間評釋》15 (Rev. ed. 1988).

我一直認為：只有合格的對手的批評，才能使自己進步。畢竟，尼采說過一句深富哲理的話：「有時一個人堅持一個目標，只是因為反對的人實在乏味無趣 ❶❸。」我知道我批判的主張大部分已是深入臺灣法界人心的「通說」，有好幾位批評對象不僅是舊識，尚且是國內公認學有專精的學者；而我的批判方法在國外雖是稀鬆平常，在國內卻也常常使我很多朋友倒抽一口冷氣，為之擔心不已。但是，眾口鑠金造成的「通說」❶❹只有以最直接的方式顯現其錯誤。所以，我想費雪是對的，不要忘了我們研究的是法律，不在搞外交或公關 ❶❺。

---

❶❷ STANLEY FISH, DONING WHAT COMES NATURALLY: CHANGE, RHETORIC, AND THE PRACTICE OF THEORY IN LITERARY AND LEGAL STUDIES《自然而然做去：改變，論辯，及文學及法學理論的實踐》311 (1989).

❶❸ FRIEDRICH W. NIETZSCHE, HUMAN, ALL TOO HUMAN: PARTS ONE AND TWO《人性，真的很人性》§536 (Helen Zimmern and Paul V. Cohn trans., 2006).

❶❹ 「通說」雖不一定對，但是顧名思義，人多勢眾即是真理。伽利略 (Galileo) 發現這個「公理」時，已經吃了大苦頭。參閱 LATOUR, *supra* note 71, at 31–33. 不過，尼采一個著名的觀察認為：盲目臣服「通說」是人格的缺陷、道德的懦弱。NIETZSCHE, *supra* note 97, §101.

❶❺ 我有一次在哈佛法學院東亞研究專題講座演講，中途有位聽眾不服氣地說：「你把所有人都批評了，到底有誰是對的？」引起哄堂大笑。我反唇相譏說：「我以為我是在哈佛法學院，而不是在佛萊雀外交學院 (Fletcher School of Diplomacy) 演講。」弄得連主持人也面紅耳赤。佛萊雀是比鄰哈佛的著名外交學府，徐小波和關中的母校。還有，哈佛的校訓是真理 (veritas)，聽了我的諷刺當然要臉紅。

|第五章|
因果理論與實務的困境及突破
Causation

　　沒有所謂「因」這種東西。有些情況我們以為看到了因，是我們為了想要了解事件而投射出去的觀念，到頭來不過是自欺欺人……其實是我們看到已知的結果之後才據之以發明所有原因。另一方面，我們因此也無法預測任何事情要產生什麼「結果」。(There is no such thing as "cause"; some cases in which it seemed to be given us, and in which we have projected it out of ourselves in order to understand an event, have been shown to be self-deceptions.... In fact, we invent all causes after the schema of the effect: the latter is known to us — Conversely, we are not in a position to predict of any thing what it will "effect".)
Nietzsche, The Will to Power （尼采，《權力慾》）

　　議論或辯論的本質不同於無需商議的必然及不必辯論的不證自明的事情。只要辯論的標的無法精算，辯論是關乎可信，可能及機遇。(The very nature of deliberation and argumentation is opposed to necessity and self-evidence, since no one deliberates where the solution is necessary or agues against what is self-evident. The domain of argumentation is that of the credible, the plausible, the probable, to the degree that the latter eludes the certainty of calculations.)
Chaim Perelman & L. Olbrechts-Tyteca, The New Rhetoric （波羅曼，《論辯術新論》）

　　要人相信……就要證明自己的案子，並反駁對手的論點……推論是證明

案件實際的有效方法……推論完全仰賴或然率及事物的基本特徵……「或然」的意思是「事情通常如此發生」……關係到人時地物——即真正實際發生的事情。(The aim of confirmation is to prove our own case and that of refutation is to refute the case of our opponents.... [In considering the reality,] inference is a valid method.... Inference is based entirely on probabilities and on the essential characteristics of things.... [L]et us define the term "probable" as "that which usually occurs in such and such a way".... Probabilities are obtained from the parts or "members" of the statement; these deal with persons, places, times, actions, occurrences—the natures of the actual facts and transactions.)

CICERO, DE PARTITIONE ORATORIA（西塞羅,《論辯的類別》）

摘要 法學及實務界對於因果關係的論述極為頻繁,並多以「相當因果」關係為所謂「通說」。本章指出「通說」僅僅為名義上的「相當因果」,其實是莫衷一是的條件因果論,進而說明條件因果在哲學及法律上的困境,然後主張參酌機遇及統計理論,以機遇率的觀念解釋因果關係,以應付許多新興的議題,並指出法律界及社會心理學家對使用機遇及統計的疑慮,以平衡對機遇及統計過度的信賴。

壹 前 言

學者感嘆:臺灣學界對因果關係哲學上的論述自殷海光教授首開風氣之先以後,幾十年來只有零星討論,不成氣候❶。這既代表議題的困難❷,也

---

❶ 郭秋永,「經驗主義的因果關係」報告的評論,「社會科學的哲學問題」學術交流坊,世新大學,2008 年 9 月 25 日。

❷ Steven L. Willborn and Ramona L. Paetzold, *Statistics is a Plural Word*《統計是一個複

表示學界攻堅的意志力不夠。如果這個觀察準確，法學也許是一個相當出奇的例外。法律上的民刑法，甚至一般法律推理，因果觀念及連結都居於相當重要的地位。因此，不僅學者對此問題，日思夜慮，前仆後繼❸，法律實務

數名詞》, 122 HARV. L. REV. F. 56 (2009). ("Causation is one of the law's most difficult concepts.")

❸ 以手頭方便取得（但並非完整）的資料為例：詹森林，《民事法理與判決研究㈤》，元照，2007 年，初版，第 237 頁；王澤鑑，《侵權行為法㈡：特殊侵權行為》，三民，2006 年，初版，第 42 頁；王澤鑑，《侵權行為法㈠：基本理論》，三民，2006 年，初版，第 211 頁；陳聰富，《因果關係與損害賠償（下引因果關係）》，元照，2004 年，初版；林山田、許澤天，《刑法要論（上）》，新學林，2001 年，第 104 頁；曾淑瑜，《醫療過失與因果關係（二冊）》，翰蘆，1998 年，初版；吳志正，《實證醫學數據於醫療事故損害賠償上之意義》實證醫學與法律會議論文集，2009 年 12 月，第 62 頁；陳聰富，〈醫療事故之因果關係──最高法院 96 年度第 2032 號民事判決評析〉，法令月刊，60 卷 10 期，2009 年，第 32 頁；吳志正，〈以疫學手法作為民事因果關係認定之檢討（下引疫學）〉，《東吳法律學報》，20 卷 1 期，2008 年，第 205 頁；張心悌，〈證券詐欺之因果關係與損害賠償──板橋地方法院 96 年金字第 2 號民事判決評釋〉，《臺灣本土法學》，101 期，2007 年 12 月，第 251 頁；吳志正，〈存活機會喪失（下引存活機會）〉，《月旦法學》，150 期，2007 年 11 月，第 90 頁；吳志正，〈民事因果關係邏輯性序說（下引邏輯性）〉，《臺大法學論叢》，36 卷 3 期，2007 年，第 385 頁；盧映潔、施宏明、劉士煒，〈癌症與因果關係之探討〉，《臺灣本土法學》，83 期，2006 年 6 月，第 106 頁；林鈺雄，〈第三人行為介入之因果關係及客觀歸責（下）──從北城醫院打錯針及蘆洲大火事件出發〉，《臺灣本土法學》，80 期，2006 年 3 月，第 21 頁；林鈺雄，〈第三人行為介入之因果關係及客觀歸責（上）──從北城醫院打錯針及蘆洲大火事件出發〉，《臺灣本土法學》，79 期，2006 年 2 月，第 13 頁；邵慶平，〈證券訴訟上「交易因果關係」與「損害因果關係」之認定──評析高雄地院九一年重訴字第四四七號判決〉，《臺灣本土法學》，79 期，2006 年 2 月，第 47 頁；盧映潔等，〈醫療行為之因果關係探討〉，《國立中正大學法學集刊》，2006 年，第 1 頁；蔡惠芳，〈因果關係之條件理論與客觀歸責理論〉，《臺灣本土法學》，70 期，2005 年 5 月，第 161 頁；黃榮堅，〈論相當因果關係理論──評最高法院八十九年度台上字第七八二三號及臺灣高等法

上解釋及運用因果概念，少說也有數十年之久❹。

可是，我的觀察是：也許由於哲學界的因果討論本就寥若星辰，某種程度上注定了法律界對因果了解的先天不良。加上法律人士一般心態上注重先例，保守安定的特性❺，也多少造就了因果關係論述及實踐的後天失調。

本研究的目的在調查一般論述及實務、比較外國的學理及判例、思考法律面對的新興議題，盡量以不同的角度提出另類看法，從而認為：

一、法律界對因果關係似乎有一種單向 (one dimensional) 認識，有意識或無意識地認為邏輯條件因果觀念才是嚴密的科學因果關係❻。

二、雖然所謂「相當因果」關係理論是法界的「通說」，但其實既無什麼是「相當因果」說的共識，也幾乎沒有對它真正精準的陳述。

三、對國外條件因果理論所面臨的批判，以及學界對傳統條件因果在法律上運用的困難及質疑，最多是口惠而實不至，通常只結論式地駁斥這些反省意見，逕自稱之為混淆「事實」因果的純度及操作，致無可採。卻不曾真

院八十九年度重上更㈢字第一四三號判決〉，《月旦法學》，96 期，2003 年 5 月，第 312 頁；王千維，〈民事損害賠償責任成立要件上之因果關係、違法性與過失之內涵及其相互間之關係〉，《中原財經法學》，8 期，2002 年 6 月，第 7 頁；莊永丞，〈論證券交易法第二十條證券詐欺損害賠償責任之因果關係〉，《中原財經法學》，8 期，2002 年 6 月，第 147 頁；呂太郎，〈因果關係之比例與損害額〉，《臺灣本土法學》，33 期，2002 年 4 月，第 142 頁；許玉秀，〈客觀歸責理論的回顧與前瞻〉，收入韓忠謨教授法學基金會刊行，《刑事思潮之奔騰》，2000 年，第 75 頁；潘維大，〈美國侵權行為法對因果關係之認定〉，《東吳法律學報》，7 卷 2 期，1993 年，第 1 頁。

❹ 一般都以最高法院（民國）23 年上字第 107 號民事判例為「相當因果」論的濫觴。

❺ 關於 de Tocqueville，Weber 對法律人士這種職業人格特質的觀察參閱黃維幸，《法律與社會理論的批判》，新學林，2007 年，修訂二版，第 175 頁。

❻ 這當然並非在貶抑邏輯條件觀念對數學及科學的基本重要性。例如做為數學的基礎參閱 JERRY P. KING, MATHEMATICS IN 10 LESSONS: THE GRAND TOUR《數學十論》26–42 (2009); 關於必要條件、充分條件、及因果的解釋參閱 IRVING M. COPI, INTRODUCTION TO LOGIC《邏輯入門》428 (7th ed. 1986)。

正潛心或靜心探討其得失。

　　四、很多新興的法律問題已經不是竭盡心力改進條件因果論述，或創造條件因果無數的例外所能解決。應該參酌現代科學的世界觀，思考變動及機遇的常態，放棄追求機械式的確定與安定❼。同時，以社會集體利益的考量，修正以為因果及損害認定純粹是可得確定的當事人互動規範的偏見，了解因果觀念及關係的多樣性及其缺憾，調整市場模式責任制度的取向，才可能突破法界數十年來研究因果關係理論的瓶頸。

貳　學術及實務界對「相當原因」論述的混亂

　　雖然學術及實務界異口同聲宣稱我國法界（尤其是民法侵權）的「通說」係採所謂「相當因果關係」說，可是詳究之下，根本是各說各話，與其認為

---

❼　參閱本書第二章。關於機械物理及現代物理世界觀與因果觀念又參閱 Troyen A. Brennan, *Causal Chains and Statistical Links: The Role of Scientific Uncertainty in Hazardous-Substance Litigation*《因果及統計鏈：科學不確定在危險物訴訟中的作用》, 73 Cornell L. Rev. 478–82 (1988); John G. Culhance, *The Emperor Has No Causation: Exposing a Judicial Misconstruction of Science*《國王沒有因果關係：探討法院對科學的誤解》, 2 Wid. L Symp. J. 185, 188–89, 195 (1997). ("Under the inferential model, the best we can do with causation is to express a level of confidence in our judgment that may be higher or lower depending on a number of related factors including: the number of trials that have been done; our belief that those trials have been well-conceived and executed to test the hypotheses for which they argue; the amount of evidence we have gathered; and reliable and repeatable. Thus, causation produces inescapable probabilistic and indefinite results. This terraced approach to the question of causation betrays an allegiance to the mechanistic model of causation. By requiring hard proof of a certain level of exposure as well as a showing of individual causation, courts depreciate the fact that all causal proof─generic, exposure-related, and specific is probabilistic.")

有發展多年、細密嚴整的「通說」，不如說是「掛羊頭賣狗肉」的「胡說」。
相當原因 (adequate cause) 本來就不純粹是「因果關係」的觀念，而是責任歸
屬或責任範圍的主張，屬於法律政策的分析，此點學界比較有正確的共識。
但除此之外，關於「相當原因」的論述不是語焉不詳，就根本與之無關。以
下分述學界、實例、以及德國學者創造的「相當原因」說，以及中間的不同
及混淆。

　　學界一般都引用王伯琦的主張為所謂「相當因果關係」❽，但王伯琦此
種見解不僅不是德國一般所謂的「相當因果」（下詳），而且從字面上判斷應
該是機遇率（而非邏輯條件式）的因果。王伯琦認為：「無此行為雖不必不生
此損害，有此行為，**通常**即足生此種損害者，是為有因果關係。無此行為不
必不生此種損害，有此行為，**通常**亦不生此種損害者，即無因果關係❾。」不
過，我認為王伯琦做出這樣的意見時，並沒有有意識地想要表達機遇率的觀
念，只是不了解條件因果含有絕對的意思，不能用「通常」兩字形容。無論
如何，有學者指出：只要去掉「通常」兩個字，是「充分條件」(sufficient
conditions) 論述，而不是什麼「相當因果」❿。我極同意無庸質疑王伯琦的
說法不是「相當因果」。無論如何，即使保留「通常」兩字，也不是德國學說
的「相當因果」關係理論⓫。

---

❽　例如王澤鑑，同上註 3《侵權行為法㈠》，第 217 頁。

❾　同上。

❿　吳志正，同上註 3《邏輯性》，第 456 頁。本文是近年來首次有人鬆動臺灣法界所謂
　　「相當因果關係」的論文，但參閱同下註 20 及相關本文。這當然不是說沒有其他
　　學者指出有「相當因果」之外的理論。不過，「繼受」只是介紹，不是我說的「鬆
　　動」。

⓫　但認為兩者相同的意見，王澤鑑，同上註 3《侵權行為法㈠》，第 230–231 頁：「我
　　國通說係採相當因果關係說……相當因果關係……理論源自德國，為生理學家 von
　　Kries 所創……」。刑法界也採「相當因果關係」的「通說」，曾淑瑜，同上註 3，第
　　468 頁。又如最高法院 76 年台上字第 192 號刑事判決（感謝李聖隆律師的指引）。

　　實務上也引用王伯琦看法，一致宣稱採用「相當因果」關係說。事實上，即使僅從文字上分析，各種判例中使用了「充分條件」、「機遇率式充分條件」、以及王伯琦奇特的混合機遇及充分條件的三種不同的因果關係理論，有時還在同一判決中同時採用兩種以上不同的理論，與「相當因果」關係說形似而實非。最高法院曾主張：「所謂相當因果關係，係指……在一般情形上，有此環境，有此行為之同一條件，**均發生**同一之結果者……反之，若在一般情形上，有此環境，有此行為之同一條件存在……認為不必**皆發生**此結果者，則該條件與結果並不相當……其行為與結果間即無相當因果關係❷。」事實上，法院說的是充分條件，而非相當因果關係。又有判例認為：「所謂相當因果關係，係指無此行為，雖**必不生**此結果，但有此行為，按諸一般情形**即足生**此結果者而言❸。」法院說的也是「充分條件」，不是什麼「相當因果」。而在有些判例中，同時採用無法調和的不同因果理論，例如法院先從機遇式的充分條件角度說：「無此行為，雖不必生此損害，有此行為，**通常**即足生此損害……」然後又引另一判例由充分條件切入，認為：「有此行為之同一條件，均發生同一之結果者，則該條件為發生結果之相當條件，行為與結果即有相當之因果關係……反之……有此同一條件存在……不必皆發生此結果者，則該條件與結果並不相當❹……」事實上，兩者皆與「相當因果」無涉。

　　某些學者及實務上主張的「相當因果」關係論述，本來就不正確已如上述，判例上又常見徒託空言，引用所謂「相當因果」的「通說」之外，加上不合邏輯或與法律政策限縮責任範圍無關的「相當因果」推論。例如法院只

　　但是，參閱許玉秀，同上註 3 對相當因果的批判。我不敢說對刑法界的相當因果說或「客觀歸責」論有所了解，不擬詳及刑法界的因果論述，尤其是某些學者所提出的是否應維持條件因果的「純度」，採納「客觀歸責」理論等議題。

❷　最高法院 87 年度台上字第 154 號民事判決（粗體為作者所加）。
❸　最高法院 83 年台上字第 2261 號民事判決（粗體為作者所加）。
❹　臺灣高雄地方法院 95 年度醫字第 26 號民事判決。

以一句結論式的陳述:「過失與被害人死亡,有相當因果關係」一語帶過,使人莫測高深❺。又如被廣泛援為典型的上引最高法院判例認為: 由於被告看護已有八個月未嘗協助死者進食,縱使被告在場是否即不發生死亡的結果,是為攸關行為與死亡間有無相當因果關係❻,論述不僅與相當因果無關,甚或與邏輯推理有違。這好像說航空公司過去八個月從未檢查班機輪胎,飛機沒有出事,表明現在有一航班飛機輪胎爆炸與公司的注意義務之間是否即有相當因果關係即有疑問一樣,全然是不知所云。所以,實務界不論相當因果關係的認識或適用,都是疑雲重重,看來既不「相當」,又非「因果」。

根據哈特 (Hart) 及翁諾瑞 (Honoré) 的研究,馮克理斯 (von Kries) 對數學機遇率及社會學使用統計發生興趣,認為可以將機遇率運用到法律。而且他所主張的是數學上的客觀機遇說,不同於主觀機遇率的主張,並認為兩者的不同在前者以機遇率說明事件客觀存在的關係,與後者仰賴我們主觀的認識有別❼。這種主張當然不同於我國條件因果式的「相當因果」「通說」。

儘管學界也有不少的論述,說明德國馮克理斯創設的「相當因果」關係主張基於機遇率與統計,探討損害發生的機會是否有實質的增加❽,可惜卻在觀察臺灣法界的「通說」及實踐時,未能清楚堅定地指出馮克理斯機遇率相當原因理論(或其後他人沒有基本不同的修正❾)與臺灣法界所謂的「相

---

❺ 最高法院 95 年度台上字第 854 號民事判決。

❻ 同上註 12 判決。

❼ H. L. A. Hart & Tony Honoré, Causation in the Law《法律的因果觀念》467 (2d ed. 1985). ("Von Kries was interested in the mathematical theory of probability and also in the statistical aspects of sociology and considered that the notion of probability could be applied to the law also. Objective probability (Moglichkeit), he argued, must be distinguished from subjective probability (Wahrscheinlichkeit), for objective probability is a relationship between events independent of our knowledge.")

❽ 例如陳聰富,同上註 3《因果關係》,第 7–8 頁。

❾ 關於 von Kries 理論更進一步的發展參閱 B. S. Markesinis, A Comparative

當因果關係」說，其實有本質上的不同；前者是客觀機遇（objective 或 frequentist probability）論述，後者是絕對性 (deterministic) 的條件因果說。判例即使有時加上類似機遇的字眼如「通常」兩字，基本上是採充分條件觀的立論。也許是太過受到條件因果觀念及「通說」的影響，對客觀機遇率沒有一定的敏感度，學者有時甚至還不幸地做出法界的「相當因果」說與德國「相當因果」理論沒有不同的可疑結論，認為各國學者在因果關係的判斷上，「與邏輯因果律推理之**絕對性**尚無扞格之處❷。」我認為前者的機率概念才真正是德國相當因果理論的要點，因此臺灣法界的條件式「相當因果」說與德國機遇率「相當因果」，學者及實務創造的名稱表面相同，理論的實質基本上不同。

傳統條件因果理論的困境

雖然法律長久使用傳統條件因果關係觀念，但除了觀念本身有其運用上的困難存在，在理論上有不斷的修正發展之外，面對法律對因果解釋的新要求，它也顯得左支右絀，捉襟見肘。以下就這兩方面討論因果關係理論的變化及揚棄。

■ 一 條件因果說在哲學內部修正的努力

傳統條件因果理論，不論是以必要條件、充分條件、或充分而必要條件

INTRODUCTION TO THE GERMAN LAW OF TORTS《德國侵權行為法比較》100 (3d ed. 1994); HART, *supra* note 17, at 471.

❷　參閱吳志正，同上註 3《邏輯性》，第 457–458 頁（粗體為作者所加）。我雖不一定同意，作者的意思似乎是認為機遇率已屬事實認定範圍，因而不涉邏輯。陳聰富則很準確地指出我國學者及實務上的「通說」實未論及「增加損害危險」的機遇，但也不幸不必要地籠統地說我國一般學者的意見「基本上與德國學說之見解相同」，陳聰富，同上註 3 因果關係，第 17 頁。

解釋因果❷，其無法解決的所謂「過度決定」(over-determination) 問題，眾所周知。其中兩項事件同時造成同一結果時 (例如兩獵人向誤為獵物的死者，同時各開致命一槍)，沒有一項可以用必要或充分條件解釋，因為無論如何看，另外一項「原因」已必要或充分地造成「結果」。又如所謂原因「介入」（overtaking 或 intervening）的場合也無法以條件因果解釋。例如一人吃了兇嫌下毒的砒霜本已足以在十二小時內致命，但在此之前卻為汽車撞死，兩種原因都無法以必要或充分條件解釋因果❷。

除此之外，Stapleton 舉了一個既不是必要或充分，又不是充分而必要條件的有趣例子：她說如果一個九人委員會通過一個議案，任何委員的一票是議案通過的結果的因素（她的 contribution theory），但無法以必要（因為沒有這一票也能通過）、充分（因為有這一票不保證即可通過）、或充分而又必要條件解釋❷。所以，她認為條件因果非屬因果關係必要觀念。

另外一個普遍為人所知的缺點是穆勒 (John Stuart Mill) 對單一事件條件因果說的批評❷。由於這種批評，其後一個最具影響力的發展之一是 John

---

❷　關於將條件在因果關係的解釋上以充分條件或充分而必要條件稱之的困難與非屬必要，參閱 J. L. MACKIE, THE CEMENT OF THE UNIVERSE: A STUDY OF CAUSATION《宇宙如何合在一起：一個因果研究》37–43 (1974); 關於無論是必要、充分、或必要及充分條件說，其學理上的困難相同，參閱 CAUSATION《因果關係》6 (Ernest Sosa and Michael Tooley eds., 1993). 法律學者 Wright 為克服條件因果關係呈現的困難而提出的 NESS 理論同樣也被友善地批評為無法克服 over-determination 及 preemption 的難題，參閱 Richard Fumerton and Ken Kress, *Causation and the Law: Preemption, Lawful Sufficiency, and Causal Sufficiency*《因果與法律：介入，法律及因果的充分》, 64 L. CONTEM. PROB. 83, at 103 (2001), 及同下註 27，28 及相關本文。

❷　參閱 Michael Scriven 的批評，Sosa, *supra* note 21, at 56–59.

❷　Jane Stapleton, *A Tribute to Professor David Fischer: Choosing What We Mean by "Causation" in Law*《法律中的因果是什麼意思》73 MO. L. REV. 443 (2008) (請注意：她不是在談例如五票通過的情形)。

❷　參閱 7 COLLECTED WORKS OF JOHN STUART MILL, A SYSTEM OF LOGIC, RATIOCINATIVE AND

Mackie 對條件因果說所提出的修正，根據這一個理論，結果的原因是：「不必要但充分的一組因素中，充分但必要的部分❷」。在法律上，這個修正首先影響了哈特及翁諾瑞❷，而由 Wright 據而提出：原因為「充分條件組的必要因素」（the necessary element of a sufficient set，簡稱 NESS）的說法❷。Wright 首先承認：單純的條件因果說，不論是必要條件、充分條件、或充分而必要條件，都沒有能夠提出可以操作的因果分析❷。所以他試圖以 NESS 修正英美法基本上是必要條件說 (but for) 的因果關係，解釋上面講到的傳統

INDUCTIVE《穆勒作品全集第 7 冊：邏輯制度》, books I–III, at 434–45 (J. M. Robson ed., 1973).

❷ John L. Mackie, *Causes and Conditions*《原因及條件》, in Sosa, *supra* note 21, at 33–34 （"An insufficient but necessary part of a condition which is itself unnecessary but sufficient for the result." 簡稱 INUS）。

❷ 參閱 HART & HONORÉ, *supra* note 17, at 111. ("The central idea of his [Mill's] analysis is that the cause of an event is a special member of a complex set of conditions which are sufficient to produce that event in the sense that the set is 'invariably and unconditionally' followed by it. Each of the members of this set...is necessary to complete the set thus linked by regular sequence to the consequent.")

❷ 代表論文是 Richard W. Wright, *Causation in Tort Law*《侵權行為法中的因果》, 73 CALIF. L. REV. 1753, 1788–98 (1985). 作者舉了上述兩發子彈致死的例子，主張各彈分別各為充分因素的必要部分，不再無法以單純條件說解釋，第 1791 頁。對 NESS 理論的批評參閱 Richard Fumerton and Ken Kress, *supra* note 21, at 83（認為 NESS 仍無法解決不確定狀況、over-determination 及「介入原因」問題）。

❷ Richard W. Wright, *Causation, Responsibility, Risk, Probability, Naked Statistics, and Proof: Pruning the Ramble Bush by Clarifying the Concepts*《因果，責任，危險，機率，死板的統計數字，以及證明》, 73 IOWA L. REV. 1001, 1011 (1988) ("Attempts to define causation in terms of the most obvious candidates—necessary conditions, sufficient conditions, or necessary and sufficient conditions—have all failed to produced a **comprehensive**, workable test.") (citations omitted). 這也不是說 NESS 與 INUS 觀念完全相同，參閱 Mackie 的批評及 Wright 的辯解，*id*. at 1023–34.

條件說以前無法解決的「過度決定」問題。

不過，這些對傳統條件因果理論的細化似乎對學說及實務都沒有多大的實際影響，堅持條件說的依然主張英美的 "but for" 或歐陸的 "sine qua non" 公式雖有問題，大致可用。例如學者雖承認實務上已至少有八種方式規避條件因果，"but for" 仍然是最適當的因果論❷。只是，一個「規律」如果有例外即不成為唯一的規律，而是好幾個不同的規律同時存在，稱之為「原則」與「例外」於事無補❸。這樣看來，修正單一事件的條件因果說於學理或實際上的影響不大。

二　條件因果的揚棄

然而，學界除了對條件因果關係的弱點在內部不斷有所修正之外，更有對之較基本的挑戰。以法律的因果分析而言，甚至可以說條件因果說實是氣如遊絲，命在旦夕。有學者認為因果是人直接可以察覺，分析因果觀念（包括什麼是邏輯條件）根本沒有必要❸。哲學家戴魏森 (Davidson) 認為：條件因果分析其實不是分析事件的因果，而是刻畫事件的因果陳述之間的邏輯建構；而必要條件或充分條件只是邏輯形式的陳述，邏輯形式的陳述與事件是否符合此種形式問題不同。他認為我們甚至不知道事件如何才符合必要或充分條件的陳述❷。有學者進一步指出：被以 (p) (q) 陳述的公式中，好像 (p)

---

❷ David W. Robertson, *The Common Sense of Cause in Fact*《事實因果關係的常識》, 75 Tex. L. Rev. 1765, 1775–76, 1799 (1997). 這八種例外是：改採實質原因說、轉換舉證責任、共同侵權人之間的間接責任、表現原因（或「事實就是如此」res ipsa loquitur）、機會喪失、被告各自負責使原告無法舉證因果的責任、共同責任、市場占有率責任。

❸ Mill, *supra* note 24, at 445.

❸ G. E. M. Anscombe, *Causality and Determination*《因果論與決定論》, in Sosa, *supra* note 21, at 88. 我認為下面要討論的 Epstein 的法學意見中的因果關係，即與此觀點非常接近，參閱同下註 59–62 及相關本文。

(q) 所代表的是唯一而確定的事件陳述，實是頗有疑問。事實上要簡化為 p 的事件陳述可以是例如「蘇格拉底死」，或「詹媞普的丈夫（即蘇格拉底）死」，或許多其他的陳述方法，p 的意義取決於脈絡，而非「有 p 則有 q」看似單純，以為 "p"、"q" 都可以是明確而意涵不變的陳述❸❸。

　　除了脈絡決定在那麼多的條件之中，那一個才是我們真正稱之為「原因」（cause 或 "p"）的條件之外，原因的選擇要看我們解釋因果關係的目的，哈佛大學哲學教授帕特南 (Putnam) 稱這個判斷過程為「挑選」("picking out")❸❹。我們說久旱使木屋乾燥易燃，這也許是適當的必要條件物理解釋，但我們在解釋法律上的「事實」因果之時，大概不會以之為原因性的條件❸❺。「條件說」沒有看到或解釋這些問題，除了有時必須排除所謂一般條件或非尋常因素以免結果荒謬之外，逕自以為決定「原因」(p) 是直接了當的過程。

---

❸❷　參閱 Donald Davidson, *Causal Relations*《因果關係》, 64 J. Philo. 692 (1967).

❸❸　參閱 Jaegwon Kim, *Causes and Events: Mackie on Causation*《原因及事件》, in Sosa *supra* note 21, at 68–69. 法律學者也批評符號邏輯對法律領域沒多少用處，參閱 Lea Brilmayer, *Probability and Inference in the Law of Evidence: II. Bayesian Theory and Its Critics: Second-Order Evidence and Bayesian Logic*《貝氏理論批判：次級證據及貝氏邏輯》, 66 B. U. L. Rev. 674 (1986). ("Whatever the value of symbolic logic as a field of intellectual endeavor, it has not proven directly useful to lawyers. Although we sharpen our minds by studying logic in college, our legal goals are not necessarily advanced by phrasing things symbolically. The same is true, interestingly, of the use of symbolic logic in mathematics. Theorems are not discovered through the manipulation of formal symbolism.")

❸❹　Hilary Putnam, Realism with a Human Face《有人情味的實在主義》87 (1990).

❸❺　法學論述裡關於選擇適當條件為因的討論參閱例如 Stapleton, *supra* note 23, at 433, 438–40; John Borgo, *Causal Paradigms in Tort Law*《侵權行為法的因果典範》, 8 J. L. Stud. 439 (1979).

三 機遇與因果

除此之外，其他當然還有最重要的機遇因果理論。機遇率因果說的出現，部分原因是學界一直無法妥適地解釋或解決至少是起源於休姆 (David Hume) 對因果解釋的懷疑。休姆認為我們看到因果的時候有三個特點：即(1)由因到果在時程上的先後；(2)因果在時空的連續 (contiguity)；(3)因果出現的連帶性 (conjunction)。除此之外，我們無法發現因果在物理上的連結。因此所謂因果不過是我們心理上的習慣❸❻。我前面已經舉了現代哲學家戴魏森的類似意見，認為事件陳述語句之間的因果分析，不能代表事件本身的因果連結，可以佐證休姆的懷疑論基本上沒有被克服。

在此情況下，尤其是在廿世紀興起的量子力學 (quantum mechanics) 的推波助瀾，有些像賴亨巴哈、I. J. Good、Patrick Suppes 等人都嘗試以機遇觀念解釋因果❸❼。不過，依據 Salmon 的觀察，這些較早期的機遇理論對因果關係的學說原來沒有太大實際影響❸❽。但是，由於條件因果在理論上及實務上遭遇的困難，以及機遇率及統計學廣受使用的事實，學者也試圖以機遇理論解釋因果關係。

科學哲學裡以統計機遇的觀念試圖建構科學解釋的模式最著名的範例要屬：韓培一反其原本的「演繹－規範」(Deductive-Nomological) 模式的所謂「歸納－統計」(inductive-statistical，簡稱 I-S) 解說❸❾。前者要求科學解釋

---

❸❻　參閱 DAVID HUME, A TREATISE OF HUMAN NATURE《人性論》75–76, 112, 135 (NuVision ed., 2007). 韋根斯坦也如此認為，參閱 LUDWIG WITTGENSTEIN, TRACTATUS LOGICO-PHILOSOPHICUS《邏輯哲學論》¶6.3631 (D. F. Pears & B. F. McGuinness trans., 1961).

❸❼　關於 Reichenbach 等人的機遇因果理論的討論參閱 WESLEY C. SALMON, CAUSALITY AND EXPLANATION《因果及解釋》208–23 (1998); 關於量子物理的機遇觀念參閱 Id. Salmon, at 27–48, 261–80.

❸❽　Id. at 208.

❸❾　關於 Hempel 理論的解說參閱 MARTIN CURD & J. A. COVER, PHILOSOPHY OF SCIENCE: THE

要依據普世的規律；後者則只要求高度的機遇率使結論非常可能（而非絕對確實）即可。假定某人 (j) 受鏈黴菌感染 (Sj)，而鏈黴菌已知可由盤尼西林治療 (Pj)。而假定 S、P 同時存在時其治癒的機遇接近 1（相對次數機遇率 (relative frequentist probability) 以 1–0 之間表示機遇率的高低），則我們可以預測該人幾乎一定復原 (Rj)。用程式可以表示如下：

$$p\,(R, S \cdot P)\ 接近\ 1$$
$$Sj \cdot Pj$$
$$\therefore 幾乎確定是\ Rj$$

在這個模式之下，我們無法說只有盤尼西林，或盤尼西林一定可以治癒感染（必要或充分條件），而是盤尼西林絕大部分可能可以去除感染。不過，雖然韓培的 I-S 模式影響力很大，但也廣受批評，尤其是 I-S 模式對高機遇率的要求。

Salmon 則放棄高機遇率的要求，提出統計積極關連性的機遇率科學解釋及因果關係。這個理論首先認為機遇率的不確定，而非機械式的確定，才是物理現象及因果關係的本質[40]。他一方面批評條件因果理論只是做觀念而非物理現象之間的連結[41]，另一方面主張高機遇率不是因果關係的必要條件，問題只在「原因」與「結果」是否統計上相干。例如輻射導致血癌的機遇率也許很低，也不一定凡受輻射即一定產生癌症，但是如果除此之外別無解釋，則輻射與血癌之間就有統計上的積極關連性[42]。在此情形下，即使現代醫學

CENTRAL ISSUES《科學哲學的中心議題》685–719 (1998). 又關於自然科學從牛頓的機械觀到廿世紀的機遇觀念，以及 Hempel 的轉變參閱 Brennan, *supra* note 7, at 469, 478–82 (1988).

[40] SALMON, *supra* note 37, at 55–56.

[41] *Id*. at 191.

[42] *Id*. at 208.

無法窮盡所有導致血癌的條件，而且輻射與血癌也非如影隨形 (constant conjunction)，但是輻射既為因素之一，即為有血癌結果的機遇率原因❹。

　如果機遇率的因果說還不是學界的通說，其影響力也絕對無法忽略。即使大致仍然採用條件理論的某些邏輯學家，也不能不務實地承認：「原因」沒有一成不變的定義，好像只能以「必要」或「充分」條件來解說，有時「原因」是指「通常」產生結果的條件❹。有學者在這些模式的啟發之下，基本上以 Bayes 的條件機遇（下詳）解釋因果，例如 Skyrms 主張：吸煙導致肺癌不是說吸煙是肺癌的充足條件，因為很多吸煙的人沒有得肺癌；吸煙也不是肺癌的必要條件，因為不吸煙也會得肺癌。其間的因果關係是說：吸煙增加了致癌的機遇率，吸煙積極地在統計上與肺癌相連結❹。這種主張當然更不是演繹式的三段論法，因為沒有人能主張：

　　凡吸煙者必得肺癌
　　原告吸煙
　　∴原告得了肺癌

由此也可以看出全稱式演繹及條件說（或我們法學界津津樂道的「涵攝」）的侷限，以及統計機遇率的必要及用處。

 ## 法學對條件因果關係的修正

　雖然條件因果在學說上及實務上仍然有服其膺者，尤其是臺灣的法學界

---

❹　*Id*. at 341, 350–51.

❹　Copi, *supra* note 6, at 429–30. ("...the presence of those conditions that usually prevail, made the difference between the occurrence or nonoccurrence of the event.")

❹　Brian Skyrms, Choice & Chance: An Introduction to Inductive Logic《選擇及偶然：歸納邏輯導論》134 (4th ed. 2000).

及實務界，可以說是超過半世紀以來很少人敢跨越其實是條件因果的「相當因果」關係說的雷池一步❹。但是，學界對條件因果的批評是暗潮洶湧，如今已經很少人無條件接受其做為解釋因果關係的正確理論，總結起來，至少有下列不下七種比較重要的修正。

一　馬隆 (MALONE)

馬隆在一篇影響力非常大的論文中批判了這種「事實」與「法律」因果二分的理論及分析❹。他認為所謂「事實」及「法律」因果分析同樣是法律政策的考慮。第一、在諸多的條件之中選擇那一個是結果的原因，本身就是政策決定❹。兩者之間如果有所不同，那最多也不過是程度之別❹。第二、此種二分法其實是將很大程度上無法劃分的因果考量強行分割。他認為不管犯罪人或侵權行為人會不會先衡量其行為是否是事實上為損害結果的必要條件，然後再分析法律上是否是可歸責的行為。在行為人腦裡，因果及目的混而為一。法律上以為可以將事實因果及歸責範圍分別考慮，只是以為可以排除政策評估而進行抽象的分析而已❺。第三、"but for" 的「事實」因果分析要求考慮擬制情況下，如果做為「原因」的事件不存在，結果是否即會發生。馬隆認為虛擬的情況既然並非事實，其擬制就隱藏了無限的想像空間。當想

---

❹　有學者認為：臺灣一般法學界早已知道條件因果（或我們以訛傳訛的「相當因果」）的缺憾，並有例如黃榮堅，上引註 3 文，早就探試機遇因果觀念。徐圭璋，《醫療糾紛訴訟中因果關係的實證醫學分析》，成功大學碩士論文，2009 年 9 月，第 24 頁。但這種觀察十分不確，我看不出黃榮堅教授大文或臺灣其他任何法學論文對「相當因果」的批判，必然代表或建議機遇的因果觀念。

❹　Wex S. Malone, *Ruminations on Cause-in-Fact*,《事實因果的沉思》, 9 STAN. L. REV. 60 (1956).

❹　*Id*. at 64.

❹　*Id*. at 97.

❺　*Id*. at 66.

像成為可能，只有法律政策的考量可以提供一個選擇的方向❺。馬隆反對 "but for" 的條件因果分析，只是在他的眼中，既然法律政策的考慮充斥在因果分析之中，純粹的絕對式條件事實分析無法單獨存在❺。

二 格林 (LEON GREEN)

　　曾為耶魯大學法學院院長的 Leon Green 最根本的看法是：無論刑法或侵權，法律所真正關切的是被告的行為與損害中間的關係，如果中間有一定的關係，那麼，所有的分析集中在加害人應否負責的問題，包括所謂「因果」分析❺。由於法律不可能保護所有的損失，因此例如侵權就炮製了「最近原因」(proximate cause) 及預見 (foreseeability)，以原因與損害的遠近（其實是法律連結）或以損害可否預見 (foreseeable)，限制法律歸責範圍的大小。法律如果認為原因與損害的連結不夠緊密 (too remote)，或無法預見，法院就會認為損害與加害行為之間沒有因果關係❺。格林反對這種因果分析，認為不能混淆法律政策的考慮與事實的因果關係。只有分清事實因果與法律的政策考量，才真正能在政策的層面討論，不受因果的無謂糾纏。

---

❺　*Id.* at 67.

❺　參閱 James E. Viator, *When Cause-In-Fact Is More Than A Fact: The Malone-Green Debate on the Role of Policy in Determining Factual Causation in Tort Law*《當事實原因不只是事實：馬龍及葛林對侵權行為法中事實因果分析的政策問題的辯論》, 44 LA. L. REV. 1519, 1541–42 (1984)（認為 Malone 對「事實」及「法律」因果採整體考量的 gestalt 觀點）。

❺　參閱 Leon Green, *Are There Dependable Rules of Causation?*《有可靠的因果法則嗎?》, 77 U. PA. L. REV. 603–04 (1929).

❺　Leon Green, *Causal Relation in Legal Liability—In Tort*《侵權責任中的因果關係》, 36 YALE L. J. 534 (1927); Leon Green, *Foreseeability in Negligence Law*《過失中的可預見觀念》, 61 COLUM. L. REV. 1401 (1961)（所有「預見」都是事後有先見之明，法官或陪審考慮的其實是責任問題，第 1424 頁。又對 proximate cause 及 foreseeability 的批評參閱 Green, *supra* note 53, at 607–12）。

格林批評 "but for" 因果分析必須擬制如果沒有「原因」存在，「結果」是否會發生來決定「原因」是否為必要條件。他認為因果關係的分析重要的是看事實真正如何發生，而不是忽略實際去想像虛構的情況❺。從他的眼光看來，Jeremiah Smith 在廿世紀初期所提出的 "substantial cause" 公式，即行為是否造成損害結果的實質原因，是合用的因果關係分析，重點不是條件因果，而是分析責任範圍大小的法律政策（即 "proximate cause"）❺。眾所周知，格林的「實質因素」(substantial factor) 因果理論經由 Prosser 大力提倡，為極具影響力的 ALI 第二版「侵權匯覽」(Restatement (Second) of Torts) 所採納。

三 哈特 (HART) & 翁諾瑞 (HONORÉ)

哈特及翁諾瑞兩位學者雖然接受條件因果說，他們最基本的看法是：法律上所認為的因果關係著重的不純綷是邏輯或哲學的因果解釋，而是在決定損害的歸責事由。因此法律的因果所關切的不是邏輯的條件因果律本身不確定的缺憾，而是在考慮被告行為是否為損害之因之時，另有其他因素及條件，在具體案件中做為消除或彌補特定損害時所應一併考慮的法律策略或政策考量❺。

從這個角度切入，哈特及翁諾瑞認為法律所考慮的因果是平常人運用日常語言對個案所做的常識性判斷，有異於科學上常常為了發現普遍規律所做的因果分析❺。

---

❺ Leon Green, *The Causal Relation Issue in Negligence Law*《過失責任的因果關係》, 60 Mich. L. Rev. 556 (1962).

❺ Green, *supra* note 53, at 603–04, 607.

❺ Hart, *supra* note 17, at xxxiv, 24.

❺ Hart, *supra* note 17, at 9–10, 26–61; 對 Hart 認為一般語言有社會共識的假設的批評參閱 David Howarth, *"O Madness of Discourse, That Cause Sets Up with and Against Itself!" Causation in the Law*《自相矛盾的因：法律中的因果關係》, 96 Yale L. J. 1406

四 艾布斯坦 (EPSTEIN)

芝加哥大學法學院艾布斯坦教授也認為無論傳統的事實 "but for" 條件因果關係說及責任範圍的「最近原因」(proximate cause)，不是無法解說最簡單的事實因果，就是不能提供責任範圍確定的標準❺，因此都應該放棄。從他的觀點，侵權法傳統上以故意過失為侵權行為的要件其實並無必要，而是應該進一步發展受到忽略的無過失 (strict liability) 理論。他認為有四種典型 (paradigmic) 狀況，即使用力量 (force)、造成驚嚇 (fright)、行使強制 (compulsion)、或設定危險 (dangerous conditions)，在一般人都認為可得了解的造成損害的情況下，被害人即應可以建立至少表面上 (prima facie) 可以請求賠償的主張❻。這種主張能否實現，要看加害人有否一定的抗辯而定❻。艾布斯坦以這種安排取代了他認為無法運作的傳統事實及法律因果。不論他的理論是否廣受承認，至少對條件因果說是一個強烈的批判❻。

(1987). Scholars suggested that the consensus should be placed, not on languages, but on concepts of prototypes. Lawrence M. Solan and John M. Darley, *Causation, Contribution, and Legal Liability: An Empirical Study*《因果關係，歸責事由，及法律責任的一個實證研究》, 64 L. CONTEM. PROB. 265, 297 (2001).

❺ Richard A. Epstein, *A Theory of Strict Liability*《無過失責任理論》, 2 J. L. STUD. 160–63 (1973).

❻ *Id.* at 166–89.

❻ Richard A. Epstein, *Defenses and Subsequent Pleas in a System of Strict Liability*《無過失責任制度中的抗辯及後續主張》, 3 J. L. STUD. 166 (1974).

❻ 對 Epstein 理論最強烈的質疑來自同樣主張條件因果說無法成立的學者，例如 John Borgo, *Causal Paradigms in Tort Law*《侵權行為法的因果典範》, 8 J. L. STUD. 419 (1979); Richard A. Posner, *Epstein's Tort Theory: A Critique*《葉普斯丁侵權理論的批判》, 8 J. L. STUD. 457 (1979); 又參閱 Epstein 的反駁 Richard A. Epstein, *Causation and Corrective Justice: A Reply to Two Critics*《因果及救濟正義：答兩個批評》, 8 J. L. STUD. 477 (1979).

五 法律的經濟分析 (Economic Analyses of Law)

在經濟學家 Coase 影響之下，部分法律學者也以經濟學上功利或效率 (utilities) 的觀念分析法律，從這個學派的觀點看，因果關係的分析在經濟分析中的地位微不足道，他們認為很多判決結果與細緻的事實或法律因果分析沒有多少關連，而主要是基於法律的政策考量 ❻❸。有時在一般人眼中行為與損害之間的因果確著，法律卻不承認行為人有責任，這也是法律政策的衡量 ❻❹。既然是政策衡量，那麼在判斷責任的時候就要從經濟分析的角度，「一定要考慮所謂不法行為造成什麼人受益及受損 ❻❺。」

在這個大前提之下，Calabresi 提出「因果連結」(causal link) 的觀念，只要所有證據顯示：「行為或活動增加損害發生的機會」，法律就可以認定因果關係存在 ❻❻。他這個因果觀念與傳統的 "but for"、"sine qua non"、甚至常識性的判斷，必須指向某一特定事件的對象的損害結果全然不同 ❻❼。而他認為傳統條件原因關係分析及要件，與侵權制度所欲達到的補償、分配、威嚇等目標，不是毫不相干，就是只有微弱的間接關係 ❻❽。

六 社會共同責任觀 (Communal Responsibility)

有些學者進一步質疑整個基於十七世紀以來個人主義假設的責任制度。個人主義把侵權責任視為有如自由市場：私人決定的總和在市場機制的調節之下，自然達到社會最大利益的總和。在這種偏見之下，視界集中在能否建

---

❻❸ RICHARD A. POSNER, ECONOMIC ANALYSIS OF LAW《法律的經濟分析》169 (1986).

❻❹ *Id.* at 168.

❻❺ *Id.* at 169.

❻❻ Guido Calabresi, *Concerning Cause and the Law of Torts: An Essay for Harry Kalven, Jr.*《因果及侵權法》, 43 U. CHI. L. REV. 71 (1975).

❻❼ Brennan, *supra* note 7, at 485–86.

❻❽ *See generally*, Calabresi, *supra* note 66, at 73–91.

立因果或行為的損益比較。果然因果的建立困難或（個人）利益大於損害，即使已然對社會及他人造成損害，現有的責任制度放任或容忍個體採取行為，最多是課加行為人付出在行為人估計下低於法律成本的「費用」的責任。例如，污染的罰款成本如果低於消除污染的代價，行為人盡可以「付費」方式污染（所謂 "polluters pay"）。又如在某種觀點之下，認為只要願意接受較高的菸草稅，抽煙的人盡可到處吞雲吐霧，無視二手煙害。所以，與其注意如何根絕污染、醫療、產品、或物質造成社會集體的損害，法律卻將重點鎖定為污染等是否是造成傷害的原因，或當事人在損益分析之下願否接受行為的成本。但是，集體互賴的生活、人類自律及道德判斷的能力，在在表示個人自身的損益分析，不應取代對社會及他人的傷害❻❾。在這種觀點之下，因果分析不僅原本就充滿了不確定，甚至完全模糊了焦點。

　　即使分析不逾越傳統功利主義的學者也指出：現代社會人的交流及互賴的集體性，企業與個人之間經濟力及資訊取得能力的差異，大量產銷及消費的制式化，福利國家的觀念，以保險分擔風險，以及認識知識的或然性，都使個人式的因果及責任，以及純粹以個人之間的互動為假設的侵權制度，無法適應例如公害等集體危害性質的案件，而遠遠落於時代之後❼❶。

　　在這些從集體利益角度檢驗現有責任制度之下，最有能力防止損害發生及負擔成本的一方，才是負擔責任之所在，而侵權制度的集體責任，而非個人責任，才應該是常規❼❶。

---

❻❾　Mark Kelman, *The Necessary Myth of Objective Causation Judgments in Liberal Political Theory*《自由主義政治理論的因果決定的必然迷思》, 63 CHI-KENT L. REV. 579, 633–37 (1987)

❼⓪　David Rosenberg, *The Causal Connection in Mass Exposure Cases: A "Public Law" Vision of the Tort System*《公害案件的因果關係：侵權法的公法觀》, 97 HARV. L. REV. 851, 905 (1984).

❼❶　Mari Matsuda, *On Causation*《因果論》, 100 COLUM. L. REV. 2195, 2211–18 (2000)（主張最有能力負擔風險及防止損害的一方應該在法律政策上視為「最近原因」以及集

除了以上六種理論之外，還有機遇率的因果關係主張。由於它是本研究的重點之一，以下分節比較詳細加以說明。

伍　機遇、統計與新興問題

一　問　題

傳統的因果觀念有很多問題，但是它可以相當有效地解決損害明顯的事件。但是，現代科技的發達，導致許多新型的損害發生的可能，傳統因果觀念因而必須面對更多的測試。最明顯的困難是科技使得無日不有新的產品及新的物質出現。一方面社會大眾對於這些新東西有何種作用及可能的危害並不清楚。事實上，連政府對許多產品，例如新的化學產品，根本沒有任何資料或記錄。另一方面，已知的致病的危害物質，例如一般熟悉而又研究比較齊全的如石棉、橘素、苯、DBS、戴奧鋅、泰力多邁，加上新藥、輻射、電磁波、隆乳矽膠等，多得不勝枚舉，而且無日不有新發現[72]。而新的生物科技人為地改變基因，其有無危害性或長遠的副作用，一時也不易察覺。再如除了即時的傷害或致死的過失之外，由於損害並非即刻而明顯，誤診的醫療過失也呈現如何看待因果關係的難題。這些新興問題無不探試傳統因果分析的妥當性。

從實際而言，因為侵權損害賠償是產品已然上市而損害發生之後的事後救濟，對產品業者很少有誘因促使他們事先對產品的安全嚴加管控，有時反而導致廠商為了銷售的壓力而不去測試及公開產品安全，而由於對危害物質

體而非個人侵權責任）。

[72] Joseph Sanders, *From Science to Evidence: The Testimony on Causation in the Bendectin Cases*《從科學到證據：Bendectin 訴訟中的因果證言》, 46 Stand. L. Rev. 12–13 (1993).

的無知，問題更加嚴重❼❸。

　　純粹從法律上說，不僅因果關係難於建立，其舉證以及達到舉證責任之完了，更是問題。第一、這些危害物質不產生明顯的疾病；其經由何種生理機制產生損害也是眾說紛紜；危害物質與疾病之間的關連也很難建立❼❹。第二、由於疾病的潛伏期很長，而致病的生理機制十分晦澀，原告的舉證困難❼❺。第三、這些危害物質常常不是或顯然不是損害的唯一因素，增加建立因果關係的困難❼❻。最後，英美民事法傳統的「優勢」證據原則 (preponderance of the evidence) 導致原告無從克服舉證責任❼❼。由於臺灣的訴訟法上「斟酌全辯論意旨」要求全盤評估證據的標準，理論上法院達到因果關係存在的確信，困難度應該更高。

二　機遇率的因果

　　面對這些新興問題對傳統條件因果觀念的挑戰，很多法院在實務上轉而援引統計及機遇率。以流行病及危險物質及產品的侵權行為而論，法院轉而要求並允許受害者先以統計建立這些危害因素與一般損害之間的機遇率因果 (general causation)，然後再證明危害因素與受害人之間的個別因果關係 (particular or individual causation)❼❽。雖然沒有一般因果的存在就談不上具體

---

❼❸　參閱 Carl F. Cranor, *The Science Veil over Tort Law Policy: How Should Scientific Evidence Be Utilized in Toxic Tort Law?*《科學遮蓋了侵權法政策：毒害侵權法應該如何使用科學證據》, 24 L. Philo. 139, 209 (2005).

❼❹　Sanders, *supra* note 72, at 13.

❼❺　Rosenberg, *supra* note 70, at 858.

❼❻　Neal C. Stout and Peter A. Valberg, *Bayes' Law, Sequential Uncertainties, and Evidence of Causation in Toxic Tort Cases*《貝氏定理，連續不確定，及毒害侵權案件的因果》, 38 U. Mich. J. L. Reform 783 (2005).

❼❼　Rosenberg, *supra* note 70.

❼❽　醫療過失的存活率問題雖也使用機遇率，其機遇率有與損害大小的特殊層面，在此

因果 ❼，但是即使能證明一般因果的存在，具體因果問題多半還是極具爭議 ❽。多半的學者認為由一般因果無法當然證明個別因果 ❽，有些學者則認為疫學（流行病學）可以同時解答兩種因果關係 ❽。

1. 一般因果 (General Causation)

以公害或疫學來說，一般因果關係通常是使用統計學上的「假說測試」（hypothesis testing，或假設鑑定）的方法，而不是我國法界以為是用空洞無物的「經驗法則」或「科學檢證」。這種方法先要決定我們要證明什麼，即利用統計來證明假說 (research hypothesis)。決定了統計的目的之後，再做出「無效假說」（null hypothesis，或譯「虛無假設」）。例如，我們想要做一個「實驗研究」(experimental research) 決定化學元素 X 是否致癌，在兩個任意或隨機 (random) 選擇的獨立統計對象（母體）抽取統計樣本，測試 X 在兩個母體都不足導致癌症的「無效假說」。由於要得到更高的百分比（例如 99%）需要較龐大的樣本，而統計結果的改進效益不大，依照一般接受的標準，如果統計的結果設計在 95% 的分佈之內（即 1/20 沒有關連），而標準差距（即在 bell curve 的 standard deviation）在 2 之內（或 z value 約 1.96），而兩組統計結果相比之後的機遇率等於或遠小於 0.05 之時，則我們可以說結果具有統計

因果關係的討論略去不談。讀者可參考吳志正，同上註 3〈存活機會〉。

[79] Richard Scheines, *A Cross-Disciplinary Look at Scientific Truth: What's the Law to Do?: Causation, Truth, and the Law*《科際觀下的科學真理：法律如何因應？因果，真相，及法律》, 73 BROOKLYN L. REV. 959, 969 (2008).

[80] David E. Bernstein, *Getting to Causation in Toxic Tort Cases*《毒害物侵權案件的因果關係》, 74 BROOKLYN L. REV. 51, 52–53 (2008).

[81] Rosenberg, *supra* note 70, at 868. ("The short answer to the demand for 'particularistic' evidence of causation in mass exposure cases is that no such evidence can be produced.")

[82] Sander, *supra* note 72, at 14.

意義 (statistical significance)。此時我們可以做出拒絕「無效假說」的判斷，即 X 不會致癌的假設在統計上無法成立，至少可以說 X 與癌症在統計上有相當的關連 (statistical association)❽❸。

　　但是，有統計上的一定關連，不代表 X 與癌症有因果關係，只能說不致癌的假說無法成立。所以，在疫學或公害研究上要建立物質與大眾之間的損害有其因果，通常需要由有經驗的專家評估統計數據所代表的機遇率之外的因素。而廣為科學界接受的是基本上根據英國的 Bradford Hill 在 1965 年提出的數點標準，包括時間的先後順序、相關連的強度、劑量多寡及反應、實驗能否重複、以現有科學知識判斷在生物／生理上的可能性、有無其他解釋、停止暴露於物質後的情況、以及是否符合我們的一般知識❽❹。只有經過專家

❽❸　關於比較技術性的統計解釋，讀者應該參考專書。中文方面關於假說測試的討論參閱林惠玲、陳正倉，《基礎統計學：觀念與應用》，雙葉，2009 年，第 263 頁。一本相當不錯的入門書，作者也常以法律問題解釋統計的運用。不過，作者說：「在法官審案……臨界值（有罪或無罪的決定點）的決定是比較主觀的（自由心證）。而在統計檢定中，臨界值的決定係根據顯著水準 α 利用機率分配計算得到的，是比較客觀科學的。」同上，第 270 頁。其實，自由心證不完全是這個意思，而統計數字是死板的 (naked)，其意義也必須有（某種程度上是主觀的）判斷必要，不因而更科學或不科學。我舉這個例子不在減損此書的價值，而在指出學術專精後的流弊。尤其是包括我在內的大部分法律人士不懂經濟，對統計更是沒有了解，與法律人士的社會責任實在太不相稱了（不信，請看下面要討論的大法官第 584 號解釋）。又參閱 PERRY R. HINTON, STATISTICS EXPLAINED《統計釋論》35–109 (2d ed. 2004); 法律論文 Sanders, *supra* note 72, at 15. (The first concerns the appropriate measure of statistical significance. The most frequent choice in the scientific community is a p value (Alpha) of. 05－that is, there is less than a one in twenty instances that the observed correlation would have occurred if, in fact, there is no causal relationship.)

❽❹　Michael D. Green, D. Michal Freedman, and Leon Gordis, *Reference Guide on Epidemiology*《流行病學導引》, in REFERENCE MANUAL ON SCIENTIFIC EVIDENCE《科學證據參考手冊》375 (Federal Judicial Center ed., 2d ed. 2000); Stout, *supra* note 76, at 809–10; *see also* US-EPA, GUIDELINES FOR CARCINOGEN RISK ASSESSMENT《致癌風險評估守則》

的評估，加上統計上的關連，才能說是有機遇率上的一般因果關係。

2.個別因果 (Individual or Particularistic Causation)

上面已經略為提及，大部分學者否認疫學研究有辦法說明具體因果關係[85]。但是實務上有些法院認為如果風險分析 (risk assessments) 的結果表示個別罹病的風險大於 2（1 表示沒有風險），則可認定有對被害人個別因果關係的存在，即 2.0 的風險代表 50% 機遇危險物質導致疾病[86]。換一個解釋方法：假定任意選樣的一千人中統計上會有一人得病，而如果原告能證明在原告等受該物質感染的特定統計對象中得病的人有三，此時這些因暴露於某種危害物質的特定統計對象生病的機遇率即大於 2，因而得視為建立了此危害物與統計對象之間至少是 > 50% 機遇的因果關係，這在英美民事侵權就可主張是滿足了舉證責任。

甚至在有其他因素同時存在時，有些法院願意接受不足 2.0 的風險為有個別因果關係，例如通常遺傳被認為有一半以上機會造成疫病（例如癌症），但是，如果被害人有辦法排除遺傳為原因，法院可能接受低於 2（例如 1.5）的相對風險為個別因果關係的證據[87]。

三 貝氏的條件機遇率 (Bayesian Conditional Probability)

英國牧師貝氏 (Thomas Bayes) 在十七世紀發明了一個簡單的數學公式，用這個公式可以從已知的機遇率計算新的機遇率，一般稱之為貝氏的條件機遇理論[88]。科學家主張科學假說或理論，可以借此理論計算新證據或新理論

2–11 (2005).

[85]　Green, *supra* note 84, at 336.

[86]　Green, *id*. at 384; Sanders, *supra* note 72, at 16; Stout, *supra* note 76, at 850.

[87]　Green, *supra* note 84, at 386.

[88]　關於貝氏理論的解釋參閱 Dimitri P. Bertsekas & John N. Tsitsiklis, Introduction to

的新的機遇率。雖然實務上還沒有法院直接使用貝氏理論❽，但是很多學者主張貝氏理論可以用來計算例如證據相關性❾、被告與犯罪人的身分❿、因果關係的機遇率❾。當然，也有許多學者認為貝氏理論有很多缺陷，尤其不能生搬硬套到法律領域來❾。但是，由於討論的人很多，在討論機遇因果關係時，似乎對之不能不有一定的了解。

貝氏理論是一個簡單的公式：

$P(B/A)=P(A/B)\ P(B)/P(A)$

為了說明方便，我把 B 換成 H（在本文用以代表有因果關係的假說），把 A 換成 E（即新證據），即 $P(B/A)$ 變成 $P(H/E)$（意即在新證據之下的因果關係成立的新的機遇率 (posterior probability)）。這個新機遇率的值得自：由 P

PROBABILITY《機遇率導論》31 (2d ed. 2008); CURD & COVER, *supra* note 39, at 627.

❽　Stout, *supra* note 76, at 889.

❾　Anat Scolnicov, *On the Relevance of "Relevance" to the Theory of Legal Factfinding*《證據相干性與法律發現的相干》, 34 ISR. L. REV. 260, 264–65 (2000).

❿　Michael O. Finkelstein & William B. Fairley, *A Bayesian Approach to Identification Evidence*《認證證明的貝氏方法》, 83 HARV. L. REV. 489 (1970).

❾　*See generally*, Stout, *supra* note 76.

❾　最經典的質疑參閱 Laurence H. Tribe, *Trial by Mathematics: Precision and Ritual in the Legal Process*《以數學判案：法律程序中的準確及儀式》, 84 HARV. L. REV. 1329 (1971)（不反對貝氏理論，但指出許多侷限，並認為法律審判有法律的目的，不能被數學牽著鼻子走。有趣的是作者在進入哈佛法學院而成為該院教授之前，以哈佛第一名畢業於數學系）；Lea Brilmayer & Lewis Kornhauser, *Review: Quantitative Methods and Legal Decisions*《計量方法及法律決定》46 U. CHI. L. REV. 116 (1978)（反對貝氏理論可以適用到法律，並指出許多作者認為無法克服的問題，例如，全屬主觀認定的 prior probability）。Charles Nesson, *The Evidence or the Event? On Judicial Proof and the Acceptance of Verdicts*《事件或證據？訴訟證明及陪審決定的接受》, 98 HARV. L. REV. 1357 (1985)（認為審判結果符合大眾的情感與期待，遠比運用數學做出精確決定重要）。

(E/H)（即在假說為真之下，證據真偽的機遇率），乘上 P(H)（即因果假說沒有新證據之前原來的機遇率，或稱 prior probability），除以證據一般的機遇率❾④。根據此意思重新寫過的公式如下：

$$P(H/E)=P(E/H)\ P(H)/P(E)$$

由於貝氏理論適用到法律的爭議極大，是否能如某些學者主張：貝氏理論已為學界多數所接受，並應該取代上面討論的「統計測試」❾⑤，似乎仍有待觀察。

四　認知科學與機率及統計

機遇率及統計方法雖然是我們應該在判斷因果關係時使用的方法，但是，過去三十多年由一些社會心理學家帶動而蓬勃發展的認知科學 (cognitive science) 卻告訴我們：一般人的思維判斷並不遵守機率或統計規則❾⑥。換句話說，過去以理性假設建構的行為或判斷模式，例如古典經濟學的「經濟人」(homo economicus) 假設或賽局理論 (game theory)，根本與實情不符，最多是一些應然的論述❾⑦。難怪即使沒有從認知科學角度分析的學者，也感嘆法官

---

❾④　Scolnicov, *supra* note 90, at 264–65.

❾⑤　Steven N. Goodman, *Science for Judges VII: Evaluating Evidence of Causation & Forensic Laboratories: Current Issues & Standards: Judgment for Judges: What Traditional Statistics Don't Tell You about Causal Claims*《傳統統計沒有告訴你的因果主張》, 15 J. L. & POL'Y 93, 97 (2007).

❾⑥　JUDGMENT UNDER UNCERTAINTY: HEURISTICS AND BIASES《不確定狀態下的判斷：率斷及偏見》32 (Daniel Kahneman, Paul Slovic and Amos Tversky eds., 1982) (hereinafter Uncertainty).

❾⑦　參閱 HEURISTICS AND BIASES: THE PSYCHOLOGY OF INTUITIVE JUDGMENT《率斷及偏見：直覺判斷心理學》xv, 1–2 (Thomas Gilovich, Dale Griffin, and Daniel Kahneman eds., 2002) (hereinafter Psychology); MASSIMO IATELLI-PALMARINI, INEVITABLE ILLUSIONS?: HOW MISTAKES OF REASON RULE OUR MINDS《推理錯誤如何控制我們的思考》6, 17, 157, 166 (Massimo Piattelli-Palmarini and Keith Botsford trans., 1994) (hereinafter Massimo);

與陪審團時常是無法了解機遇率和統計數字的意義、以及一般及個別因果的區別 ❾。而根據 RAND Corporation 的調查，在 Daubert 案之後，由於美國最高法院要求各級法院對科學證據嚴格把關，但大部分法官又不真正了解科學（包括機率及統計），所以紛紛只能以「速裁」方式（summary judgment 或 judgment n.o.v. ❾）判決原告敗訴，其數目增加約 90%，是過去的一倍 ❿。

以與因果關係的分析比較有關的範圍為限，新近社會心理學關於判斷的研究告訴我們有關思維上不符機遇率及統計的「率斷」（heuristics，或譯「速斷」?）及偏見 (biases) ❶ 至少有下列數種：

1. 「大數原則」(law of large numbers)

對機遇率的判斷不懂「大數原則」❷，以為少數與大量抽樣，或基本數率 (base rates) 的機遇率價值相等，同樣準確。機遇理論告訴你不然。例如，丟十次銅板很難出現正反面各一半的情形。可是連丟一千次，則正反出現的

Amos Tversky and Daniel Kahneman, *Rational Choice and the Framing of Decisions*《理性選擇及決定的框限》, 59 J. Business S251 (1986).

❾ Scheines, *supra* note 79, at 959, 982.

❾ 很粗略地說，summary judgment 是英美訴訟法上因無事實爭議，法官逕自以法律快速判決；judgment n.o.v. (judgement notwithstanding the verdict) 是陪審員的決定太過不合事實及證據，法官在極例外情況下，可以拒絕採納陪審團決定，而逕自下判決。在這裡指法官認為沒有可靠的科學證據可以成案，或陪審團根本違反科學證據，所以法官直接下判決。

❿ Cranor, *supra* note 73, at 139, 141–42.

❶ 「率斷」是我們心中既有的一些觀念，根據這些「率斷」我們常常很快就做出判斷，但這些判斷與根據偏見做出決定一樣，時常不確。只是這是我們做判斷的實際情況，雖然我們有時甚至不知道我們是在預設的念頭下做出了判斷。參閱 Uncertainty, *supra* note 96.

❷ Psychology, *supra* note 97, at 4; Uncertainty, *supra* note 96, at 7, 24–25, 35; Massimo, *supra* note 97, at 51.

機遇率會接近各為 50%。所以，依據少數抽樣得出的機率因果十分不準確，必有相當數量的抽樣才能可靠，而一般人並不如此思考。大多數人只會受心理的「率斷」影響，不會想到機遇及統計原理。

2.貝氏理論

上面已經談到許多學者為了克服相對次數機遇理論的困難，主張以貝氏條件機遇觀念適用到證據力及因果機遇的計算之上。可是，一般人並不依照貝氏理論思考 ⑩。尤其是社會心理學發現我們做判斷時，常常畫地自限（anchoring，或譯「定錨」），後來的決定雖可能對起初的框架做些調整（adjustment），但調整幅度已然受到預設框架的限制 ⑩。果是如此，貝氏條件機遇理論中至關重要的「原有機率」(prior probability) 就限制了新證據出現後的新機遇率。心理學家又發現我們考慮機遇率時常只看事件是否是某類別中的典型 (representativeness)，而不是依據機遇率。例如，我們如果描繪住屏東地區的某甲為思想略帶保守，但行事有條不紊，想判斷是律師或農業工作者那個機遇率較高，大部分人會說是律師的機率較高，卻沒想到在屏東地區也許一萬人中有一千人是農人，而可能只有一人才是律師。所以，以基本數率判斷，律師的可能性只有農人的千分之一。此種不顧基本數率而依據典型的「率斷」，顯然違反貝氏原則的「原有機率」的要求及計算 ⑩。

---

⑩　Raig R. Callen, *Cognitive Science, Bayesian Norms and Rules of Evidence*《認知科學，貝氏原則及證據法則》, 154 J. ROYAL STATISTICAL SOC'Y 129 (1991). (Humans are not natural Bayesian personalists; nor is it likely that they can be Bayesian agents, at least in limited time.... If empirical behavior in realtime must deviate from Bayesian personalist models, then any truly Bayesian personalist norm for fact finding cannot distinguish between correct and incorrect fact finding.)

⑩　UNCERTAINTY, *supra* note 96, at 253–54; Massimo, *supra* note 97, at 57, 125; SCOTT PLOUS, THE PSYCHOLOGY OF JUDGMENT AND DECISION MAKING《判斷及決定的心理學》138, 151 (1993).

3.乘積機遇率的謬誤 (conjunction fallacies)

機遇理論告訴我們：兩件以上的獨立事件同時發生的總合的機率為兩事件各別機率相乘（即 P (A∩B) = P (A) P (B)），所以乘積的機遇率一定小於各別事件的機遇率。例如假定 A 與 B 的機遇率各為 0.9 及 0.8，則 A&B 的機遇率是 0.72。可是社會心理研究卻發現我們做判斷時大都違反這個原則 [106]，甚至連專業人士及專家有時都不例外 [107]。例如醫生診斷時一般都認為多於一種以上的病徵證實某種疾病的機遇率大於單一症狀。又例如實驗發現對某人行為特徵多項的描述，時常被認為比單一描述有更高的機遇率，不論基本機率 (base rates) 的高低 [108]。從機遇理論上說，這些由心理預設的率斷 (heuristics) 導出的結論常非正確。

4.關連或因果 (association or causation)

社會心理學家也發現一般人使用心理上早已存在的「率斷」及偏見判斷因果關係的存在。例如兩個事件僅有時間順序 [109] 或某種同步性的關連 [110]，一般人即誤以為有因果關係，而且想盡理由說明因果關係存在 [111]。臺灣法學界絕大部分人都認為國考的方式是法律人士程度低下的「原因」，不知道因果關係的建立極為複雜，不是這種只看到同時存在的現象就以為是因果的心理率斷所能解釋。

---

[105] Uncertainty, *supra* note 96, at 5; Amos Tversky, *Assessing Uncertainty*《評估非確定》, 36 J. Royal Statistical Soc'y 149 (1974).

[106] Massimo, *supra* note 97, at 67, 71, 133.

[107] Uncertainty, *supra* note 96, at 497.

[108] Uncertainty, *id*. at 5; Psychology, *supra* note 96, at 4.

[109] Uncertainty, *supra* note 96, at 117.

[110] Plous, *supra* note 104, at 173.

[111] Massimo, *supra* note 97, at 122.

以上社會心理學的研究至少告訴我們兩件事情：⑴沒有正式數學及統計訓練的人，有時甚至是受過正規訓練的專家❿，常常在判斷時使用與機遇率或統計原理不合的率斷，這是機遇與統計在衡量因果關係時先天的侷限。⑵就因為法律人士不是機遇率或統計專家，也不是心理學家，接受機遇率因果的觀念不在要求法律人士同時成為心理、數學或統計專家，而是在了解法律判斷過程中無所不在的心理率斷及偏見，以及機遇及統計的意義。在此種認識之下，法律人士一方面可以避免心理率斷及偏見不當的干擾，他方面也才有足夠的能力衡量機率或統計證據或專家的分析。

陸　臺灣法律實務與機遇及統計的困擾

實務界在過去也有一些試圖適用機遇及統計的例子，但是無論理論或適用都還有極大改善的空間，以下挑選三個案例試為分析：

一 計程車駕駛人犯罪後再登記為駕駛人釋憲案⓯

大法官在此解釋引用統計數字，做出計程車駕駛人觸犯刑法某些罪刑後不得再為客車駕駛人登記的規定（道路交通管理處罰條例第 37 條第 1 項）合憲的結論。大法官認為：

> 據內政部警政署所作計程車駕駛人曾犯上述之罪者八十六年之列管人數統計，就同一罪名之累再犯率為百分之四點二四、若將犯其他罪名者一併計入，則其累再犯率高達百分之二十二點二二（依法務部八十六年各地方法院檢察署……其同一罪名之累再犯率為百分之二十二點三，將犯

---

❿　PSYCHOLOGY, *supra* note 97, at 526–27.

⓯　司法院釋字第 584 號解釋 (2004)。

其他罪名者一併計入、則其累再犯率為百分之四十三)。

又說：

於修法後，計程車駕駛人犯上述之罪者人數已呈下降之趨
勢……

然後又引用假釋犯累再犯的高比率，似乎是做為駕駛人再犯可能的佐證。

　　這個解釋是我國最高權威司法機關第一次直接引用統計數字佐證解釋理
由，但卻暴露了我國司法實踐對如何看待統計及機遇的草率。對此，我有下
列幾個簡單的評論：

1.迷信統計數字

　　大多數大法官對統計數字的「科學性」深信不疑，對其設計、抽樣、取
樣、集樣、解釋、檢驗假說、延伸解釋等時可能的錯誤，沒有一定程度的敏
感與警戒[114]。法務部統計數字的計算是否正確不論，其調查顯然是以全體再
累犯為統計對象（population，或譯為「母體」)。可是，對就業自由的限制是
個人權利的限制，無法等同群體的統計數字與解釋某特定次群體或個人的再
犯機遇高低。例如，如果分別男女（或以年齡或教育背景區分）為統計的對
象所得出的統計可能並非 4.24%。假定女駕駛人再犯率不是 4.24%，而是 1%
或甚至是 0%，則以全體駕駛人的統計來合理化對女駕駛人的職業限制，顯
然就呈現一個幾乎全然不同的憲法考量，這是解釋統計數字常常必須小心面
對的適當分類問題[115]。

---

[114] David W. Barnes, *Too Many Probabilities: Statistical Evidence of Tort Causation*《太多統計：侵權因果的統計證據》, 64 L. CONTEMP. PROB. 197–205 (2001). (Statistics may involve sampling, design, modeling, hypothesis testing, and extrapolation errors.)

[115] 參閱 David H. Kaye and David A. Freeman, *Reference Guide on Statistics*《統計導引》, in MANUAL, *supra* note 84, at 106; 另有學者從認識論的角度對待，稱之為 "reference

2.數據的確信度

　　解釋文引用與駕駛人直接有關的統計數字只有八十六年一年，卻認為已足夠做為解釋的根據。但是，在這種情況下，一年的數字所能提供的確信度應該是非常之低。例如，某些危害物質對癌症的誘發期長達二、三十年，甚至一代不等❶，十年追蹤的數據的確信度當然不能與廿年的統計相提並論，與三十年的追蹤相較更是望塵莫及；以一年的統計做為趨勢的指標幾乎沒有統計上的意義。又如一萬人統計對象中，以五十人為抽樣，比之五百人自然是確信度低得太多❷。而即使不完全從統計學角度觀察的分析，也有學者強調區別舉證責任 (burden of proof) 及證據的說服力 (standards of persuasion)❸。在我看來，後者雖然不一定用機率，談的就是確信度的問題。無論如何，大法官顯然不了解僅僅引用一年統計所附帶的確信度的微弱，以及這種數據在統計上幾乎不存在解釋趨勢的意義的事實。

3.駕駛與犯罪的關連

　　兩份不同意見書都正確地指出：統計數字沒有明白指出駕駛人累再犯與駕駛直接有關❹，意即至少有部分數據與累再犯及限制再駕駛沒有必要的關

---

class" 問題，參閱 Ronald J. Allen and Michael S. Pardo, *The Problematic Value of Mathematical Models of Evidence*《數學證據模式有問題的價值》, 36 J. LEGAL STUD. 107, at 111–14 (2007).

❶　參閱 Stout, *supra* note 76, at 783, n. 4.

❷　MANUAL, *supra* note 84, at 115.

❸　參閱 Steve Gold, *Causation in Toxic Torts: Burdens of Proof, Standards of Persuasion, and Statistical Evidence*《毒害物侵權的因果：舉證責任，說服標準及統計證據》, 96 YALE L. J. 376, 380–84 (1986).

❹　同上註 113 第 584 號解釋，林子儀及許玉秀不同意見書（並憂慮亂引統計有損大法官的公信力）。

連，不能用來支持以不得再登記而限制職業自由。例如駕駛人與朋友爭吵進而引起傷害，與他／她會不會傷害乘客沒有必然關連。

尤有甚之，不只是累再犯的數據有此問題，我們甚至看不出來任何原來的犯罪數據以調查駕駛以計程車為工具犯罪為限。例如，駕駛人曾經犯傷害罪，但與駕駛無關，與駕駛人以計程車為工具對乘客傷害，兩種不同情況對本案系爭問題的意義全然不同。所以，既不知過去犯罪統計又不知累再犯數據是否均基於以計程車駕駛為機會對乘客犯罪，這種籠統的統計對爭議的判斷根本無效 [120]。

對此學界曾建議以風險評估的方式分析，並批評解釋文沒有調查，更談不上分析某些統計數字。我雖然認為批評正確——即大法官所引用的統計數字及其解釋不妥，但是，我也不認為以駕駛犯罪為因素而改進的數字，或據而做 2×2 grid analyses（即所謂卡式分析）或風險評估 (risk assessments)，就有更大的解釋力，除了因為風險評估不是萬無一失的方法 [121]，又因本案關係的是價值衡量，主要不是風險增減的比較問題，而是公共安全與個人職業自由兩項價值的調整 [122]。

4.因果關係

本解釋有兩處不當地使用統計支持因果觀念：其一、認為限制再登記為降低再累犯之因；其二、主張上述交通條例第 37 條犯罪為駕駛職業之果。兩者都沒有說明統計上的可能。

[120] MANUAL, *supra* note 84, at 103.

[121] Goodman, *supra* note 95, at 104（認為加入時間觀念，風險值就年年不同，而不是確定的數字）。

[122] 關於以 2×2 grid 或風險評估角度分析的一個頗有意思的建議參閱邱文聰，〈被忽略的（立法）事實：探詢實證科學在規範論證中的可能角色兼評釋字第 584 號解釋〉，《臺大法學論叢》，37 卷 2 期，2008 年，第 263–268 頁。至於 2×2 grids 參閱 Stout, *supra* note 76, at 784–98.

解釋文非常自信地認為：統計數據已經對駕駛人的法律限制及犯罪率降低提供了一個因果證明（「足資參照」）——意即限制了犯罪駕駛人再登記產生了犯罪率降低的結果。這個結論有可能正確的機率本已極低，因此可說是非常大膽，甚至是「粗膽」。我們沒有看到長年一般犯罪率及累再犯率的變化，不能排除犯罪率全盤下降的可能性。果是如此，就像某人誇耀英文檢定考 325 分，如果不知道這具體數字在統計分佈上的地位，根本沒有解釋意義。同理，引用「十三不靠」的一年統計數字為駕駛人累再犯率下降的指標，也無特別的解釋能力及意義。

利用統計證明因果關係必須謹慎的地方還很多。例如，犯罪率降低的可能因素很多，不能在沒有經過調查論證之前，驟然斷言是限制職業自由單一原因的必然結果，這是統計因果解釋中必須各別解說的混同 (confounding) 其他因素的難題。法律人士養成的問題與國考之間的關係就是一個明顯的例子。

尤有甚者，我前面已經討論了統計學上的假說測試❿。以本解釋而言，即使以正確的統計方法證明了「計程車駕駛人所犯第 37 條各罪與其他刑犯的比例相同」的無效假說 (null hypothesis) 無法成立，而其「比例要高」的其他假說 (alternate hypothesis) 有統計上的意義。這種測試的結果在統計上只有測試假說能否成立的意義，並不代表駕駛人的職業與犯罪率高之間的因果關係❿。

如果說犯罪統計對象人數不是很多，不須仰賴抽樣，逕可以普查 (census) 的統計方式分析。即使如此，計程車司機以職業工具犯案的比例要比之一般犯罪高到什麼程度，才能建立職業與犯罪率高的因果關係？更是一大問題（又參見以下行動電話基地臺案類似的論述）。我看是根本無從建立因果。而根據解釋文所引數字：駕駛人所有累再犯罪率為 22.3%；一般則為 43%。也許大法官另有玄機或是我完全看錯，我真不知道擺出這些數據的目

❿　同上註 83 及相關本文。

❿　HINTON, *supra* note 83, at 79.

的何在，更不要說建立職業與犯罪的因果。所以，本解釋仰賴統計建立因果可以說是一無是處。

5.數據真的會說話？或是只能顧左右而言他？

解釋文所引九十二年數據及假釋後累再犯的統計與系爭議題毫無關連，不能以一般統計解釋駕駛人以職務犯罪的機遇率。解釋文這段陳述只能說是以不相干的數據裝點門面，虛張聲勢 ❿。

如上所述，由於機遇及統計理論的精進及新興問題的挑戰，我國法律實踐運用數據的必要自是方興未艾，日後只會有更多嘗試。只可惜我國最高司法權威機關啼聲初試的結果，令人嘆息。從這個解釋我們也可以明顯地看到：大部分大法官是已然傾向合憲的結論，再利用不管好不好用的統計數字自圓其說，所以連根據破綻百出的統計數字也可以做出理直氣壯的論證。法律解釋及法律判斷用的是從最不精確的直覺或「率斷」(heuristics) 到比較邏輯的「推斷」論證 (abductive inference)，往好的方面說是先有假設再做印證；誇張一點說，則是先有答案再找理由。但是，無論如何，我可以很有信心地說：法律解釋及判斷根據的不是某些論者憑空想像、無中生有，每次都要使用以得到一定結果的什麼解釋「方法」或「涵攝」 ❿。

二 民生住宅輻射案❿

高等法院在這一起輻射鋼材國賠案，第一次引用了所謂疫學（流行病）因果關係理論判處原告得因原子能委員會的疏失索賠，可以說是大膽的突破，應予喝采。但是，如果法界要想進一步朝開放思考的方向探試，正確釐清觀

---

❿ DARRELL HUFF, HOW TO LIE WITH STATISTICS《統計會說謊》74 (1954)（稱之為 "semi-attached figures"）。

❿ 參閱黃維幸，《務實主義的憲法》，新學林，2008 年 10 月，第 57 頁。

❿ 臺灣高等法院 87 年國重上字第 1 號判決。

念及理論是無可逃避的先行程序。在這個精神之下，我試圖指出下列陳述中比較重大的問題。

此判決對因果關係最中心的解釋是：

在輻射受害事件中，欲以**自然科學方法闡明事實性因果關係**甚為困難，對於缺乏科學知識之一般人而言，要求因果關係之舉證，殆屬不可能，此於一般公害事件亦然。日本學說與實務為因應公害事件之舉證困難，乃發展出優勢證據說、事實推定說等蓋然性因果關係理論。其見解大都認為，在公害事件上，**因果關係存在與否之舉證，無須嚴密的科學檢證，只要達到蓋然性舉證**即足，即只要有「**如無該行為，即不致發生此結果**」之某程度蓋然性即可。其後並有所謂疫學因果關係及間接反證說之發展。而援用疫學因果關係於公害賠償上，其判斷模式即為：某種因素與疾病發生之原因，就疫學上可考慮之若干因素，利用統計的方法，以「合理之蓋然性」為基礎，即使不能經**科學嚴密之實驗，亦不影響該因素之判斷**。而美國毒物侵權行為訴訟更有採「增加罹病危險」之標準以證明損害，換言之，僅須證明被告之行為所增加之危險已達「**醫學上合理的確定性**」(reasonable medical certainty) 即可，無需進一步證明被告行為造成原告目前損害。揆諸上述諸項理論之發展，無非係因傳統侵權行為舉證責任理論在面臨現代各種新型公害事件時，其舉證分配結果將造成不符公平正義之現象，而此亦與侵權行為制度追求衡平原則之理念相悖。本件情形亦復如此，是**採取前開臺灣醫界聯盟基金會認定之流行病學因果關係**以認定被上訴人等之健康確已受損及其與長

期輻射暴露間有因果關係，誠屬必要。（粗體為我所加）

這段陳述問題不少：

1.沒有所謂「自然科學方法」可以用來斷定因果關係

判決文說以**自然科學方法**闡明事實性因果關係甚為困難。法院這種陳述非常費解，但我盡量以我的解讀分析其謬誤。這個解釋好像是說有某種特定的方法叫做「自然科學方法」，如果依照這個方法不僅可以知道因果關係，而且通常因果關係的解釋要符合這個「科學方法」。由於法院沒有指明什麼才是所謂的「自然科學方法」，而判決處理的是醫療或公衛的議題，我只能暫時將之理解為有關醫事的科學方法。可是，所謂特定的「自然科學方法」不過是不真正了解自然科學的人（包括極多法律人士）的迷信。事實上沒有什麼叫做一定的科學方法，有的只是有點根據的猜測[128]。科學哲學大師 Karl Popper 甚至寫了一本叫做《臆測及駁倒》(Conjectures and Refutations) 的名著來解釋他的科學解釋觀念[129]。所以，沒有什麼特殊（好像又是萬無一失）的、可以據此找出因果關係的「自然科學方法」或「醫事的科學方法」。

連高等法院法官如此有見識的專業人士都犯了這種錯誤，一般讀者看了我以上的主張，當然最多是半信半疑，寧願繼續龜縮在舒適和熟悉的成見裡，所以我想多加解釋科學家（包括醫學家）如何得出科學結論。自然科學家得出科學結論與其他領域沒有什麼大不同：他們在一些資料裡發現有待解釋的現象，調查之後認為某些因素之間有所關連，於是建構假說，然後對假設進行驗證修正，直到假說是最佳解釋 (the best explanation) 可以被接受（這就是我們所說的科學理論）[130]。雖然有人稱此種過程為「歸納」，但其實是科學哲

---

[128] Cranor, *supra* note 73, at 169.

[129] KARL R. POPPER, CONJECTURES AND REFUTATIONS《臆測及駁倒》(1963).

[130] Cranor, *supra* note 73, at 174.

學家、人工智能計算機專家、及部分邏輯學家所說的「推斷」(abduction)，法律推論也不例外⑬。所以，不存在發現因果的特別「自然科學方法」。

由於大部分人都說「相當因果關係」是我國的「通說」，根據我對「相當因果」上述的分析，也許判決文所謂「自然科學方法」的意思是指條件因果關係。可是，條件因果只是邏輯分析的一種，能否稱之為「自然科學方法」已是問題，如果假定它是特定的十拿九穩的因果分析，那就是莫大的誤會，已如上述。

我認為法院這種陳述最嚴重的問題在於：對自然科學的科學性有過度的浪漫與美化，而忽略科學活動也受社會、歷史、經濟、甚至政治條件的制約，不能以為自然科學（尤其是實證主義科學），及其所謂的「方法」，或邏輯的條件因果分析，才是嚴謹的研究調查活動或精確的論述。事實上，科學活動是社會活動，廣受科學成員的意識、價值、成見、歷史條件、權力分配、經濟誘因等的影響，不能以為自然科學方法才是客觀、正確的科學活動的保證⑬。

---

⑬　關於法律推斷參閱本書第三章。

⑬　參閱黃維幸，上引註 5，第 160 頁。又參閱 Lewis H. LaRue and David S. Caudill, *A Non-Romantic View of Expert Testimony*《非浪漫觀的專家證言》, 35 Secton Hall L. Rev. 1, 12 (2004); David S. Caudill & Lewis H. LaRue, *Why Judges Applying the Daubert Trilogy Need to Know about the Social, Institutional, and Rhetorical — and Not Just the Methodological — Aspects of Science*《為什麼適用 Daubert 三判例的法官應該知道方法之外的社會，制度，及宣傳層面的科學》, 45 B. C. L. Rev. 1 (2003). 關於傳統實證主義與現代建構主義對如何認識科學與法律的歧異，參閱 Margaret G. Farrell, *Daubert v. Merrell Dow Pharmaceuticals, Inc.: Epistemiology and Legal Process*《認識疫學及法律程序》, 15 Cardozo L. Rev. 2183, 2189–98 (1994). 一個有關兩種不同科學觀的爭論 (science wars) 的知識史及調和的努力，參閱 Helen E. Longino, The Fate of Knowledge《知識的命運》(2002).

2. 以機遇率解釋因果是數學的科學，既不影響舉證責任，也有一定
　科學嚴謹。統計表達的機遇率之效力仰賴科學實驗的嚴謹及統計
　方法的正確

　　與前述想像中的浪漫式「嚴謹」自然科學空論相似，判決文說：「因果關係存在與否之舉證，無須嚴密的科學檢證，只要達到蓋然性舉證即足」。又說「不能經科學嚴密之實驗，亦不影響該因素之判斷」。這些是非常費解的陳述，似乎是說如果原告以傳統的條件式「相當因果」分析危害物質或流行病的損害關係，那才是嚴密的科學檢證，疫學或危害物質損害的統計則否。可是無論疫學或公害統計方法表現的機遇率都是嚴密的科學檢證結果，例如沒有科學家會認為動物（或 in vitro）實驗、藥品的臨床試驗 (clinical tests)、檢測危害物質致病的觀察 (observational) 或控制 (controlled studies) 實驗，甚至較無證據力的案例報告（case reports 屬 anecdotal studies），無需嚴格遵守科學程序。而且經由這些實驗得出的統計數據又必須避免上述統計學上應該消除的錯誤，並非「即可不需嚴密」。例如，為使統計數據有高度的解釋性，取樣的對象要有一定的代表性，但最好又是隨機取樣。又如在疾病的危害性檢驗中，因素與損害之間的某種聯繫（association 或 correlation）必須是進一步達到因果的連結，否則即不足以做為危險評估的基礎❸。在這些嚴密的科學程序下所得到的統計也許只能以機遇率的方式呈現，但不能因此認為機遇率的舉證即非嚴密的科學，否則就只能說是機械物理科學觀的偏見。

3. 「如無該行為，即不發生此結果」是必要條件因果分析，不是機
　遇率

　　判決既然認為機遇率的因果解釋，為公害或疫學案件中損害發生可以接受的證明方法，則機遇解釋就沒有再同時要求上述必要條件因果分析的可能

---

❸　Green, *supra* note 84, at 333, 383.

及必要。所謂必要條件下某種程度的蓋然性，混淆決定性 (deterministic) 及機遇性 (probabilistic) 因果，牛頭馬嘴，自相矛盾。但是，不幸也有學者同樣認為以「疫學手法」的統計方式判定因果，「雖非科學或病理學上因果」，但有「統計上關連 (association) 之充要性」，因此可以視為「滿足邏輯命題之充要性」 **[134]**，同樣試圖調和本質不同的絕對與機遇因果觀念，我認為不僅無法成功，而且徒增困擾 **[135]**。

4.「醫學上合理的確定性」是無用的宣示，應該放棄

除了本判決援用了所謂「醫學上的確定性」(reasonable medical certainty) 的觀念之外，還有其他判決也如此陳述（下詳行動電話基地臺案）。這當然是源自國外某些判例中的用語。但是，就像傳統上所謂「超越合理懷疑」(beyond a reasonable doubt) 被強為解釋為達到「道德上的確定性」(moral certainty) 一樣，其實說了等於沒說 **[136]**。

近來的判決大都不再使用這種空泛而無標準的表述方法，進而尋求統計上某種程度的機遇率，例如前面已經解釋，因素與損害之間的機遇達到 2 以上，則視為滿足個別因果關係的要求，而不是追求不存在的什麼「確定

---

[134] 吳志正，同上註 3 疫學，第 13 頁。

[135] 雖然不直接與本議題吻合，但也指出機遇與規律性觀念的不同，參閱 John Duppe and Nancy Cartwright, *Probability and Causality: Why Hume and Indeterminism Don't Mix*《機遇率與因果關係：為什麼休姆與不確定主義不能混同》, 22 Nous 521 (1988); 至於統計學上 association 或 correlation 與 causation 的差別參閱例如 DEBORAH RUMSEY, STATISTICS FOR DUMMIES《呆子統計學》291 (2003); Green, *supra* note 84, at 348.

[136] 認為「醫學確定性」沒有意義的意見參閱 Richard W. Wright, *Liability for Possible Wrongs: Causation, Statistical Probability, and the Burden of Proof*《不法之責任：因果、統計機遇、及舉證責任》, 41 LOY. L. A. L. REV. 1295, 1317–18 (2008). 不過 Wright 反對所有機率因果解釋。

性」❶❸❼。

5.臺灣醫界聯盟基金會報告只有結論，看不出有一定的證明力

　　雖然疫學及公害案件有運用統計證明機遇率因果關係的必要，而我們也沒有看到報告的全文，但是，我們似乎可以合理假定：法院所引用者為該報告最關鍵的部分。如果這個假定正確，則基金會報告似乎只有宣示性的因果關係結論。我認為法院只根據這樣的報告做成決定，沒有要求一定的科學嚴謹性❶❸❽，在努力嘗試解決非傳統侵權行為的損害救濟時，易生流弊並受垢病，長遠以觀，對於接受機遇觀念反可能造成不必要的困擾。

三 行動電話基地臺案❶❸❾

　　此一判決也是少數涉及統計及機遇率的例證之一，是有關電磁波是否損害健康的爭議，其與本文相關的最中心的論述如下：

> 因果關係之認定，在一般侵權行為，實務上向來認為「無此行為，雖必不生此損害；有此行為，通常即足生此種損害，是為有因果關係。無此行為，必不生此種損害；有此行為，通常亦不生此種損害者，即無因果關係」，此種因果關係之存在，自應由主張受損害之被害人負舉證責任，惟在公害事件由於公害之形成具有地域性、共同性、持續性及技術性等特徵，其肇害因素常屬不確定，損害之發生復多經長久時日，綜合各種肇害根源，湊合累積而成，被害人舉證損害發生之原因，甚為困難，故被害人如能證明危

---

❶❸❼　參閱同上註 86–87 及有關本文。

❶❸❽　*See generally*, Daubert v. Merrell Dow Pharmaceuticals, Inc. 509 U. S. 579 (1993).

❶❸❾　臺灣高等法院 91 年度上字第 932 號民事判決。（粗體為作者所加）

險，及因此危險而有發生損害之蓋然性（相當程度可能性），而被告不能提出相反之證據，以推翻原告之舉證，即可推定因果關係存在，其主張因公害導致身體、健康受損者，欲判斷因果關係是否存在，係以疫學因果關係為判斷基準，即某種因素與身體、健康受損發生之原因，**就疫學上可考慮之若干因素，利用統計方法，以「合理之蓋然性」為基礎，**即使不能證明被告之行為確實造成原告目前損害，但在統計上，被告之行為所增加之**危險已達「醫學上合理確定性」，即應推定因果關係之存在，**例如在醫學統計上，吸煙者罹患肺癌之**比例遠超過未吸煙者，即可推定吸煙與肺癌間因果關係存在。**惟原告主張其身體、健康受損與某因素之存在有**疫學上因果關係存在，仍應提出相關統計數字以證明「醫學上合理確定性」**存在，如未能提出合理之統計數字，即難認已盡其舉證責任。

這段判決文至少有下述問題：

1.所謂「損害之蓋然性（相當程度可能性）」，沒有真正了解疫學判斷

　　上面已經說明，由於疫學研究的主要興趣在發現病疫對一般大眾的影響，與法律傳統上追究個人或個體的著眼點很不相同❹。又由於病疫的顯現，與傳統即時性損害非常不一樣，建立危險物質與病疫之間的因果關係，無法生搬硬套傳統的條件因果理論。在此情形下，疫學研究只能以統計的方法建立危險物質與病疫之間的機遇率因果關係。

　　話雖如此，機遇率的因果有其嚴格的要求，不是不知所云的「蓋然性」或「相當程度可能性」即足以建立因果關係。如前所述，就對大眾的一般因

---

❹　參閱同上註 78–82 及有關本文。

果關係而言，不僅建立統計意義並非輕率的「相當程度的可能性」，而且還必須從統計關連進一步到證明因果關係的存在。

2.所謂考慮若干疫學因素，利用統計方法，以「合理之蓋然性」為基礎，含糊籠統

如果與前述統計如何建立一般及特殊因果關係相比較，本判決這種論述似有若無，不痛不癢，第三者讀來掛在半空，著實難受。高院為突破傳統「相當因果」關係的束縛，其志可嘉，其情可嘆。從判決文中，我們既不知要考慮什麼疫學因素，更不知道如何利用統計方法得到「合理的蓋然性」。我對於實務界這樣的批評也許是苛責，因為惡習的來源其實是（養成實務界的）學術界習以為常，自律不嚴卻洋洋自得的空論（「學術水平有待商榷」、「衡諸經驗法則」，都是著例）。

3.危險達醫學上合理確定性，既非正確，復又無用

與前述輻射鋼筋一案相同，本判決又使用同樣的醫學的合理確定性觀念，好像一旦引用了這樣的詞句，就闡明了某種法律效果，事實上當然是以含混解釋迷糊，其無用已如前述不贅。

4.比例超過只是參考因素之一

法院說：「吸煙者罹患肺癌之比例遠超過未吸煙者，即可推定吸煙與肺癌間因果關係存在」。此種論述看似無害，卻充分顯示盲目崇拜統計數字的心態。在此種心態下，只要得出比較風險的一定數字，「即可推定」因果關係存在無誤。我在前面已指出統計關連不是傳統意義下的因果關係，要建立因果關係還必須由只看到純粹統計數字的法律人士之外的專家，依各種指標做出因果判斷❶。同時我也指出：風險評估不是萬無一失的方法❷，不能以為一

---

❶　參閱同上註 84 及有關本文。

且做了風險評估，「即可」斷定因果。

5.疫學報告非因果關係判斷的必要條件；即使有疫學報告，從一般推論到個別因果是非常困難、幾近不可能的難題

　　首先，疫學報告只是建立因果關係的一種可能的工具，不僅很多公害事件沒有疫學報告，疫學報告複雜昂貴，也不是所有被害人都有能力提供，疫學報告從來就不是判斷因果關係的必要條件[143]。其次，疫學報告更不是建立個別因果關係的保證，已如前述。

　　由本判決可知，如果我國法界要擺脫「相當因果」關係的夢魘，邁入機遇因果的天地，學術及實務界仍有大量工作擺在眼前。

柒 結 論

　　本研究指出臺灣學術及實務界數十年來，以所謂「相當因果關係」為宣示性指導原則之混亂及空泛（甚至在本研究未及詳論的其他學界論述中，對因果觀念時有相當錯誤的陳述），以及條件因果理論無論在哲學或法律理論內外交迫的窘境，進而主張以開放的態度，從非確定及常變動的世界觀，和以比較集體公益的角度，接納與發展以機遇及統計看待因果，然後指出實務上某些嘗試的缺憾，做為進一步落實運用機遇率因果解決新興損害的出發點。

　　中外法律界對因果關係百家爭鳴的現象，表現此一領域面對許多無法以傳統理論詮釋及解決的理論危機，經過如此長久的動盪，才能產生一個新的理論典範[144]。當亞里斯多德談到因果，他特別強調原因的多樣性[145]，可是法

---

[142] 參閱同上註 121 及有關本文。

[143] 參閱同上註 73 及有關本文。

[144] 關於科學典範參閱 Thomas Kuhn, The Structure of Scientific Revolution《科學革命的結構》(1962).

學界卻大都緊緊咬著單一而偏頗的條件因果觀念不放 ⑭。一個世紀之前，英國大哲學家羅素 (Bertrand Russell) 就曾表示：哲學界對因果討論的狂熱是虛妄的，像天體物理就從來沒有人特別以為這是什麼問題，也沒有任何討論，理由無他：因果觀念本來就是無中生有。因果就像英國王室，不過是歷史遺留下來的老古董，擺在一邊沒什麼特別害處而已 ⑭。他批評的對象是條件因果論。而羅素的學生兼同事韋根斯坦 (Wittgenstein) 更是直言：因果觀念只是迷信 ⑭。韋根斯坦的批評實是其來有自，早在他之前德國的尼采 (Nietzsche) 就說：因果的二分大概從來就不存在；我們所謂的「因」與「果」，不過是一個過程中連續的現象，只不過「果」常常是突出或突然，使我們產生因果的幻覺。他因而質疑因果的條件說 ⑭。

　　而法學界批判因果觀念也不在少數。早在十九世紀就有哈佛法學院的 Nicholas Green 指出所謂「最近原因」只是法院表示原告能否得償的口頭禪，法院賠償與否的決定與因果毫無關聯 ⑮。如今也有學者認為因果要件至少在

---

⑭ Aristotle, *Physics*《物理》, Book II, ¶¶195ᵃ5–195ᵇ30, in 1 THE COMPLETE WORKS OF ARISTOTLE《亞里斯多德全集第一冊》333–34 (Jonathan Barnes ed., 1984).

⑭ 參閱 Glenn Shafer, *Causality: Causality and Responsibility*《因果：因果與責任》, 22 CARDOZO L. REV. 1811, 1813 (2001).

⑭ Bertrand Russell, *On the Notion of Cause*《論因果》, in SALMON, *supra* note 37, at 194.

⑭ WITTGENSTEIN, *supra* note 36, §5.1361. ("Superstition is nothing but belief in the causal nexus.")

⑭ FRIEDRICH NIETZSCHE, THE GAY SCIENCE《歡愉的科學》, Book 3, §112 (Walter Kaufmann trans., 1974).

⑮ Morton J. Horwitz, *The Doctrine of Objective Causation*《客觀因果說》, in THE POLITICS OF LAW《法律政治》203 (David Kairys ed., 1982) ("When a court says this damage is remote, it does not flow naturally, it is not proximate, all they mean, and all they can mean, is, that under all the circumstances they think the plaintiff should not recover. They did not arrive at that conclusion themselves by reasoning with those phrases, and by making use of them in their discussion they do not render that decision clear to

危害物侵權領域是個無用的觀念，應以告知義務取代❶。同理，現代的法律經濟分析也認為事後有先見之明的因果問題無足輕重，也懶得分析，重要的是加害行為及已造成的損害的社會成本的損益關係，以及法律責任之有無對將來的行為有什麼樣的影響❷。這些反思，都應該讓我們再三思索因果分析及要件是否有我們一向認為的高度必要性或重要性。

　　但是，法律人士戒慎恐懼，墨守成規的習性❸，想要全盤放棄因果觀念，牽涉到制度更動的問題，恐非一蹴可幾。但至少我們可以期待法律人士能擺脫抽象式、概念式的因果論述，在體認機遇及統計的某些侷限，以及人類思考並非必然遵守機遇及統計原則的理解下，就合理的程度內，接受或容忍不確定，但卻是科學的機遇因果觀念。

---

others.")（Nicholas Green 與 Oliver Wendell Holmes 同屬務實主義者 William James 及 Charles Sanders Peirce 在麻州劍橋組織的 Metaphysical Club）。

❶　參閱 Margaret A. Berger, *Eliminating General Causation: Notes Towards A New Theory of Justice and Toxic Torts*《取消一般因果》, 97 COLUM. L. REV. 2117 (1997)。

❷　引用法律經濟分析的意見不代表我完全贊成該學派的主張。認知科學心理學家前述對率斷以及偏見的研究，動搖了法律經濟分析的基礎。所以我不太了解為什麼臺灣的很多法學院依然將之列為必修科。其實不必等認知科學，義大利社會學家兼數理經濟鼻祖 Vilfredo Pareto 早就在廿世紀初批判這種唯經濟理性行為是問的理論。參閱黃維幸，同上註 5，第 197–199 頁。

❸　當一般法律人士由司法院解釋帶頭，還在一致抽象地歌頌「法的安定性」，說是（德國版）「法治國」的要求，甚至主張它是我們的憲法原則的時候（其實都只是在學習法律過程中由學者意見不經思索得來的「率斷」或盲目「繼受」），現代社會心理學研究已經生動地告誡我們這種無所不在、無需多加維護的思維上墨守成規的陷阱及偏見，參閱例如 ROBERT B. CIALDINI, INFLUENCE: SCIENCE AND PRACTICE《影響：科學和實踐》95 (5th ed. 2009); CHOICES, VALUES, AND FRAMES《選擇，價值，及框架》159–60, 163 (Daniel Kahneman and Amos Tversky eds., 2000); MASSIMO, *supra* note 97, at 85.

│第六章│
分割事實與法律的謬誤
Law as Fact and Fact as Law

刻畫事實的觀念及觀念的運用方式，即對事物的前置觀念，先天決定了實驗的方式。(The manner of experimentation is presumably connected with the kind of conceptual determination of the facts and way of applying concepts, i.e., with the kind of preconception about things.)

HEIDEGGER, WHAT IS A THING?（海德格，《什麼叫做東西?》）

摘要 近來雖漸有對法律事實如何認定的討論，但除了認為事實與法律難予劃分之外，沒有人提出事實與法律並沒有本質上不同的見解。本書主張放棄事實與法律可以區隔的成見，從而認為不僅事實與法律不可區分，事實與理論、事實與價值也無法分割。在這個認知之下，法律適用的「涵攝」；陪審認定事實，法官決定法律；事實審與法律審；裁判事實與「立法」事實；抽象審查與具體審查，這些熟悉的二分概念，全都變得毫無實質意義，必須重新思考。

 **壹 前 言**

一般都以為解決法律問題就是將法律適用到事實。但是，事實（尤其是社會事實）是什麼？如何確定事實？事實真的不同於法律？如果不同，它們之間的關係是什麼？事實與理論，事實與價值真的可以截然劃分嗎？這些是臺灣法學界一般不認為是個問題，從而沒有去思考，因此也最受忽略的議

題❶。

　　這不是說沒有人意識到事實與法律的劃分是一個困難的問題，甚至也有學者幾乎質疑法律與事實能否劃分。邱聯恭教授就說：「……法與事實是否恆易截然劃分、法之適用難道與事實不相牽連……在審判程序上，法或法津往往係得自於事實，其間每牽連難分……」❷。不過，在如此精準地批判之餘，讀者得到的印象似乎還是：法律雖可能得自事實或與事實糾纏，兩者應有基本上的不同，所以才有「劃分」及「得自」的疑問。

　　當然外國的法學界傳統上也不是最注意這些問題，甚至以為事實與法律不同是理所當然，「天經地義」，也是法律制度運作的前提假設。稍微帶有質疑的觀點最多指出事實認定常常受到主觀意願的左右；或只看到自己希望看到的一面；或對事實做自己所希望的刻畫分類❸，基本上還是認為事實與法律有本質上的不同。

　　但是近年來漸漸有對「事實」的探討，發現許多傳統上認為沒有問題的「事實」問題，原來卻大有問題。本文就是要從以上質疑傳統觀點的主張再出發，進而探討新近更為不同的觀點，從而指出：

　　一、傳統觀念以為事實與法律可以截然劃分，解決法律問題是從諸多事實中確定法律事實，而後以法律應用到事實而得出法律適用的結果，這種人云亦云的看法是法律神話，根本與實情不符。

　　二、這種形式邏輯的推演不僅不合實情，還忽略什麼是「事實」及如何認定「事實」。

---

❶　民事訴訟法研究基金會，〈不必要證據之處理程序問題〉，《民事訴訟法之研討第三冊》，1990 年 8 月，初版，第 241 頁，註 2（邱聯恭：「向來法律學之研究工作，多將精力集中於法律之應如何解釋，而漠視事實認定……」）。

❷　邱聯恭，《司法之現代化與程序法》，1992 年 4 月，第 142–143 頁。

❸　參閱 KARL N. LLEWELLYN, THE CASE LAW SYSTEM IN AMERICA《美國的判例制度》53 (Paul Gewirtz ed., and Michael Ansaldi trans., 1989).

　　三、不僅事實與法律不可分，事實與理論、事實與價值、裁判事實與立法事實也是無法分割下的強為區隔。

　　四、一般都以為「事實」（包括社會現象）是有如客觀存在的實體，因此可以用「科學」的觀察、實驗的方法發現。可是，歷史顯示所謂的「科學」方法，尤其是濫觴英國的經驗主義 (empiricism)，其源本是來自於英國普通法 (common law)，尤其是訴訟程序汲取的靈感❹，至少在十七及十八世紀一般思潮之下，相互影響❺。只是現在的法學家忘了這段歷史而盲目崇拜「科學方法」，錯以為法學研究一向就遠遠不及自然科學，因而一向在追趕科學研

❹ JOHN HENRY, THE SCIENTIFIC REVOLUTION AND THE ORIGINS OF MODERN SCIENCE《科學革命與現代科學的起源》102 (3d ed. 2008)（討論培根 (Bacon)，薄義爾 (Boyle)，及英國皇家協會 (Royal Society) 認為科學方法與法律程序類同）。STEVEN SHAPIN, A SOCIAL HISTORY OF TRUTH: CIVILITY AND SCIENCE IN SEVENTEENTH-CENTURY ENGLAND《真理的社會史：十七世紀英國的文明及科學》214 (1994) (Writers sometimes traced analogies with formal legal procedures. Sprat noted that people were generally content that the law condemn persons on the agreeing testimony of "two, or three witnesses," and urged that they be equally content in assenting to knowledge-claims "if they have the concurring Testimonies of *threescore or on hundred*" fellows of the Royal Society. Boyle fleshed out his apology for moral certainty by drawing attention to "the practice of our courts of justice here in England" in cases of murder "and some other criminal causes.") (Italics original).

❺ BARBARA J. SHAPIRO, BEYOND REASONABLE DOUBT AND PROBABLE CAUSE: HISTORICAL PERSPECTIVES ON THE ANGLO-AMERICAN LAW OF EVIDENCE《超越合理懷疑及相當理由：英美證據法史觀》34 (1991). ("Although Gambier's Guide is not a legal treaties, its assumptions about the nature of knowledge and the way one should reach judgment in matters of fact were relevant to the legal community. The overlap between the legal and nonlegal work is often so great that it is difficult to know which should be labeled "legal" and which should not. What is clear, however, is that the growing treatise literature on the law of evidence participated in broader intellectual currents and shared rather widely held views on the nature of evidence and proof.")

究，而且極需師法科學的觀察實驗（或臺灣法界趨之若鶩的「實證研究」）。

五、實際而言，無論是運用觀察或實驗的什麼科學方法，人一向不是發現，而是在建構科學與社會事實。

六、「事實」的探討對法律實踐應有相當的衝擊。如果事實與法律，裁判事實與立法事實無法劃分，不過是一體之兩面，同是人的建構；則所謂陪審員決定事實，法官決定法律；事實審與法律審（包括所謂「具體」與「抽象」審查）；經驗法則到底是法律還是事實，此種分割有無實際意義；截頭去尾，專注法律解釋的法律運用模式如何運作等等，都呈現了新的面向，必須重新思考。

事實與法律的分割

■一 法律適用到事實

傳統上最根深蒂固的看法是：法律的運作過程是在理所當然地整理事實之後，將法律規定最多經過解釋而適用到事實之上，從而解決問題，基本上是邏輯演繹。所以，歐陸的「法科學」發展到了大量法典化的時代，演繹法幾乎成了法學唯一（至少是最重要）的方法。於是，「解決具體案件的辦法只是將法規適用到事實；法規是大前提，認定的事實對法規而言成了小前提，而法院從而推出結果❻。」法國傳統的觀念也把這種形式論證的方法叫做「判決三段論法」(syllogisme judiciaire)，再加上簡潔的判決書風格，更只能以引用法規——陳述事實——做成判決的方式呈現❼。英美的形式法觀念

---

❻ GEOFFREY SAMUEL, EPISTEMOLOGY AND METHOD IN LAW《法律的認識論及方法論》29 (2003).

❼ EVA STEINER, FRENCH LEGAL METHOD《法國法學方法》131 (2002). 又參閱本書第七章對法國判例實踐的討論。

（formalism 或 legalism）也同樣主張：「法律規範是大前提，案件事實成了小前提，判決是結果❽。」

　　臺灣的傳統看法也完全相同，認為法律適用不外「將特定案例事實……置於法律規範的要件……之下，以獲致一定的結論……的一種思維過程……即：　1.法律規範為大前提。　2.特定的案例事實……為小前提。　3.以一定之法律效果的發生為其結論……」❾。或者，法律適用是「透過首先在法律規定中將一定之法律效力連結於一定之抽象的要件事實……設為大前提；然後，當一定之生活事實經評價為該法律規定之法律事實時，該法事實即……充為小前提。從而依三段論法的推論，賦予……法律效力❿。」所以，法律是大前提，法律事實是小前提，法律效果是邏輯推理的自然結論，毫無批判地全盤「繼受」歐陸及英美形式法觀傳統的看法。當然，這並不是說事實與法律沒有關聯或依賴的關係⓫，只是，事實與法律不同，所以才分別做為三段論法中的大小前提⓬。

---

❽　RICHARD A. POSNER, HOW JUDGES THINK《法官如何思考》41 (2008).

❾　王澤鑑，《法律思維與民法實例》，1995 年 5 月，第 240 頁。

❿　黃茂榮，《法學方法與現代民法》，2006 年 4 月，增訂五版，第 354 頁。

⓫　同上，第 343 頁。

⓬　同上，第 776–777 頁。（「惟概念法學……還相當根本地支配我國法律人在學術研究及實務上的思考方法……直將『法律適用』等於『三段論法』，認為其僅屬將具體案件（事實）涵攝於法律之抽象規定（法律）的邏輯過程……」）。對此的批評又見黃維幸，《法律與社會理論的批判》，2007 年 9 月，修訂二版，第 269 頁。以法學方法的領域而言，其他漢語世界的研究也是乏善可陳。以中國大陸為例，過去時常以臺灣法界為取經的對象。相對於現在還在某種程度上控制中國大陸法學界的老一輩學者，臺灣學者的研究自然是略勝一籌。但是，如果臺灣的學界趕不上時代，陶醉在（多半來自大陸老一輩學者讚揚的）「權威」、「大師」、「學養深厚」的掌聲中，就有如龜兔賽跑，我預測不出十年，現在大陸還在努力的年輕一輩將來不會以為臺灣學界有什麼了不起的成就，這是臺灣法學界很多領域的隱憂。讀者可以比較雖不是最成熟的趙承壽，〈裁判事實的概念和幾個相關的認識論問題〉，收入葛洪義編，

不過,即使不完全否定傳統事實與法律無法做有意義的區分的某些學者,也指出建構事實並不是無關法律理論,不能以為是直接了當的一件事。所以說:「事件有其多種刻畫的可能;每一種刻畫對事件或其分類都會有所偏離。在法院建構這些事實之前,有些分類不完全合適,需做調整。事實或分類既然有所調整,不同的解釋就很難一概而論『對』或『錯』。解釋只有為了或不是為了某個目的,使解釋的人在各種可能裡做出選擇❸。」這種看法雖然約略地道出了一點認定事實要受法律概念支配的觀念,可是還是維持事實與法律不同的看法。

如果捫心自問: 我們解決法律問題真的一開始就使用三段論法的邏輯推演嗎? 我想任何人都會誠實地承認: 事情從來就不曾如此直接了當。所以杜威 (John Dewey) 曾說:「邏輯課本裡的邏輯公式不在教我們如何或應該如何思考。沒有人以三段論法想到蘇格拉底會死。只是,等到事情想通了,證據確實了,自然可以用簡潔的三段論法說明理由❹。」這個觀察才合實情。

那麼,我們一向如何解決法律問題? 以最典型的法官判決而言,同時在美國芝加哥大學任教又是美國聯邦上訴法院法官的波斯納 (Richard Posner)就坦白承認:「了解判決最好是把通常由直覺得來的判斷,看成可由一步一步邏輯推理得出的結論❺。」

他更進一步觀察:

> 法官每年都要做許多投票判決,因此沒有時間在事先甚至
> 事後仔細分析案情。通常上訴審法官在言詞辯論前研讀法

《法律方法與法律思維第一輯》,2002 年 8 月,第 190 頁,與例如楊仁壽,《法學方法論》,1968 年 11 月出版。兩者在相關領域無論取向、方法、議題、資料,無一相同。

❸ LLEWELLYN, *supra* note 3, at 53–54.

❹ JOHN DEWEY, HOW WE THINK《我們怎麼思考》74 (1933).

❺ POSNER, *supra* note 8, at 110.

　　律意見，事先與助理討論，聆聽辯論之後通常馬上與同事
　　短暫交換意見，再做個臨時決定，但臨時決定通常是最後
　　決定。在每個階段，法官的論理方式主要是憑他的直覺❻。

　　波斯納雖然是以上訴審法官為評論的對象，但也許除了一些採證程序上的工作之外，沒有任何特別理由可以認為其他法官的思考模式不同。而在此種直覺式的思考模式之下，法官不但對案情（「事實」與「法律」）做通盤的來回評估，而且在評估的過程中，無可避免地運用或考慮了下面還要討論的無論是「經驗法則」或「立法事實」的事實。

　　有些國內學者雖然沒有否定三段論法做為法律運用的模式，卻也感嘆在實務上或學說上對法律事實如何認定或評價很少有實證上或方法上的探討❼，並進一步指出：在適用法律之前，對法律事實必須做「先行判斷」，然後才有進一步「涵攝」的餘地❽，意思是先要把法律事實認識清楚了才能談得上以三段論法做法律適用。所以，雖然某些問題或事實判斷「兼具法律問題與事實問題的性格」❾，事實與法律本質上屬於不同範疇，否則如果相同，當然沒有「兼具」的判斷餘地。

■二　陪審與法官

　　傳統的英美訴訟程序和觀念上有眾人皆知的所謂：「陪審判斷事實，法官決定法律」之說。如果沒有法律程序的錯誤，陪審認定的事實有其拘束力，例如刑法上陪審團無罪的認定為終局決定，不僅法官受其拘束，而且嫌犯當庭釋放。一般而言，在假定事實與法律截然不同之下，陪審團決定的事實不得上訴，只有法律得以由上級法院審查❿。

---

❻　*Id.*
❼　黃茂榮，同上註 10，第 363 頁。
❽　同上。
❾　同上，第 367 頁。

　　一般都以為陪審決定事實，法官決定法律是英美法特有的制度。但早期羅馬共和時期的法律訴訟程序也有在法官 (magistrates) 之外，由平民之中選任單一陪審員 (judex) 以聽證方式確認事實的實踐❷，從而可以看出來不論何種法系都以為或曾以為事實可以與法律分別由陪審或法官斷定。

　　可是，以英美法而論，上述這種過分簡單化的二分法，並不完全符合實情，實務上許多理論事實 (doctrinal facts) 或歷史事實都由法官逕自決定❷。而且，如何認定陪審團才能決定的「事實」本身的爭議極大❷，也不能無條件地接受為事實與法律有本質上不同的明證。不僅如此，有時法律對「事實」與「法律」的劃分非常武斷。例如，美國統一商典 (Uniform Commercial Code) 對於買賣上的「顯失公平」(unconscionable) 就硬性規定是「法律問題」，應由法官決定❷。可是，交易是否公平本是生活經驗的「事實」問題，以規範之故，強行歸類為「法律問題」目的只在將認定的權力從陪審轉移到法官手中而已。可是，另一方面，履行契約是否符合誠信 (good faith) 則通常視為事實認定問題❷，充分暴露「事實」與「法律」二分的粗糙。

　　兩者的二分在美國法下還有其不得不的無奈。美國法在英美普通法

---

❷　*See* LLEWELLYN, *supra* note 3, at 34. 法官認定的事實如果明顯有誤 (clearly erroneous)，則上訴審得以審查。

❷　參考 PETER STEIN, ROMAN LAW IN EUROPEAN HISTORY《歐洲史上的羅馬法》4–5, 9 (1999).

❷　DAVID L. FAIGMAN, CONSTITUTIONAL FICTIONS: A UNIFIED THEORY OF CONSTITUTIONAL FACTS《憲法虛擬：憲法事實統合論》119 (2008).

❷　關於這個爭議的討論，參閱 Ronald J. Allen & Michael S. Pardo, *The Myth of the Law-Fact Distinction*《區分法律——事實的神話》, 97 Nw. U. L. REV. 1802–05 (2003).

❷　ALI, UNIFORM COMMERCIAL CODE: 1962 OFFICIAL TEXT WITH COMMENT《統一商典：1962 年正規版及評註》§2–302 (2) (1963). ("The commercial evidence referred to in subsection (2) is for the court's consideration, not the jury's.")

❷　*See generally*, Market Street v. Frey, 941 F. 2d 588 (7ᵗʰ Cir. 1991).

(common law) 傳統，以及美國憲法明文規定陪審認定事實的條文之下❷，除非修改憲法，不得不勉強區分「事實」與「法律」，否則在實務上會引起極大的困難，不是兩者有本質不同的證據。而大陸法系下的法制大都沒有這種特殊的困難，強為劃分兩者，其功能上的理由甚為薄弱。

所以學者認為：在採用陪審制度下，為了法律程序運作的必要，事實與法律的區分變成重要議題的英美法，其事實與法律的劃分其實最多也只是便宜行事之下的「約定俗成」(convention)❷。

三 立法事實與裁判事實

傳統法學論述有裁判事實與立法事實的區分，其立論的思想基礎是事實與法律、事實與理論不同的觀念。所謂「裁判事實」(adjudicative facts) 是指與個案具體有關，而又因訴訟而產生為審判記錄一部分的事實。「立法事實」(legislative facts) 則指超越個案的事實，它可以是立法理由、法律政策等等，雖可能對法官有拘束，影響訴訟或法律解釋，但這些事實不侷限個案❷。

實務上美國聯邦證據法第 201 條也規定裁判事實是個案的案情，「立法事實」則是所有法律適用的事實背景❷。又說：裁判事實是個案的事實；立法事實則與法律的適用及立法有關，包括法理、判決或立法資料❸，其實是法律理論。

---

❷ U.S. Const. amend. art. VII. ("In suits at common law...the right of trial by jury shall be preserved, and no fact tried by a jury, shall be otherwise re-examined in any Court of the United States, than according to the rules of the common law.")

❷ Gary Lawson, *Legal Theory: Proving the Law*《法律理論：證明法律》, 86 Nw. U. L. Rev. 863 (1992).

❷ Allen, *supra* note 23, at 117–20.

❷ Moor's Federal Practice, 1983 Rules Pamphlet: Federal Rules of Evidence《摩爾聯邦法律實務，1983 年法規手冊：聯邦證據法》, Part 2, at 36 (Matthew Bender, 1983).

❸ *Id*. at 37.

　　美國聯邦證據法雖然承認法官判案時一定會使用「立法事實」（理論），可以行使「司法認知」(judicial notice)，但實際上對如何採證及如何認定「立法事實」並無指示❸。不過，既然「立法」事實無所不在，裁判事實只可能是通過「立法」事實的事實認定，那麼裁判事實必然包含「立法」事實，兩者也就無法分割。

　　與所謂「立法」事實及裁判事實分割的觀念類似的是所謂抽象與具體審查有別的主張❸。抽象審查只解釋法規之間的關係，不包含具體案件的事實；具體審查則對個案的具體事實做出處分，其實兩者之不可分，在這種勉強解釋的困難裡就可以感受出來。

四 分割事實與法律的困難

　　即使主張事實與法律截然相異的學者也會感覺到分割兩者的困難，知道事實與法律是「界限模糊，不易分辨」❸，但是由於不知或不願承認兩者在本質上並無不同，只有在理論上勉強解釋相同而又必須強為不同的現象。

　　最直接了當的解決辦法是認為事實或「裁判事實」有時也是「規範事實」，裁判事實有這種既是事實又是規範的「二重性」❸。這種主張建立在事實與法律不同的前提假設之上，就因為沒有挑戰這個假設，不得不對無法依據假設解釋的現象勉強試圖自圓其說。但是，我們要問：有了「二重性」理

---

❸　Dean M. Mashimoto, *Science as Mythology in Constitutional Law*《科學做為憲法上的神話》, 76 OR. L. REV. 120 (1997).

❸　參閱司法院釋字第 632 號解釋 (2007)（許玉秀及許宗力協同意見書和余雪明及彭鳳至不同意見書）。當然，傳統上學者為討論之便也有抽象審查 (abstract review; Abstrakte Normenkontrolle) 之說。參閱例如 NIGEL FOSTER & SATISH SULE, GERMAN LEGAL SYSTEM AND LAWS《德國法制及法律》241 (3d ed. 2002).

❸　韓忠謨，《法學緒論》，1962 年，第 146–147 頁。引自黃茂榮，同上註 10，第 348 頁。

❸　趙承壽，同上註 13，第 196–199 頁。

論之後，就增加了我們對事實認定的能力了嗎？除了知道兩者不可分割之外，當然對事實認定沒有任何幫助。反過來看，放棄了「二重性」觀念，承認事實與法律是一為二，二為一，本質沒有不同，就減損了認定事實的能力了嗎？答案當然是沒有。那麼，務實一點地看❸，對有無「二重性」的討論既與實際無補，只是觀念上強為劃分，豈非談空說有，白費唇舌？再者，放棄事實與法律的所謂「二重性」反而真正呈現了事物的原貌，使我們的思考不受自己捏造的無謂的觀念干擾。

另外一個勉強劃分事實與法律的辦法是將某些事實視為既不是規範，又不純粹是事實，而是認定事實所依據的「經驗法則」，甚至是連法則都不是或似乎是介於事實與法則之間的「社會經驗」❸。但是，我們不禁要問：社會經驗從何而來？為什麼社會累積了一定的經驗就能使之免於認定事實的困難，而形成似乎是毫無疑問的認定其他事實的規範呢？現代有關科學哲學的討論，至少已經從語言及認識論的層面來質疑這種平鋪直述由「經驗」毫無疑問地導致「理論」（法則）的說法。從語言的角度，重要的是對觀察或經驗的陳述，這些陳述既然使用語言，陳述就不會純粹是經驗或經驗的累積❸。從認識論的角度觀察，任何理論（包括「法則」）都不完全吻合經驗，而是像個磁場由經驗在周邊支撐理論。同樣的經驗（或資料）可以建構不同的理論❸。如果認為認定「社會經驗」與建構科學規律沒有不同，基本上都是運用歸納

---

❸ WILLIAM JAMES, PRAGMATISM: A NEW NAME FOR AN OLD WAY OF THINKING《務實主義：舊瓶裝新酒》22 (Waking Lion Press, 2006).

❸ 黃茂榮，同上註 10，第 376，380 頁。

❸ 參閱 IAN HACKING, REPRESENTING AND INTERVENING: INTRODUCTORY TOPICS IN THE PHILOSOPHY OF NATURAL SCIENCE《呈現與介入：自然科學哲學問題導論》167 (1983).

❸ 這是科學哲學上很有名的「不完全決定」問題 (The problem of underdetermination)。參閱 WILLARD VAN ORMAN QUINE, FROM A LOGICAL POINT OF VIEW，奎因，《由邏輯觀之》37–46 (1961)（原為著名的論文 "Two Dogmas of Empiricism"）。又見 JAMES LADYMAN, UNDERSTANDING PHILOSOPHY OF SCIENCE《了解科學哲學》162 (2002).

法觀察事實的結果，那麼，不但有歸納法是否為可靠的「科學方法」的疑慮，而且並沒有解釋事實因此就與法律有所區隔。

再一個分辨方法是主張認定事實有時是根據「社會經驗」得出的「價值標準」❸。如果仔細察看所謂「價值標準」，我們看到的不過是一些通常所謂開放式 (open-ended) 的法規（也有稱之為 open texture），例如「誠實信用」、「顯失公平」等等規定。但是，我們也要問：經過累積的社會經驗如何轉換為「價值標準」？這樣轉換的經驗又如何喪失了事實的性質，成了判斷其他事實的標準？這種「亂彈」只能說是「為賦新詞強說愁」。

所以，我再重複強調：「大部分研究這個議題的人都同意：法律／事實之分不是邏輯，而是歷史經驗及實務傳統造成的一種制度上的約定❹。」

 # 分割事實與理論

區隔事實與法律的思想基礎來自傳統上理論與事實（實際）有別的觀念。這個看法又常常與始自柏拉圖的客觀實在觀念難解難分❹。衍生而來的是真實存在的客觀實體就是事實；事實的陳述就是呈現客觀實在；理論則是可能基於事實（形而下），但不一定要基於事實（形而上）的陳述，但無論如何，理論正確與否，與事實呈現「實在」不同。以下就是要批判這些觀點。

一　客觀實體

法律人非常習慣於所謂主／客體的劃分，自己落入這種人為的兩極觀念

❸　黃茂榮，同上註 10，第 384 頁。

❹　Kim Lane Scheppele, *Facing Facts in Legal Interpretation: Questions of Law and Questions of Fact*《法律解釋中的事實：法律與事實的問題》, 30 REPRESENTATIONS 43 (1990).

❹　對此簡單的討論及批評，參閱本書第二章。

的陷阱之中，不分青紅皂白胡亂使用所謂「客體」的觀念。所以有所謂「債務履行的客體」、「物權的客體」、「權利的客體」、「解釋的客體」，不一而足。我敢說如果去掉「客體」兩個字，法律人可能頓失依靠，茫茫然不知如何討論法律問題。但仔細沉思的話，所謂「客體」其實在不同時候不同脈絡下有時指「內容」、「對象」、「實在」、「實體」，甚至人做為「主體」以外的一切東西，是已經沒有一致內容而流於浮濫的用詞。

在這些諸多用法之中，互相關聯但又最有傷害性的莫過於將世界及世界上發生的事件，視為我們觀察（甚至冥思）的客觀獨立實在的「客體」。在這種看法之下，「事實」當然也是外在於我們，是有待我們觀察發現的「客體」。於是，「事實」就是正確呈現「客體」的東西；「事實陳述」也就是正確呈現「事實」的陳述；「法律事實」當然就是正確呈現與法律有關的一些「客體」的事實。對這種無聊的主張，哈佛大學哲學教授帕特南 (Hilary Putnam) 有一段精闢的評論，他說：

> 所謂對「客觀」世界的描述是什麼意思？主要是說「客觀」就是與客體一致（當然，這意思本來就是來自字義）。但是，不僅應然的陳述例如「謀殺是錯的」本無客體可言，我也說過：像數學邏輯的真理也是「沒有客體的客觀」。固然許多哲學家發明了所謂抽象觀念的客體來支撐數學真理；但這樣做並沒有什麼用。我們要問：如果這種可笑的客體不存在了，數學的用處就減損了嗎？那些主張有「抽象客體」來證明數學成功的人沒有說我們或者任何經驗世界的東西與抽象客體有所互動。既然任何客體與我們或經驗世界不會互動，那麼，有沒有客體有什麼差別❷？

---

❷ HILARY PUTNAM, THE COLLAPSE OF THE FACT/VALUE DICHOTOMY AND OTHER ESSAYS《事實／價值區隔理論的過時及其他論文》33 (2002).

所以，指出「權利的客體」、「解釋的客體」、「觀察的客體」，這些無中生有的觀念客體對我們的思路或分析有什麼助益呢？

　　事實並不在於真實地呈現客觀實體，事實是社會建構 (social construct)。科學真理是被大眾所接受的特殊思考型態的作用，是社會的接受才有所謂正確性，因為真理是特定思想類型所認可，所以，不同時代不同文化會有不同的真理。學者總結胡列克 (Fleck) 的主張認為：「文字要符合客體或認知要符合事實，這種簡陋的一致論無關緊要。沒有什麼客觀或絕對的真理。真理勿寧是特殊思想型態下特殊的產物，不過是由於思想型態的作用，真理是相對而不武斷❹。」

　　當然，堅持強烈的傳統「實在主義」(realism) 者不會同意上述觀點。高德曼 (Goldman) 就批評知識是社會建構，或後現代思潮強調的知識受時空及脈絡影響的主張，認為知識不是人的建構，而是客觀的實在，因此真理的知識是永恆的 (timeless)，不因時地而有差別。他說，桌子上有個杯子或格林威治 2009 年 1 月 1 日早上 10 點的這種陳述，只有真假（即存在或不存在）兩

---

❹　Ludwik Fleck, Genesis and Development of a Scientific Fact《一個科學事實的發生及開展》156 (Thaddeus J. Trenn & Robert K. Merton eds., 1977) (Editors' descriptive analysis). 編者又指出胡列克認為： "Any fact is possible as long as ideas, arise collectively, spontaneously, and impersonally. Although Fleck does allow for individual exploits without overt dependence upon a collective, he stress that these can be successful only if the time is ripe for acceptance. There are no bare facts. Facts arise and are known only by virtue of the given thought style characteristic of a given thought collective. A fact begins with a tentative signal of resistance by the collective. This preliminary signal of resistance is but the predisposition for an emergent fact. Through collective interaction this tenuous indication gradually becomes stylized, undergoes consolidation, and emerges as an accepted fact. Such a fact does not stand alone but becomes a new feature of an interlocked system of ideas all of which are congruent with another on the basis of a given thought style." 同上，editors' descriptive analysis，第157 頁。

種可能，斷非社會建構❹。但是，除了一些較不明顯的例子之外，高德曼沒有解釋為什麼我們都同意有所謂格林威治時間這種東西，或美國過去由非洲進口大量黑奴（他另一個例子）。這些陳述之所以是事實是由於大家互為主觀(inter-subjective) 的認知，對於缺乏互為主觀性或少數不相信大家互為主觀認定的知識（或事實），沒有客觀知識存在的餘地。到現在為止，還有歷史學家不承認納粹德國屠殺過猶太人，雖然對多數人而言，屠殺是歷史事實，是社會建構的知識；只是某些人錯誤堅持這並非事實，不是客觀實在的知識。所以，事實和知識是社會（即大眾所同意或遵從的方式之下❺）的建構。

批判經驗主義過分誇大的舊思維的部分現代哲學家，無不懷疑以觀察經驗得出客觀事實的說法。例如哈佛大學的古德曼 (Goodman) 就說過：

> 就像物體是非常人為的觀感事實，觀感也只不過是相當扭曲的物理現象。如果我們說：兩者代表相同的「事實」，那最多只能表示就像兩者只不過是一些事實的兩種說法，兩者類似的意義表示有多種意義這種東西。「事實」就像「意義」必須與其他詞句相結合才能了解；因為「事實」畢竟顯然是「事由人為」(factitious)❻。

他的意思是：事物不過是人的觀察所能及之，從而借之產生的東西。所以，觀察結果的事實是經由人的製造而非發現，並非可以獨立於脈絡之外的客觀實體。

❹ ALVIN I. GOLDMAN, KNOWLEDGE IN A SOCIAL WORLD《社會知識》21 (1999). *See also*, IAN HACKING, THE SOCIAL CONSTRUCTION OF WHAT?《社會建構什麼?》80–84 (1999).

❺ LUDWIG WITTGENSTEIN, PHILOSOPHICAL INVESTIGATIONS《哲學研究》§241 (3d ed. 1958) ("So you are saying that human agreement decides what is true and what is false?"—It is what human beings *say* that is true and false; and they agree in the *language* they use. That is not agreement in opinions but in form of life.)（斜體原有）。

❻ NELSON GOODMAN, WAYS OF WORLDMAKING《看世界》93 (1978).

古德曼更批判基礎主義者 (foundationalist) 的信仰❹：認為我們發現而非建構事實，事實是唯一的外在世界，知識即是信賴事實。他感嘆這種信念深深綁架我們、迷惑我們。他說：「製造事實」聽起來十分奇怪。「製造」變成「虛假」或「虛擬」而與「真實」或「事實」對立。又說「我們當然應該區分真假虛實，不過我敢肯定這種區隔不能建立在製造虛擬或發現事實的區分的基礎上❹。」他的意思是兩者都是人為的建構。

二　事實充滿理論

最早指出事實與理論沒有本質上的區別，並且鑄造了事實「充滿理論」(theory laden) 一詞的是一度任教於耶魯大學的韓森 (Norwood Hanson)。韓森與他的老師韋根斯坦 (Wittgenstein) 一樣強調事實與理論的不可分性，例如就像足球規則（理論）其實就是足球比賽（事實）一樣，西洋棋規則就是西洋棋。所以他說：「事實」是由理論決定，在某種程度上像西洋棋（「事實」）開始怎麼擺法，以及接下去如何走法（「理論」），才可以稱做「西洋棋」一樣❹。

事實與法律不可分割最明顯的證明莫過於所謂「法律事實」，沒有法律何來法律事實，唯有法律這種理論存在，才可能有基於理論的法律事實。我們可以用各種理論建構事實，但是這種建構的事實只可能是一般事實，唯獨用法律去建構事實才可能是法律事實。因此，法律事實必然包含法律理論；甚至可以說：法律事實其實是某種形式的法律理論。

事實的建構不能不基於理論，更可以從我們一般認為最為「中性」，最不帶主觀「價值」的數字看得出來。我們常說：「數字不會騙人」(Numbers

---

❹　非常粗略地說，基礎主義認為知識及真理只能建立在客觀獨立存在的實在 (reality)（或任何基礎如上帝、人性、人性尊嚴、自然法）之上。

❹　GOODMAN, *supra* note 46, at 91.

❹　NORWOOD R. HANSON, PATTERNS OF DISCOVERY《科學發現的型態》12 (1969).

don't lie.) 或是「數字會說話」，好像數字是所謂客觀事實最典型、最明確的代表。但是，數字如何陳述必須基於統計理論或會計制度，沒有統計或會計理論，一些雜亂無章，互不關聯的數字無法建構為有意義而可得理解的「事實」❺⓪。

三 語言與事實陳述

事實不僅要由理論去建構，事實的呈現唯有通過語言的陳述，所以事實不是實在，事實陳述不等同「實體」或實在，而是充斥理論的陳述。所以韓森 (Hanson) 明白地指出：無法用語言呈現的事實是不可思議的，所以，「無法表達的事實是什麼樣子？不必是複雜、難於了解的事實只要基本上是無法言宣的事實？當我們指出一個無法以言語表達的事實，我們究竟指什麼？……不知道的事實自然無法表達……無法表述的事實能夠知道嗎？討論不知道的事實意義何在❺❶？」

又說：

> 事實陳述與事實的圖像的每一細節不會完全符合；只有誤解語言的人才不這麼想。調查必然帶有語言的因素，雖然視覺或心理採什麼形式調查沒有什麼語言影響。去掉語言這個因素，所有的觀察與我們的知識就不會有任何關聯❺❷。

---

❺⓪ 關於會計數字，參閱 MARY POOVEY, A HISTORY OF THE MODERN FACT: PROBLEMS OF KNOWLEDGE IN THE SCIENCES OF WEALTH AND SOCIETY《現代事實史：財富及社會的科學的知識問題》xvi, 29 (1998).

❺❶ HANSON, *supra* note 49, at 31.

❺❷ *Id*. at 25. 韓森又有一段精闢的見解："The facts are 'out there' in the subject matter—'there' and potentially describable even before anyone has articulated them. Yet, once embodied within a language, those same facts are stated, i.e., expressed explicitly. Facts are 'out there', yet stable. Facts, then, are the describabilia of this world. Before being

　　社會學家也指出「先事實」及「事實陳述」(statements of facts) 在實際事件成為事實過程中的作用。有學者認為:「實際發生的事件不叫事實,只有以某種方法刻畫事件,才能將事件轉換為事實。事實之所以成為事實,是因早已經通過分類,依照事實該有的模式呈現。將某些事情描述為事實或看待為事實,只不過是呈現事件的人經由某種適格將他的分類刻畫為人人都明白的事情。不管你怎麼想,這就是事實❸。」所以,所謂事實,是有陳述事實適格(例如證人、專家等)通過先已存在的分類、觀念等等理論框架對實際事件的描述,甚至可以說:所謂事實,不過是一種特殊的理論陳述。

　　自認是所謂「建構實在主義」(constructive realism) 者的弗拉森 (Bas C. van Fraassen) 也曾指出:一旦我們使用了語言的事實陳述,這個所謂事實陳述必然充斥了理論,因為「所有語言都充斥理論。如果把理論從語言中去除⋯⋯剩下的都沒什麼用了。我們談論的方式,科學家談論的方式,都是已被我們接受的理論的影像所引導。實驗報告也不例外❺。」

　　即使是主張有獨立客體的實在主義者,也意識到依賴語言的事實陳述畢竟不能等同事實。語言哲學家奚爾 (John Searle) 就認為:事實有必須依賴與不必依賴的分別,例如艾弗勒斯峰頂覆蓋冰雪是不依賴語言的事實,因為即使去掉語言,山峰依然還在。但是做為英文的事實陳述則必須依賴語言。所以,一旦去掉英文而以中文陳述,原來的英文事實陳述就消失了❺。

　　總之,「事實」是以現成的語言描述世界諸多面相——這些可能的諸多面

---

captured by language they are 'natural describabilia'; after language-capture they are 'expressed describabilia' (i.e., described)." Norwood R. Hanson, Observation & Explanation: A Guide to Philosophy of Science《觀察與解釋:科學哲學導引》14–15 (1971).

❸ Dorothy E. Smith, Texts, Facts, and Femininity: Exploring the Relations of Rules《章句,事實,及女性:探討規範關係》27 (1990).

❺ Bas C. van Fraassen, The Scientific Image《科學圖像》14 (1980).

❺ John R. Searle, The Construction of Social Reality《社會實在的建構》61 (1995).

相與描述一樣，充滿了理論。「E=MC² 在百萬年前能夠呈現事實嗎？誰會了解❺❻？」我們之所以了解這個公式所代表的事實，完全只是因為我們（即愛因斯坦）建構了一個理論。

肆 分割事實與價值

除了分割事實與理論造成事實與法律截然不同的錯覺之外，事實與價值不同又是促成事實／法律二分的理論支柱，這兩個觀念事實上是難兄難弟，難捨難分。傳統最典型的說法是：法律的特點是由應然的 (normative) 規範組成，不同於科學上實然的陳述；法律是有價值判斷的當為 (ought)，科學是現實的實在 (is)❺❼。所以，法律與事實不同。

一般通常會追溯到英國的休姆 (David Hume) 一段非常晦澀的文字做為事實與價值分割的想法為始作俑者。他說：

> 據我所知的每個道德理論，我永遠察覺論者開始一般論述，建立上帝存在，或對世間事做一些觀察，忽然出乎我的預料，與其做平常是或不是的命題，我所面對的無不是應不應該的命題。這種改變很不明顯卻影響很大。應不應該其實是代表不同的關係或主張，是或不是原是應該觀察解釋的；這種新的關係怎麼能從其他完全不同的關係演繹出來，該有說明❺❽。

但是嚴格而言，休姆這段陳述的意思與一般的認知好像不同，他只強調應然

---

❺❻　HANSON, *supra* note 52, OBSERVATION, at 15.

❺❼　持這個看法的人太多了，例如 ENRICO PATTARO, THE LAW AND THE RIGHT: A REAPPRAISAL OF THE REALITY THAT OUGHT TO BE《法律與權利：應然的實在的重估》3–4 (2005).

❺❽　DAVID HUME, ON HUMAN NATURE《論人性》335 (NuVision ed., 2007).

的陳述與實然的陳述所描繪的關係不同，並沒有說含有價值判斷的陳述就不能是事實的陳述。

依照帕特南 (Hilary Putnam) 教授的說法：一個哲學觀念被很多人接受之後就被認為是一般常識。在一些高深的思想家手中還可以做成各種不同說法。這種看法以為「陳述事實」可以是「客觀事實」，同時還可以「客觀存在」。而依照這些思想家，價值判斷不能是客觀真理也不客觀存在。「事實與價值」絕對二分的極端看法認為價值判斷完全在理性之外[59]。

他又說：

> 我們可以從某件事情太過殘忍這種事實陳述看出來：經驗
> 主義者（以及後來的邏輯經驗論）觀念裡的「事實」太過
> 狹隘。更基本的問題在於：從休姆以降的經驗論者（包括
> 其他哲學裡外的人)不知道事實陳述與價值必然分不開[60]。

他進一步主張：「每件事實都包含價值，而我們的每個價值都包含事實。我最核心的主張是：事實（或真理）與理性是相互依賴的觀念。一件事實是合理得以相信的東西，更精確地說，事實（或是陳述真實）這種觀念是合理而且得以相信的陳述這種概念的理想化[61]。」他的結論是認為某種世界的圖像是真（或在目前看來是真，或最可能是真）以及據此說明問題（或能夠因而說明問題）依賴並顯示我們的全部價值信念。沒有價值觀的生物也不會知道什麼是事實[62]。

另一方面，我們觀察世界（「事實」）免不了是從先入為主的、受傳統制約（即充滿「價值」）的角度出發[63]，我們也可以稱之為詮釋大師高德邁

---

[59] PUTNAM, *supra* note 42, at 1.

[60] *Id*. at 27.

[61] HILARY PUTNAM, REASON, TRUTH AND HISTORY《理性，真理及歷史》201 (1981).

[62] *Id*.

(Hans-Georg Gadamer) 所 說 的 了 解 之 前 已 有 的 「先 了 解」 (pre-understanding)⑥。如此一來，調查事實與應然的判斷本無法分辨；法律事實與法律規範也就無法切割。

伍 事實那裡來？

一 事實及其困境

實證主義者如涂爾幹 (Durkheim) 不認為事實有何神祕，而主張待之如客觀的事物。那什麼又是事物 (une chose)？他說：人由內心取得觀念，由外部認識事物。「事物包括所有心靈活動所不能認識的知識對象，及所有必須依照觀察及實驗從心理外部得出觀念的東西⑥。」

與涂爾幹上述主張剛好相反的是英國的休姆，他認為所謂事實不過是感官的印象。他挑戰地問：

> 什麼地方可以看到我們叫做「犯罪」的事實，指出來看看，
> 說說它發生的時間，描繪它的本質或性質，說明發現它的
> 感官或器官。犯罪不過是存在犯人心中的念頭。罪犯當然
> 可以感覺得到犯罪。但是除了邪惡感或毫無所謂的感情之

---

⑥ Brian Z. Tamanaha, *Pragmatism in U.S. Legal Theory: Its Application to Normative Jurisdiction, Sociolegal Studies, and the Fact-Value Distinction*《美國法學理論中的務實主義》, 41 AM. J. JURIS. 346 (1996). 但該文作者本身還是認為事實與價值有所不同。*Id.* at 347–48.

⑥ 參閱 HANS-GEORG GADAMER, TRUTH & METHOD《真理與方法》(J. Weinsheimer & D. Marshall trans., 2d ed. 1989).

⑥ ÉMILE DURKHEIM, LES RÈGLES DE LA MÉTHODE SOCIOLOGIQUE《社會學方法論》77 (Flammarion ed., 1988).

外，別無他物。你不能就此認定僅僅這些就是犯罪。反之，
這些所以是犯罪是因為無辜的人被波及，整個情況使第三
者在心裡產生譴責的情緒⑥。

所以休姆完全否認事實是獨立於感官的客觀實在。

不論有無客觀的實在，事實可不可以等同實在又是一個問題。有社會學
家語帶雙關地評論：

發生的事件不叫事實。只有通過適當程序刻畫它才會變成
事實。一件事實是已經經過刻畫和依照事實該是什麼樣子
的既定模式做出來才叫事實。描述或對待某種事為事實，
代表某個事件可以由描述的人依照刻畫將描述待之如明顯
的東西。不管你怎麼想，這就是事實⑥。

事實必須經過人工的刻畫，但是一旦此種刻畫成為一般人的信念，事實
就變成現實的一部分。所以說：社會現實包括社會成員持有而無法以感官察
覺的信念。對十七世紀在賽倫 (Salem) 鎮的居民而言，巫師的存在不是幻覺
而是社會現實的一部分，也是社會科學家調查研究的對象⑥。於是，人造的
事實變成似乎是獨立存在的現實，難怪這種建構事實及客觀世界的程序的同
源性，使我們產生物。但是正好相反，兩者的區隔其實只是社會建構的最後
結果⑥。

---

⑥ DAVID HUME, ENQUIRIES CONCERNING HUMAN UNDERSTANDING AND CONCERNING THE PRINCIPLES
   OF MORALS《論人的了解及道德原則》287 (3d rev. ed. 1975).

⑥ SMITH, *supra* note 53, at 27.

⑥ ALFRED SCHUTZ, I COLLECTED PAPERS: THE PROBLEM OF SOCIAL REALITY《文選第一冊：社會
   實在的問題》54 (Maurice Natanson ed., 1962).

⑥ BRUNO LATOUR & STEVE WOOLGAR, LABORATORY LIFE: THE CONSTRUCTION OF SCIENTIFIC FACTS
   《實驗生涯：科學事實的建構》183 (1986).

　　從歷史上看，「事實」原本是必須經過證明才可能是真實的事情。事實可以是已經證明了，也可以是可疑或虛假。所以，事實並不等於真實，而是本身是否真實的一個問題。學者因而指出：十七世紀之後兩百年間把原來認為必須有充分證據才能相信的「事實」，變成只要是「事實」，好像就已經是證明了的客觀實在 **❼⓪**。所以我們常說：「這是事實」，或「這是不容否認的事實」，改變了「事實」在文化上的原意，把「事實」當成真實或真理的同義。

　　問題還不止於將事實等同真實，而是進一步接受而不質疑所謂事實的陳述，以之做為討論的基礎 **❼①**。問題是社會學家發現很多所謂科學事實或理論不過是集體的認同 **❼②**，有如眾口鑠金的所謂「通說」，理論上任何人都可以挑戰公認事實或理論的適當性，可是質疑的人面對的是一大群人，而非各別零星的主張，不受認同的不同意見永遠沒有成為「事實」的可能 **❼③**。所以杜威早就說過：科學信念的歷史告訴我們：「一旦大眾接受了一個錯誤的理論，大家會想出無奇不有，更多的錯誤來鞏固理論，而不是另起爐灶：［歷史上］努力保存托勒密 (Ptolemy) 的地球中心論就是個例子。即使今天大眾接受的信念，不是大家了解其道理，而只因為理論是通說 **❼④**。」當大家以為法治國家一致不許「法律溯及既往」，而當有人指出這種解釋的錯誤 **❼⑤**，有多少人會真正面對正確的新「事實」，放棄以訛傳訛的「事實」？還是最多是半信半疑呢？

---

❼⓪　SHAPIRO, *supra* note 5, at 31.

❼①　BARRY BARNES, DAVID BLOOR & JOHN HENRY, SCIENTIFIC KNOWLEDGE: A SOCIOLOGICAL ANALYSIS《科學知識：一個社會學的分析》14 (1996).

❼②　BRUNO LATOUR, SCIENCE IN ACTION《科學實踐》42 (1987).

❼③　*Id*.

❼④　DEWEY, *supra* note 14, at 24.

❼⑤　黃維幸，「誰說法律絕對不能溯及既往？」，蘋果日報，論壇，2009 年 2 月 7 日。又見本書第 459 頁。

⬛ 科學如何建立事實

1.觀　察

我們一向以為以感官知覺經過對現成素材做冷靜客觀的觀察，就自然會得到事實。而依據對事實或更多的事實做詳細的調查，就能夠發現客觀的真實以及原則規律。傳統法律觀念也順著這種浪漫美化的程序，認為從一堆現成的客觀事實冷靜觀察就可以得出法律事實，經過累積還可以自然地得到「社會經驗」或經驗法則，甚至原則規範。

可是，胡列克 (Ludwik Fleck) 從醫學發現梅毒病理的經過歸納了科學「事實」如何產生的程序，幾乎是與上述美化的觀念完全針鋒相對。他認為：⑴找到素材純屬偶然；⑵心理的作用決定調查的方向；⑶集體心理（也就是業界習慣）導致兩者的關聯；⑷事後看起來混沌不明無法言宣的「起初」觀察是一團混亂；⑸一段時間之後逐漸困難地有了「實在看到」或經驗的累積；⑹但是，科學陳述表露及總結的觀念是人為的建構，與一開始的意向及起初的觀察內容只有時間流程上的關聯。原始觀察甚至不必然屬於事實披露的同一範疇❼。所以，觀察得出的事實是理論的建構，事實不過是我們習慣上便利地稱之為事實的理論陳述。

胡列克道出的第一個問題是：觀察的素材並不是現成被動地呈現在外，等待人去整理發掘，而是研究的人無意中碰到。第二個特點是：觀察的方向、方法、內容深受社會共識及理論的引導。第三個特色是：所謂觀察的結果經過社會的建構，變得與當初的觀察沒有必然的一致性。

韓森也說觀察必須基於理論，而不是詳細搜集和釐清素材的工作。他說：「能夠了解（刺激感官知覺的）素材，依靠的是知識及理論──而不是更多的素材。（了解伊麗莎白號輪船的信號旗在傳遞什麼信息不在看更多的旗

---

❼ FLECK, *supra* note 43, at 89.

子！）**❼**」又說：「想發現就先要知道從那裡去著手，前者得自後者，而實驗發明得自理論方向**❼**。」

「實驗做為理論的呈現或理論的證明，當然是與將實驗視為創造理論講的不是同樣事情**❼**。」他進一步觀察：

> 我們常常說觀察事實，檢驗事實，搜集事實等等。但什麼是觀察事實？事實像什麼？怎麼樣搜集事實？我可以對客體、事件、甚至情勢照相。但事實照相是什麼樣子？描述黃昏是描述狄可 (Tycho)，辛普秀斯 (Simplicius)，克普勒 (Kepler) 或伽利略 (Galileo) 認識的事實嗎？從問題就知道答案了。事實無法轉換為圖像，成為可以觀察的實體。我們說過：看到地平線上的太陽不只是感官的刺激而已；與說：「事實是太陽在地平線上」一樣，都只像耳邊風**❽**。

他的意思是同樣是旭日東升，對有不同理論的科學家，呈現的事實完全不同；至於完全沒有理論的話，太陽升起就是太陽升起，將之刻畫為「事實」並沒有特別的意義。

除了觀察離不開理論之外，觀察後的陳述也仰賴充滿理論的語言。所以韓森又說：「觀察是充斥理論的活動。觀察 a 受到現存理論 x 的左右。另一個因素是表達我們所知道的言語或觀念，沒有這些我們也就沒有所謂的知識**❽**。」

甚至比較關係自然科學領域的實驗，「主要也不是做精確的觀察，而是理

---

❼ HANSON, *supra* note 52, OBSERVATION, at 5.

❼ *Id.* at 27.

❼ *Id.*

❽ HANSON, *supra* note 49, at 31.

❽ *Id.* at 19.

論工作。理論籠罩從實驗開始的計劃到實驗工作最後結束❽。」所以說：「觀察，尤其是觀察及實驗報告，都是觀察事實的解釋；依據理論的解釋❽。」

2. 報 告

自己的觀察及實驗不是知識（包括事實認定）的唯一來源，我們無法不仰賴他人的報告（當然可能基於觀察或實驗）。而休姆是最早承認證言做為知識來源的重要性的哲學家，他說：「沒有比證詞及證人及目擊者的報告對人類生活更自然，更有用，及更必要❽。」

所以，從事科學活動的人都知道：把人的知識想像為完全根據自己的觀察或實驗，並不切實際，「任何（即使是最權威的）科學家都會想當然地依據許多自己沒有親自從事的觀察及實驗，創設自己的理論。我們把科學視為科學家一向單打獨鬥，自力更生的個人主義者，以及學者一向引用好像是他們自己發現的『無可懷疑』的觀察及實驗的事實，把這個實情掩蓋掉了❽。」反之，「合作是現代科學的主要部分，而與自己的觀察一樣重要的是仰賴同事的報告。他認為這樣不僅出於實際需要，也是認識上正常的做法❽。」又有人觀察：「觀察與解釋中間的鴻溝太明顯了：兩者觀察的對象也許相同，但解釋受傳統的影響。從個人來說，解釋科學傳統大部分仰賴別人，與別人共享，從別人那裡得到印證，並在與別人的互動中繼續❽。」

那麼，如何保證觀察目擊的人以及觀察的報告足以信賴？這就要提到下面討論的法界建立事實的方法，以及這些方法在歷史上對自然科學的影響。

---

❽ KARL POPPER, THE LOGIC OF SCIENTIFIC DISCOVERY《科學發現的邏輯》90 ([1959] 2002).

❽ *Id.* at n. 3.

❽ HUME, *supra* note 66, at 111.

❽ C. A. J. COADY, TESTIMONY: A PHILOSOPHICAL STUDY《證言：一個哲學研究》9 (1992).

❽ DAN O'BRIEN, THE THEORY OF KNOWLEDGE《知識論》57 (2006).

❽ BARNES, *supra* note 71, at 26.

三 法學如何建立事實

雖然現在一般人都認為社會科學（包括法學）研究的方法遠遠不及自然科學，學者發現：現代早期的英國法律制度創造了社會運作一種相當可行的判斷「事實」的認識方法。很多認識理論及方法被採用到其他知識的領域[88]，包括自然科學。這些方法是由觀察者目擊的陳述及其他適格人士的證言建構事實。

英國現代經驗主義的鼻祖而同時是英王檢察總長 (Lord Chancellor) 的培根 (Francis Bacon)，結合歷史及法律認定人世「事實」的手段，與以觀察及實驗認定自然事實的方法，使後人能夠將認定世事的法律技巧運用到自然現象。自然科學像法律一樣，「事實」最好是由可信的直擊者的證言來確立[89]。他在他的「新科學方法」中詳細解說如何建立科學定理的程序[90]，他認為首先必須提出各種不同的具體的事件 (presentation)，然後經過排除篩選 (exclusion and rejection) 留存可靠的部分，再通過對程度的比較 (comparison)，暫時做成結論 (first harvest)。這種過程很像英國普通法上訴訟證據程序的舉證——決定所提證據的相干性——再衡量證據的證據力——暫時認定有應該可以成立的案件 (prima facie case) 極為神似，事實上培根自己都說："presentation" 是法律程序借用的觀念[91]。

1.證　言

既然法官或後來的陪審員不是案件的目擊者，他們認定事實只能依賴證

---

[88]　SHAPIRO, *supra* note 5, at 32.

[89]　*Id*, at 110.

[90]　FRANCIS BACON, THE NEW ORGANON《新科學方法》110–136 (Lisa Jardine & Michael Silverthorne eds., 2000).

[91]　*Id*. at 110, n. 4.

言及文件，而法律程序為保證事實的真實做法是創設許多證據法則。所以英美證據法上有原件，以及證人適格，尤其是傳聞證據原則，基本上要求證人必須有親身目擊觀察的可能❷。

除此之外，宣誓（具結）也是加強證言可信度的方法。學者認為檢驗目擊或聽到事件的人的證詞可以得出適當的判斷。要得到這種判斷就必須檢驗證詞的質和量，懷疑傳聞，並且考慮相關的「情況」。宣誓雖然不能保證證言的正確，卻可提高它的機遇率❸。而亞里斯多德雖然不限以討論法律程序上證言及宣誓的重要性，也早就指出如何建立「事實」的雄辯術❹。

2.專家證言

就如同前述的第三者的科學調查報告，在法律程序裡想要建立事實，也不能不仰賴第三者的證言。只是學者認為：整個專家證言的設計削弱了證言必須基於觀察的理所當然的觀念。「專家通常並不作證他們自己觀察的結果，而是他們的意見。其實這種被視為理所當然的觀念本來就與作證所基於的數學或然率不符，因為數學的事實不是一般所謂的觀察得來的❺。」

歷史上自然科學的採證及建構事實的模式雖深受法律程序的影響，但是，反過來對法律程序發生興趣的科學哲學家，對陪審制度判斷事實遠離發現真實的目的嘖嘖稱奇。勞頓 (Laudan) 說他很難想像自然科學家在調查科學問題的時候，只能看到一部分（所謂相干）的證據，不能對舉證的人提出問題，無法主動調查證據，不可尋求他人意見，陪審員在全部證據都呈出之前甚至

---

❷　MCCORMICK ON EVIDENCE《馬柯米克論證據》22 (Kenneth S. Broun ed., 6th ed. 2006).

❸　SHAPIRO, *supra* note 5, at 31.

❹　Aristotle, *Rhetoric to Alexander*《給亞歷山大的論辯學》¶¶1428a20–1432b10, in 2 THE COMPLETE WORKS OF ARISTOTLE《亞里斯多德全集第二冊》2283–90 (Jonathan Barnes ed., 1984).

❺　COADY, *supra* note 85, at 62.

不能討論案情等等。他認為這樣的程序不可靠，與發現真實無補❾❻。

陸　一些法律問題的反思

事實與法律的分割既然是一個謬誤，這對什麼樣的法律問題會有所衝擊呢？下面就要對「涵攝」之做為法律推理方法，事實審與法律審的分別，裁判事實與立法事實的區隔，以及抽象與具體審查的不同，簡單地提出可能的提示。

一　涵　攝

傳統理論有一種看法認為思考法律有所謂「涵攝」(subsumption)。如此彆扭的翻譯（我知道佛學也用「涵攝」兩字）其實是「涵蓋」的意思。換句話說，不過是以一般的法律做為前提然後以之涵蓋特殊具體的案情。這種理論及程序之不合實情已如前述。但是，批判這種理論的謬誤有何實際意義呢？

主張法律運用不是三段論法的實際意義在於：認識「事實」或「法律」的建構性，從而領略影響過程的無可避免的價值、觀念、假設、及偏見。真正的法律論證、辯論、說理、及說服工作，要深入觸及這些前提假設及「先前了解」，不能以為只是如何改善法律解釋的邏輯或方法的問題（請參閱本書附錄「華人與狗不准入內」一文）。不但如此，當一種法律結論儼然以無懈可擊的邏輯形式出現，或以這個或那個優越的「方法」做成，我們不要被這些「望之彌堅」的無稽之談嚇唬，不能被這種事後有先見之明的裝飾點綴迷惑，要能超越這些邏輯及「方法」，歸根究底，「直搗黃龍」。

---

❾❻ LARRY LAUDAN, TRUTH, ERROR, AND CRIMINAL LAW: AN ESSAY IN LEGAL EPISTEMLOGY《真實，錯誤，及刑法：法認識論一則》217 (2006).

二　事實審與法律審

我們說事實與法律本是一家，難捨難分，在法律實務上製造的困難之一可以由「經驗法則」是事實還是法律這個問題窺見一二。

什麼是「經驗法則」？就像英美法上運用了數百年的「超越合理懷疑」(beyond a reasonable doubt) 一樣，大家都以為了解，卻都說不出一個所以然來❾。所以，王甲乙認為所謂「經驗法則」認定事實是「以正確的知識，符合事理，而沒有矛盾的判斷❾。」駱永家則認為是「由日常之經驗歸納而得之關於事物之因果關係或性質狀態的知識或法則，也含屬於日常之常識，以至於專門科學上之法則❾。」邱聯恭則給予一個最寬泛的解釋，他認為「經驗法則」指「通常係從人類日常生活經驗所歸納而成的一切知識或法則；具體言之，係包含依科學方法觀察實證自然現象予以歸納之自然定律、支配人的思考作用之邏輯或論理法則……數學上原理、社會生活上義理慣例、交易上習慣、以及其他有關學術、藝術、技術、工商業、語言等生活活動之一切定則❿。」

面對如此包羅萬象的定義，我有下列幾點觀察：(1)以抽象的事項解釋抽象的定義，常常是再解釋的開始，因此等於沒有解釋。例如什麼是「正確的知識」或「事物的常理」，本身就是混沌不明，如何闡明「經驗法則」？(2)「經驗法則」如果包含邏輯及數學定理，那當然就包括「論理原則」，那訴訟法上

---

❾　著名的科學哲學家 Larry Laudan 花了五年的時間寫了一本以認識論的角度批判英美刑法的證據法則的專書，但是他無法了解什麼是法院琅琅上口的「超越合理懷疑」。於是有一天就教於美國一位名法理學教授，這位法學教授想了一下，坦承他也不了解。*Id.* at xi.

❾　民事訴訟法研究基金會編，〈違背經驗法則之研究——以事實認定為中心〉，《民事訴訟法之研討第四冊》，1999 年，第 130 頁。

❾　同上，第 142 頁。

❿　同上，第 158 頁，註 3。

何有兩者並列❶，畫蛇添足的必要？⑶這些定義都假設「觀察」、「經驗」、「歸納」都是發現「事實」可靠的科學方法，這是很有問題的偏見。⑷最重要的是：如果再包括一些理論、定律、原則，那麼「經驗法則」就必然涵蓋傳統觀念下與事實不同的理論（包括法律），那麼「經驗法則」就不可能視為「事實」。

　　由於對「經驗法則」在分割事實與法律之下如何處置的曖昧與困難，雖然有人認為「經驗法則」雖非法律規定，卻可為上訴第三審之理由❷，「通說」及實務上卻不得不創造了一個以或然率（或蓋然率）高低，做為是否違背「法令」的判斷標準❸，或然率高（即視同「法令」）可以上訴，反之則否❹。可是或然律的高低既非「經驗法則」究竟是事實還是法律的判別標準（如果真的可以分割的話），也不是「經驗法則」對認定事實是否發生了拘束力的分野（因為都產生了同樣的作用）❺。如果把「經驗法則」了解為所有「知識」、「常理」、「邏輯」（論理）、甚至「定理」，則或然率常常與之毫無關聯（例如三段論法沒有蓋然率的問題），那麼，「通說」看起來全然不通。

　　實務上劃分事實與法律不是理論及邏輯的要求，而主要是程序分工，在避免權力集中法官之手。但從認識論或本體（存在）論的角度，其劃分是虛妄❻。也有學者認為事實與法律雖然都是外在實在世界的一部分，分辨事實

---

❶　例如民事訴訟法第 222 條第 3 項。（「自由心證判斷事實之真偽，不得違背（邏輯）論理及經驗法則。」）

❷　黃茂榮，同上註 10，第 381 頁。

❸　參照民事訴訟法第 467 條。（「上訴第三審法院，非以原判決違背法令為理由，不得為之。」）

❹　同上註 98，第 131 頁。

❺　關於「社會事實」(social facts)，即某種程度上近似我們所說的「經驗法則」或「社會經驗」在裁判上的拘束力，參閱 Laurens Walker and John Monahan, *Social Facts: Scientific Methodology as Legal Precedent*《社會事實：有如先例的科學方法》, 76 CALIF. L. REV. 877 (1988).

與法律是判決的說理及說服的辦法❶⓪⓺。

打破「事實審」與「法律審」本質有別的迷思，其實際意義在了解上訴審的所謂「法律審」最多是做為功能劃分的便宜行事，有如陳計男所說：最高法院應該在想要提出指導原則時，把上訴當成法律問題，反之，則把上訴當作純粹是事實認定問題❶⓪⓼。換句話說，「法律審」／「事實審」的劃分雖然不可能正確，如此規定倒是給上訴法院一個裁量上方便的藉口，對於沒有重大意義的上訴，方便地貼上一個不得上訴予以駁回的「事實」認定的標籤。

三 裁判事實與立法事實

既然事實與法律無法切割，則不論是裁判事實或立法事實都充斥法律。換句話說，沒有法律理論，即無裁判或立法事實，甚至可以說，確定裁判或立法事實只是約定俗成的說法，其實是一種法律理論的建構。

更進一步，立法事實無所不在，是判決過程必須依據的所有背景，無需舉證而自明，則純粹的裁判事實認定即非可能。換句話說，就像法律審即事實審，事實審即法律審，裁判事實的認定無可避免地也是立法事實的認定；立法事實的認定也要通過裁判事實的評估，兩者無法切割。

四 抽象與具體審查

一般認為抽象是法律解釋，具體是個案判決；抽象解釋是法律活動，具體裁判必須有事實認定，其基礎是法律與事實，「立法事實」（抽象）與「裁判事實」（具體）的區分。

⓵⓪⓺　Lawson, *supra* note 27, at 863.

⓵⓪⓻　Richard D. Friedman, *Legal Theory: Standards of Persuasion and the Distinction between Fact and Law*《法律理論：說服標準及事實與法律的分別》, 86 Nw. U. L. Rev. 918 (1992).

⓵⓪⓼　民事訴訟法研究基金會編，《民事訴訟法之研討第四冊》，第 147 頁（陳計男發言）。

　　抽象與具體是相對而非絕對的概念，因此無法據此劃分所謂抽象與具體審查。從抽象到具體是一條光譜，並非可以截然劃分的兩塊不同領域，何況在光譜的那一定點切割抽象或具體並無確切標準，完全要以特定情況而定。相對於契約行為，法律行為是抽象觀念，契約行為則較具體；相較於例如要約承諾，契約行為的觀念當然更為抽象。對於某種情況可以便宜地稱之為抽象審查，相較於另一個情況可能是再具體不過的審查。所以，這種分割當作討論方便則可，認為是嚴謹的分類則只有自欺欺人。

　　從「裁判事實」與「立法事實」之不可切割可以進一步推知，具體審查與抽象審查不同的說法最多是試圖指出抽象審查沒有必然依據具體案情的必要，不能因此認為具體案情必然在（抽象）審查時不起作用而排除在外。我們可以說：凡是引起抽象審查的念頭，都是因為在具體情況下法律的適用發生疑義或分歧。因此在「抽象」審查過程中，只是人為地試圖假裝不能或不去考慮法律解釋或適用的具體後果，並在審查過程中有意略去具體案情的指涉，這就是所謂「抽象」的真面目。

　　假裝抽象審查之中沒有考慮可能的實際後果（事實效應），而即使無法不運用「立法事實」，又將這種事實在審查過程視為只是潛在背景不必言宣，這些觀點之不符實情已如上述。不過即使抽象審查與具體審查的分野雖然無法維持，其勉為分割有一個功能上的意義，即：例如憲法法院的審查機關無法逕為處分個案，只能期待具體個案的審查機關遵從「抽象」解釋對個案做出適當的處置 ⓐ。

⓲　*See* Wolfgang Zeidler, *The Federal Constitutional Court of the Federal Republic of Germany: Decisions on the Constitutionality of Norms*《德國聯邦憲法法院的法規憲法審查》62 Notre Dame L. Rev. 504 (1987).

柒 結 語

傳統觀點在法律適用的過程中將事實與法律視為有本質上的不同，即使有時容有重疊，基本上可以區分為兩種不同的事項。本章指出此種區隔和切割事實與理論，事實與價值的二分法一樣，均非可能。

本章又指出：法律程序又有特殊的「方法」建構事實，除了在歷史上影響了自然科學之外，也代表建構事實不僅在實質上由法律理論認識事實，而且在程序上也完全受制於這些「方法」（理論）⑩。

否定事實與法律有本質上的差異，使我們必須重新思考法律的某些分類及觀念的適當性。運用法律不是在堆積事實之後，邏輯推演及解釋方法的適當及完善，而是自始是不分事實或法律的建構。在這種基本認識之下，分割事實審及法律審；區別陪審決定事實，法官決定法律；劃分裁判事實與立法事實；割裂抽象審查與具體審查，通通變得毫無意義。

---

⑩　以刑法而言，有學者甚至認為法律程序很多方面與「發現真實」（即認定事實）的目的無補。參閱 LAUDAN, *supra* note 96, at 29.

‖第七章‖
判例的拘束力與解釋
Precedents

　　傳統是人類所不可或缺的優秀的天然制度。但當傳統形成政治及教育的思維桎梏，就阻礙智慧的發展和所有新時代及環境進步的需求，成為個人、群體及民族真正的心靈麻醉。(Tradition in itself is an excellent institution of Nature, indispensable to the human race; but when it fetters the thinking faculty both in politics and education, and prevents all progress of the intellect, and all the improvement, that new times and circumstances demand, It is the true narcotic of the mind, as well to nations and the sects, as to individuals.)

JOHANN GOTTFRIED VON HERDER, REFLECTIONS ON THE PHILOSOPHY OF THE HISTORY OF MANKIND（賀德，《人類史的哲學省思》）

摘要 　傳統判例研究以法源／非法源及法律／事實拘束此類二分看待判例拘束力的有無。然後以「要旨」及「傍論」區隔拘束的法律見解。本章認為拘束力不能做有／無的二分，而是在後來者遵照先例的自然心態下，判例有從微弱到強烈的不同程度的拘束和說服力。而判例的解釋不在分辨那一部分有拘束力，而在認識其不可避免的拘束及限制下，關注其歷史詮釋及民主議論的層面。

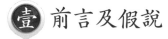

壹　前言及假說

　　適用法律的機關（通常是法院）做成的決定固然是為了解決面對的個案，

但是一旦做成決定,這個決定對以後的案件的法律解釋及適用會有什麼影響,以及其後的適法機關及人員如何看待這個決定, 則是長久以來非常有爭議的議題, 是法律適用及解釋上重要的問題。

一 華語世界判例問題研究的現狀

在主要以臺灣及中國大陸為主的華語地區法界裡, 大致都認為世界各國的法律有源自不同法系的區別。其中最為一致的看法是至少有源於羅馬法的大陸法系 (civil or continental law system) 及發源於英國普通習慣法 (common law) 的英美法系 (Anglo-American legal system) 之別❶。而一般又認為此兩種法系最大的區別在於: 前者的法律裡以成文法為最主要的法源 (sources of law); 後者則主要是以判決中的法律原則為其主要法源。這種說法過去已非完全準確, 現在更是問題。不過, 華語世界對判決拘束力原則的認識及討論大致還以此為背景假設。

1.臺灣學界及實務界的實踐

(1)法源/非法源; 習慣法

雖然臺灣的法學及實務界充分認識先例問題的重要性, 但是缺乏真正深入的研究, 論述大體停留在首先決定先例是不是法源, 如果認為是法源, 先例就有或應該有法的拘束力; 如果不是法源, 即使先例也許在事實上約束了後來的法律解釋, 它沒有 (或不該有) 法的拘束力❷。較近的討論似乎也受

❶ 關於羅馬法對普通法的影響, 以及法德「大陸法系」對羅馬法不同程度或言過其實的「繼受」參閱 Basil Markesinis, *French System Builders and/English Problem Solvers: Missed and Emerging Opportunities for Convergence of French and English Law*《法國系統建立者／英國問題解決者: 法國及英國法匯流已失去及再現的機遇》, 40 TEX. INT'L J. 663 (2005).

❷ 這種早期典型的粗糙「概念分析」參閱王澤鑑等, 臺大法學講座, 〈判例之拘束力與判例之變更〉,《臺大法學論叢》, 9 卷 2 期, 1979 年, 第 1–30 頁。所有討論又假

制於法源／非法源的既定框架，只是對判決是否成為法源提出不同的見解。例如，認為被最高法院挑選過的判例中所宣示的法律見解做為一個法則有拘束下級法院及最高法院本身的強制效力，應該被認為具有「規範上的拘束力」❸。又主張既然臺灣最高法院的「判例」制度事實上具有強制力，就應該將判例做為民法第 1 條的習慣法❹。如果不是完全拋棄法源／非法源的概念分類，這樣的說法是勉強設法在本來就不必要的法源／非法源的二分法下求其自圓其說，反而在論述上將自己設定的「事實」拘束力視同「法源」（習慣法），將自認的「非法源」（事實）混淆為「法源」（習慣法）❺。結果，整

定「法源」(sources of law, sources du droit, Rechtsquellen) 有確定的意思，並假定大家都使用相同觀念。關於「法源」的不同的了解及用法參閱 THE OXFORD HANDBOOK OF COMPARATIVE LAW《牛津比較法手冊》877–79 (Mathias Reimann & Zimmermann eds., 2006).

❸ 吳從周，〈試論判例作為民法第 1 條之習慣法：為我國判例制度而辯護〉，《臺大法學論叢》，39 卷 2 期，2010 年 6 月，第 227，280 頁。如果討論不是侷限於最高法院選擇的民事判例，我不了解為何民刑商憲各種不同領域的判例可以用民法第 1 條的「習慣」處理。類似的思維發生在臺灣法學界最先由民法學者鼓吹的本土「通說」：認為國際法（包括習慣，成文的條約，及各文明國家法系普遍的法律原則）可以經由民法第 1 條的「法理」轉成國內法而有內國法的效力。如果順著這樣的思路改編一下民法第 1 條的文字，好像在說：「國際法無條約明文者依習慣，無習慣者依法理，但無論條約明文、國際習慣法或法理，均為『法理』」，這種充滿矛盾而令人不解的類推，都是以民法看世界的本位主義極不適當的擴張濫用。而臺灣絕大部分國際法學者不僅囫圇吞棗，盲目跟進，被民法牽著鼻子走，有些並譏笑別人「去國多年」，居然不懂「如此簡單」的國際法是為「法理」的內國效力。只是，「在下不才」，從未看過國際一般國際法學者有如此進步的「法學研究」。

❹ 吳從周，同上，第 281 頁。（「經最高法院作為一般人法之確信的媒介與形成機關，將其宣示為是一定共同體社群中具有確信心的習慣法。因此判例應該被重新定位是民法第 1 條之習慣法。」）

❺ 參閱同下註 42 及本文所引法國的 Gény 於一百多年前的說法與法國比較法權威 David 後來的引述，都非常小心地指出判例或為形成習慣的「權威」或基礎

個論述似乎免不了有所矛盾。

(2)權力分立

　同樣從法源／非法源框架出發，有人卻主張最高法院的判例不是法源。然而，判例雖非法源，但有事實的拘束力，並且應該是釋憲的對象。更進一步主張由於司法不能有立法權，最高法院的「判例」制度違反憲法的權力分立原則❻。這種主張不僅不承認判例的法源地位，更進一步質疑其事實拘束

　　(authority)，但沒有自相矛盾地認為先例是「法源」之一的習慣法。我雖不能同意「習慣法」這種提法，但是我理解並贊同吳從周教授不能苟同以「法源／非法源」的抽象觀念，試圖以「非法源」來否定明明有拘束力的先例的荒謬。

❻　林孟皇，〈臺灣判例制度的起源、沿革、問題與改革方向（下）〉，《月旦法學雜誌》，196 期，2011 年 9 月，第 158-159 頁。又可參閱同下註 7、40、41 及所引資料，指出以為權力分立的觀念之下，立法權似乎是國會專屬的超然獨立的權力，是有待商榷的理解。我這樣說，不是因為林法官認為的：我不了解最高法院輯選判例拘束下級法院的做法。而是對「權力分立」較為務實而非形式的對待，不以為以「司法權不得『立法』」一個僵硬的概念，完全否認在「制」(checks) 之餘，還有不可或缺的「衡」(balances) 的一面。也就是所謂 partial agency 的意思，即憲法在賦予司法權解釋憲法及法律的能力之下，已經給了司法權某種程度的「立法」權，只是不得濫用。但參閱林孟皇，〈提升最高法院審判效能芻議：以統一法律見解的組織變革為中心（上）（下）〉，《司法周刊》，第 1618 期，2012 年 9 月，第 2 頁（「……權力分立的模式，除要求……權力的行使，在功能上及組織上必須分立外，也要求各國家權力機關必須相互『制衡』……」；「法官並非立法者……一般法官不能以自己的判斷取代立法者的判斷，自不能作出具抽象性質與一般性拘束力，效力等同法律的『法律解釋』」；「法院……有義務維持法的安定性，判決的可預測性，以及相同個案之間的平等」)。該文對最高法院的「判例制度」有詳細分析，也提出相當可以參考的建議，極具改革的熱誠，令人欣賞佩服。但是，就像期待保守反動的勢力進行司法改革（不能僅觀其言，要察其行），我顧慮的是：以傳統觀念試圖改革傳統，即使可行，究竟容易事倍功半。德國思想家海德格早就警告：「所有即使是最激進，最想重新出發的哲學討論，都不免充滿了傳統觀念，和與之俱來的……傳統的視野及方法。」可以細嚼。MARTIN HEIDEGGER, THE BASIC PROBLEMS OF PHENOMENOLOGY《現象

力基礎的妥當性。但是，如果把「立法權」理解或解釋為法院完全沒有造法的能力，那又是對「權力分立」抽象觀念做過分機械式及法律概念式的處理❼。我認為臺灣的最高法院判例輯選及意欲監督下級法院的官僚式處理，是有不當。但是，不是以過分僵硬的「權力分立」概念所能妥善解釋。

2.中國大陸學界

⑴要不要有判例法

　　由於中國大陸法院的判決還沒有達到判例的地步，中國大陸學界對判例法的辯論集中在判例法的必要性及功能。是否真有這些功能不論，典型的意見在中國大陸以外的學界其實非常熟悉，不外是： 1.先例制度補充制定法； 2.通過先例制度實現正義，類似案件應當類似判決。制定法具抽象性和一般性，構成法官理解正義及當事人感受正義的障礙； 3.以具體性和靈活性促進制定法的適用； 4.增加法律的確定性； 5.合理地減少案件數量❽。

　　根據學者的觀察,中國大陸的法律界關於中國建立判例制度的必要性「已具有較高共識，理論上也已進行了較為充分的論證」；少數反對者的憂慮也主要在賦予判決以普通法系的判例法那樣的拘束力有可能帶來的消極後果。並認為判例制度在統一司法和通過統一也同時解釋法律，從而漸進地發展法律方面的功能或價值，「學界已廣有認識」 ❾。

學基本問題》22 (Albert Hofstadter trans., 1982).

❼　除了眾所周知的法院在判決中必然造法的現象之外，有學者主張司法機關主導或參與制定的許多程序法及證據法，都是司法行使立法權的表現。Eileen A. Scallen, *Classical Rhetoric, Practical Reasoning, and the Law of Evidence*《古典論辯術，務實推理，及證據法》, 44 Am. U. L. Rev. 1742 (1995). ("The rules of evidence are indeed statues, but they are special statutes...[T]he Court and Congress appear to share the rulemaking process....")

❽　張騏，〈建立中國先例制度的意義與路徑： 兼答「判例法質疑」〉,《法制與社會發展》, 2004 年 6 期，第 99–103 頁。並參閱同下註 23 及其本文的討論。

但也有主張中國沒有採用判例法的條件，雖認為理論界對把判例法制度引入中國幾乎都持肯定態度，但建議中國建立以成文法為主，判例法為輔的具有中國特色的社會主義法律體系。並批評這種提法與中國的法制文化、司法環境、社會現實明顯不符，在執法者素質還不是很高的當代中國，甚至「判例法」（指在中國把判例做為法源之一）的提法均為不妥，判例在中國最多起到一個指導作用而非約束作用，更非法源之一，其地位與成文法及司法解釋不能相提並論❿。批評的實質或有其部分的道理，只是仍然是頂著法源／非法源的分類立論，以為判例的拘束取決於抽象觀念（「是否有判例法」）的劃分及定義。

(2)判例法有助司法獨立

大陸學者又主張判例制度在中國有其特殊重要性，先例制度有利於司法獨立；有助於中國憲政與法治的發展及司法獨立、權力分立；並有助於法官素質的提高⓫。這些意見或有其特殊的時空背景，似乎認為法院遵守判例法可以避免政治對司法不當的干涉。不過，這已超越判決拘束力性質及解釋的討論，逕自假設判例之為法源及拘束力原則是直接了當，無須再質疑的前提。

3.國際學界的傳統觀點

近年來西方學界逐漸不再堅持兩法系有成文／判例如此涇渭分明的區分，而指出英美普通法系國家已發展了大量的成文立法，以及大陸法系國家的裁判如果不能說是有法律上一定必須遵守的拘束力，至少有不同程度的約束及說服的力量⓬。在對先例拘束力的比較研究的詳細分析之下，發現先例

---

❾　傅郁林，〈建立判例制度的兩個基礎性問題〉，《華東政法大學學報》，2009 年第 1期，第 98 頁。

❿　張慶旭，〈「判例法」質疑〉，《比較法研究》，2002 年 4 期，第 109 頁。

⓫　張騏，同上註 8，第 105–106 頁。

⓬　Interpreting Precedents: A Comparative Study 《先例的解釋》461–62 (N. Neil

的效力有多種情況：　1.法律上有拘束力，必須遵守（英美普通法，德國聯邦憲法法院，歐洲法院及歐洲人權法院）；　2.無法律上正式的拘束力，但有一定效力 (de facto?)，例如，下級法院不依照波蘭最高法院的判決時必須說明理由；　3.無正式拘束力或事實效力，但可參照；　4.僅供參考❸。這樣的分類固然比之法源／非法源或有拘束力／無拘束力的二分較為詳細，但基本上沒有想到先例也許會因法律領域的相異而有不同的拘束力，更沒有探究究竟什麼叫做「拘束力」。

　　這樣看來，不論是臺灣或中國大陸學界，甚至例如國際上像 MacCormick 以傳統方法處理先例問題的比較研究，都停留在法源／非法源以及法律／事實拘束力的窠臼，大都止於是否或何種「法源」，或有無事實上的拘束力這些觀念分析的層次。但就如學者指出：主張判例雖非有法定的拘束力，但卻有事實上的權威性這種基本的理論輪廓，早由拿破崙法典起草人 Portalis 在二百年前提出❹。在延續這種理論框架之下，沒有探討判決拘束力

MacComick & Robert S. Summers eds., 1997).

❸　*Id*. at 461–63. 又參閱 Thomas Lundmark, *Interpreting Precedents: A Comparative Study*《判例解釋比較研究書評》, 46 AM. J. COMP. L. 211 (1998) (book review) (認為歐盟化，判決日益具體化，資料電腦化，法令滋章等都指向判決日漸增加的影響力)。

❹　John Bell, *Interpreting Precedents: A Comparative Study*《判例解釋比較研究書評》, 82 CORNELL L. REV. 1243, 1266 (1997) (book review) ("The approach of MacCormick and Summers in their conclusion reinforces this weaker persuasive idea of precedent. They draw a distinction between a precedent of solution and a precedent of interpretation. This distinction is well established in continental legal thinking and is attributable to Portalis, who argued that judges were not entitled to lay down decisions by way of authority (*arrest de reglement*) but could proffer decisions by way of interpretation of the law (*arret d'interpretation*):

There are two kinds of interpretation: One by way of doctrine and the other by way of authority.

Interpretation by way of doctrine consists of grasping the true meaning of the laws,

的本質，並將多重面向的各種判例拘束原則繼續做簡單的法源／非法源的二分，其分析及結論粗糙而不深入，遠遠不能窺探及突顯複雜的先例問題。

二 本書觀點

除了在必要的情況下也會討論判例拘束力的實際運作，以及探討其優劣之外，我認為更重要的是進一步深入其前提或前置性的問題。與其一直爭辯什麼是先例的拘束力？拘束力是什麼？先例是不是法源？先例拘束的優缺點是什麼？判例制度是什麼？在不能免俗而略為交代之外，我改問為什麼有先例拘束這種現象？判例拘束力的有無是什麼意思？為什麼判例會有拘束力？無論有沒有或有什麼樣的拘束力，我們應該如何面對先例？也許可以很籠統地說：我們不要從傳統認識論的角度問一些不論是抽象理論或事實陳述等等「是什麼」(is) 的問題，而是從現象存在論的取向改問何以有這種現象？以及這些現象的意義何在？前面那種問法有時顯得只是流於抽象觀念之爭，後一種問法才有可能顯現先例拘束力真正的現象❶⑤。

我因此認為：

1. 判例研究如果從觀念及形式（法源、權力分立等）切入，不會正確又不能認識問題的真相，永遠是你拉我扯；

2. 從社會科學，尤其是社會心理學的角度，先例一定有其拘束力，不是

---

applying them with discernment and supplementing them in cases which they have not regulated....

Interpretation by way of authority consists of resolving questions and doubts by means of regulations or general provisions. This is the only form of interpretation which is forbidden to a judge.")

❶⑤　參閱 MARTIN HEIDEGGER, BASIC CONCEPTS《基本概念》21–38 (Gary E. Aylesworth trans., 1993). 認為「是」本身沒有特別的意義，「是什麼」的意義端看它連結什麼樣的主詞及賓詞。從這個角度觀察，將問題的提法定為「是什麼」，並不代表答案就是「客觀」或「正確」，更不用說有什麼解釋力。

以抽象觀念的法源／非法源，或法律／事實的二分，決定拘束力的有無或性質；

　　3.判例的解釋的主要關切不是有無拘束力的問題，而是怎麼解釋及解釋什麼。也就是看到其更深一層的歷史詮釋及民主社會的議論的層面；

　　4.先例守舊因循的自然傾向，在平行橫向適用的場合（下詳），要一反有拘束力的原則，以「先例無拘束力」的推定克服心理上因襲的習慣。

貳 什麼是先例拘束力原則

一 傳統英國普通法的先例拘束原則

　　英國普通法確立的判例拘束原則 (stare decisis) 應該是學界早已熟悉的理論，無需詳加介紹。簡單地說，上級法院的判決是為有一定拘束力的先例，本身原則上應予遵守，更上級的法院亦予尊重，而下級法院則必須遵守❶。至於英國 2009 年改制之前的終審法院貴族院，至少從 1898 到 1966 年是絕對遵守該院自己的先例，而在整個十九世紀也大都如此。直到 1966 年貴族院才會在適當情況下變更先例❶。

二 先例的解釋

　　不過，英美傳統的判決拘束力原則並不是指整個判決都有法律上的拘束力，而是把法律的拘束力侷限在所謂「判決要旨」(ratio decidendi)。理論上而言，無關判決要旨的所謂傍論 (dictum) 並不具法律上的拘束力。這種區分與英美法系之外，以先例有無拘束力的討論有所不同。而且從以下社會科學

---

❶ RUPERT CROSS AND J. W. HARRIS, PRECEDENT IN ENGLISH LAW《英國法律的先例》5 (4ᵗʰ ed. 1991).

❶ *Id*.

及心理學對先例何以對後來發生的案件產生影響力，社會科學及心理學家似乎又不做所謂「要旨」與「傍論」的分別，而認為先例的拘束力的社會科學（包括心理學）解釋要比法律分類更具說服力。又先例解釋中最大的問題之一則是：在英美先例之下，如何判斷一個判決裡什麼是「要旨」，而其他則可能是無關緊要的「傍論」。

英美法學說關於「要旨」中有一個所謂「必要條件說」。根據這種理論（所謂 Wambaugh's test），要決定某種法律命題是否可以稱之為「要旨」，必須如果法院採納想像該命題的相反意思，該判決即無法成立，原來的命題才是「要旨」❶。不過，學者認為這種必要條件說對確定「要旨」並無絕對功用，只是符合一般常識認為支撐法院判決的見解才是判決要旨❶。

另有 Goodhart 創立的重大事實說，主張基於法院認定的重要事實的法律見解才是「要旨」。如果其他法院的案件也有這些同樣的重大事實，先例中的法律見解即是有拘束力的「要旨」❷。不過，在實務上並沒有什麼唯一正確的方法可以確實找到判決要旨，不但從判決中可以做出不同的法律命題，而且任何命題都可以給予嚴格或寬鬆的解釋❷。

另一方面，歐陸的法院（包括歐洲法院）在引用先例之時，主要在表示本案的處理方式過去已有成規，不在乎判決中有所謂「要旨」及「傍論」之別❷。

但是，先例的解釋不該還停留在這種形式的分類。以上這種傳統的老生常談，不論如何排列組合，對稍微有一點英美普通法知識的法律人士已不是

---

❶ *Id*. at 52.

❶ *Id*. at 56.

❷ *Id*. at 63.

❷ James L. Dennis, *Interpretation and Application of the Civil Code and the Evaluation of Judicial Precedent*《民法典的解釋與適用及判例的評估》, 54 LA. L. REV. 1, 6 (1993).

❷ Carl Baudenbacher, *Some Remarks on the Method of Civil Law*《略論大陸法的方法》, 34 TEX. INT'L L. J. 352–53 (1999).

什麼大不了的學問。或有如臺灣的最高法院汲汲以輯選修繕典型的「要旨」為統一的適用❷❸；或後來者及下級法院對「要旨」畢恭畢敬的「參照」。乃至於大法官或上級法院對先例形成的「法律原則」做官腔官調的宣示❷❹。這些都不是先例解釋真正的意義之所在。

判例解釋的意義首在其詮釋 (hermeneutic) 的性質。判決一旦做成，在一瞬間即已成為過去。因此，所有判例都是「先」例。先例既已是過去，過去不會再發生。那麼，先例的解釋必須做為理解歷史脈絡的一部分，做為妥善應對將來的考量❷❺。在我看來，遵守先例的習慣及取向，只因為之先的形式，用來宰制之後的實質，剛好與歷史的詮釋態度背道而馳。這是我主張先例不應（請注意，不是不會）有拘束力的部分原因。

判例解釋的意義又在其議論 (deliberative) 的功能。在古希臘雅典的城邦民主政治裡，審判是公民的事務，既無法官也無律師，甚至對犯罪的訴追也由公民自願擔當。所以當然沒有判決文，只有參與的公民的議論❷❻。而至少在羅馬的共和時期 (509 B.C.–27 B.C.)，羅馬法下的審判與一般政治集會極為相似，是由比較熟悉法律的辯士（patrons 及後來的 jurisconsults）在審判官

❷❸ 參閱林孟皇，同上註 6 兩資料。

❷❹ 參閱黃維幸，「大法官別打官腔了」，蘋果日報，論壇，2010 年 8 月 17 日，<http://www.appledaily.com.tw/appledaily/article/headline/20100817/32743123>（最後上網日期：2012 年 9 月 30 日）。亦見同下註 28、29 及其本文的評論。

❷❺ 對歷史傳統的詮釋解釋，參閱例如德國的 HANS-GEORG GADAMER, TRUTH AND METHOD《真理與方法》328 (Joel Weinsheimer & Donald G. Marshall trans., 2d rev'd ed. 1989). 對時間及發生的詮釋參閱與 Gadamer 亦師亦友的 MARTIN HEIDEGGER, AN INTRODUCTION TO METAPHYSICS《形上學導論》44 (Ralph Manheim trans., 1959).（「歷史不是過去的同義，因為過去已不再發生。歷史更不是現在，現在不會發生，而只是經過，來來去去。歷史的發生是通過現在，**取決於未來而涵蓋過去的**一種行動及存**在**。正是現在消失在發生的過程之中。」）（粗體為作者所加）

❷❻ 參閱 GEORGE A. KENNEDY, A NEW HISTORY OF CLASSICAL RHETORIC《古典論辯術新論》15 (1994).

及幾十個參審公民之前辯論㉗。而這種論辯的傳統在現代的民主社會更是值得珍惜。所以，現代的法院，尤其是司法院釋憲及上級法院的判決，不應如同過去衙門式封建官僚拍案式的諭命，要視為有引導公共議論的教育角色的機會及場合；不用威權式、斷言式的宣示，而著重說理和說服㉘。從這個角度看待先例，解釋先例的要務不在分辨「要旨」或「傍論」以茲遵照，而是與有能力及有足夠認識的法官對其於特定的歷史環境下，對自己的定位，對他人的期待，對社會的憧憬，對生活的詮釋的一種對話㉙。

三 先例的優缺點

討論先例的拘束力自然不能免俗要提到遵守先例的優缺點。各種主張其實是大同小異。優點不外是使法律成為不相互矛盾的體系、公平及平等的要求、法的安定及預測性及以判決闡釋法律原則㉚。也有學者在所謂預測性之外，指出可以防止司法的恣意及節省司法成本㉛。更有認為傳統本身就有遵守的價值，而人類社會要注意累積傳統智慧，防範破壞傳統㉜。

至於先例拘束力的缺點有如：

1.過分強調一致，無法照顧具體案情；

㉗　*Id*. at 103–05.

㉘　關於例如美國最高法院的教育功能，參閱 Scallen, *supra* note 7, at 1733.

㉙　參閱 JAMES BOYD WHITE, JUSTICE AS TRANSLATION《正義是翻譯》171–75 (1990).

㉚　MacCormick, *supra* note 12, at 486–88; Oona A. Hathaway, *Path Dependence in the Law: The Course and Pattern of Legal Change in a Common Law System*《法律的依賴路徑》, 86 IOWA L. REV. 101, 151–53 (2001) (Predictability; tradition; equality).

㉛　Jonathan F. Mitchell, *Stare Decisis and Constitutional Text*《先例拘束力及憲法條文》, 110 MICH. L. REV. 1, 3 (2011)（認為憲法條文本身至少允許最高法院適用 stare decisis 支持聯邦法律及條約合憲及州法違憲）。

㉜　Anthony T. Kronman, *Precedent and Tradition*《先例與傳統》, 99 YALE L. J. 1029 (1990).

2.判決遵守的法律原則跟不上時代；

3.形式平等；

4.安定而無法適應新科技及政經情勢；

5.判決與法律的落差；

6.現代社會的複雜性今非昔比 ❸。

以上這些說法耳熟能詳，但許多觀點都經不起以下以社會科學角度的檢視。

有些美國學者則呼應某些大陸法系學者的意見，認為從具體個案建立的法律原則很難成為體系，而法律也不是有系統地改變 ❸。不過，很多大陸法學者卻反過來質疑大陸法有什麼叫做「體系」 ❸。

四 大陸法系

本研究開宗明義就指出：對大陸法系國家的判例以「非法源」一句帶過，常常傳遞一種扭曲的印象。以法國為例，法國真正的司法實踐與法國法院判決常常呈現的簡潔的三段論法的印象非常不同。學者對法院的卷宗仔細分析之後，發現法官並不只是將法律以「涵攝」（意即演繹式的三段論法）套用到事實而已。獨立的鑑定人 (advocate-general) 的意見以及受命法官在他們的報告中對法典的不足及遺漏，乃至於法條的模糊，都會詳為分析。對案子也會從務實及策略的角度處理，而不是看起來只像是對法條進行文義的解釋及邏輯的推論。他們對先例也廣加引用分析，意識到先例有一定的規範性 (normative forces)，並試圖在先例的架構下，使新案的解決與判例相一致 ❸。

---

❸ MacCormick, *supra* note 12, at 491–92.

❸ Frederick Schauer, *Do Cases Make Bad Law?*《判例法是惡法?》, 73 U. Chi. L. Rev. 883, 895, 907–08 (2006). ("Concrete cases with specific facts may not be conducive to generalizing abstract principles."; "Change of precedents are not necessary timely and systematic.")

❸ Viehweg, *infra* note 123, at 75–85. 又參閱本書導論，第 1–6 頁。

❸ Michel de S.-O.-l'E. Lasser, *Judicial (Self) Portraits: Judicial Discourse in the French*

根據學者的觀察：法國的法學界雖一向熱衷於討論法源問題，但學界也體認法院在釋法及適法的過程之中，也有一定的創造性，並不同於法院判決看似機械論證的表象❸。就是因為先例有一定的拘束力，法國的最高法院才能以判決發展法國民法法典根本沒有明文的例如權利濫用、不當得利❸，以及像產品無限責任等等原則❸。

　　大陸法系國家對判例的看法表面上又受制於三權分立的概念。尤其是在法國傳統的權力分立的架構及觀念之下，法官沒有立法權，立法權屬於國會及執行法律的行政機關❹。法官造法的能力雖然受到一定的限制，但並不代表法官在判決裡沒有造法的能力；而所謂判決非法源如果不這麼了解就不正確❹。所以，法國著名的法學家錢尼在一百多年之前就評論：判例並不是一種獨立的法源，也不是一種特殊的習慣，但判例卻是習慣形成不可或缺的原動力❹。

　　在德語系國家，上級法院的判例在具體案件之外，仍具有其「事實」上的拘束力。為了法律解釋的一致，上級法院的判例有一定的規範性 (normative) 效力，雖然有些受羅馬法影響的國家要求必須有一連串的類似判

　　Legal System《司法的自畫像：法國法下的司法論證》, 104 YALE L. J. 1325, 1370 (1995).

❸　*Id*. at 1405.

❸　Markesinis, *supra* note 1, at 677.

❸　Konrad Zwiegert & Hans-Jugen Puttfarken, *Civilian Methodology: Statutory Interpretation－Civilian Style*《大陸法的方法：法條解釋》, 44 TUL. L. REV. 716, n. 32 (1970)（舉法國民法第 1119, 1120, 1381⑴為例）。

❹　關於法國自大革命以來對司法權及司法審查的態度，以及在法國第五共和憲法下行政機關某種程度的制法權力，參閱黃維幸，《務實主義的憲法》，新學林，2008 年，第 133, 128–129, 178–179 頁及所引資料。

❹　RENÉ DAVID & JOHN E. C. BRIERLEY, MAJOR LEGAL SYSTEMS IN THE WORLD TODAY《當今世界主要法系》124 (2d ed. 1978).

❹　Lasser, *supra* note 36, at 1351 (quoting Gény).

決才能達到某種拘束力，有評論認為實務上先例與普通法下的功能沒有什麼大不同❹。

　　這樣看起來，我們在「繼受」法源／非法源的理論之餘，更重要的是了解這些理論爭論的背景和實踐，才不至於從純理論的陳述，想像一種扭曲而不符實際的判例實踐，並更進一步以為只有自己的理論及實踐符合了這種本不存在的幻覺，才是真正「繼受」了外國法制或法律理論的精髓。我更奉勸年輕的學子，想要了解外國法律的真髓，在臺灣傳統法律訓練的基礎上「懸樑刺股」是遠遠不夠的，必也努力做到認識及方法上的「脫胎換骨」。

參　先例拘束力原則的多樣性

　　如果討論判例拘束的原則停留在有無拘束力或有無法律或事實的拘束力的層次，就不能完全呈現拘束力的多種態樣及層面。判例拘束會以法院結構的高低而有橫向及縱向效力的不同，這從傳統英美普通法上的實踐已可觀察得到。不但如此，判例拘束力會因法律領域的不同而有大小之別。同理，同樣是先例，卻會因為一個判例本身受到重視、尊重、或信服的程度高於其他判例而產生超越一般先例的拘束力。再者，先例的拘束原則不是一種靜態的「普世原則」，在特定的時空下，有完全不宜適用的情況。就因為如此，即使接受傳統的判例拘束原則，必須討論在何種情況下改變先例。所以，專注法源／非法源或法律／事實拘束力是非常膚淺的觀察。

一　垂直 (vertical) 及橫向 (horizontal) 的拘束力

　　首先，談論判例的拘束必須先辨其垂直及橫向拘束力的不同。垂直的拘束力指的是下級法院對上級法院判決的遵守；橫向的拘束力代表法院對自己本身過去先例的尊重❹。即使從傳統的理論觀察，相對於「法律」拘束力的

---

❹　Baudenbacher, *supra* note 22, at 351 (1999).

所謂「事實」拘束力，在垂直及橫向兩種場合的現象及考量並不相同。垂直的拘束力帶有政治組織整體性的考慮❹，因此，除非上級法院的判決改變，所有下級法院都應該遵守；稱之為「事實」的拘束力，不過是在法源／非法源的既定框架下的一種粉飾。由於有上訴程序的救濟，即使下級法院對上級法院先例的「區分」(distinguish) 規避❹，最後還是必須說服上級法院，得到後者的同意。

橫向判例的拘束考慮可以勉強稱之為著眼於法律解釋的一致，但是比較沒有組織整體性的考量。我們前面已經指出英國的貴族院可以一下子採取必要時隨時變更先例的政策。而在以下的討論裡，我們更可以看出判例拘束力的發生，大部分不在因為法源／非法源或法律／事實拘束的分類，而是一般人做判斷及決定的自然傾向。

二 先例拘束原則的二分

首先提出憲法解釋先例的拘束力有別於其他的是美國最高法院的 Brandeis 法官。他主張先例拘束原則雖有其必要性，但在事關聯邦憲法的場合，由於國會以立法變更憲法解釋的錯誤幾乎是不可能，最高法院時常以推翻先例改正自己的錯誤。法院並不死守原則，而是以實驗的態度接受經驗教訓及較好的推理及論證❹。所以，他主張憲法解釋的先例拘束力應該較小於

---

❹ Jonathan Remy Nash & Rafael I. Pardo, *An Empirical Investigation into Appellate Structure and the Perceived Quality of Appellate Review*《上訴結構以上訴審素質觀感的實證調查》, 61 VANDERBILT L. REV. 1745, 1750 (2008).

❹ *See*, Kurt T. Lash, *Originalism, Popular Sovereignty, and Reverse Stare Decisis*《原意主義，主權在民，及判例不拘束原則》, 93 VA. L. REV. 1437, 1455 (2007).

❹ 所謂「區分」是判例法之下法律人士常用的一種技巧，意即在不同意先例的法律原則之時，區隔本案及先例的事實或脈絡，指出兩案之間的不同，以規避先例的拘束。

❹ Lee J. Strang and Bryce G. Poole, *The Historical (In)Accuracy of the Brandeis*

國會通過的法律解釋先例，因為前者有較多的政策考量。同時從歷史上的實踐觀察，美國最高法院一向持這種態度 ❽。

　　英國普通法下的先例拘束原則的發展有其一定的歷史及制度背景：在英國大致沒有成文憲法之時，同時在國會主權的觀念之下，國會對任何司法判決有任意改變的權力。這樣，法院嚴守先例拘束原則仍有一定的政治制衡。但在一個剛性憲法及主權在民的國家，改變憲法既不容易，推翻司法判決，尤其是法院對憲法的解釋，也就非常困難。所以，有學者認為：無條件遵守先例拘束原則違反主權在民的精神，危害司法審查的正當性 ❾。有些學者也認為法官宣誓效忠憲法，而不是效忠法院或其他任何機關對憲法的解釋。如果法官必須以自己的良知決定憲法或法律的意義，先例的拘束力原則顯然與憲法原則矛盾 ❺⓿。如果將邏輯推演到應有的結論，雖然先例拘束力原則至少認為先例應推定為有效，一個主權在民的政體有時應推定先例無效。當先例造成政治程序的結構性缺點或完全背離多數原則，應該翻轉拘束力原則，變成先例無拘束力原則 ❺❶。最後這個觀點雖然只侷限在憲法先例，卻與我對處

Dichotomy: An Assessment of the Two-Tiered Standard of Stare Decisis for Supreme Court Precedents《布倫岱斯判例二分與史實不符》, 86 N.C. L. Rᴇᴠ. 969, 976 (2008) (quoting Brandeis in Burnet v. Coronado Oil & Gas Co., 285 U.S. 393, at 405–08 (1932) (dissenting)).

❽ Strang, *supra* note 47, at 1028 (The authors, however, claim that Brandeis is historically incorrect and that the Court historically has treated constitutional precedents with the similar respect as cases involving statutory interpretations).

❾ Lash, *supra* note 45, at 1442.

❺⓿ Evan H. Caminker, *Why Must Inferior Courts Obey Superior Court Precedents?*《下級法院何以必須遵守上級法院的判例》, 46 Sᴛᴀɴ. L. Rᴇᴠ. 817, 820 (1994).

❺❶ *See*, Lash, *supra* note 45, at 1143. *But see* Richard H. Fallon, Jr., *President & the Roberts Court: Keynote Address: Constitutional Precedent Viewed Through the Lens of Hartian Positive Jurisprudence*《總統與羅勃特的最高法院》, 86 N.C. L. Rᴇᴠ. 1107 (2008) (arguing the rule recognition support stare decisis in constitutional law adjudication). 以

理先例拘束應有的態度不謀而合。

三 超級先例 (Super-Precedents)

　　在有拘束／無拘束力的絕對二分的框架之下所沒有看到的是：有些法院，尤其是上級法院的判決，經過時間的考驗一再被法院、其他政府機關或學者所引用，因而影響了多層面的法律理論，並為社會一般所認同，不宜再由法院後來的判決質疑，這樣的判例不只是先例，而是「超級先例」❺❷。就意識形態較高的憲法判例而言，超級先例常常成為文化及集體意識的一部分，質疑或改變它顯得「不愛國」，想要改變它是談何容易❺❸。不過，我想指出的是拘束力不是有／無二分的現象，而是有如光譜而有一系列的強弱之分。

四 先例拘束力的時空及先例的變更

　　在論及先例的拘束力之時，既不能認為判例不是法源所以沒有拘束力，也不能主張由於判例是法源或具有事實的規範性，它就一定有拘束力。除了西班牙的憲法法院不承認先例有正式的拘束力，認為民主轉型後的法院沒有遵守法朗哥時代的判決的義務。民主轉型後的波蘭也有類似的問題發生。英國普通法下的判決拘束力原則的前提是由過去一貫的傳承，而很多大陸法系的法制沒有由過去到現在一貫的聯繫❺❹。這些因素都會影響判例拘束力的大

　　及 Richard H. Fallon, *Stare Decisis and the Constitution: An Assay on Constitutional Methodology*《先例拘束原則與憲法》, 76 N.Y.U. L. Rev. 570 (2001). 又可參閱 R. Randall Kelso & Charles D. Kelso, *How the Supreme Court is Dealing with Precedents in Constitutional Cases*《最高法院如何處理憲法案件》, 62 Brooklyn L. Rev. 973 (1996); Henry Paul Monaghan, *Stare Decisis and Constitutional Adjudication*《先例拘束原則與憲法審判》, 88 Colum. L. Rev. 723 (1988).

❺❷　Michael J. Gerhardt, The Power of Precedent《先例的威力》182 (2008).

❺❸　*Id*. at 178.

❺❹　Bell, *supra* note 14, at 1279.

小或有無。

　　雖然由於心理及其他因素，法院的判決通常會受歷史傳統及先例的左右，以下還會詳論。但判例也會變更又是不爭的事實。從社會心理上看來，先例會受到遵守，不是因為先例提供了最妥適的方案，而只是由於先例已然存在的事實。但是，沒有一個主張先例不管有「法律」或「事實」拘束力的人敢說先例絕對不能推翻，尤其是面對先例已然不符合新的情勢之時，廢棄先例更是所在多有。所以，先例的拘束原則沒有辦法提供一定的預測性，當然所謂法的安定性也因而是極不穩定的信仰❺❺。

　　美國統一商典 (Uniform Commercial Code) 起草人 Llewellyn 說過：「法律人士一談到『法的安定性』馬上聯想到可以簡單以『涵攝』適用法條。尤其因為判決和法律論述常常必須以這樣的面貌呈現以符合社會的期待，我們一般都這樣認為。我說這種法的安定性過去不存在，將來也不可能出現。追求這種安定性不過是浪費時間❺❻。」他又認為受到法律影響的人所期待及感受到的法的安定，是基於他在所處的生活環境之下所產生的期待可能性。訴訟的結果符合一般的期待，當事人就感到法律有一定的穩定。所以法官最重要的任務是能夠在解釋法律之時，對法律的意思做到符合真實生活的變化❺❼。

　　即使觀點非常中庸的美國著名法學家 Cardozo 也說過：「我願意承認先例拘束原則不該放棄，但是它在某種情況之下應該放寬。當一個原則在經驗的考核之下已經知道是不符合正義或公益，就應該明白地廢棄」❺❽。他又主張，有些與公益關係較不直接的私法領域的判例，如果這些判例建立的規範並沒

---

❺❺　*See*, Goutam U. Jois, *Stare Decisis is Cognitive Error*《先例拘束原則是認知的謬誤》, 75 BROOKLYN L. REV. 63, 130 (2009).

❺❻　KARL N. LLEWELLYN, THE CASE LAW SYSTEM IN AMERICA《美國的判例法制度》73 (Paul Gewirtz ed., and Michael Ansaldi trans., 1989)（原著是德文）.

❺❼　*Id*. at 83.

❺❽　BENJAMIN N. CARDOZO, THE NATURE OF THE JUDICIAL PROCESS《司法程序的性質》150 (1921).

有影響當事人的行為，或是判例所產生的原則是本於已受時代淘汰的制度或環境，我們應該多廢棄這些判例❺❾。

依照以下還會詳論的「依賴路徑」理論，它在相當程度內更能夠說明先例拘束力原則的本質，尤其是演化依賴路徑 (evolutionary path dependence) 理論更是指出：法律規範並非自由市場裡各種理論自由競爭，適者生存的產物，而是受初始條件及「突變」的制約❻⓿。學者因而主張至少要有三種不同型態的拘束力原則：普通法的先例拘束原則並不要各種先例一視同仁，因此，應該依照「突變」可能性的高低分別對待憲法、判例法、及國會法三種不同領域，憲法解釋先例的拘束力最低，國會法解釋最高，判例法介於兩者之間❻❶。

更進一步，即使先例拘束原則有繼續保留的必要，有學者主張至少在下列三種場合不應適用：

1. 當客觀環境穩定而缺乏變化使得判例沒有改變的外在因素；
2. 當判例產生於相當不同的客觀環境；
3. 判例基於先例的傍論而非判決要旨而產生❻❷。

五 判例的成文化 (Textualization)

學者指出：早期英國普通法下的法院判決並不像現在一樣，正式由法院公佈出版，並且還有各種不同的商業版本。最早只是由法官口頭宣佈，如果有什麼判決的版本，不過是出庭律師記錄的手抄本。如果觀察美國判例發展，判例不只是法院的審判先例這種有限的意義，而是法官做出並公佈的權威文字。法官的意見雖然不能說是成文法，但是可以說判決的文字在某種程度上已經成文化，法界注意判決的文字就像注意成文法一樣。判例在過去是法律

---

❺❾　*Id*. at 151.

❻⓿　Hathaway, *supra* note 30, at 138–44.

❻❶　*Id*. at 155–58.

❻❷　*Id*. at 155–62.

的證據，成文化的結果判例就像是成文法❻❸。這樣看來，判例與成文法的區別小了很多，多少會模糊法源／非法源的界線。同時也可以說：不因最高法院輯選判例才算有判例拘束的「立法」，而司法權的制法不因抽象的權力分立觀念而全然不存在。

🔴 肆 先例發生效力的社會科學解釋

　　既然傳統對先例拘束力原則的解釋不盡如人意，我以下準備用新近社會心理學研究的成果中，對影響做成判斷及決定的許多「率斷」因素 (heuristics)❻❹：諸如「浮上心頭」(availability)、「人云亦云」(cascades)、「一鳥在手」(endowment effect)、「維持現狀」(status quo bias) 等，以及社會科學對「依賴路徑」(path dependence) 的理論，探究何以不論稱之為「法源」或「非法源」，判例會拘束後來的決定。這些發現不但直接挑戰人類一定理性思考的傳統假設，而且也顯示抽象的觀念分類根本解釋不了拘束力的性質。

■ 一 社會心理學

1.率斷 (heuristics)

　　在過去幾十年社會心理學家持續的研究之下發現：人在斷定複雜事情的

---

❻❸　*See generally* Peter M. Tiersma, *The Textualization of Precedent*《判例的成文化》, 83 NORTRE DAME L. REV. 1187, 1279 (2007).

❻❹　"Heuristics" 有人翻成「速斷」，也許沒有涵蓋其容易錯誤的意涵。我過去採用「定見」，似乎反而有「胸有成竹」的錯覺，故改採「率斷」。除本文以下援用的影響先例拘束力的「率斷」之外，有學者主張「框架效應」(framing effect) 也是其一。參閱 Lois, *supra* note 55, at 88. 不過我認為「框架效應」是拘束力產生後的效果，不是原因。即先例有時造成表面推定 (prima facie) 的出發點，限制了議論的範圍。參閱 MacCormick, *supra* note 12, at 470.

可能及評估事物的損益的時候，使用的是將決定簡單化的少數幾個「率斷」原則❻❺。這些率斷雖不一定是偏見，在有些情況下也可能幫助我們迅速形成某種意見，但是，率斷也常常導致錯誤的決定。學者指出：做成決定時的一個方法是衡量結果的好壞，採取我們認為會有好結果的辦法。但是，我們做成決定之時並不一定如此。我們使用一些並不一定只考慮後果的直覺原則。而我們評估他人的決定也使用這些直覺❻❻。

不只是在損益評估或衡量可能性有直覺性的率斷，我們在做道德判斷之時也使用道德性的率斷。除了個人判斷受到「率斷」的影響之外，社會及文化因素在集體互動之中會加強個人的成見。例如「人云亦云」(informational cascades)：因資訊不足，前人的意見可能成為大家的意見。又如「愈講愈真」(polarization)：在意見類似的人一齊討論時，會將原有的觀點愈往極端方向發展。再如「先入為主」(predisposition) 等，都是人受社會流行的成見，很大的程度上決定我們資訊的內容及來源❻❼。

道德率斷有時是適當的，但是，當率斷成為脫離實際脈絡，有如不著邊際的飄萍式的「普世原則」，而被適用到完全不相同的場合，就會產生錯誤的判斷。尤其因為一般認為遵守「普世原則」是天經地義，反對胡亂適用「道德律」的人常常會被認為是道德冷漠，甚至是邪惡，造成避免錯誤的道德率

---

❻❺ Amos Tversky & Daniel Kahneman, *Judgment under Uncertainty: Heuristics and Biases*, in JUDGMENT UNDER UNCERTAINTY: HEURISTICS AND BIASES《不確定下的判斷：率斷與偏見》3 (Daniel Kahneman, Paul Slovic, & Amos Tversky eds., 1982).

❻❻ JONATHAN BARON, JUDGMENT MISGUIDED: INTUITION AND ERROR IN PUBLIC DECISION MAKING《偏差的判斷》1 (1998).

❻❼ Cass R. Sunstein, *Empirical Legal Realism: A New Social Scientific Assessment of Law and Human Behavior: What's Available? Social Influences and Behavior Economics*《實證法實在主義：法與行為的社會科學新解》, 97 Nw. U. L. REV. 1295–1315 (2003) (availability); Cass R. Sunstein, *Group Judgments: Statistical Means, Deliberation, and Information Markets*《集體判斷》, 80 N.Y.U. L. REV. 962, 1000–07 (2005).

斷更是不易❻❽。

　　常見的道德率斷有如：⑴無善不為；⑵維持現狀；⑶順其自然；⑷獨立自主及個人權利；⑸公平分配；⑹效忠組織；⑺罪有應得；⑻公平正義等等❻❾。這些直覺式的率斷原則有時並不適合所有情況，例如，忠誠固然常常是一種美德，對團體效忠有時成了犧牲別人或別的團體的藉口（「服從組織」、「愛國無罪」、「只問藍綠，不問是非」）。又如公平當然可取，只是我們要問什麼樣的公平？誰的公平？不是表面或直覺上一句應該公平即可了事。

　　與法律及判例比較有直接關係的道德率斷也很常見：例如以下還要進一步討論的「維持現狀」的心態，常常以狀似崇高的「法的安定性」出現，使法律及判例的改變困難重重。又如「獨立自主」固然有時是人人追求的目標，但什麼才是在婚姻關係中「人格的自我實現」，或實現誰的「人格自主」，往往在泛泛的道德率斷中被輕易的淹沒了。還有，判決或法條適用之間的類推適用，據說是「正義的要求」及「平等的實現」。但什麼是正義，誰的正義，怎樣才算平等，除了以「等者等之，不等者不等之」這類同義反覆的空話搪塞之外，「類推適用」在「正義」「平等」要求這種率斷影響之下成了理所當然的公式，不再探究適用先例到底成就了什麼正義，促進了什麼平等。

2.浮上心頭 (availability)

　　傳統的理性模式假定人在做判斷之時，是根據各種資訊做出損益評估或符合正確機遇率的最佳決定❼❶。但是，新近的社會心理學研究挑戰這種觀點，認為人在做判斷時常常是依據有限的資訊；而取得或依據這些資訊的關鍵在於資訊是否容易浮現。容易或不容易浮現要看對之的熟悉度，事件是否突出，

---

❻❽　參閱 Cass R. Sunstein, *Moral Heuristics and Moral Framing*《道德率斷及道德框架》，88 MINN. L. REV. 1556, 1559 (2004).

❻❾　BARON, *supra* note 66, at 8–9.

❼❶　Kahneman, *supra* note 65, at 190.

以及研究調查的方式 **❼**。例如，不久之前病人厭世自殺造成轟動的醫院，很容易認為另一個抱怨的病人極可能又要自殺 **❼**。又如飛機失事的機遇率雖然極低，低於開車的出事率。可是媒體對飛機失事的大幅報導卻常常使人覺得乘飛機的風險極高。所以，人面對不確定的事情做出決定是一種循環性的社會程序。社會有一定的機制決定人會有什麼資訊；經由「浮上心頭」這種率斷的原理，人使用這些想得到的資訊做出風險評估，判斷風險可否承擔。由此導致的人的行動及表示又反過來影響社會上可以取得的資訊 **❼**。

最先有關「浮上心頭」的發現主要在風險評估裡造成不正確的機遇估算，但後來關於「浮上心頭」的率斷的適用已經擴大，強調資訊容易浮現的一面 **❼**。無論如何，這種率斷可以解釋為什麼法官在斷案時會馬上想到用類似先例（尤其是名案）的同樣方式解決問題。加上現代判決的編輯出版制度，以及資料庫、電腦的使用更是增加先例浮現的可能。這是遵守先例的部分解釋，不因有拘束力「原則」或法源「觀念」而發生。

3. 人云亦云／滾雪球 (cascades)

滾雪球效應有兩種：資訊 (informational) 和聲譽 (reputational) 的滾雪球效應 **❼**。如果自己缺少足夠資訊，人在做決定時常常會仰賴別人已有的判斷 **❼**，即所謂人云亦云，這是前者。後者則不一定是因為資訊不足，而是不願意違反社會現存的通念。所謂依照法律的「通說」就是聲譽的滾雪球現

---

❼　*Id*. at 11–12.

❼　*Id*. at 176.

❼　Timur Kuran and Cass R. Sunstein, *Availability Cascades and Risk Regulation*《浮上心頭的人云亦云及風險管制》, 51 STAN. L. REV. 683, 712 (1999).

❼　DANIEL KAHNEMAN, THINKING, FAST AND SLOW《速想與慢思》131–35 (2011)（他把依據容易浮現的資訊率斷稱之為「制度 1」(System 1) 判斷的一種）。

❼　Kuran, *supra* note 73, at 685.

❼　*Id*. at 686. *See also*, Sunstein (2005), *supra* note 67, at 1000.

象❼。

　　資訊的滾雪球效應最簡單的例子是：在相同的資訊，類似的選擇，面對相似的回報之下，人會做出相同的決定。但是，如果回報或效果相同，即使人在資訊不對等之下，也會相互比照，做出相同的決定。每個人當然可以分析考慮不同選擇，但是如此帶有一定的高成本，導致人們情願相信和模仿別人早已做出的決定或判斷❼❽。

　　有研究指出：根據對美國聯邦憲法當今的解釋，郵局有關新聞或刊物出版郵件的特殊待遇促進了出版物的流通，因此在憲法第一修增案的言論自由保護下，郵局不可法恣意地拒絕投遞特定出版。但這並不是憲法的明文規定，事實是國會早期立法所採的政策，認為郵局有散佈言論及資訊的功能。這個政策後來被視為憲法所要求，而今日成了有憲法地位的價值。整個發展可以簡述如下：⑴國會通過一個法律。⑵法律中的條文賦予郵局某種性質。⑶通過一段期間的實踐，一般大眾接受郵局應該有這種性質。⑷法院再將這種性質以法律語言寫成憲法第一修增案的要求❼❾。這是滾雪球效應的一個例子。

　　這種人云亦云或滾雪球效應很能說明一個事實：不是因為先例是法律或事實的「法源」，或因為它的正確或優越受到「遵守」，而只是因為後來的法院在不足的資訊下，先例因存在在先，提供了法院做決定時某些資訊，如此而已❽⓿。聲譽的滾雪球效應也可解釋後來的法院不願顯得無知，而寧願順從成規❽❶。

---

❼　Kuran, *supra* note 73, at 686 and 714. *See* also Sunstein (2005), *supra* note 67, at 1003.

❼❽　Sushil Bikhchandani, David Hirshleifer, and Ivo Welch, *Learning from the Behavior of Others: Conformity, Fads, and Informational Cascades*《有樣學樣》, (1998) J. Econ. Perspectives 2.

❼❾　*See*, Anuj C. Desai, *The Transformation of Statutes into Constitutional Law: How Early Post Office Policy Shaped Modern First Amendment Doctrine*《從法律變憲法》, 58 Hasting L. J. 671, 674, 714 (2007).

❽⓿　Jois, *supra* note 55, at 83.

4.一鳥在手 (endowment effect)

俗語說：「一鳥在手勝過二鳥在林」，可以看成寧願維持現狀的表現，但是「一鳥在手」還有比維持現狀更進一步的心理因素。根據 Tversky 及 Kahneman 提出的「期待理論」(prospect theory)❽，人對某些事情常常並非以理性的損益計算做出判斷，純粹的損益評估沒有注意到「趨利避害」(loss aversion) 和「後悔」(regrets) 這類的心理因素。所以，假定你在三個月前好不容易以二千臺幣買到一張 Justin 或柏林愛樂交響樂團來臺演出的票。由於一票難求，現在有人出價一萬想要你讓票，儘管轉手賺了五倍，你大概不見得會讓手。心理學家的調查也證明人常常在取得財產之際，馬上對財產的估價遠高於他在取得之前所願意付的最高價值。也就是說，財產的所有權好像無端地增加了財產的價值。這種情況並不是在對財產經過時間的了解或產生依戀的感情才發生，而是在取得所有權那一刻立即產生。所以，我們在評估財產價值的時候，並不是完全依照它本身的因素，而是同時加入像所有權之類的抽象觀念，所以我們對價值或權利的評估常常並非理性❽。我們事實上比較高估或珍惜在手的東西❽。這些都是類似「一鳥在手」的想法。在以下的討論中可以看到：像德國某人的「制度性保障」觀念一旦為判例所接受，

---

❽ *Id. But see*, Eric Talley, *Precedential Cascades: An Appraisal*《評估先例的滾雪球效應》, 73 S. Cal. L. Rev. 87, 132 (1999) (Information cascades should not hamper the judiciary due to many institutional arrangements such as life tenure, hierarchy court system, justifications for judicial decisions, which would prevent cascades from happening.)

❽ Kahneman, *supra* note 74, at 278; Choice, Values, and Frames《選擇、價值，及框架》17–34 (Daniel Kahneman and Amos Tversky eds., 2000).

❽ Owen D. Jones & Sarah F. Brosnan, *Law, Biology, and Property: A New Theory of the Endowment Effect*《法律，生物及財產》, 49 Wm & Mary L. Rev. 1935, 1942 (2008).

❽ Jois, *supra* note 55, at 87.

馬上變成「我國」大家爭相援用的「憲法原則」，似乎無法改變。

5.維持現狀 (status quo bias)

在經濟活動的場合，至少在理論上人的行為隨著損益的評估調整，市場的調節就是最好的例子。但是政治活動、公共政策及政治制度（此處可以包括廣義的司法）則與經濟生活不同，它們抗拒變化。首先，政策或制度的制定者也許想要拘束後來者。其次，政治人物常常也希望受政策及制度的約束。新近的所謂政府的「說話算話的決心」(credible commitments) 理論，基本上也指出政府一旦做出決定，避免朝令夕改有一定的效應**85**。政治制度因循的習性使本來就難以改變的路徑變得難上加難。所以，缺少像市場競爭的機制，制度低度的學習與矯正能力，以及政治程序急功近利的性質，使維持現狀的偏向導致政治發展的依賴路徑現象更加強烈**86**。

就如同物理界的慣性作用，法律制度（尤其是先例制度）與社會生活中一般的因循沒有兩樣。法律裡偏愛維持現狀的情況很多，原告的舉證責任，案件的所謂「一事不再理」(res judicata)，都與先例的拘束如出一轍。因為是習以為常，遵照成例無須解釋；改變先例則須大費唇舌。好像天天吃豬肉，沒有人覺得奇怪；有天改吃貓肉，則必須解釋**87**。

社會心理學的研究發現：害怕後悔是人做決定時一個重要的心理因素，

---

85 例如很多學者認為近年來中國大陸某種程度的經濟發展，與其說是「法治」的進步，還不如說是政府的「決心」起了穩定交易的作用。參閱黃維幸，〈現代中國經濟發展與民法經濟法的關係〉，《月旦財經法學雜誌》，第 29 期，2012 年 6 月，第 55 頁。

86 Paul Pierson, *Increasing Returns, Path Dependence and the Study of Politics*《報酬漸增，依賴路徑及政治研究》, 94 Am. Pol. Sci. Rev. 251, 262 (2000).

87 *See*, Chaïm Perelman & L. Olbrechts-Tyteca, The New Rhetoric: A Treatise on Argumentation《論辯術新論》 105–07 (John Wilkinson & Purcell Weaver trans., 1969).

而採取行動比不採行動導致的悔恨更加強烈❽❽。難怪法律人士，尤其是法官，常常不假思索地宣稱墨守成規是捍衛「法的安定性」。所以法官有蕭規曹隨的強烈傾向，因為新見解如果出問題，法官看起來是無是生非。問題不只如此，人情願做不是最好的決定也不願甘冒做了錯誤決定而後悔。所以，法官即使不是故意上下其手，也寧可遵守先例而不願冒改變或後悔的風險❽❾。

二 依賴路徑 (path dependence) 理論

所謂「依賴路徑」在一般用法上至少有四種不同的意義：即報酬漸增 (increasing returns)、 自 我 強 化 (self-reinforcement)、 正 面 回 饋 (positive feedbacks)、及套牢 (lock-in)。雖然四種用法有點關聯，它們又有不同。報酬漸增指的是增加同樣決定或行動帶來更大的報酬❾⓿。自我強化指的是某種決定或行動導致配套的作用力或制度強化此種選擇或行動的繼續。正面回饋很像報酬漸增，在做出許多同樣的決定或行動之後，做出同樣決定或行動或者將來再做同樣決定的人，其回報較大。套牢指的是由於相當的人已經做了某種決定，這種決定或行動變成較佳的選擇❾❶。

所謂「依賴路徑」理論通常有幾個主張：決定的時間先後影響結果；起始點雖然相同，但可能有極不同的發展；重大後果可能始自極小或偶發的因素；決定一旦做出，可能很難改變；政治的發展方向常受突發事件左右。這些看法與傳統政治理論認為政治的大變遷肇因是重大事件、政治發展可以預測，並可經由理性決定引導發展方向等理論有顯著的不同❾❷。

---

❽❽　KAHNEMAN, *supra* note 74, at 346–49 (2011). *See also*, Jois, *supra* note 55, at 93.

❽❾　Jois, *supra* note 55, at 100.

❾⓿　*But see*, Scott E. Page, *Path Dependence*《依賴路徑》, 2006 (1) Q. J. POL. SCI. 87, 90 （認為依賴路徑與報酬漸增沒有必然關聯）。

❾❶　*Id*. at 88.

❾❷　Paul Pierson, *Increasing Returns, Path Dependence and the Study of Politics*《報酬漸增，依賴路徑及政治研究》, 94 AM. POL. SCI. REV. 251 (2000).

「依賴路徑」之所以發生，據說是由於下列幾個好處或優點：

(1)開創或固定成本相對龐大，但對某項技術繼續投資可以帶回更大的報酬。大量生產之後，固定成本分散於單位，使單位成本降低。所以，高的開創或固定成本促使人或組織專用一項技術或選擇。

(2)複雜系統裡繼續使用同一項技術使報酬漸增。

(3)個人某種活動的效益因別人同樣從事該活動而增加，尤其是此項技術或活動使用同樣的相關支援環境。

(4)一個人如果期待將來的某種走向，則人會採取某種特定行為而使預期成真❸。

在法學上的應用而言，Hathaway 教授認為有報酬漸增 (increasing returns)、演化式 (evolutionary)、及秩序型 (sequencing) 三種「依賴路徑」。經濟學理論主張：一旦做了某種決定，後來依照同一模式的決定比之不同決定的成本就愈來愈低。演化式的「依賴路徑」則源自生物學理論。現在的生物受物種過去的演化的限制。秩序型的「依賴路徑」則指出決定的先後秩序影響決定的後果❹。

先例拘束力原則產生明確是「依賴路徑」的程序。時間在後的判決不僅依賴，而且受限於先例。因為每個判決都增加相似的後來判決的可能性。普通法的先例制度表現為報酬漸增的「依賴路徑」型態❺。判例的演進受到歷史上先例的約束，而又在某種情況下會有類似突變式的改變，先例制度又像生物的演化式「依賴路徑」。同時，法律程序中各種不同的決定其先後秩序影

---

❸　*Id.* at 254.

❹　Jois, *supra* note 55, at 91.

❺　但參閱 Stefanie A. Lindquist & Frank B. Cross, *Empirically Testing Dworkin's Chain Novel Theory: Studying the Path of Precedent*《檢驗德沃金章回小說理論》, 80 N.Y.U. L. Rev. 1156 (2005)（認為法官判案雖在某種程度上受先例的影響，更受理念及其他因素的左右）。

響程序的結果，先例制度又是秩序型的「依賴路徑」❾❻。

　　但是，應用「依賴路徑」理論到法律會產生一些特別但困擾的結論：例如先例使後來的判決循一定路徑發展，難予改變。但後來的同樣判決可能存在完全不同的脈絡。先例的存在並不足以完全提供將來判決的預測性，法院可以區分本案與先例而拒絕適用先例。在生物演化式的「依賴路徑」又表示法律突變的機遇極為短暫，法律改變的機會不多。又法院處理案件的先後影響不同的法律效果❾❼。

伍 本土實例：從「率斷」及「依賴路徑」看「制度性保障」

　　由於我在其他地方已經指出過：所謂「制度性保障」原本是德國憲法學者史密特 (Carl Schmitt) 在威瑪時期的理論，指有些基於公法或私法建立的制度（例如他舉的公務員制度、基督教的星期假日），在憲法中雖無明文保障，卻是落實憲法必須一併予以保護的制度❾❽。不論後人如何曲解或對之做了什麼「科學的發展」，例如將憲法上本來已經明文保障的權利自由也畫蛇添足地稱之為「制度性保障」；又不論我對此理論的評價如何（我同意德國學者 Robert Alexy 的意見，認為至少在權利自由的論證上，此種理論沒有必要），我的討論是回到史密特的本意，從「率斷」及「依賴路徑」檢驗這個理論如何產生「先例的拘束力」。這樣做不是盲目地復古，因為「回到古老的問題不一定是因循及偏見。真正的老題新問是去除傳統的表象之餘，脫離偏差回到過去已提出過的問題❾❾。」

---

❾❻　Hathaway, *supra* note 30, at 106.

❾❼　*Id*. at 105.

❾❽　參閱本書第九章的相關討論。

❾❾　這是德國思想家海德格論述的意譯，參閱 MARTIN HEIDEGGER, HISTORY OF THE CONCEPT

　　如果以司法院正式公佈的資料為準⓿，「制度性保障」的文字首先正式出現在解釋或理由書的是一有關講學自由的解釋。它說：「憲法第十一條關於講學自由之規定，係對學術自由之制度性保障⓿。」這個斷言式的解釋既沒有指出「制度性保障」的來歷，也沒討論它的含義，如果把它換成同樣也是虛無縹緲的「系統性保障」、「功能性保障」、或「主觀性保障」，除了同樣是不知所云之外，好像不會有什麼差別。這個宣示更沒有說明為什麼明明是憲法上已經規定的學術自由的權利的一部分（講學），卻需要說成「制度性保障」才有得保護。還有一個問題是解釋文講的原是「講學」自由的「制度性保障」，其後在語焉不詳之下，將「講學」自由調包為「大學自治」，變成大學自治才是憲法上的「制度性保障」。不過，我的興趣不在分析此解釋理論及論證的妥當與否，而是檢驗它對後來的解釋造成什麼影響，以及為什麼會有影響的社會科學解釋。

　　現在看起來，不論對錯，1995 年實在是「制度性保障」在臺灣憲法解釋上奠基的一年。緊接上述第 380 號解釋之後，在一個關於檢肅流氓條例及憲法第 8 條人民身體自由應予保障的解釋，司法院又主張「立法機關於制定法律時，其內容更須合於實質正當，並應符合憲法第二十三條所定之條件，此乃屬人身自由之制度性保障⓿。」不管我們對此解釋的實質內涵及效果有無同情或共鳴，這種同樣是不加說明的斷言式宣示，將憲法明文硬加上「制度性保障」的理論，只能看成堅持者理論的貧乏，及「繼受」外國特定學說的心

OF TIME: PROLEGOMENA《時間觀念史初論》138 (Theodore Kisiel trans., 1992). ("The assumption of the tradition is not necessarily traditionalism and the adoption of prejudices. The genuine repetition of a traditional question lets its external character as a tradition fade away and pulls back from the prejudices.")

⓿　雖然吳庚教授說他在釋字第 268 號解釋中的協同意見中詳細分析了「制度性保障」的意義及限制，司法院似乎沒有選擇將之公佈於官方網頁上。

⓿　司法院釋字第 380 號解釋 (1995)（解釋文）。

⓿　司法院釋字第 384 號解釋 (1995)（理由書）。

切。

同年，「制度性保障」的名詞又出現在有關中央政府建設公債發行條例就債票有遺失等原因時，不得掛失止付之規定，是否違憲的解釋。它說：「法律為保護無記名證券持有人，於證券遺失、被盜或滅失時，不使其受不當之損失，民法第七百二十條第一項但書、第七百二十五條及第七百二十七條之本設有各種保護之規定及救濟之程序，以維持公平，不致影響善意第三人之權益，亦未增加發行人之負擔，此為對無記名證券久已建立之制度性保障❿。」這種用法，不僅與史密特「制度性保障」的本意毫不相干，甚至與某些學者在人權保護領域的發揮「續造」也毫無關聯，不過是論述上一種誇大其詞的「修辭」（rhetoric 我取其現代的貶意）而已，根本對「制度性保障」是什麼意思毫無了解，正是典型的「人云亦云」的「率斷」。

但是經過這些一連串的「權威解釋」，至少「制度性保障」的名詞在法律人士的法律意識上形成了深深的烙印。雖然大多是望文生義，囫圇吞棗，但在不管任何權利或制度的憲法爭議中，沒有人不會想到「制度性保障」，也不敢或不願質疑這種「權威」認定。於是，「制度性保障」成了一種方便的滾雪球式的「率斷」，更造就後繼者在憲法解釋的發展上一定的「依賴路徑」。

從此，不要說一些史密特提到的例子理所當然地套用「制度性保障」❿，或多此一舉地援用在權利自由的領域❿，而且擴大到任何可以想像得到要其

---

❿　司法院釋字第 386 號解釋 (1995)（理由書）。

❿　例如公務制度。司法院釋字第 483 號解釋 (1999)（解釋文）（關於公務人員任用法、俸給法及其施行細則相關規定，致高資低用人員受類似降級、減俸之懲戒效果，是否違憲？司法院說：「公務人員依法銓敘取得之官等俸級，非經公務員懲戒機關依法定程序之審議決定，不得降級或減俸，此乃憲法上服公職權利所受之**制度性保障**。」）又如 88 年修正之俸給法細則降低聘用年資提敘俸級是否違憲的爭議，司法院說：「公務人員銓敘取得之官等俸級，基於憲法上服公職之權利，**受制度性保障（本院釋字第五七五號、第四八三號解釋參照）**」。司法院釋字第 605 號解釋 (2005)（解釋文）（粗體為作者所加）。

合憲的「制度」，舉凡地方自治⑩、健保⑩、親屬法⑩、國家賠償⑩、公投法⑩、大法官的薪俸⑪，乃至於新近的醫療體系等⑫，都可看到「制度性保

---

⑩ 關於公務員懲戒法對懲戒案件之議決未設上訴救濟制度，是否違憲及懲戒機關之組織及懲戒程序各應如何始屬合憲的問題，司法院說：「憲法第十六條所定人民之訴訟權，乃人民於其權利遭受侵害時，得訴請救濟之**制度性保障**，其具體內容，應由立法機關制定法院組織與訴訟程序有關之法律，始得實現。」司法院釋字第 396 號解釋 (1996)（理由書）（粗體為作者所加）。

⑩ 在司法院釋字第 467 號解釋 (1998)（劉鐵錚不同意見書）有關 86 年憲法增修條文施行後，省是否仍屬公法人問題，有大法官說：「此一解釋已無異默認或暗示立法者，可以越過政府再造之界線，甚至於重行調整劃分省之相關事項時，亦不必遵守憲法第一百十一條之規定，將省在憲法中**制度性保障**之地位與功能全盤予以否定……」（董翔飛不同意見書）。又有認為「省仍受**憲法制度性**保障。我國憲法保障地域統治團體的垂直劃分，上有國家，下有縣、市，中間有省，增修條文第九條雖凍結省之自主組織權及自治權限，但作為地方建制之一個層級地位並未改變……」（粗體為作者所加）。

⑩ 司法院釋字第 550 號解釋 (2002) 裡，蘇俊雄協同意見書在全民健康保險法第 27 條，責地方政府補助保險費之規定，是否合憲的解釋說：「我國地方自治團體受憲法上之**制度性保障**，本院釋字第四九八號解釋已有明示，是國家法令在為行政與立法行為時，自應考量地方團體自治權限之保障。」（粗體為作者所加）

⑩ 參閱司法院釋字第 552 號解釋 (2002)；司法院釋字第 554 號解釋 (2002)。

⑩ 司法院釋字第 624 號解釋 (2007)。

⑩ 司法院釋字第 645 號解釋 (2008)（許玉秀一部協同一部不同意見書）（「公投審議制度嚴重地違背憲法保障人民行使創制、複決權之**制度性保障**。」）（粗體為作者所加）。

⑪ 司法院釋字第 601 號解釋 (2005)（解釋文）有關立法院刪除大法官司法專業加給之預算違憲一案「民主法治國家對法官審判獨立，莫不予以**制度性保障**。憲法第八十條規定：『法官須超出黨派以外，依據法律獨立審判，不受任何干涉。』旨在要求法官必須獨立、公正行使審判職權，使尋求司法救濟之當事人確信職司審判權者，乃客觀、超然及受適當之**制度保障**而較能作出正確判斷之中立第三者，既不因其職稱為法官或大法官而有異……」（粗體為作者所加）。

障」的適用（或濫用）。同時，不僅解釋文引用「制度性保障」，各別法官的意見也予附和⑬。當然，各類聲請釋憲的聲請書自是不甘落人之後⑭。這樣的發展真有如「八仙過海，各顯神通」。至此，「制度性保障」的觀念及理論，名稱相同，卻已面目全非。所以，有大法官坦白承認：司法院解釋在使用「制度性保障」已無一定的意涵⑮。

　　而你要注意的是後來解釋引用或仰賴先例的方式，已經認為「制度性保障」是具有共識與毫無疑問的憲法原則。即使在面對頗為中肯的評論⑯，或嚴厲的批判⑰，再也沒有人質疑它真正的意思，以及適用的適當性。所以，「制度性保障」好似成了一個「超級先例」。司法院在援引先例而少有論證之

---

⑫　司法院釋字第 701 號解釋 (2012)（陳新民協同意見書）。

⑬　雖然看不出來是否真正有別於「制度性保障」，在有關新聞局為猥褻出版品之認定，所為附特定條件之例示性函釋，是否違憲一案，有大法官說：「憲法上表現自由既屬於個人權利保障，亦屬於**制度的保障**」(1996)（吳庚協同意見書）。又將憲法第 16 條的訴訟權歸類為制度性保障，參閱司法院釋字第 393 號解釋 (1996) 及司法院釋字第 436 號解釋 (1997)（重複第 393 號解釋意見）的林永謀部分不同意見書（粗體為作者所加）。

⑭　例如司法院釋字第 575 號解釋 (2004)（聲請書）（戶警分立方案就機關調整之過渡條款違憲？「因應政府對特殊情事及政策立法上之考量，仍可能於顯非辦理警察勤務之一般行政機關派駐或調任具警察人員身分之公務員任職，但是，該等依法奉派或調任之警察人員，並非即等同無條件地轉任為一般職公務員，而仍應受到警察人員管理條例之規範和**制度性保障**，其原先享有之依法任用之警察官官等、職等、階級、俸級及警勤福利，實應繼續予以合法維持才是！」)（粗體為作者所加）。

⑮　司法院釋字第 653 號解釋 (2008)（許玉秀協同意見書）（「註十五：此處所謂**制度性保障**，是指國家基於有權利即有救濟原則，應該立法提供異議權最低限度的保障。與德國公法學上所謂**制度性保障**……暫時沒有關係。」)（粗體為作者所加）。

⑯　參閱楊智傑，〈制度性保障說理模式對社會改革的阻礙（下）〉，《本土法學》，61 期，2004 年 8 月，第 5 頁；楊智傑，〈制度性保障說理模式對社會改革的阻礙（上）〉，《本土法學》，60 期，2004 年 7 月，第 22 頁。

⑰　參閱本書第九章的相關討論。

下說:「被告詰問證人之權利既係訴訟上之防禦權,又屬憲法正當法律程序所保障之權利。此等憲法上權利之制度性保障,有助於公平審判。」何以見得?無他,因為「**本院釋字第四四二號、第四八二號、第五一二號解釋參照**」⑱。而在另一個禁對與配偶共犯告訴乃論罪者自訴之解釋判例是否違憲的解釋,大法官也服從「制度性保障」的「滾雪球效應」及「聲響的人云亦云」,而毫不猶豫,理所當然地認為:一夫一妻之婚姻制度及訴訟權受憲法制度性保障⑲,逕自採為討論的起點。難怪連奉勸小心使用「制度性保障」的學者,在「維持現狀」及既有「一鳥在手」的「率斷」之下,也頗覺「制度性保障」的理論功勞不小⑳。至此,可以說即使馬丁路德 (Martin Luther) 再世也撼動不了「制度性保障」的權威「教義學」(dogmatic) 經文解釋。

只是,從我的觀點,如果將「制度性保障」的字眼及理論從以上所有解釋中剔除,不受其斷言式的宰制,進而開展論辯系爭「制度」的良否,則更符合司法院釋憲的角色㉑。如果不武斷地、威權式地認定「大學自治」是「制度性保障」,而是討論「講學自由」必須涵蓋大學在教學上有一定的自主性;或換個通俗的講法,主張「大學自治」是實現「講學自由」一種重要的制度,

---

⑱ 司法院釋字第 582 號解釋 (2004)(理由書)(粗體為作者所加)。

⑲ 司法院釋字第 569 號解釋 (2003)(林子儀協同意見書)

⑳ 司法院釋字第 689 號解釋 (2011)(蘇永欽協同意見書)。(「所謂基本權的制度性保障,對源於自身歷史並在歷史中成長鞏固的基本權,本可從憲法的「前理解」得到支持,比如我國的應考試服公職權與公開競爭的考試制度⋯⋯或德國訴訟權的法官法定制度等,只要適度考量國情的差異,也都不難得到支持。我國過去引進的制度性保障理論,對民主憲政的建構有其正面意義,如釋字第三八〇號解釋從講學自由推及大學自治,但也有明顯濫用之例,如釋字第三八六號解釋有關無記名證券掛失的所謂制度性保障。整體而言,只要論證謹慎,特別是注意其與憲法基本國策規定間的調合,應屬合理穩妥的解釋方法。」)當然,我們不能一竿子打翻一船人,很多法官做出同樣決定也並不照著毫無共同定義的「制度性保障」依樣畫葫蘆。

㉑ 參閱同上註 98 及其本文的討論。

不僅看得出「制度性保障」這種抽象觀念之無用，也根本不會影響解釋的結果於萬一。

　　從「制度性保障」發生及開展看來，盲目「繼受」外國學者對先例是法源或非法源，或先例只有「事實」拘束力的爭論，有意義嗎？我看是一點解釋力道都沒有。大陸學者又以為判例做為「判例法」後來者才會遵守。但是，大法官解釋並不是法定的「判例法」，後來者卻待之有如聖諭。還有，權力分立也沒有辦法說明判例拘束力的實際。如果願意這樣去了解，那我們可以誇張地說，司法院「繼受」「制度性保障」，不僅「違反」抽象觀念的權力分立而「立法」，還因自作主張，堅持憲法所無的「憲法上的制度性保障」而形同立憲或修憲呢！

陸　結論及延伸

　　本文開宗明義就說：我的興趣不在處理先例拘束力的定義及法源／非法源等的觀念分析，而在具體地調查先例拘束力的現象。前者的研究取向是偏好所謂「體系」建構或分析的必然結果；後者則是從問題出發的具體理路。在六法全書式及誤導的「繼受」理論主導之下，法律人士偏好觀念分析，卻輕視對具體問題的論證。甚至有人認為「大陸法」就理當先樹立抽象「原則」，然後以「涵攝」解決問題；從問題解決法律爭議則自可留給「英美法」的「案例」研究法。這種看法是對西洋法律傳統的無知，更是不知以歷史的態度檢驗任何歷史階段性法制的態度❿。當然也是不了解所謂法律或「法科

---

❿　對德國民法為代表的所謂「體系」式「法科學」的質疑參閱本書第二章。大陸法學者對同一類的法學思潮有如下的批判：「英國的實證分析法學，德國的概念法學，法國的注釋法學都以形式自由、法的確定性、法的安定性、法的穩定及一致，作為法治的最高價值。法律乃是封閉、一致、完整的體系。而抽象及普遍的國會法乃是最高的法源。法官是⋯⋯法律的傳聲筒，沒有制法的能力⋯⋯這種看法是教科書常

學」的「體系」建構不過是過去二、三世紀以來，受到自然科學霸權宰制的一種歷史階段的特殊想法⓬。拋棄「法源才有拘束力」這種大前提，以及「判例是法源」或「判例不是法源」這類的思維架構，才能透視判例拘束力的問題。從本章以上的分析，我們已經可以看到判例拘束力的問題不是數學或形式邏輯命題那種意欲黑白分明的對／錯或有／無（或法律／事實）的形式⓭，

常採為**法律虛構故事**的著例。」 Raimo Siltala, A Theory of Precedent: From Analytical Positivism to a Post-Analytical Philosophy of Law《論先例》3–4 (2000)（粗體為作者所加）。而根據司法院網站，有 16 個解釋強調「法的安定性」。我只能推定有不計其數的其他解釋及判決受其觀念影響。參閱大法官解釋，<www.judicial.gov.tw>（最後上網日期：2012 年 9 月 30 日）。

⓬ 「法科學」也許是十九及二十世紀大部分時期德國法界的主流。但不要說過去已有「自由法學派」（以及某種程度內「利益法學派」）的質疑。當代德國法學思潮的反省聲浪更是不絕於耳。例如主張法律大部分是一種論辯 (rhetorical) 的實踐，不是自然科學或「涵攝」式的證明，參閱德國 Theodor Viehweg, Topics and Law: A Contribution to Basic Research in Law《議題及法律》(W. Cole Durham, Jr. trans., 5th ed. 1993). 對德國其他學派的簡介，參閱例如 James E. Herget, Contemporay German Legal Philosophy《當代德國法哲學》(1996). 對歐陸一切受自然科學誤導的「法科學」思維的批判，參閱比利時 Perelman, supra note 87. 如果讀者想進一步了解基本上代表羅馬法實踐的「論辯術」(rhetoric) 可以參閱例如 Quintilian, The Orator's Education [Institutio Oratoria] (5 vols)《辯士的培育：五冊》(Donald A. Russell trans., 2001). 「法科學」也是十九及二十世紀前半美國法界的「通說」，特別是由論辯角度的批判參閱例如 James Boyd White, Heracles' Bow: Essays on the Rhetorics of the Law《赫瑞克里斯的神弓：法律論辯論文》(1985). 從哲學上根本批判從法國的笛卡爾 (Descartes) 以降，以數學幾何為歸依的「理性」主義，參閱例如德國 Martin Heidegger, Being and Truth《存在與真理》15–63 (Gregory Fried and Richard Polt trans., 2001) 或義大利 Ernesto Grassi, Rhetoric as Philosophy: The Humanist Tradition《做為哲學的論辯術：人文主義傳統》34–67 (1980).

⓭ 雖然一般都同意古希臘亞里斯多德創造或發揚光大演繹式的邏輯，成了日後數學及自然科學的基礎，但在他原本的教導裡，那只是思維模式的一種（稱之為「展示」(demonstration)），其他還有不同程度的有效性的推理（例如與現代用法不同的「推

而是有多種態樣，在有／無之間不同程度的說服力，以及與抽象分類毫無關係的不得不然的拘束性。

　　由於沒有兩種命題或兩個事件的細節完全吻合，適用先例的類比，本質上就是建立在不是最穩固的基礎上。遵守先例基本上是假定或強調前例與本案的相似性，然後再以形式的正義觀念主張相同的案件相同處理，以期成就想像中的法的安定性。然而，要是接受事實上沒有兩案相同，邏輯的結論應該是不同案件做不同的處理。換句話說，是實現每個案件的實質而非形式的正義。同時，強調法律妥善解決問題的靈活性。不顧實質後果的僵硬形式一致，穩定成為目的本身；不盲從先例而強調個案的妥適，不是將變動做為目的本身，而是盡力實現實質正義。法律的一貫及其期待的穩定在於永遠能夠呈現妥善解決問題的可能性，不在追求不具實際效益的形式的一致。

　　在積案如山、成例如海的形勢下，由心理傾向的左右之中，不論先例是否是有法律拘束力的「法源」，法官自然會想要發現其他類似判決如何處理問題，再將法律理由抽離脈絡，然後勉強適用在另一個情境之中。這是「先例拘束力」實際的寫照。不過，從社會科學的眼光看判例的拘束力，不在完全抹煞「率斷」式對待先例偶而的功用。但是就如同 Kahneman 指出的：真正理性的，或正確的統計及機遇式的判斷（稱之為「制度2」型思維）是需要花費精力及相當努力才能有以致之。一般人及法律人士大都以「制度1」型態的思維處理先例❿。

　　既然如此，矯正心理「率斷」及先例塑造的「依賴路徑」所可能造成的偏差，其方式應該不是仰望及遵照先例的解決方案，而是首先集中在本案事實，探求可以是暫時但不受先例感染的解決方式。有了暫時的想法再求與其

論」(dialectic))。參閱 Aristotle, *Topics*《議題》, Book I, ¶¶100ᵃ20–101ᵃ1, in 1 The Complete Works of Aristotle《亞里斯多德全集第一冊》167 (Jonathan Barnes ed., 1984).

❿　Kahneman, *supra* note 74, at 48.

他判例做比較與對話。在比較之下，暫時的解決方案可以修改，甚至可以完全放棄。但是，如果異於先例的解決方案更能體現個案的實質正義，就應該對先例做出區隔。在判例垂直拘束的場合有體制整體性的考量，有時可用案件移轉 (certification) 上級法院的方式減低衝擊，在橫向平行的情況，問題就比較單純。這種程序可以理解為在某種程度上翻轉「先例拘束力」原則，加強社會心理學家上述「制度 2」思維方式在判例解釋及適用中的作用。

　　先例既然是一種無可逃避的拘束，也許我們可以改裝一下德國哲學家海德格一個深刻的觀察：先例做為傳統而形成宰制的力量之後，掩蓋了真正的傳承。其所流傳下來的不過是脫離脈絡的表皮，阻礙對做成先例的最初來源的認識。先例的拘束性甚至讓人完全遺忘有疑慮其出處的可能❿。不論我們贊不贊成 Schmitt 的「制度性保障」，司法院對之二十年左右的處理，不幸應驗了海德格的真知灼見。司法院對「制度性保障」的解釋及適用不僅是先天不良，方向偏差，而且後來的發展已經離題太遠，一些心理「率斷」更使人盲從其之為傳統「先例」，不僅不知道如何詮釋「制度性保障」之為先例的意義或妥適，更忘卻了檢驗其原意及理論的必要性。問題的嚴重是：除了「制度性保障」，其他類似的例子又是不勝枚舉（譬如「『相當』因果關係❿」或「不堪同居之虐待❿」等等）。也許，我們不該將海德格的觀察僅僅視之為本章的結束，而是應該當成反思的開始。

---

❿　以下是德國思想家海德格對傳統「通說」（或先例）的批判，Martin Heidegger, Being and Time《存在與時間》21–22 (Joan Stambaugh trans., 2010) ("The tradition that hereby gains dominance makes what it 'transmits' so little accessible that initially and for the most part it covers it over instead. What has been handed down is handed over to obviousness; it bars access to those original 'wellsprings' out of which the traditional categories and concepts were in part genuinely drawn. The tradition even makes us forget such a provenance altogether.")

❿　參閱本書第五章。

❿　參閱本書第九章。

|第八章|
宰制女性法學方法 I
Feminist Legal Methods I

唯女子與小人難養也。

孔子，《論語》，〈陽貨篇〉

　　一半的人類——也就是一向天生就有特別隱密和狡猾的弱點的女性，立法者卻任她們無法無天。由於忽略性別，你就允許本來應加以法律管束的許多事情失控。你也許以為問題的一半是女性受不到法律管教。才不是囉！與女人先天就比男人差的程度成比例，女人是兩倍及兩倍以上的問題。([T]he very half of the race which is generally predisposed by its weakness to undue secrecy and craft—the female sex—has been left to disorders by the mistaken concession of the legislator. Through negligence of the sex you have then allowed many things to get out of hand which might be far better ordered than they are if only they had come under the laws. Woman—left without chastening restraint—is not, as you might fancy, merely half the problem; nay, she is a twofold and more than a twofold problem, in proportion as her native disposition is inferior to man's.)

PLATO, LAWS（柏拉圖，《法律》）

摘要　法學界一般都有一個成見，認為女性法學是一個非常狹隘，甚至是偏執的法學領域，通常只是一些女性學者自說自話的熱鬧。但是，潛心了解女性法學之後，你會發現至少在性別有關的法律議題上，女性法學，尤其是宰制女性法學，以完全不同於傳統法學的研究方法，以女

性為中心的角度訴說女性的故事，使用具體分析來促進女性對不平等性別社會關係的覺悟，同時提供了法學研究一個嶄新的研究取向，值得臺灣法學界多加認識。

 前　言

一　回　顧

　　臺灣法學界對法學方法的論述幾乎從未包含女性法學觀點❶，至少沒有真正認真地理解與嚴肅對待，更不用說引述或贊同女性法學的主張。這不僅從女性法學研究人員的稀少，及欠缺女性法學著述看得出來❷，而且可以從

---

❶　我不擬對所謂「女性法學」下一個過分技術性的定義，而是泛指主要以美國女性法學者為主，由女性的角度探討與性別有關的法律問題的一些流派。參閱 MARTHA CHAMALLAS, INTRODUCTION TO FEMINIST LEGAL THEORY《女性法學方法導論》5 (2d ed. 2003). 與法學方法比較有關的定義參閱 Katharine T. Bartlett, *Cracking Foundations as Feminist Method*《破壞基礎做為女性主義者的方法》8 AM. U. J. GENDER SOC. POL'Y & L. 32 (2000)（認為女性法學是以女性特殊的法學方法導出實質問題的學派）。關於法學方法對女性法學的重要性參閱 Catharine T. Bartlett, *Feminist Legal Methods*《女性法學方法 (hereinafter Methods)》, 103 HARV. L. REV. 830–31 (1990).

❷　直到最近 (2008)，女性法學者還指出臺灣法學界「對女性主義的討論幾乎沒有，只有最近幾篇研究生論文⋯⋯」參閱陳妙芬，〈當代法學的女性主義運動〉，第 2 頁，<http://devilred.pixnet.net/blog/post/6661549>（最後上網日期：2010 年 8 月 30 日，網址已撤作者存檔）。此篇告示基本上是下列論文的濃縮：陳妙芬，〈當代法學的女性主義運動：一個法哲學史的分析〉，《臺大法學論叢》，33 卷 1 期，2004 年 1 月，第 1 頁。不過，也有人認為女性法學已在臺灣有長足的發展，參閱陳惠馨，〈女性主義法學與性別主流化〉，《律師雜誌》，313 期，2005 年 10 月，第 15 頁，對臺灣女性法學發展有詳實的歷史回顧。我同意這方面的論文增加不少，但是，與所有法

一般法學方法或法理學論述之缺乏女性法學議題及詞彙得到印證❸。

形成這種現象的原因也許是因為即使以女性法學最為澎湃的美國法學界而言，女性法學不過發端於 70 年代的中後期❹。而通常一個新領域的形成至少要二至三代的持續研究，如果要蔚為風氣，需要的時間更長❺。除非本身對女性法學發生興趣，可以說大部分影響臺灣法學方法的學者與女性法學研究的興起最多是擦身而過。許多受到現存法學研究方法洗禮的年輕學者，自然也就無緣窺探這個已有幾乎半世紀歷史，但在臺灣而言還多少是步履蹣跚的領域。

學論文相較，當然是不成比例。而且，有時論述的實質內容及精準，以及表現出來的了解程度和到底要傳遞什麼信息，均有待加強。最重要的是：與 70（甚至 80）年代的美國法學界一樣（參閱 CHAMALLAS, THEORY，同上註 1，第 116–17 頁），臺灣大部分法學研究對女性法學待之有如耳邊風，或是惹人討厭的噪音。所以，你講你的具體分析，我照講我的虛無縹緲的「人性尊嚴」；你分析傳統制度及法律的性別歧視，我照樣「類推適用」既存歧視性法律到有的沒的「漏洞」；你揭露現存家庭及婚姻制度的不平等，我照樣「殊值贊同」家庭的「制度性保障」及盲目「類推」發明。關於法界對類推的誤解及濫用參閱本書第四章。

❸ 臺灣一般有關法學方法的論述中最時興，而且是周而復始，了無新意的題材是「法源」、「解釋」、「漏洞」、「涵攝」、「正義」、「理性」、「實證」、「系統」、「體系」等等脫離壓迫關係現實的抽象範疇。從女性法學的眼中看來，都是典型的男性中心法學論述。而少數幾本以「法學方法」為名的專書，無一字涉及女性法學。因此女性法學者對此也頗有微詞，參閱王曉丹，〈法律敘事的女性主義法學分析〉，《政大法學評論》，106 期，2008 年 12 月，第 57 頁，註 106。極少數較早注意到女性法學的男性法學者大概只有司法院釋字第 617 號解釋 (2006)（林子儀部分不同意見書）；魏千峰，〈性別與法學：美國女性主義法學介紹〉，《月旦法學》，1995 年 3 月，第 42 頁。

❹ NANCY LEVIT & ROBERT R. M. VERCHICK, FEMINIST LEGAL THEORY: A PRIMER《女性法學方法初論》15 (2006).

❺ 參閱 BRUNO LATOUR, SCIENCE IN ACTION : HOW TO FOLLOW SCIENTISTS AND ENGINEERS THROUGH SOCIETY《科學活動》41 (1987).

　　另外一個與上述原因息息相關的理由則是：女性法學研究的本質必然是多種學科的取向❻。這就臺灣法學院六法全書式的法學教育方式而言，以一般法律人士的背景及訓練要真正順利地進入女性法學領域，不免力不從心、望而生畏。即使勉力而為，不是效果不彰，就是需要長期的投入及堅持。有多少年輕學者願意投入這種非男性「主流」法學研究的冷門，自然成為問題。畢竟，要等到成為「白頭宮女」才能「細說前朝」也太沒有吸引力了。

　　此外，雖然有些女性法學者主張女性對女性問題會有獨特的經驗及角度，其實女性法學研究嚴格說來與研究者的性別關係不大，男性法學者也可以研究女性法學，至多是少了一點女性特有的觸角而已。但是，實際的情形是男性法學論述主導現行的法學趨勢，不但導致男性法學者極少鑽研女性法學，而且連對女性法學應有或適當的注意或關注都談不上。何況女性法學者對主流男性法學觀點及價值，全盤「繼受」、甘之如飴的也大有人在，甚至不是例外❼。更可能有女性學者下意識地以為女性法學是女性學者的專利，不勞男性學者「飛象過河」。最後一種態度說穿了不過同樣是男性霸權法學一體的兩面。

　　以我的觀察，女性法學研究者又常常受男性文化的制約，學術行為及實踐有意識或無意識地遵從男性對女性的角色定義，在女性必須溫柔、謙讓、

---

❻　或者可以說是必要的「雜駁」——這是國科會敦聘的一位「大師」對我的學術表現的總結。雖然，一遇到利益分贓和保衛自己的學術「權威」，什麼不負責任的鬼話都可以在匿名的黑幕之下說得出來。不過我倒認為這是跟不上時代的「大師」無心之下對我的「褒揚」。同時我也熱切期盼「六法全書」派、「逐條釋義」派、「純粹法學」派、「坐井觀天」派，一齊加入女性法學的討論。臺灣法學界裡在這方面有足夠的自信，而能夠誠懇的反思從傳統法學思維到女性法學認識的心路歷程，可以說是絕無而僅有的例子，參閱陳惠馨，同上註 2，第 15–17 頁。

❼　黃維幸，〈女人的命，男人的法〉，蘋果日報，論壇，2010 年 9 月 2 日，<http://tw.nextmedia.com/applenews/article/art_id/32782672/IssueID/20100902>（最後上網日期：2010 年 10 月 1 日）。

尊重（男性）、細聲、矜持等等的男性期待的行為特徵之下，對現存男性意識主導的法學理論，除了少數例外，很少看到直截了當、毫不留情的解析及批判❽，似乎深怕被人視為「潑婦罵街」、「牝雞司晨」、「歇斯底里」❾、「被虐情結」。很多只好打迂迴戰術，只能以羨慕的語氣細數別的女性在別國（常常是美、法）的豐功偉業，對本身面對的沙文法學卻忍氣吞聲，少有怨言，無怪乎臺灣大部分男／女男性法學主義者對女性法學充耳不聞、視而不見，最多是以父權意識及姿態，對女性法學者偶爾言不由衷地「獎勵」一番而已。

　　本章的目的在試圖或多或少填補這種缺失，從而較系統化地探討至少是宰制女性法學（dominance theory 下詳）對我們法學界應有的啟發，並認為女性法學的一些觀點及主張對現有男性法學意識壟斷的法學研究及取向，有極為犀利的批判。有些女性法學者也指出：女性法學對現有法學觀念不滿的學者至少是提供為什麼法學觀念會發展到今日如此田地的了解❿。我甚至認為：在有關性別法律問題的研究過程中，不去了解女性法學，或不考慮女性法學觀點，不僅對一些豐碩的另類思考失之交臂，甚為可惜，而且幾乎一定導致研究方法及法律結論的嚴重缺陷。而只要稍微比較一下女性法學方法與傳統法學方法所做的分析及得出的結果，兩者可以說高下立判。不想了解女性法學的男（女）法學者不要以（也許是下意識的）男性優越的角度對待女性法學研究，他們雖然不敢正面反對，一談到女性法學卻「吃吃而笑」。我預測由於女性法學採取與傳統法學完全不同的研究方法，實具無限的潛力。

　　由於比較少見對女性法學平穩的實質論述，以下我會先就美國女性法學

---

❽　我在本研究過程中只看到兩位有話直說的作者，分別是黃瑞明，〈大法官們的德爾斐神諭〉，《臺灣法學：公法特刊》，第 19 頁；楊智傑，本書第九章註 81。但可惜都是男性學者。

❾　對受過精神分析訓練的法國女性主義者 Luce Irigaray 而言，「歇斯底里」卻是女性發聲的方法之一，參閱 THE IRIGARAY READER《伊里嘉瑞文選》26, 47–48 (Margaret Whirford ed., 1991).

❿　CHAMALLAS, *supra* note 1, at xix.

運動簡單的發展過程做一交代，再比較詳論主要流派的主張及對其理論的批評，然後探討宰制女性法學獨特的研究方法及在一些特別議題上的應用，最後再以女性法學的觀點評估臺灣有關兩性的司法院解釋❶。

　　如果你不熟悉某些女性法學的觀點和論述方法，以及所用的詞彙，尤其是我有時故意使用女性法學者模仿男性家常便飯的「限制級」陳述，也許很多人會感到不習慣，我建議你盡量暫時將已有（包括對理論及文風的刻板印象）的成見擺在一旁，就像現象學的研究方法一樣，擱置及超越自己現有的陳舊想法❷，你或許就能夠避免對女性法學觀點過早或過分的排斥。

---

❶　關於盲目的法律「繼受」與「本土」文化潛在的衝突，參閱陳昭如，〈在法律中看見性別，在比較中發現權力──從比較法的性別政治談女性主義法學〉，《律師雜誌》，313 期，2005 年 10 月，第 61 頁（西方女性法學可能的霸權）；Shu-Chin Grace Kuo, *Rethinking the Masculine Character of the Legal Profession: A Case Study of Female Legal Professionals and Their Gendered Life in Taiwan*《重估男性特色的法律專業》, 13 Am. U. J. Gender Soc. Pol'y & L. 25 (2005)（我雖認為郭教授對某些女性特有的情況所起的作用（例如對女性工作要求特別理解的丈夫，以及幸好有取代家務責任的母親），過於輕描淡寫，因而有所保留，但該文同意不應盲目跟隨美國女性法學理論，而且認為美國女性法學以兩性的二分與臺灣女性專業的實際經驗不符）。又可參閱蘇永欽，〈夏蟲飲冰錄：大法官所為何事〉，《法令月刊》，68 期 10 卷，2010 年 10 月，第 140–142 頁（主張應主體性闡釋引進的公法理論）；黃維幸，〈法律倫理不是西洋倫理──建構法律倫理的省思〉，《法令月刊》，68 期 8 卷，2010 年 8 月，第 61 頁（批評超越時空的西洋倫理論述及適用）；陳添輝，〈以繼受外國法律做為開發中國家現代化之工具〉，《東海大學法學研究》，5 期，1989 年 11 月，第 1 頁（「繼受」一定與本國文化脫節）。

❷　現象學鼻祖 Husserl 稱這種方法為「簡化」(reductions)、「間隔」(bracketing)，有時直接稱為「中斷」(disconnections)，參閱 Edmund Husserl, Ideas: General Introduction to Pure Phenomenology《純粹現象學》39, 96–99 (W. R. Boyce Gibson trans., 1962). ("To move freely along this new way without ever reverting to the old viewpoints, to learn to see what stands before our eyes, to distinguish, to describe, calls, moreover, for exacting and laborious studies.")

貳 女性法學的發展

　　女性法學與歷史上的女權運動當然是分不開，但是，法界對女權運動如何以法律的角度看待，以及怎麼以法律手段促進女權，卻是美國法學界在廿世紀後段才開始的關切。女性法學興起之前，有很多著名的爭取女性權益的文獻及運動：十九世紀中葉英國哲學家穆勒 (John Stuart Mill) 就從自由主義的角度力陳女性應與男性一樣擁有投票權❸；而美國同時也同樣有 Elizabeth Stanton 及 Lucretia Mott 等人主張婦女的選舉權❹。

　　但是，真正的女性法學是受到民權運動 (civil rights movement) 及婦女運動的鼓動之後，才在 70 年代出現。這時女性法學的主要訴求是平等權的保護 (equal rights protection) 以及為矯正不平等狀態所採取的優惠政策 (affirmative actions)❺。到了 80 年代，平等保護的訴求取得了一些成果，但也在許多女性特殊的議題諸如生育及墮胎，遇到了訴求與男性平等的瓶頸。顯然在這些議題上，女性無法完全與男性相同。

　　在這個時候，有兩種突顯女性與男性在法律上不同的法學理論應運而生。其一是所謂的「文化女性法學」(cultural feminist theory)，這個學派認為從心理或生理上看，女男有本質上的不同，因此在社會及文化上女性的價值及行為與男性有別。基於這樣的差別，女性法學的任務是發掘及彰顯這些不同，而在法律上對不同性別給予不同的待遇。所以這一派的主張又稱為「差別理

---

❸ *See* Catharine A. MacKinnon, Toward a Feminist Theory of the State《女性主義國家理論初探》41–46 (1989).

❹ *See* Levit, *supra* note 4, at 2–3; Katharine T. Bartlett & Debora L. Rhode, Gender and Law: Theory, Doctrine, Commentary《性別法》3–14 (4ᵗʰ ed. 2006).

❺ Gary Minda, Postmodern Legal Movements: Law and Jurisprudence at Century's End《後現代法學運動》129 (1995).

論」(difference theory，即男女有別)，有別於上述平等保護的所謂「相同理論」(sameness theory，即男女相同)。在此同時有本章重心的「宰制理論」(也有人稱之為「激進文化理論」❶❻"radical cultural theory") 女性法學的出現，主張：法律對男女的差別待遇在於文化上基於性別權力的不平等，造就男尊女卑的宰制關係，使女性處於從屬的地位 (subordination)。宰制理論同時批判「相同」及「差別」理論❶❼，認為「相同」及「差別」都是以既存的宰制關係裡的男性優勢價值做為衡量相同及不同的標準：相同，是要待遇同男性一樣；不同，是要待遇與男性有別。所以，女性法學並沒有真正質疑現有男性優越標準（即待遇）的不當，而只有要與之相同或不同的問題。由於宰

❶❻ 臺灣大部分女性法學者把 "radical" 譯為「基進」，我認為不是中文的表達方式。又有學者稱主張女性的性解放重於色情對女性可能的傷害，反對管制色情言論的女性主義者為「激進女性主義者」，但不包括宰制女性論者，與我的用法相同。參閱 Kathryn Abrams, *Sex Wars Redux: Agency and Coercion in Feminist Legal Theory*《性別戰爭的內闋》, 95 COLUM. L. REV. 329 (1995).

❶❼ LEVIT, *supra* note 4, at 9; CATHARINE A. MACKINNON, FEMINISM UNMODIFIED: DISCOURSES ON LIFE AND LAW《本色不改的女性主義》34 (1989) ("Under the *difference standard*, we are measured according to our lack of correspondence with him, our womanhood judged by our distance from his measure.") (emphasis added). 但有學者雖指出一些與傳統「差異理論」不完全相同之處，仍將像 MacKinnon 的宰制女性法學者歸類為「差異女性主義」，雖然也許勉強可通，與我及一般的用法不同，參閱王曉丹，同上註 3，第 20–22 頁。也有學者將「文化女性法學」稱之為「本質論」者 (essentialists)，但將「宰制女性法學」另立為「本質論」之外的派別，與我及一般用法將「宰制論」視為某種程度的「本質論」也有不同，可比較下列兩文獻：雷文玫，〈性別平等的違憲審查——從美國女性主義法學看我國大法官幾則有關男女實質平等的解釋〉，李建良、簡資修編，《憲法解釋之理論與實務第二輯》，2000 年 8 月，第 126 頁，與 Bartlett (Methods), *supra* note 1, at 963 (".... [E]quality has had many meanings: identical treatment...[and] *the end of male domination*..., there is a tendency to attribute to women certain common characteristics—a process which has come to be referred to...as "essentialism.") (emphasis added).

制理論在許多領域（例如「性騷擾」）的突破及持續的成功，例如將戰爭中對女性的強暴發展成為違反國際人權的性別及種族歧視，宰制女性法學成為女性法學中最具影響力的流派⓲。

　　到了 90 年代以後，由於宰制女性法學的樹大招風，引起了許多反彈及檢討。其中比較重要的是多少承繼並發揮「文化女性法學」，並受到後現代思潮影響的「後現代女性法學」（postmodern feminist theory），以及受批判法學及種族平等運動感染的「種族批判女性法學」（critical race theory）。前者主要認為女性不是一個利益及價值一致的集合體，以男女性別截然劃分，不僅是基於女性一體適用的錯誤假設，而且可能只是由白人特權階級女性的偏見出發。把所有女性都類歸為被壓迫族群也未免是單向角度的觀察。後者則批評宰制法學沒有嚴肅地將不同種族的女性處境及特點，納入女性法學的考量。其他還有「同性法學」（lesbian/gay legal theory），「社會主義女性法學」（socialist feminist theory），「務實主義女性法學」（pragmatic feminist theory），「後殖民女性法學」（postcolonial feminist legal theory），甚至「生態女性法學」（eco-feminist legal theory），也都批評現存的女性法學，並提出不同觀點，形成百家爭鳴的局勢⓳，但因為有時與其他流派多所重疊或較無影響力，我在本文中略去不談。

　　也有學者大略地將女權運動粗分為 1970 年代以前的第一波女權運動；70 到 90 年為第二波女權運動，而把所有在這個時期的女性法學歸於大同小異的一類；90 年以後，尤其是 1991 年美國最高法院法官提名人 Thomas Clarence 聽證會引起的性騷擾事件以來的女權運動，稱之為第三波女權運動，並把所有因之興起的女性法學稱之為第三波女權法學⓴。不過，由於我的主要關切

⓲　參閱本書第九章、伍、二節關於國際人權的討論。

⓳　較早期介紹婦女運動各種流派參閱顧燕翎編，《女性主義：理論與流派》，女書文化，1996 年。

⓴　*See generally*, Bridget J. Crawford, *Toward a Third Wave Feminist Legal Theory: Young*

在宰制女性法學，我在本章還是採用前面比較傳統的詳細分類。

 宰制女性法學

　　以宰制女性法學的中心人物麥金穠 (MacKinnon) 的理論而言，她最根本的主張是：一、社會關係的表現是男性主導支配的性別不平等；二、性別不是差異，而是男尊女卑的從屬關係；三、在美國色情文化是實現性別支配及性別從屬的主要工具❷❶。除了在後面的各論對色情有較詳細的處理之外，本節主要在討論她認為的不平等社會及性別關係，以及國家機器與婚姻家庭制度在性別關係中的角色及作用。

　　宰制女性法學是左派的法學思潮而非傳統自由主義法學，應該是顯而易見。但是，儘管一般的誤會，宰制女性法學者並不是馬克思主義者，她們稱馬克思主義女性法學為「社會主義女性法學」。不過宰制女性法學者，尤其是麥金穠，與馬克思主義其實有非常複雜的關係。我們如果說是既愛又憎也許不妥，或許我們可以借用老共的術語，稱之為「既團結又鬥爭」。麥金穠有些對馬克思主義及社會主義女性法學如何看待及處理性別平等的批判非常鞭辟入裡，但是宰制學派很多分析方法及策略卻深受馬克思主義的影響，很多對宰制女性法學是為馬克思主義（即使是，又如何？）的批評，其實是因為不了解宰制論者從馬克思借用的觀念，但又有其自家的解釋。從以下的比較分析或許可以稍微領略其同時接受又予批判的態度。

Women, Pornography and the Praxis of Pleasure《第三波女性法學初探》, 14 MICH. J. GENDER & L. 88. 雖然英國的女性主義法學者對女性法學發展的描述與美國學者的分類大同小異，但也有對名稱及時段上略有不同的做法，參閱 HILAIRE BARNETT, INTRODUCTION TO FEMINIST JURISPRUDENCE《女性法理導論》4–14 (1998).

❷❶　MACKINNON, *supra* note 13, at 3.

一 性別關係是歷史階段的社會關係

　　宰制女性法學認為歷史現階段的兩性關係不是天生自然，普世永恆。而是兩性互動之下的一種社會關係。這種看法有幾個意涵：從歷史的發展觀察，才能了解目前的性別關係是如何演化。既然是歷史的演化，兩性的關係是社會人為建構的結果，不是命中注定的自然現象。那麼，如果這種歷史階段的社會關係不利女性，社會關係就應該而且可以調整。所以麥金儂說：「當社會現狀呈現的被視為合理，不平等就被不平等的現狀認可。換個角度，觀念不從抽象的相同或不同的場合出發，而是探究**具體的、歷史的、社會的**男尊女卑是否存在❷❷。」

　　這種看法基本上是借用馬克思將資本主義社會及其生產關係視為歷史階段發展的歷史唯物辯證史觀❷❸。在馬克思主義者的眼中，一切社會制度都有其歷史的階段性，即使號稱科學的客觀分析也必須了解其歷史階段的暫時性及侷限性。所以，從馬克思主義者看來，將歷史階段的「事實」不經思索認定為客觀實相是錯誤的看法。事實既然是歷史演化的產物，它就會經常改變。不但如此，它的客觀存在反映特定歷史階段（如資本主義）的發展。所以，當任何科學將當前的狀況當作科學觀念的適當基礎，以累積的材料當成發展科學觀念的出發點，科學就不過是簡單武斷地以資本社會為其立論的根本，不加辨識地以現階段的外在情況及社會的規律，做為「科學」不變的基礎❷❹。同理，兩性的社會關係也有其歷史發展的階段性。

　　所以，在馬克思的觀點影響之下，左派女性主義者主張：目前女性處境

---

❷❷ CATHARINE A. MACKINNON, ARE WOMEN HUMAN? AND OTHER INTERNATIONAL DIALOGUES《女人是人嗎?》126 (2006)（粗體為作者所加）。

❷❸ 參閱黃維幸，《法律與社會理論的批判》，新學林，2008 年 9 月，二版，第 85 頁。

❷❹ JEORG LUKÁCS, HISTORY AND CLASS CONSCIOUSNESS: STUDIES IN MARXIST DIALECTICS《歷史與階級意識》7 (Rodney Livingstone trans., 1971).

有長遠的歷史淵源。例如，法國的德波娃 (Simone de Beauvoir) 的基本看法就是：自從有了父權社會，女性就被迫在兩性關係上居於次位，雖然女性占人口一半，其地位卻很像少數民族。這種次等地位並非本於女性的天性，而是例如傳統男性主控的教育和社會環境力量使然❷。宰制女性法學在這方面與左派思想並無軒輊。

麥金穠固然了解經濟因素的重要，但並不是把馬克思的唯物辯證觀照單全收。首先，宰制女性法學者不是唯物論者，沒有認為經濟基礎最終要左右性別關係。然後她更主張激進女性主義者必須超越馬克思與其以唯物辯證發展的「客觀」規律，視被壓迫的主體為「外在」的現象。女性主義的辯證觀視女性為「內在」❷。換句話說，對女性而言，歧視壓迫不是外在於觀察者的現象，而是女性切身的經驗及感受。所以說：「女性主義是女性的理論，而不是研究女性的理論❷。」這樣一來，宰制女性法學接受馬克思的歷史觀，但反對將歷史的辯證視為觀察及發現「客觀」社會規律的方法。

二 性別的宰制關係

麥金穠宰制女性法學對於當前的性別關係，最基本的看法是男尊女卑的宰制狀態。由於兩性的關係是歷史一定階段的社會關係的表現，宰制理論拒絕生物及心理論的兩性相同或不同的爭論，而認為這兩種理論都用男性的標準做為主要的鑑別；相同理論強調女性與男性非常相似；文化女性主義者則強調女性與男性非常的不同；宰制女性主義者則強調兩性之間權力的不平等。他們研究女性卑屈的地位，及男性在所有社會政治及經濟領域的支配地位❷。

---

❷ SIMONE DE BEAUVOIR, THE SECOND SEX《次等性》xxxix (H. M. Parshley trans. & ed., 1989).

❷ Christine A Littleton, *Feminist Jurisprudence: The Difference Method Makes*《女性主義法理學》, 41 STAN. L. REV. 751, 765 (1989).

❷ *Id*.

用麥金穠自己的話說：宰制理論主張男性有優越的地位，而女性則屈從於男性。男性的優越地位，由社會制度以及文化信仰的制度造成❷❾。

　　表面上看起來，宰制關係與馬克思的階級分析相像，但是兩者又有相當的不同。比較「正宗」的左派女性主義者認為：女性經由住所，家務，經濟需要，社會地位，分散地依附到男性或丈夫的身上，比之與其他女性更為密切。如果她們是資產階級，女性就認同資產階級的男性，而非無產階級的女性；如果她們是白人，女性就自認與白種男性利害一致，而非黑人的女性❸⓿。我們後面討論家庭制度時❸❶，就可以看到宰制女性法學沒有完全接受階級分析的概念。

三　國家機器及其法律

　　由於兩性關係是社會人為的一種宰制關係，這樣的意識型態反映在國家機器的性質及國家法律的作用。從女性的觀點來看，由於國家的形式傳統上就是男性的權力，平等關係的理論不能就只在加強國家的權力。它不能對同樣的規則，給予不同的內涵，它必須重新分配國家的權力使女性有權力。它必須有組織的促成國家權力的再分配，使女性有制度上面的資源來面對及救濟她們所面對的不平等，甚至包括親密關係的不平等。做為講求平等是一種法學方法，這種實質的取向表現法治並不是使女性與男性有同樣的待遇❸❷。

　　而以國家權力表現的法律而言，宰制女性法學者認為：一般男性沙文主

---

❷❽　LEVIT, *supra* note 4, at 9.

❷❾　MACKINNON, *supra* note 17, at 23. ("This theory says that men are privileged and women are subordinated, and this male privileging receives support from most social institutions, as well as a complex system of cultural beliefs.")

❸⓿　DE BEAUVOIR, *supra* note 25, at xxv.

❸❶　參見同下註 38 及其本文。

❸❷　CATHARINE A. MACKINNON, WOMEN'S LIVES, MEN'S LAWS《女人的命——男人的法》56 (2005).

義的法理學以男性觀點做為法律生活的適當標準，例如司法審查的範圍、司法自律、先例的拘束力、權力分立、公法與私法的分割等等。又如審判適格、司法問題及國家行為等理論也是如此。不包括女性在內的掌權者設計規範及制度。然後這些規範及制度又成了既成事實。即使是做為根本大法的憲法也是由通常不包括女性的掌權者制定，做為所有法律的最高指導❸❸。

　　其中傳統上以及臺灣法學界視為當然的「主流」觀點，以公法與私法的區分表現國家機器的中立，變成國家默許女性被壓迫的現狀。從麥金穠的觀點：當女性被各自分離（稱之為隱私），女性就孤立無援而不是國家關切的對象。這種隱私權是男性可以個別壓制女性的安排。自由主義者以為是女性能夠享有獨立自主的主體，因此自由主義對兩性關係的處理是認為並且強調國家及法律保持中立。但是，從宰制女性法學的眼光看，公法與私法的分割並非對性別中立，而是模糊宰制女性的意識型態。此種分割因為視對女性的侵害為私法的領域，使公法及政治無法介入，不過是使男性在宰制女性之中不相互干擾而已❸❹。

　　在這個議題上，宰制女性法學與馬克思主義有顯然的區別。例如，Lukács 認為：真正的馬克思主義者看待國家機器只不過是政治鬥爭中的一個權力因素。假馬克思主義者卻以奪取國家機器為政治鬥爭的目的，將國家視為奪取而非消滅的對象，如此，無產階級已經接受了資產階級的前提，等於未戰先敗。所以，不挑戰國家與法律的存在本身，即已默認國家與法律存在的正當性。在此前提之下，零星的挑戰法律對資本主義構成不了根本的威脅❸❺。正統的馬克思主義者認為：革命者為反對法律而反對，採取某種行動

---

❸❸　MacKinnon, *supra* note 13, at 238.

❸❹　MacKinnon, *supra* note 17, at 102. 關於區分公法私法之不當參閱本書第九章、伍、二、2 節有關國際人權的討論。

❸❺　Lukács, *supra* note 24, at 260. 關於國家及法律消亡論參閱黃維幸，同上註 23，第 101 頁。

只因為行動是非法默認了法律的正當性。但就一個無畏的共產主義革命者而言，國家及其法律的存在，法律及法律後果與其他行任何決定必須考慮的因素沒有什麼大不同 ❸。宰制女性法學沒有接受國家及法律消亡理論，只是主張法律的實質必須去除性別壓迫的內容，而國家的權力不能存在於父權結構之中而已。

四 婚姻及家庭

宰制女性法學在借用馬克思觀念而又同時予以批判的論述之中，我認為最為深刻的主張要屬對家庭及婚姻的剖析。我們上面已經指出：像法國的德波娃對性別壓迫的描繪基本上是採取階級分析的方式 ❸。宰制女性法學則廢棄以經濟為基礎的唯物觀點的性別分析。

麥金穠指出：傳統上社會主義者把至少是勞動階級的家庭，當成資本社會裡與市場相對的制度。家庭是親密、溫暖，以及個別化的人際關係，與非人性化的市場正好相反，有如市場角力中的避風港。從這個角度，家庭呈現資本主義內部的矛盾。女性主義理論則視家庭為男性統治的一環，男性暴力及生育剝削的地方，也就是壓迫女性的主要場所。與其視之為矛盾的力量，經由其組織、財力分配及資源控制，家庭與資本主義有同樣的權力結構 ❸。

在經濟基礎的唯物論指導之下，恩格斯認為女性被階級社會裡家庭的特殊形式所壓迫。在階級形成之前的平等社會，勞動依性別分工。分工變成有尊卑之分是在財產私有的階級社會形成之後。在資本主義社會，由於個人生活反映資本主義的生產關係，女性分屬「資產階級家庭」及「無產階級家庭」 ❸。

---

❸ LUKÁCS, *supra* note 24, at 263.

❸ DE BEAUVOIR, *supra* note 25.

❸ MACKINNON, *supra* note 13, at 61.

❸ *Id*. at 19.

女性主義者批評馬克思主義是男性中心的理論及實踐，亦即受限於男性的世界觀及利益。雖然女性也以勞工的地位從事生產，馬克思主要把她們看成母親、看家，以及軟弱的一性。他的看法和自由主義理論一樣，認為女性理所當然屬於社會給她們的地位❹。女性主義者認為完全以階級分析社會就忽略了女性特殊的社會經驗。馬克思主義的要求，完全可以在不改變女性不平等地位之下完成。所以，階級分析不能涵蓋女性的利益。女性主義者常常覺得工運及左派不夠重視女性的工作及關切，只注意制度及物質面的改進而不顧情緒及感受的作用，在實際作為及日常生活貶抑女性，與其他男性利益主導的意識形態及團體毫無軒輊❹。

肆 其他流派

一 自由主義的平權與特惠

如上所述，傳統上女性主義的要求是兩性形式上的平等，因此，早期女性法學的訴求也是要求法律做到女性可以與男性在形式上受到相同的待遇，只要男性可以享受的權利，在法律上，女性沒有什麼特殊理由因為性別的不同而受到不一樣的處理，爭取婦女與男性有同樣的投票權是一個典型。從同樣的角度，兩性平等的要求及待遇漸漸擴大到其他領域。以美國而言，一系列的判決包括男女婚姻的權利❹、同樣接受離婚父母扶養❹、同樣就讀軍校❹、男女律師一樣可以擔任遺產執行人❹、男女相同的喝酒年齡等等❹，

---

❹ *Id*. at 13.

❹ *Id*. at 6.

❹ BARTLETT & RHODE, *supra* note 14, at 29.

❹ Stanton v. Stanton, 3421 U.S. 7 (1975).

❹ United States v. Virginia, 518 U.S. 515 (1996). *See also* BARTLETT & RHODE, *supra* note

使兩性受到同等待遇。而臺灣的實務也有相對應的處理。例如司法院釋字第365 號認為只有父親對子女擁有最終的管教權力違憲；民法原來規定妻子在婚姻關係存續中取得的財產歸夫所有違反平等權；及妻以夫的住所為住所歧視女性等等❹。這些訴求都建立在兩性相同的假定之上。

　　這些現在看起來非常直接了當，理所當然的問題，在爭取性別平等的奮鬥過程中，由於是挑戰根深蒂固的偏見，其實也曾面臨極為強大的阻力。例如，在上述男女律師都應該一樣能夠擔任遺產執行人的案子 (Reed)，連美國最高法院自由派的大將 Blackman 法官都認為：案子太小（全部遺產只有$1,000），爭議又簡單，後來作成的女法官 Ginsburg 把它無限上綱到對女性卑下的歧視未免是「小題大作」❹。但是，我們要是將之放在整個對婦女就業歧視的歷史脈絡上觀察，就可以發現這個案子所代表的不過是冰山一角。在惡名昭彰的 Bradwell v. Illinois 一案❹，美國最高法院曾經有這麼一段當時是「天經地義」的「普世價值」，今日看來卻是匪夷所思的天方夜譚：

　　……無論從民法或自然觀察，男女各自的領域和命運極為
　　不同。男人不但是，而且本來就應該是女人的保護者。女
　　性天生及應有的膽怯及纖細使她們顯然不適合社會上的很
　　多工作。上帝所創造的家庭和家庭結構的本質，指出女性
　　適合家庭的工作。不只共同的利益，而且家庭利益和觀點

14, at 260–86.

❹　Reed v. Reed, 404 U.S. 71 (1971).

❹　Craig v. Boren, 429 U.S. 190 (1976).

❹　參閱 Thomas Weishing Huang, *Judicial Activism in the Transitional Polity: The Council of Grand Justices in Taiwan*《轉型政治中的司法積極主義》, 19 TEMPLE J. INT'L & COMP. L. 126 (2005).

❹　BARTLETT & RHODE, *supra* note 14, at 29.

❹　83 U.S. (16 Wall) 130 (1872).

的和諧，與女性從事丈夫的事業之外有不同及獨立的事業

兩者是水火不容……女人屬於丈夫，沒有獨立的存在❺⓿。

　　在這樣的歷史傳統及文化脈絡之下，看似容易的兩性形式平等，其實是相當了不起的成就。

　　就因為傳統上對女性職業有很深的成見，平等主義的女性法學在兩性職場這個議題上的著力最深，成果也最為顯著。兩性職場平等的訴求表現在⑴同工同酬：意即實質上需要相當的技能，履行相當責任的兩份工作，不可因為性別的不同而有差別的待遇❺❶。當然，問題的困難在於如何認定職務的可比性。無論如何，只要職務相當，雇主必須在內部維持兩性之間一定的公平性，不可推託市場條件造成兩性之間工資的不同❺❷。⑵消滅職場上基於性別的歧視，是形式平等而不是機械的絕對平等，只是根據性別的不同待遇或工作條件或環境必須合理。由不是機械的絕對平等導出可以有優惠政策，改變歷史上的不平等。

二 文化女性法學

　　早期的女性主義及受其影響的女性法學主張：兩性不能差別對待，兩性平等就是要將女性的待遇提昇到男性同樣的地位。在此運動取得一定成果之餘，同時也出現兩性平等不是兩性應有相同待遇的主張。最先的批判採用生物演化（或稱之為社會生物學 (sociobiology)）的角度解釋女性不平等的地

---

❺⓿　*Id.*

❺❶　BARTLETT & RHODE, *supra* note 14, at 50.

❺❷　Corning Glass Workers v. Brennan, 417 U.S. 188 (1974)（全是男性的夜班雇員工資較高）。比較前衛的經濟學家也發現不同產業之間的類似工作有時工資有很大差別，不完全受市場供需律的左右，參閱 RICHARD H. THALER, THE WINNER'S CURSE: PARADOXES AND ANOMALIES OF ECONOMIC LIFE《勝而不贏：經濟生活的矛盾及變態》45, 47–49 (1992).

位。這種理論主張兩性天生的生理不同，導致我們社會對兩性的差別待遇，因此民權運動有些要求同等對待兩性的禁止性別歧視法律，反而應該取消❸。

　　後來，哈佛大學心理學家紀理贛 (Gilligan) 從心理學的角度分析兩性基本上的不同，更對性別關係中所謂「不同理論」這一派提供了更強力的理論基礎。紀理贛的最核心見解可以用下面這段話代表。她說：

> 女男就人與人之間的關係，尤其是依賴的關係經驗不同，因為脫離母親是男性發展的基本，男孩的性的認同過程中，分立分離及自我形成 (individuation) 極端重要。對女孩及女性而言女性及女性的認同不在從（同樣是女性的）母親分立或形成自我。既然男性的性徵的定義在分立，而女性性徵則在貼近，親暱關係威脅男性的認同，而分立則威脅女性的認同。所以男性對人際關係，女性則對自我形成比較會有問題❹。

又說：因此女性生活的發展中，視自己在關係的連結上，以關切的倫理 (ethics of care) 為中心來理解及活動❺。

　　在法國屬於少數派，但對美國女性主義者極具影響力的易麗嘉瑞 (Luce Irigaray)，也從使用語言的角度力陳受到文化制約的兩性的不同。例如，她認為男性在陳述或行動中比較會居於主體地位，女性則容易在男性前退讓消失；當女性用「我」的時候，她不一定表達女性的主體性；女性著重人際關係，男性在意世界及外物；一般誤認女性表達比較主觀及情緒化，其實不是；女性較男性注重具體及脈絡❻。

---

❸　CHAMALLAS, *supra* note 1, at 117.

❹　CAROL GILLIGAN, IN A DIFFERENT VOICE: PSYCHOLOGICAL THEORY AND WOMEN'S DEVELOPMENT 《聲音不同：心理學理論與女性的成長》8 (1982).

❺　*Id*. at 171.

　　易麗嘉瑞並批評大部分法國女性主義者的普世觀，強調兩性本就不同，要求與男性平等是錯誤地以男性標準強加於與男性不同的女性**❺❼**。

　　接受紀理贛主張的女性法學家，認為紀理贛的基本看法是：「男孩與女孩的道德思維不同，女孩注重或被灌輸關心、同情、和諧、群體價值，而男孩則被教導著重抽象道德原則、權利、自主，以及自我。女孩成長為女性之後的倫理思考以關切的倫理為主，而男孩則長成以正義的倫理為重。男性注意抽象的權利，女性則珍惜人的關係**❺❽**。」從而文化女性法學批評基本上是自由主義的兩性相同理論，這些學者認為：因為女性與他人的關係基本上是一種連結關係 (connection)，而非尋求人格獨立的一種分立狀態 (separation)。這從女性懷孕、性交、餵奶，以及以關懷而非競爭為中心的道德及生活實踐可以看得出來，連結理論批評傳統自由主義以個性自主及人格自由發展界定女性的錯誤。自由主義以為追求自己的生活，自我的認同，以及免於他人干涉的自我定義的生命，這些都不一定符合女性追求連結而非分離的關係**❺❾**。文化女性主義者韋斯特 (West) 進一步主張：女性的認知方式、文藝感覺、美的感受、心理發展，以及所謂的人格自主與男性有基本上的差異。總之，與男性追求獨立不同，女性講究與他人之間的連繫**❻⓪**。所以，韋斯特認為男性觀點的人際關係是以「自主」、「平等」（形式平等或實質上權力的平等），女性角度的人際關係講求「連繫」(relation)**❻❶**。

　　女性這種天生的傾向不僅表示女性自然與男性不同，有時更是女性因差

---

❺❻　Margaret Whitford, *Introduction*, *supra* note 9, at 4–5.

❺❼　*Id*. at 32.

❺❽　LEVIT, *supra* note 4, at 19.

❺❾　Robin L. West, *Jurisprudence and Gender*《法理與性別》, 55 U. CHI. L. REV. 9 (1988).

❻⓪　*Id*. at 17.

❻❶　Robin L. West, *The Difference in Women's Hedonic Lives: A Phenomenological Critique of Feminist Legal Theory*《女性不同的享樂生活》, 15 WIS. WOMEN'S L. J. 149, 177, 211 (2000).

異處於不利地位，而法律必須有鑑於此種差異及劣勢。West 以性交為例說明她的看法，她引用 Andrea Dworkin 一段著名的陳述：

> 做為人之謂人的女性本應有絕對的隱私；只是做為女人，
> 她兩腿之間有一個男人可以而且必須侵入的洞。這個洞的
> 意思與侵入同義……這個進入她的身體的細縫——也就是
> 性交——似乎是女性卑下的關鍵。女性注定有較少的隱私，
> 身體有較小的尊嚴，較低的自我……而這些較少的隱私、
> 尊嚴、及自我造成她比較不重要……與侵入同義的那個洞，
> 以及存在意義上基本的性交行為對女性有先於社會的先天
> 的後果……[62]

就因為兩性無論是基於生理或心理所產生在文化上的不同，女性表現在生育、養育的角色上，甚至就強暴、性騷擾、以及懷孕生產的情緒及心理反應都與男性有基本上的差異。文化女性法學因此主張法律不僅必須看到這些差別，而且應該補償或幫助因性別蒙受不利的女性。所以，文化女性法學的著眼點大都在如何以特殊或優惠的待遇處理女性的劣勢，例如產假、靈活的工作環境及時間、照顧女性的設施等等[63]。

文化女性法學同時批判「相同理論」與宰制女性法學。從這一派的觀點看來，雖然自由主義男女相同的女性法學與這一派認為的激進女性法學著重之點不同，但是兩者卻有一個共同點：假設客觀環境的改變自動帶來女性的快樂與幸福。自由主義者假定男女客觀上的形式平等自然表示女性的幸福；激進主義者假設兩性實質的平等無疑地帶給女性快樂：兩者都沒有探討女性主觀的歡愉的性質以及這種歡愉與平等地位之間的關係[64]。外部條件的改變

---

[62]　West, *supra* note 59, at 34.

[63]　Levit, *supra* note 4, at 9.

[64]　West, *supra* note 61, at 157–58 (2000).

（例如兩性的待遇相同或權力相當），沒有必然自動帶給女性快樂的保證，女性是否主觀上感到幸福是一般女性法學所忽略的議題。所以，以兩性的性關係為例，即使得到女性完全的自願與同意，沒有回答女性在這種自主的性關係中真正感到快樂的問題❻。

　　總之，文化女性法學的具體要求及策略雖然很少，它所著重的不在改變兩性關係外在條件，而是探討女性主觀的感受，從而認為能夠帶給女性快樂的法律就是好法律，反之則否❻。

三　種族批判女性法學

　　種族批判女性法學最主要的看法是：一般的女性法學在界定「女性」時所沒有意識到的白人中心主義，以白種女性，甚至只是白種中上層女性的際遇及觀念為討論時未曾言明的前提。所以，種族批判女性法學要一反以白人女性為中心，並以白人女性的自我為女性自我的偏差，主張以種族為中心的女性多重自我，並進一步強調黑人女性有異於白人女性的特殊經驗。

---

❻　*Id*. at 161.

❻　*Id*. at 212. 像這樣的現代思潮處理方式從何處得來呢？尼采在他的名著「查拉魯斯圖如是說」中有著名的「舞之歌」，描寫主人公和他的徒弟遇到一群少女在舞蹈。查拉魯斯圖本來應該而且也想要與其中一名跳舞，但在他一直以理性的智慧分析生命及舞蹈之下，少女紛紛離去。等到查拉魯斯圖突然驚覺，他自言自語地說：「太陽早已下山，草地也已濕潤，從森林吹過來一絲寒意，一種莫名的感覺包圍著我，好像是點什麼。怎麼！查拉魯斯圖，你還活著嗎？」Friedrich Nietzsche, *Thus Spoke Zarathustra*《查拉魯斯圖如是說》, in THE PORTABLE NIETZSCHE 219–22 (Walter Kaufmann trans., 1954). 我並不是突發詩人的雅興，而在指出：生命是應該去體驗的，不是一直是冰冷的智慧分析闡釋的對象；女性的境遇是生命的一部分，女性法學說故事（下詳）所傳遞的感性和感受，以及它的氣氛，絕不是男性法學「客觀」「理性」的分析所能盡表。

1.種族而非女性中心

種族批判女性主義拒絕了女性有普世的經驗，種族批判女性主義與以下還要討論的後現代女性主義者，在這一點上相同。批判種族女性主義強調種族、性別，及階級常常與兩性的有色人種的生命相重疊，例如在職場上有色人種及貧窮的婦女，必須要同時克服這三種困難❻。種族批判女性主義者開始注意到以女性為分類的分析本身即帶有排他性，因為這種分析以白種特權女性的利益及經驗放大為所有女性共同的際遇❻。換句話說，以女性為中心的觀點沒有看到種的因素，以及這種因素與性別交叉的現象。

種族批判女性法學論反對本質主義 (essentialism)，她／他們主張：要了解歧視最好不從被壓迫者的主要身分例如女性、白人、中產階級、異性戀等等這些既存分類入手，而是從各種身分重疊的總體觀察。性別雖然影響所有女性，但是別人如何看待你卻是取決於像性別、種族、財富、性向等特徵的總和。換句話說，簡單的男女二分並不準確❻。

種族理論與文化女性主義又有不同，種族批判主義主張種族觀念的生物或基因的因素在科學而言並不重要，而是一種社會大眾的建構，是一種以為膚色重要的信仰。認為深色的皮膚代表低能也是社會的產物。種族生物觀點不久之前還促成禁止異族通婚及現在仍存在的禁止異族收養。批判種族主義在揭發種族生物論對法律及判決的影響❼。

種族批判法學經由批判傳統法學中立客觀的虛偽，進一步強調以種族為中心，並以有色人種的主體為主體❼。種族批判法學又利用後現代思維，否

---

❻　LEVIT, *supra* note 4, at 11.

❻　Bartlett (Methods), *supra* note 1, at 847.

❻　LEVIT, *supra* note 4, at 26.

❼　*Id*. at 28.

❼　Angela P. Harris, *The Jurisprudence of Reconstruction*《重新建構的法理學》, 82 CAL.

認有什麼觀念、語彙、價值是原始純淨不帶色彩的。種族批判主義使用後現代觀念的結果，也認為像中立客觀這種觀念不可能不帶有種族色彩。不僅如此，更是被用來延續種族歧視的掩飾。種族批判主義不僅指出種族觀念如何深入我們的語言、觀念和價值，而且告訴我們一旦深究所謂法律的中立地帶，種族歧視的偏頗立場早已存在❼❷。

2.多重自我

種族批判法學同意人人生來有一個「自我」，但自我不是一個完整的概念而可能是部分，甚至是相互矛盾的自我。自我不是天然形成的一種概念，而是社會制度及個人意志不斷影響而成長的一種過程。自我的觀念是多重而非單一❼❸。不同種族，不同性別有不同的自我。將自我想像成一成不變，或是將白人女性的經驗凌駕黑人女性經驗之上是錯的❼❹。缺乏了解有色人種女性多重的自我導致種族主義運動忽略黑人女性也是黑人，而婦解運動忘了有色人種的女性也是女性❼❺。

3.少數族群婦女的特殊經驗

Harris 以強暴的經驗為例，指出黑人婦女對強暴的經驗與白人女性不同，黑人女性不僅經驗到法律對其缺乏保護，也意識到關係強暴的法律也對黑人

L. Rev. 750 (1994).

❼❷　*Id*.

❼❸　Angela P. Harris, *Race and Essentialism in Feminist Legal Theory*《女性主義法學中的種族及本質主義》, 42 Stan. L. Rev. 584 (1990).

❼❹　*Id*. at 603.

❼❺　Kimberlé Crenshaw, *Demarginalizing the Intersection of Race and Sex: A Black Feminist Critique of Antidiscrimination Doctrine, Feminist Theory and Antiracist Politics*《重視種族與性別的交叉》, in 3 Feminist Legal Studies《女性法學研究第三冊》 105 (Joanne Conaghan ed., 2009).

男性產生壓迫❼。而後面也會討論到伊斯蘭教女性在前南斯拉夫武裝衝突中對女性和男性被強暴的特殊經驗❼。

四 後現代女性法學

要了解什麼是後現代女性法學，必須先確定什麼是後現代思潮或後現代現象。可惜，除了可以說後現代是相對並且超越現代主義所標榜的理性主義 (rationalism) 及經驗主義 (empiricism) 之外❼，沒有什麼所謂後現代的共識。根據 Best 及 Kellner 的總結，後現代也許可以了解為：一反現代主義偏好一致而整體，轉而強調差異及多元；拒絕體系及固定，選擇不確定及不完整；與其相信客觀與真理，重視詮釋及相對；放棄學科的界線，採取科際的取向❼。

在這樣的旨趣之下，法學家認為受到後現代思潮感染的法學也表現了以下的傾向：⑴拒絕基礎主義及本質主義；⑵質疑所有偽裝的確定、堅固、體系，以及包括學科之間的界線；⑶容忍，甚至歡迎矛盾；⑷著重權力表現的分析；⑸主張社會建構的自我，自我及主體是社會的形成，不是主體及自我的發展帶動社會的進步；⑹強調自我省思；⑺反對分析式、規律式的陳述，採納訴說故事的表達方法；⑻對政治有矛盾的情結❽。

後現代女性主義者，主張相同待遇（男女相同）以及文化女性主義（男

---

❼　Harris, *supra* note 73, at 601.

❼　參閱本書第九章國際人權的討論。

❼　參閱 Dennis Patterson, *Postmodernism/Feminism/Law*《後現代主義／女性主義／法律》, 77 CORNELL L. REV. 263–65 (1992).

❼　STEVEN BEST & DOUGLAS KELLNER, THE POSTMODERN TURN《轉向後現代》255–58 (1997). 後現代思維與廿世紀自然科學打破牛頓的機械物理觀有相輔相成的關係，參閱本書第二章。

❽　STEPHEN M. FELDMAN, AMERICAN LEGAL THOUGHT FROM PREMODERNISM TO POSTMODERNISM《從現代前到後現代的美國法律思潮》163–81 (2000).

女不同），錯誤的假定所有女性都相同，而所有男性也大致相同。如果從人種、經濟及國家的來源來看兩性，這種假定尤其是不正確的。所以後現代女性法學者拒絕唯一的真理，而認為真理有多重的意義，帶有臨時性，而且跟個人的生活經驗、觀點及他的社會地位直接相關❸。後現代理論拒絕任何普世的觀點，而變成比較務實性、暫時性、脈絡性及特殊性，沒有單一的標準可以決定研究和調查的正確與否；而是在實踐之中，發展自己的標準，這些標準是多元、特殊而且相關❸。

後現代主義既然認為什麼正義、美、或真理，最後不過是表現和維持權力。無論是歌劇、著作或憲法，把面具掀開，底下都是權力。任何文件、章句、言語、成品或討論都有上下的權力關係。正義或所謂正義屬於當今的統治階級，也由統治階級為己身利益來定義，直到另一個階級取而代之❸。

因此，非主流法哲學敦促其他學者專家要傾聽不同聲音，承認不同或異類觀點的正當性。當包括女性主義、種族批判主義，及同性戀理論呈現了多元的聲音之餘，現代主義者認為可以發現唯一的真理及將知識建立在穩固的基礎這類的看法就變得問題重重。非主流法哲學認為只有多重的真理，沒有唯一的真理，從而與反基礎主義 (anti-foundationalism) 及反本質主義的後現代特色合流❸。但是後現代主義者又認為：在這樣的反基礎主義的觀點下，並

---

❸ Levit, *supra* note 4, at 10.

❸ Bartlett (Methods), *supra* note 1, at 878.

❸ Levit, *supra* note 4, at 37. 後現代思潮中當以法國的傅科對權力的分析最為著力，提綱挈領的分析參考他與 MIT 語言學家 Chomsky 的辯論等，參閱 Foucault Reader 《傅科文選》5 (Paul Rabinow ed., 1984). 影響傅科甚深的是德國哲學家尼采散見其作品中的權力理論。比較 Walter Kaufmann, Nietzsche: Philosopher, Psychologist, Antichrist 《尼采：哲學家，心理學家，反基督徒》178–333 (4th ed. 1974), 與 Julian Young, Friedrich Nietzsche: A Philosophical Biography 《一個尼采的哲學傳記》534–49 (2010) 對尼采的權力理論不同的領略。又參閱 Vincent Descombes, Modern French Philosophy 《當代法國哲學》112 (L. Scott-Fox & J. M. Harding trans., 1980).

不會使選擇標準或原則變成不可能或武斷。反基礎主義否認有客觀獨立的標準存在，也不等於說可以隨意選擇，無法評估。而只是主張：任何人在選擇評估所要採取的標準之時，要認識到所選擇的標準並非獨立存在，而是選擇時的建構。因此，不是在發現及遵守「原則」，或忠實地呈現條文的文義，而是政策決定❽❺。

　　包括後現代主義者在內的現代社會理論，推翻了客觀實體論，提出了現實是人為的社會建構的看法，這是一大進步。但是像麥金儂等的女性法學者的貢獻在於更進一步指出社會建構並不是人人有份，而是男女有別。還有，後現代女性法學的確指出其他學派的某些缺點，特別是對女性利益及角度過分單一或統一的解釋，或對女性受害及被動過分偏頗的描述。但是，總體而言，其偏好抽象理論的探討，雖有一定的貢獻，有時卻不僅令人難於卒讀，對實際究竟有多少真正的影響，恐怕還是可以高度質疑❽❻。

五　對宰制法學的批評

　　宰制女性法學的影響力雖大，對其批判的聲浪也不絕於耳。從最無關緊要的文風，到目標不明確，不一而足。但與法學方法比較有關的批評，則著重在所謂宰制女性法學的女性單一角度，純粹視女性為性別關係中的受害者，

---

❽❹　FELDMAN, *supra* note 80, at 159. 很約略地說，「基礎主義」指認識及知識必須基於一種最根本的基礎，這種基礎本身無可懷疑，例如理性、觀察、甚至上帝。附帶一提，我們在臺灣隨時隨地都會聽到其實是蠻有學問的人，在與人討論的時候經常脫口而出這麼一個「真理」：「真理只有一個；真理越辯越明。」我說：真理不只一個；真理越辯越只能清楚地呈現立場的不同！

❽❺　參閱 Tracy E. Higgins, *"By Reason of Their Sex": Feminist Theory, Postmodernism, and Justice*《女性主義理論，後現代及正義》, 80 CORNELL L. REV. 1582 (1995).

❽❻　但也有學者認為只有後現代女性法學，超越「基進主義的性別平等論」，將議題植於文化經驗，參閱陳妙芬，同上註 2，第 39 頁。但是，以我的看法，宰制女性主義者不是激進女性主義的性別平等論者，似不應混淆。

以及忽略女性自動自發及反抗的能力三個方面。

　　由於宰制女性法學的論述與傳統第三人稱文縐縐的「客觀」描述有很大的不同，連其他女性法學者也不無微詞，認為麥金穠在進行女權法學運動所用的文字及文風，有典型的男性作風、語言及風格非常激烈與威權，而且充滿男性語言一些下流的用法。這種風格雖然得到相當的成功，但如果是使用比較非男性的陳述方法，或許能使運動比較不呈現如此性別化❽。

　　另外對麥金穠研究方法的挑戰，是有關手段及目標的問題。批評者認為麥金穠沒有很清楚的表明她所追求的改變，是要由哪一個機關來執行，法院很難會自動作出麥金穠要求的改變。麥金穠所要求在公法、私法所做的改變，也沒有真正的軌跡可循；即使在種族歧視的領域，司法機關的角色也相當的有限。所以認為缺乏適當的機構來執行麥金穠的建議，是宰制理論相當的弱點❽。至於麥金穠的目標，很多今日的女性不認為世界是像麥金穠所描繪的那樣；甚至對她的描繪非常的反感。也有相當多女性，不再追求麥金穠所提倡的改變❽。

1.單一角度

　　宰制主義者認為麥金穠的女性法學方法有兩個特殊的部分。第一是女性對她們經驗的論述，是她們主要的理論內容，雖然某些分析的工具（例如法律），可以是從男性論述中借用；但是解釋目標以及策略，則必須基於女性自己的經驗；第二是女性的經驗，是婦女做為婦女的經驗。因為麥金穠認為婦女的經驗是受到男性性的使用及濫用的對象，所以女性只有被男性做為性的

---

❽　Mary Joe Frug, *A Postmodern Feminist Legal Manifesto* (*An Unfinished Draft*)《後現代女性主義法學宣言》, 105 Harv. L. Rev. 1073 (1992).

❽　Cass R. Sunstein, *Feminism and Legal Theory*《女性主義與法律理論》, 101 Harv. L. Rev. 838 (1988) (book review).

❽　*Id*. at 835.

對象使用及濫用，才是她眼中的女性 **⑩**。但是，恰好就是這種女性特殊的角度引起非宰制主義者的批判，從批評者的角度看來，麥金穠的核心方法，是女性經驗單一的角度，相信女性的經驗，表現女性是男性使用及濫用的性的對象。但是批評者認為麥金穠的單一角度與許多女性的經驗無法吻合，這些經驗沒有告訴她們女性的經驗一定是指向男性的利用及濫用 **⑪**。

2.女性不純粹是被害者

還有一個問題，因為不是所有女性都把處境看成宰制的情況，也不是所有女性都同意宰制的後果；而哪種女性的觀點比較值得我們相信？性別不是支配關係唯一的原因，其他壓迫關係例如階級、人種與種族以及性的取向，也會有相類似，以及在某些情況下相互競爭的作用。把其中的任何一項視為唯一的來源，使我們無法對所有因素合起來的狀況，以及其他影響我們自我認同的其他因素進行分析 **⑫**。

某些女性主義者，認為把女性描繪成為男性性的壓迫，只是道出部分而且可能有害的說法。例如對色情出版的攻擊 **⑬**，模糊了女性即使是在被壓迫的狀態之下所可能達到的性的歡愉，把女性對男性的性的順從做為唯一的重點，消弭任何性解放的可能性。也就是對女性大部分還沒有被了解的女性性想像，以及女性的性滿足因素的本質 **⑭**。這些女性主義者認為：女性也希望探索及想像情慾 **⑮**。把兩性關係排除歡愉的成分，唯獨強調性侵，防止傷害，掩蓋及剝奪了女性自我了解及體驗的機會 **⑯**。宰制女性法學將女性的性處境

---

⑩　Littleton, *supra* note 26, at 780.

⑪　Kathryn Abrams, *Review: Feminist Lawyering and Legal Method*《女性主義法律實務及法學方法》, 16 Law & Soc. Inquiry 383 (1991).

⑫　*See* Bartlett & Rhode, *supra* note 14, at 967.

⑬　參閱本書以下第九章、伍、一節對色情的討論。

⑭　Abrams, *supra* note 16, at 309.

⑮　*Id*. at 313.

主要刻畫為壓迫關係，這種關係由男人決定然後強加於女性，變成性別的意義。因此有些人認為女性很多性的表現，不論是傳統的異性戀、參與性虐待、同性戀都因現存的壓迫關係引起。最重要的是：宰制論者認為當前了解女性的性要求及想像不如消滅性別壓迫來得重要❼。這些真正的激進女性主義者基本上是從自由主義思維出發，認為女性的性的處境就像言論自由的自由市場並關乎個人人格的「自我形成」，必須允許女性有探索及實驗的自由（稱之為「個人的自主」），將女性看成受害者，意圖引進國家公權力來改變她們認為不必然存在的宰制關係，反而壓縮女性人格的發展空間。總之，這些批評者假定現在的女性雖然不是與男性完全平等，卻還是自由而自主，不是被宰制的受害者。就像市場機制雖然可能失靈，解決之道在擴大市場的自由競爭，女性的平等在於與男性一樣，可以享有廣大的性的想像空間❽。

3.自動自發的能力 (agency)

大部分是激進及文化女性主義者批評宰制女性主義時又指出：後者完全將女性視為被動的受壓迫者，忽略了女性自主選擇體驗和自動自發的能力。把女性說成受害者本在強調女性共同受到壓迫的共同際遇，所以要否認或減低女性之間的差異，進一步強調女性做為受害人的本質。但是，把女性化為共通的受害者同樣也是男性優越主義的反應。性別主義宣揚做為女性就是做為被害者。女性之全然視為被動的受害人、否定女性可以選擇如何生活，也損傷她們這種能力❾。有些學者研究女性的自我定位跟自我發展，他們認為宰制理論使他們了解分析遇到某些困難，也影響他們對女性的自發性製造了

---

❾⑥ *Id*. at 311, 313.

❾⑦ *Id*. at 310.

❾⑧ 關於「人格得以實現及發展」的抽象論述及假定的本土實例，參閱本書第九章、柒、二節對司法院第 554 號解釋的評論。

❾⑨ Harris, *supra* note 71, at 613.

一些困難。他們提出在支配狀態之下，女性也許沒有完全自動自發的能力，但是至少仍有部分的自發性 (partial agency)❿。這些激進女性主義者不能相信，而有時候甚至感到憤怒，當她們把自己的經驗與宰制女性主義者的經驗做比較，她們不得不懷疑她們的生命是否真的被壓迫，而她們常常所經驗到的自我發展是否只是一種幻覺⓫。

總之，宰制理論沒有注意到女性對性別壓迫的反抗能力，也因此對現代女性的生活沒有完整與正確的了解⓬。

六 宰制法學對其他流派批評的回應

宰制法學對兩性相同及不同的理論同時予以批評，認為宰制理論與相同理論及文化女性主義不同，而認為相同及不同的主張，使男性成為標準；相同主義及文化女性主義（即不同主義）同樣的目標，都在使女性跟男性得到相似的待遇。而宰制理論的目標，則是使女性從男性的壓迫解放出來⓭。如果不平等在社會制度化之後，人之間的差別也可以成為差別待遇的理由。差別待遇看起來可以是合理而不武斷。當所謂合理反映社會的狀況之時，不平等會被不同地位合理化。打破這樣的成見不是在抽象的同異觀念之間打轉，而是要問具體的歷史社會的尊卑關係是否存在。假定我們承認任何一群人不會必然比另群人要差，但是卻老是得到較差的社會地位或較壞的對待，社會的不平等就存在了。那麼，對這群人維持這種不平等關係的法律、政策及實踐就是非法⓮。麥金穠並說：「女性正在改變平等的觀念，在這個新的觀念之下，不是要女性像男性一樣可以對女性施暴及要女性沉默，或把所謂的兩性

⓿　Abrams, *supra* note 16, at 306.

⓫　*Id.* at 329.

⓬　*Id.* at 354.

⓭　Levit, *supra* note 4, at 23.

⓮　MacKinnon, *supra* note 22, at 126.

差異當成客觀的實體，而是堅持公民的平等必然涵蓋女人是人的要求，包括有權利不接受性的暴力及不被封口[105]。」

　　宰制理論對於文化女性法學的兩性差異觀點下的平等論，反擊更是不遺餘力，指出了女性在強暴、親密關係中的暴力，及性騷擾領域的不同觀察角度。宰制論者認為平等理論對這些問題，無法適當處理，因為平等理論沒有認識到權力關係中的父權結構，以至於讓這些結構繼續存在[106]。麥金穠主張先有不平等才有不同，而不是不同創造了不平等。不平等講的是實質上的差異，而不同指的是抽象的對等。所以，討論性別以兩性不同立論，即便在批評性別關係，恰好為權力的不均提供解說和掩飾。不論這理論同意還是反對批評還是贊成兩性的區別，或因而傷害還是保護了女性，兩性不同的主張都只是粉飾了宰制關係。性別不平等並非因為缺乏對兩性不同的認識，這點性別歧視的法律仍有待了解。社會、政治、法律上一個最反女性主義的騙局是以為性別真的是兩性不同的問題，而不知道不同只是不同性別所建構[107]。不但如此，當宰制關係符合社會認可的差異，女性屈從於男性也可以符合性別平等的規範，因為平等是對待平等的差異。然而，社會的宰制關係不僅可以造成例如將懷孕視為生病等性別的不平等，也可以製造不平等的觀感。因為不同可以被當成差異，甚至宰制關係也可以和性別平等法律同時存在[108]。

　　宰制女性主義除了繼續強調宰制關係是所有女性共同的經驗，它似乎比較少回應種族女性法學的批判。不過，批評宰制女性法學對種族的因素沒有獨特的見地也許尚有可說，如果說它完全是白人女性中心而忽略其他種族的境遇，則似乎不甚公平。例如，在麥金穠有關性騷擾的成名奠基之作中，她特別提到黑人女性處於比白人女性更為劣勢的地位，因而對職場性騷擾有與

---

[105]　*Id*. at 48.

[106]　Levit, *supra* note 4, at 23.

[107]　MacKinnon, *supra* note 17, at 8–9.

[108]　MacKinnon, *supra* note 22, at 122.

白人不同的經驗與對策 ⑩ 。

　　麥金儂有些對後現代女性主義的批判非常深刻。例如，她認為宰制女性主義同樣主張事實或社會的現實是人為的社會建構，但是，如果像一般後現代女性主義者一樣，忽略性別不平等的既存事實，無視建構事實或現實的權力結構關係，這種建構雖是社會的，卻絕不是弱勢女性所建構。所以她認為：沒有權力的人無論如何想都是無濟於事，兩性關係固然是社會人為的建構，卻常常不是他們所建構。女性缺乏社會權力依照她們的想法建構或阻止某種形態的性別關係 ⑩ 。又說：後現代主義以為真理隨著上帝的不存在而死亡，所以就沒有所謂社會的事實；但是，實相是社會的建構，不代表就沒有實相，而是實相是存在的，存在於我們生活的社會 ⑪ 。麥金儂進一步指出：實相有它的社會性，權力的實在不需要自己證明權力是真的，因為權力有權力給予它的實在性；只有沒有權力的人，他們的實在必須要證明它是真的。權力也可以產生不實在的東西，例如色情或吸煙是無害的這類的說法；但這並不表示它們是無害的，唯有權力被有效的挑戰的時候，只有那些被害的才知道這些實相到底是什麼 ⑫ 。

　　麥金儂對後現代主義不太注重實踐也頗有微詞，她認為後現代主義理論所呈現的理論與實際的關係，是不停的議論，紙上談兵。但是，理論不會產生實踐，而是產生更多的章句。就像所有唯心主義，後現代主義好像認為，

---

⑩ CATHARINE A. MACKINNON, SEXUAL HARASSMENT OF WORKING WOMEN 《職場上的性騷擾》 53–54 (1979).

⑩ MacKinnon, *supra* note 22, at 60.

⑪ *Id*. at 56. 所謂「上帝已死」("God is dead.") 是後現代思潮借用尼采一句常常被濫用及誤解的口號。尼采的本意是如果當時瀰漫歐陸的基督教思想及道德能夠清除，就可以有一個自由而不受教條宰制的環境。參閱例如 FRIEDRICH NIETZSCHE, THE GAY SCIENCE 《歡愉的科學》 §§108, 108 n. 1, 125, 343 (Walter Kaufmann trans., 1974) （有人譯為「快樂的智慧」，不確）。

⑫ MACKINNON, *supra* note 22, at 57–58.

在你腦筋裡面就可以改變權力關係。這種對理論的看法，下意識的重新製造現存的宰制關係；其中部分的理由，是因為完完全全只是精英的活動⑬。麥金穠進一步忠告後現代女性法學者，認為：社會的確大部分是人對社會關係的認知，這個不代表每個人的認知對於社會實相的構成有相同的影響力。如果社會的實相是不平等關係的產品，而後現代主義者對於不平等關係，不按部就班的去應付，那麼，後現代主義就會繼續採取男性權力之下的方法所造成的立場，那麼 1970 年以來的婦女運動，在理論上就會滅亡⑭。

伍 女性法學方法

女性主義指出女性做為權力的外圍，所以女性法學必須找出另類的法學方法來挑戰現有的主流，但不能容納女性特殊經驗的觀點。這些女性法學的方法包括：⑴追問女性問題：即鎖定和揭發不容納被排斥的女性及圈外群體的法律理論；⑵務實分析：即法律方法在實在解決具體的困難而非抽象地選擇不同觀念；⑶喚起意識：從女性切身的經驗及敘述的交流得出不同及新的角度及觀點⑮。類似的看法也說女性法學的基本方法一般包括：⑴揭露家長主義；⑵脈絡思考；⑶喚起意識⑯。我綜合各家觀點，以我自己的看法討論：⑴追問女性問題；⑵女性中心取向；⑶喚醒女性意識；及⑷具體分析四項，做為也許與其他女性法學派重疊，但主要為宰制女性主義的法學方法。

一 追問女性問題 (Asking Female Questions)

麥金穠的女性法學方法有兩個特殊的部分。第一是女性對她們經驗的論

---

⑬ MacKinnon, *supra* note 32, at 22.

⑭ MacKinnon, *supra* note 22, at 61.

⑮ Bartlett (Methods), *supra* note 1, at 831.

⑯ Levit, *supra* note 4, at 45.

述是她們主要的理論內容，雖然某些分析的工具（例如法律），可以是從男性論述中借用；但是解釋目標以及策略，則必須基於女性自己的經驗；第二是女性的經驗，是婦女做為婦女的經驗。因為麥金穠認為婦女的經驗是受到男性性的使用及濫用的對象，所以女性只有被男性做為性的對象使用及濫用，才是她眼中的女性❶。

宰制女性法學者認為探討女性特有的問題才能發覺是政治決策及制度選擇促成女性卑屈的地位。如果不去探究女性問題，女性的不同待遇就隱匿在背後而被視為當然，甚至成為對女性不利的藉口。性別差異隱藏在兩性關係及社會制度，像是職場、家庭、俱樂部、運動、養育小孩的方式等等。女性自己必須揭發法律表面的中立其實是因為性別差異而造成歧視的後果。追問女性的問題才能顯現社會結構促成女性不同及間接造成女性卑屈的規範❶。

所有批判和改造的出發點必須是女性的經驗。準此，法律理論及範疇只不過是討論過程的素材。素材是議論的材料而不是規範過程的規則。如果法律概念或範疇不符女性的經驗，不是女性必須改變自己來遵守這些概念及範疇，而是必須修改或放棄這些概念及範疇❶。例如以宰制女性法學起家的性騷擾為例，宰制女性法學首先分析性騷擾的環境及經驗，然後從女性被騷擾的經驗及角度批判現有法律救濟無法因應性騷擾。麥金穠批評傳統的契約或侵權理論，不是因為這些觀念對女性毫無幫助，而是一旦檢驗了所有女性被騷擾的經驗，這些由傳統男性為中心的法律理論無法涵蓋女性所有性騷擾的經驗❶。

---

❶　Littleton, *supra* note 26, at 780.

❶　Bartlett (Methods), *supra* note 1, at 990.

❶　Littleton, *supra* note 26, at 766 n. 73.

❶　參閱 *id*. at 776.

二 女性中心取向 (Women-Centered Approach)

一反啟蒙時期以來所謂理性主義要求客觀、中立的觀察取向。麥金穠認為傳統法學只有男性的角度，把女性當成好像是男性，以男性的平等觀念衡量女性的異同。這些觀點被當成性別中立、抽象、衡平、有原則性、程序性及客觀性。另一種看法是由男性眼光看女性：後者需要保護、幫助、或縱容。由麥金穠看來，「性別歧視法律要求女性像男性，要不然就要像男性心目中的淑女。要符合男性認為的男性標準或男性認定的女性標準❶。」

一些非主流的學者的觀點是典型的後現代。不論是種族批判法學或同性戀研究的學者，他們不採用傳統的分析方法，而是用說書的方式描述各種故事或敘述自身的經驗，呈現羅生門般的各種面貌。這些方式不僅與後現代反基礎主義的趣味相投，同時也指出有些大眾接受的真理也許不過是一種故事而已。只是一個故事長期被許多人複誦之後，大家信以為是客觀真理。這些非主流的觀點就是要點出這些「客觀真理」不過是在特定文化及政治環境下，歷史特定階段的人為的產物❷。

即使是大家所熟悉的觀察對象，也可以有不同的描述方式；一個事件也可以有各種角度的不同敘述；社會及道德現象可以有不同方式的呈現也許更勝於對物體或事件不同描繪的可能。事實上是我們在解釋的過程中參與了現象的建構❸。

---

❶ MacKinnon, *supra* note 17, at 71.

❷ Feldman, *supra* note 80, at 159. *See also*, Richard K. Sherwin, *The Narrative Construction of Legal Reality*《法律實相的敘述建構》, 6 J. Assoc. Legal Writing Dirs. 120 (2009). ("[H]uman perception and cognition are never without some interpretive framework within which reality and meaning come into view.")

❸ Richard Delgado, *Legal Storytelling: Storytelling for Oppositionists and Other: A Plea for Narrative*《說法律故事》, 87 Mich. L. Rev. 2411, 2416 (1989). 關於法律爭議中的事實認定常常有如「編」故事參閱 Kim Lane Scheppele, *Legal Storytelling: Foreword:*

　　分析哲學在近乎一個世紀之前就告訴我們，「實相」是在我們解釋之中所建構，不是獨立存在的實體，只待我們去發掘。例如，下面一個有名的立方體，可以看成 aaaa 在前及 bbbb 在後的立體，也可以看成 bbbb 在前及 aaaa 在後的形狀❿。

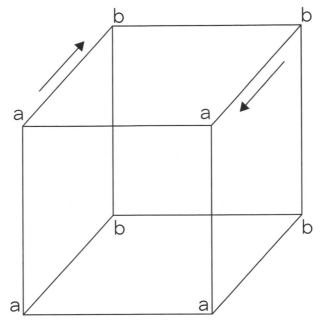

又例如下面另一個像可以看成鴨子或兔子，只看你如何解釋❿。

Telling Stories《說法律故事》, 87 Mɪᴄʜ. L. Rᴇᴠ. 2073, 2090 (1989). 又參閱本書第六章。

❿　Lᴜᴅᴡɪɢ Wɪᴛᴛɢᴇɴsᴛᴇɪɴ, Tʀᴀᴄᴛᴀᴛᴜs Lᴏɢɪᴄᴏ-Pʜɪʟᴏsᴏᴘʜɪᴄᴜs《邏輯哲學論》 ¶5.5423 (D. F. Pears & B. F. McGuinness trans., 19[22]74).

❿　Lᴜᴅᴡɪɢ Wɪᴛᴛɢᴇɴsᴛᴇɪɴ, Pʜɪʟᴏsᴏᴘʜɪᴄᴀʟ Iɴᴠᴇsᴛɪɢᴀᴛɪᴏɴs《哲學研究》PART ii, X (G. E. M. Anscombe trans., 3d ed. 1958).

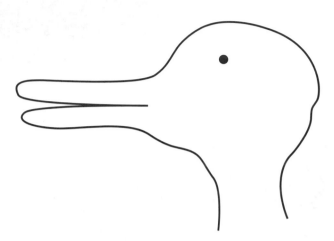

　　女性法學這種觀點與二十世紀哲學界挑戰十六世紀以來社會科學受到機械的自然科學影響，偏重實證 (positivism) 及實驗 (empiricism) 方法的偏頗不謀而合。例如海德格就主張：在日常生活的感受大部分不出於旁觀第三者式的觀察或探討，而是本於面對的事物切身和實際的關切。我們不會因感受而感受，而是為了如何自處而形成各種觀感。這是我們應付日常生活認識周遭的自然的方法⑫⑥。

　　在質疑實證及實驗主義的哲學思潮下⑫⑦，女性主義者開始挑戰以為基於經驗的「客觀」的「科學方法」，運用感官及理智即可達成客觀的理論的迷信⑫⑧，認為科學知識不是科學家使用上述方法的成果，而是社會的建構，不能不受社會因素的制約⑫⑨。並更進一步主張：以女性為中心的認識方法才能有系統地清除過去男性中心 (androcentric) 的研究方法。

---

⑫⑥ MARTIN HEIDEGGER, HISTORY OF THE CONCEPT OF TIME: PROLEGOMENA《時間觀念史芻論》30 (Theodore Kisiel trans., 1992). 這裡說法其實得自 Husserl。參閱 HUSSERL, *supra* note 12, at 91 (natural attitude or standpoint).

⑫⑦ *See* 2 P. K. FEYERABEND, PROBLEMS OF EMPIRICISM: PHILOSOPHICAL PAPERS《實驗主義問題：哲學文選第二冊》34–51 (1981).

⑫⑧ 參閱本書第六章。

⑫⑨ *See* HELEN E. LONGINO, SCIENCE AS SOCIAL KNOWLEDGE《社會知識的科學》91–93 (1990).

從女性角度問問題，才能洞悉造成女性從屬地位的政治決定及制度的安排。不從女性角度看問題，女性的不同處境就會視為當然，甚至成為法律不利女性的藉口。女性問題顯現女性地位反映社會的結構而不是女性天生的特徵。正如同女性主義者所指出：兩性的差異存在於工作地點、家庭、俱樂部、運動、兒女的養育等等人際關係及社會制度，而非女性本身。問女性問題暴露表面上與性別無關的法律隱藏效果，以及社會結構造成女性不同和卑微的地位❿。

女性的認識論認定女性為受害者的身分，並認為由於此種地位女性可以體會別人無法了解的壓迫關係❶。女性主義的認識論否認觀察者的社會認同與研究的結果沒有關連，同時翻轉所謂冷靜客觀的觀察角度，強調切身的經驗❷。傳統法學方法強調法的預測性、明確性及固定性。反之，女性法學方法則批判現存法律過度反映既存的權力結構及關係，從而著重法規的適應性及發掘隱匿觀點的能力❸。也許女性為中心的角度必然帶有你我之分；女性做為被害者也必然涵蓋敵人及加害者的存在❹。不過，如果性別的結構的確是壓迫及宰制的狀態，當然不能自相矛盾地假設或偏好沒有對抗關係的和諧性別關係。所以，女性中心取向拒絕中立客觀的虛偽，女性法學對法律決策的實質分析，發現法律中立常常只粉飾而不是消除法律決策過程中的政治及社會因素。他們認為表面中立的規範不過是掩蓋了對女性不利的意識型態❺。

這種以女性為中心的取向並非宰制女性法學的專利，其他女性法學也有類似主張。例如，種族批判女性法學之所以是批判，是因為它接受批判法學

---

❿　Bartlett (Methods), *supra* note 1, at 990.

❶　*Id*. at 872.

❷　*Id*. at 873.

❸　*Id*. at 832.

❹　*Id*. at 876.

❺　*Id*. at 862–63. 關於批判法律中立性的虛偽參閱黃維幸，同上註 23，第 276 頁。

的觀察，認為個人的主體性的確有別於群體。但與自由主義女性法學所不同的是：這個分離的事實不是做為強調個人獨立自主的理由，毋寧是代表對群體或相互依附與連結的渴望❸。

從文化女性法學的觀點看來，目前所有法律及法學理論完全沒有反映兩性生物及心理的基本差異。與其強調個人的獨立自主，女性與男性根本不同的與他人聯結的傾向及潛能也沒有被法治的觀念所容納。而法治國的觀念及功能也不包括保護女性面對的危險。所以，現代的法學是男性中心的法學❸。

三 喚醒女性意識 (Raising Consciousness)

喚醒女性意識是從錯誤中學習的方法。一個在女性醒覺會發言的與會者並不知道聽眾能不能體認她的故事，所以，講究的是勇於發言、不怕示弱，而非瞻前顧後、明哲保身。重要的是誠實而非一致，團隊而非自我，切身的敘事而非抽象分析。目的在使個人及全體感覺力量，而不在攻擊或勝利❸。用麥金穠的話說，馬克思主義的方法是唯物辯證法，女性主義的方法是喚醒意識：即集體批判性地重建女性生活裡的社會經驗的意義❸。

---

❸　West, *supra* note 61, at 9.

❸　*Id*. at 58.

❸　Bartlett (Methods), *supra* note 1, at 871. 關於說故事參閱 Arthur Austin, *Evaluating Storytelling as a Type of Nontraditional Scholarship*《評估說書做為非傳統研究》, 74 NEB. L. REV. 479, 487 (1995)（從文化女性法學角度認為說故事有別於男性冰冷的邏輯分析）; Delgado, *supra* note 123, at 2440–41（認為說故事表現情感引動共鳴）。後現代理論提倡具體的述說故事 (local narratives)，而摒棄建構客觀的普世原則的經典著作當然要屬 JEAN-FRANÇOIS LYOTARD, THE POSTMODERN CONDITION: A REPORT ON KNOWLEDGE《後現代處境：一個有關知識的報告》(Geoff Bennington and Brian Massumi trans., 1984). 但參閱 Daniel A. Farber & Suzanna Sherry, *Telling Stories Out of School: An Essay on Legal Narratives*《在外說故事》, 45 STAN. L. REV. 807, 854 (1993)（認為只說故事有如判決只有事實而無法律分析）。

❸　MACKINNON, *supra* note 13, at 83.

經由喚醒女性意識使女性從內心領悟了所有女性的共同觀點。性別政治的存在要由女性，而不是女性以外的角度察覺。從女性本身的角度去檢視性別關係，就如同無產階級由階級的角度去檢驗階級關係⑭。麥金儂的意思其實是說：結合了以女性為中心的角度去探究女性問題來提昇女性的女性集體意識。在嘗試覺悟的過程中，領悟自然法、家庭、及性別角色不是事物的根源，而是後果。女性主義基本上認為性是男性權力的社會範圍，性的真義不是由弗洛依德 (Freud) 所謂的觀念，也不是由拉堪 (Lacan) 眼中的「命根子」，而是由女性在諸多包括強姦、亂倫、暴力、性侵、性騷擾、墮胎、賣淫、及色情的覺悟及其他女性主義實踐中表現出來⑭。

四 具體分析 (Concrete Analysis)

在各種學派之間，務實主義對於具體分析的必要主張最為殷切。非常籠統地說，務實主義的具體分析認為面對社會問題或現象必須先從事實的了解出發，再決定理論的適用或達到抽象的結論，而不是在不先行分析事實之前，就將脫離具體特殊事實，或超越特定歷史時空的抽象理論做普世的應用。所以是具體，是因為分析是建立在問題或現象的整體脈絡及一定的時空之內，而不是試圖就抽離事實的抽象理論做普遍的應用⑭。宰制女性法學的具體分析與此沒有差別。

不僅務實主義如此強調具體分析，馬克思主義者也說：當「科學」將當前現存的資料及素材當作科學觀念的適當基礎，科學不過是武斷地以資本主

---

⑭ *Id*. at 121.

⑭ *Id*. at 109.

⑭ 關於務實主義的方法或態度參閱黃維幸，《務實主義的憲法》，新學林，2008 年 10 月，第 49–56 頁。在臺灣非務實態度的分析方法是法學界幾乎屢試屢北，卻最不知檢討的問題。例如，不分事實的青紅皂白，就說「人性尊嚴要求……」，或「法治國的要件是……」，或「法律不溯及既往，因此……」，或「明示其一所以排除其他，所以……」，然後再硬將事實套入抽象觀念，所得結論多半乏善可陳。

義社會現狀下的狀況當成事物的本質。所以，脫離了具體情況，「卻以為這個社會特殊的規律是永恆不易的基礎❹。」他們又批評一般的理論家，「以為將現階段的社會關係準確地描繪出來，就算是科學的分析。但是卻沒有進一步將分析與整體做成具體的連結，僅僅把事實當成孤立的抽象，以脫離具體的抽象原則解釋這些事實❹。」我們在以下會討論到法界對「不堪同居之虐待」的分析，不著眼女性具體的處境，而是天馬行空地議論「不堪同居之虐待」在觀念上能否與「人格」或「人性」尊嚴相容❹。

麥金穠開宗明義就點出：女性宰制理論是特殊而非一般，是具體而非抽象，是特別而基於現實。這個理論不是一致而沒有差異的相同，而是一個複雜的整體❹。女性主義暴露現存的理論，不過是男性用自己的標準證明自己正確的同義反覆，這些理論絕對不是普世，因為世界上有一半的人被忽略了❹。因此女性主義要求重新檢驗很多事情，例如認為從啟蒙時代對普世及特殊的分別是錯誤的，因為所謂普世是從權力的角度去看，只是一種特殊；又如主觀客觀的分別也不正確，因為所謂客觀的角度，是從男性權力的地位的特殊角度。換句話說，所謂在社會上占有的客觀角度，其實在實際上是占有一種物化的角度，也就是把人做為一種物的客體。這種角度及這種做為，不過是男性的社會宰制地位的表現❹。

在此思路之下，宰制女性主義者不僅輕視不著邊際的抽象議論，更認為抽象的普世主義：

> 將以男性為標準的規範，以中立之名鬼鬼祟祟地當成所有

---

❹ LUKÁCS, *supra* note 24, at 7.

❹ *Id*. at 9.

❹ 參見本書第九章、柒、一節。

❹ MACKINNON, *supra* note 13, at 46.

❹ MACKINNON, *supra* note 22, at 47.

❹ *Id*. at 47.

人的法律。在此狀態之下，所謂「兩性合理的差異」永遠
是把女性踩在卑下的地位。抽象的普世不過是一種意識型
態。這種意識型態以部分為全體，待特殊為普遍，視現在
為永恆。在以男性觀點構成，但卻代表所謂一般的人性之
下，女性不過是男性將他們想像的自我所建構的女性的主
體，投射成活靈活現的實體❶。

　　我沒有說所有人都應該擁護女性法學，尤其沒有說要完全贊成宰制女性
法學的方法。許多女性法學方法也有其侷限之處及改進必要，更不應該是法
學研究唯一而排他的取向。但是，對錯不論，前段所直接引用的宰制女性法
學者如此不平的憤怒，以及女性法學如此非典型的研究方法，是否對臺灣遠
遠落於形勢之後，卻自以為是普世真理，不傳之密，從普遍的規範到事實，
然後從事實到「涵攝」的陳腔濫調法學方法，至少是提供了非常有啟發的省
思❶？

---

❶　Ann C. Scales, *The Emergence of Feminist Jurisprudence: An Essay*《女性法理學的崛
　　起》6, 95 YALE L. J. 1377–78 (1986).

❶　關於三段論法式的機械法學的批判參閱本書第三章。又參閱 Bennett, *Objectivity in
　　Constitutional Law*《憲法的客觀性》, 132 U. PA. L. REV. 445, 495 (1984)（認為美國現
　　在 (1984) 已無人相信機械法學）。

‖第九章‖
宰制女性法學方法 II
Feminist Legal Methods II

　　將許多必須使用判斷的事情做成概念分析不會有什麼結果。判斷必須本於事件的諸多具體情境；因此不管如何詳盡地試圖涵蓋眾多細節，永遠不會足夠……概念分析使人習慣遵守一般原則。但在真實生活裡，沒有比這更無用的東西。([E]fforts which are directed to the perceptive arrangement of the criteria of discretion are unprofitable. Discretion takes guidance from the countless particularities of events; as a consequence any attempt to grasp those detailed aspects, no matter how inclusive, is always insufficient.... [And] such perceptive treatments foster a habit of abiding by general maxims; in real life, nothing is more useless.)

GIAMBATTISTA VICO, ON THE STUDY METHODS OF OUR TIME（韋科，《論當代研究方法》）

　　摘要　宰制女性法學從女性的角度，追問女性問題，具體地訴說女性的故事，在許多領域，例如工作場合的性別歧視、色情工業的歧視本質、國際人權法律的男性中心成見等，呈現與傳統法學方法及態度截然不同的法律分析。同樣以女性法學的角度及方法檢驗臺灣法界的實踐，也曝露了許多持續而頑固的男性沙文偏見。

（接前第八章）

陸 女性法學各論示例

宰制女性法學運用它的理論及方法在很多領域獲得很大的成功，例如性騷擾或家暴法對女性地位的改善，有目共睹，也是一般都接受並承認其貢獻的議題❶。因此，我在本節只準備分析爭議不斷的宰制女性法學對色情 (pornography) 的處理，以及對國際人權保障女性較新的詮釋。

一 色 情

宰制理論中一直出現的問題之一是：色情在塑造女性的形象及性徵的作用。宰制論者德沃金 (Andrea Dworkin) 認為男性占有女性，而色情業把宰制及從屬關係變成情慾的問題，把對女性的貶抑及暴力正常化，因而助長及製造男性的性侵略及女性逆來順受的性實踐❷。女性主義者認為色情是一種強制的性，不過是在搞性別政治，和制度化的性別不平等。從這個角度看，色情不是無害的性幻想或只是錯誤地表現正常的性需求❸。不論是女性主義者、律師、或新佛洛伊德主義的自由主義者袒護色情，認為色情是性解放、反壓抑，其實是貶抑女性。自由主義的性解放解放男性的性侵略❹。

由對色情這種立場出發，宰制女性法學者採取一連串立法行動來禁絕色情出版，其中最有名的行動是由麥金穠及德沃金主導，1984 年在印地安那州

❶ 關於性騷擾及家暴參閱 Katharine T. Bartlett & Debora L. Rhode, Gender and Law: Theory, Doctrine, Commentary《性別法》406–540 (4th ed. 2006).

❷ Kathryn Abrams, *Sex Wars Redux: Agency and Coercion in Feminist Legal Theory*《性別戰爭的內鬨》, 95 Colum. L. Rev. 309 (1995).

❸ Catharine A. MacKinnon, Are Women Human? And Other International Dialogues《女人是人嗎?》75 (2006).

❹ Catharine A. MacKinnon, Feminism Unmodified: Discourses on Life and Law《本色不改的女性主義》149 (1989).

首府通過該市反色情條例禁止某些色情出版及相關活動的事件。該條例將「以圖片或文字對女性卑下為性的露骨的描繪」認定為禁止的色情出版。在此一般的定義下，該市及類似的禁止色情出版條例對規範的色情物包含相當廣泛：例如，將女性描繪為喜歡屈辱或痛苦的性對象；享受強姦、亂倫、性侵害的性對象；或一切將女性在屈從、貶抑、傷害、體罰的情節中表現骯髒、下等、流血、瘀青、或受傷為性愛的內容❺。諷刺的是：這種條例只有在以泛道德為反對理由的保守勢力強大的印地安那州才有通過的可能（印州是白人至上主義的三 K 黨的發源地）。自由主義及文化女性法學者則大都由言論自由或女性性自主的立場反對這種禁止色情的立法。而本條例最後被聯邦第七上訴法院宣告違憲告終❻。這段歷史所呈現的是極為複雜的言論自由與性別歧視相互衝突的憲法問題。

　　由傳統的美國憲法第一修增案出發，第七上訴法院法官 Easterbrook 首先重述傳統對猥褻 (obscenity) 的定義：即 1.針對色慾；　2.令人噁心地呈現特殊的性行為；　3.整體而言，欠缺文學、藝術、政治、或科學價值；　4.以社會大眾的觀念衡量；　5.所謂「噁心」，即非引起正常健康的性慾❼。憲法不允許政府控制思想，而第一修增案讓人民自己衡量思想的好壞（即自由市場）❽。色情出版會影響人的思想，正因為它是一種言論❾。如果沒有造成即刻的危險，即使邪惡的言論也受憲法保護。如果不是這樣，政府就在做思想檢查❿。所以法院的結論是：如果依照印地安那玻里斯管制色情的條例，不論出版如何露骨刻畫憲法所不保護的性（猥褻），只要呈現男女平等，卻成為憲法保護

❺　Abrams, *supra* note 2, at 320–21 n 51.

❻　American Booksellers Association, Inc. v. Hudnut, 771 F. 2d 323 (7th Cir. 1985), *aff'd mem.*, 475 U.S. 1001, *reh'g denied*, 475 U.S. 1132 (1986) (Easterbrook, Circuit J.).

❼　*Id*. at 324.

❽　*Id*. at 327–28.

❾　*Id*. at 329.

❿　*Id*. at 334.

的言論自由，這是以國家的權力認可某一特殊觀點，無異是審查言論內容的思想控制⓫。

　　麥金穠及德沃金所推動的條例又受到激進自由主義女性的反對，她們對上述案件的失敗起了推波助瀾的關鍵作用。她們認為假定全體女性因為任何露骨的性描繪就成為被壓迫者，又假定所有女性缺乏意志力及自主的能力以契約自由的精神對待性出版物，而且又假定男性一旦接觸露骨的性描述就會侵犯女性，所以，禁止色情言論正是性別歧視⓬。

　　宰制女性法學對美國傳統上以憲法對表現自由的保護處理色情及猥褻很不以為然。根據美國最高法院，猥褻 (obscenity) 不是美國憲法第一修增案所保護的言論自由，但是由於猥褻的定義及解釋，憲法反成為管制色情行業的阻力，言論自由被解釋成至少是對言論內容 (content) 的絕對保護。之所以如此是因為猥褻及言論自由都脫離實際，當成抽象的原則來考慮，色情言論與一般言論不分；色情行業的自由當成大家的自由⓭。從麥金穠的眼中看來，色情其實是一種強制的性、性的政治、性別不平等的制度。色情資訊不是出於自然及健康的性觀念的幻想或誤會⓮。美國有關猥褻的憲法第一修增案的法律阻礙色情是性別歧視的認識。打色情官司的律師把第一修增案的表現自由的絕對化呈現得好像是事實。猥褻做為一種抽象觀念，而用同樣是抽象的言論自由角度去處理，無法分辨色情業者的言論與所有其他人的言論，好像色情的表現一定是應該、必要、和「原則」⓯。

　　所謂言論內容不應審查的背景來自美國政府在 30 年代對共黨言論錯誤

⓫　*Id.* at 328.

⓬　Nan D. Hunter & Sylvia A. Law, *Brief Amici Curiae of Feminist Anti-Censorship Taskforce, et al.*《反審查女性主義者法庭之友意見書》, in American Booksellers Association v. Hudnut, 21 U. Mich. J. L. Reform 69, 122 (1987–1988).

⓭　MacKinnon, *supra* note 4, at 146.

⓮　*Id.* at 148.

⓯　*Id.*

的壓制，以及二次大戰後冷戰期間麥加錫主義橫行的痛苦經驗。但是，認為因為歷史上發生過對當時不受歡迎的異端言論不當的壓制，因此對言論的內容絕對不應審查，建立在超越歷史特定條件的抽象原則之上，摒棄了依據當下的歷史條件具體分析的要求，喪失了具體分析的能力，其實是自由主義的偏見 ❻。歷史上固然發生過錯誤的壓制，但不能因此走入另一個極端，完全放棄具體判斷。麥金穠指出：色情產業與婦女的比照，不是當年手無寸鐵，一小撮知識分子面對強大的美國政府，剛好相反，是一年營利百億美元的大產業對付弱勢的婦女 ❼。因此，法院對猥褻與否採「社會通念」(community standards) 的結果，造成如果色情資訊愈多，色情產業愈發達，社會的色情尺度就愈寬泛的奇特結果 ❽。公權力以所謂中立的態度拒絕介入，認為可以由思想的市場調節完全無視雙方力量懸殊，其實是幫助了色情產業，剝奪女性的言論自由。所以，與其做「言論自由」、「市場機制」、「何謂猥褻」這些抽象的論證，要從具體的性別歧視看到真正問題的所在。

傳統自由主義思想的市場運作理論認為：言論自由是思想的好壞應該由市場機制調節 ❾，驅逐壞思想的辦法是更多的言論自由，使更多的思想進入市場，最終取代壞思想 ⓴。這種由經濟學類比而來的論證方法事實上是擬於不倫。即使在經濟的領域，古典自由主義完全競爭的市場假設早在 30 年代就已經被證明是不切實際（例如凱因斯理論的批評），如今已無人相信。因此，在不完全競爭甚或沒有競爭比較是接近常態的現實之下，政府的介入管制是

❻　典型的中文論述參閱陳宜中，〈色情管制爭議中的言論自由〉，《人文及社會科學集刊》，21 卷 3 期，2009 年 9 月，第 38 頁（認為「色情言論所具之公共審議旨趣，其冒犯主流之性格，及其增進性文化知識之作用，幾已無可否認。」）

❼　參閱 CATHARINE A. MACKINNON, ONLY WORDS《說說而已》38–39 (1993).

❽　*Id*. at 88.

❾　*Id*. at 330–31.

⓴　中文對這類觀點的介紹參閱陳宜中，〈仇恨言論不該受到管制嗎？反思德沃金的反管制論證〉，《政治與社會哲學評論》，23 期，2007 年 12 月，第 55 頁。

市場機制運作的必要。所以，即使把言論的交換比擬為市場的調節，假定言論「內容」的競爭完全無需公權力的介入管理，顯然連在經濟學上都說不通。

　　既然市場機制的競爭不能使良性的言論勝過色情資訊，何以色情又有重大的影響力？則兩者似乎矛盾。有學者就說受後現代思潮影響的理論有時做出表面上看起來相互矛盾的主張，他們一方面認為種族及其他仇恨言論的效力極為強大，不僅影響人的行為，而且對被害人造成一定的損害。但是，他們又認為：透過言論的交換不是一個消除歧視的有效方法。之所以如此，是因為仇恨言論之有力在於它與社會上現有的強大種族歧視勢力相互結合，互為奧援；反仇恨言論之無效在於它被強大的歧視勢力所壓制❷❶。其實宰制女性主義認為色情資訊不純粹是言論，並非描述陳述的語言，而是語言哲學家 John Austin 所謂的語言行動 (speech acts)：語言即行動，行動即語言❷❷。例如，「殺！」、「衝呀！」本身就是行動的表現。現在色情言論在工作場合已經被認為是性騷擾，是一種性別歧視的行為❷❸，色情言論沒有理由在社會上不待之為歧視行為，而歧視性的色情言論建構了性別歧視的社會現實❷❹。

　　另外一種反對管制色情的理由是所謂「滑坡」理論 (slippery slope theory)，就是說一旦色情可以管制，此例一開，其他言論的內容也可以禁止，結果有如滾雪球越滾越大，導致所有言論都可限制，言論自由就會蕩然無存❷❺。可是由以下加拿大實踐觀察，「滑坡」理論又似乎只是理論家的想像。

---

❷❶　STEPHEN M. FELDMAN, AMERICAN LEGAL THOUGHT FROM PREMODERNISM TO POSTMODERNISM《從現代前到後現代的美國法律思潮》169 (2000).

❷❷　MACKINNON, *supra* note 17, at 122–24. 關於 "performative utterances" 參閱 JOHN L. AUSTIN, HOW TO DO THINGS WITH WORDS《文字運用》6 (2d ed. 1962). 關於所謂 "Illocutionary acts" 的繼續發展參閱 JOHN R. SEARLE, SPEECH ACTS: AN ESSAY IN THE PHILOSOPHY OF LANGUAGE《語言行動》23 (1969).

❷❸　SEARLE, *supra* note 22, at 55.

❷❹　*Id*. at 59–60.

❷❺　*Id*. at 76.

　　從其他國家的法律實踐看美國最高法院以表現自由處理色情也不必然是天經地義的「普世價值」。早先從仇恨言論入手，加拿大最高法院認為省的刑法禁止群體的仇恨言論 (hatred speech)，雖然是在聯邦憲法保護的言論的範圍之內，對其限制沒有違反憲法及民主社會的要求。特別指出美國最高法院的「即刻危險」(imminent danger) 理論不適合加拿大社會❷，而且，仇恨言論不只是言論而已，而是違反言論自由核心價值的歧視行為❷。

　　順著同樣的思路，在審查 Manitoba 省的刑法規定：出版物的主要內容不當地濫用性或以犯罪、恐怖、殘忍及暴力的性，應視為猥褻，此種限制是否違反憲法對言論自由的保護時，加拿大最高法院認為合憲。法院並強調踐踏貶抑女性及把女人不當人 (degradation of dehumanization) 的色情出版無法通過社會大眾可以容忍的尺度，不因為材料違反了公序良俗，而是因為大眾認為對社會，特別是女性有害❷。在這樣的法律處理之下，似乎也沒有出現什麼言論限制的「滑坡」效應。

　　我認為禁止色情立法運動到目前為止在美國各地之所以失敗理由相當複雜：第一、相對於例如加拿大的歷史經驗，美國的麥加錫主義歷史上對政治異己的迫害的陰影揮之不去是一個大原因。第二、「色情」做為性別歧視是一個嶄新的觀念，法律分類及詞彙都是新創，很難一下子為人接受。第三、由於觀念太新，法律用語很容易被挑剔為憲法正當程序所不容的「非確定觀念」(vagueness)。最後，加上反色情立法野心太大，包羅過廣，都是運動受挫的原因。

---

❷　Kathleen Mahoney, *The Canadian Constitutional Approach to Freedom of Expression in Hate Propaganda and Pornography*《加拿大憲法處理仇恨宣傳及色情的方式》, 55 LAW & CONTEMP. PROBS., Comparative United States/Canadian Constitutional Law 77 (1992).

❷　*Id*. at 82.

❷　Regina v. Butler, [1992] 1 S.C.R. 452 (Supreme Court of Canada). 對此案的評論參閱 MACKINNON, *supra* note 17, at 100–07.

二 國際人權

國際上的武裝衝突裡，對女性的姦淫及其他暴力行為是屢見不鮮，已不是一般刑事犯罪可以同日而語。1991 到 1994 年，在前南斯拉夫的塞爾維亞對克羅西亞及波斯尼亞伊斯蘭教女性及一些男性的性暴力，還有其後 1994 年在魯萬達多數的胡突人 (Hutu) 對突西 (Tutsi) 少數的女性的性侵害，其規模之大，執行之系統化，幾乎是史無前例。其他像獅子山共和國 (Sierra Leone) 內亂，日本攻占南京對中國婦女的姦淫暴行，甚至是日本軍隊徵用的「慰安婦」❷，可以說是凡有武裝衝突必有對女性的性侵犯❸。

但是過去在國際戰爭法上即使有禁止對婦女強暴的規定，事實上性侵很少受到注意❸。即使定國際人權里程碑的紐倫堡審判，對強暴也是隻字未提，也許是因為盟軍中的蘇聯紅軍及法軍中的摩洛哥士兵的記錄太過難看，使盟國不得不睜一隻眼閉一隻眼不做處理。但其實直到最近以前，武裝衝突中對女性的強暴被視為有如士兵死傷，財產破壞等戰爭不可避免的附隨品。甚至戰爭法的專家對士兵的強暴行為只視為軍紀的問題❸。

包括宰制女性法學的女性主義者對防止強暴做為國際人權的發展，其重要貢獻似乎不在國際人權實體法的變更，而主要是其女性法學的特殊角度對既有的國際人權及人道法的解釋，產生根本性的變化。

---

❷　關於「慰安婦」參閱 Hwang Geum Joo v. Japan, 172 F. Supp. 2d 52 (D.D.C. 2001).

❸　參閱 David S. Mitchell, *The Prohibition of Rape in International Humanitarian Law as a Norm or Jus Cogens: Clarifying the Doctrine*《做為絕對規範的國際人道禁止強暴法》, 15 DUKE J. COMP. & INT'L L. 222–23 (2005).

❸　*Id*. at 223.

❸　*Id*. at 224.

1.追問女性問題

　　性行為顯然並非武裝衝突，但何以會有很多女性被強暴？專家常常認為武裝衝突中士兵對婦女強暴事實與性慾的關係不大，武裝衝突中對女性的侵犯是阿兵哥以武力做後盾，展現男性特權及女性的卑屈，來屈辱戰敗一方的男性無力「保護」其婦女的無能❸。而直到最近之前，男性受性侵的情況較為少見。不過在前南斯拉夫的武裝衝突中，男性也受到性侵（雞姦），不是因為他們是男性，反而是因為對方藉由性侵，要把男性貶低到女性的地位❹。

2.從女性眼光看戰爭中的強暴

　　傳統上國際法中的國家責任理論受到國內法有關「代理」原則的影響，如對女性強暴這種私人的犯行並不一定能夠歸責國家令其負責❺。由於軍事行動有上下節制的命令系統，大部分由男性執行的武裝行動違反國際法可能引起國家責任，如果不像前南斯拉夫武裝衝突中塞爾維亞軍以有計劃而大規模的強暴，引用傳統國家責任理論恐有一定的困難。但是，以女性中心的觀點看，女性沒有必要接受這種公法私法的區分❻，也無需委曲求全地適應國

---

❸　Christine Chinkin, *Rape and Sexual Abuse of Women in International Law*《國際法上的強暴及性侵》, 5 EUR. J. INT'L L. 328, 338 (1994).

❹　關於雞姦，參閱 Lara Stemple, *Male Rape and Human Rights*《雞姦與人權》, 60 HASTINGS L. J. 605 (2009). 又參閱 Catharine A. MacKinnon, *Women's September 11ᵗʰ: Rethinking the International Law of Conflict*《女性的 911：重新思考國際衝突法》, 47 HARV. INT'L L. J. 25 (2006) （屈辱男人為女人）.

❺　Chinkin, *supra* note 33, at 334; Gayle Binion, *Human Rights: A Feminist Perspective*《女性主義人權法》, 17 HUM. RTS. Q. 513 (1995).

❻　關於宰制女性法學對公法私法區分的批評參閱本書第八章註 34 及其本文。又參閱國際法學者的批評，Hilary Charlesworth, *Symposium on Method in International Law: Feminist Methods in International Law*《國際法上的女性主義方法》, 93 AM. J. INT'L L.

際法的「原則」，反而是應該要求打破這種僵硬的法律迷思。

以女性為中心去驗證問題才能了解女性在武裝衝突中面對的性待遇，絕不只是純粹男性性的需求，而是性別歧視的表徵，甚至是種族滅絕的手段。塞爾維亞男人強姦波斯尼亞女性是因為他們想要波斯尼亞女人生出塞爾維亞小孩，而達到消滅波斯尼亞種族的目的。而對男人性侵的目的在使波斯尼亞男人被像女性一樣對待，使他們覺得像次等人的女性。不是對個人的侵犯，而是以性做為非人道犯行的內涵及手段，成為種族滅絕政策一個不可分辨的一部分，是國際法上的違反人道及種族滅絕罪。一般刑法以及是否違反意願成為不相干的考慮，以身體那一部分的接觸才算強姦已非重點❸❼。

又如「慰安婦」的安排，從男性的眼中看來可以是像服役或「契約自由」下提供的性服務。但是，即使有些慰安婦基於心理防衛，粉飾強迫的性質，從女性遭遇的實際情形具體地分析，提供性服務絲毫不關國民對國家的義務或「自由」訂定的契約，而是一種服從男性利益的性奴隸制度❸❽。

3.喚醒女性反抗強暴的意識

前面已經說過，傳統上感覺女性被強暴不是戰爭法所要積極規範的戰爭行為，而是武裝衝突中無可奈何的副產品。但是經由國際及國內的訴訟，女性發現強暴並非無法無天的弱肉強食或無可寄望的國內刑事犯罪。國際法，尤其是國家責任理論及國際人權中的戰爭犯罪、違反人道罪、種族滅絕罪的傳統解釋，不僅不是天經地義不可改變的普世價值，而是可以及必須擴大包容女性強暴的人為規定而已。

382–83 (1999).

❸❼ MACKINNON, *supra* note 3, at 209–33, 240. 又參閱 Kadic v. Karadzic, 70 F. 3d 232 (2d Cir. 1995).

❸❽ Mitchell, *supra* note 30, at 251.

柒 從女性法學看臺灣性別實務

在這一節裡，我準備從女性法學的角度，尤其是許多宰制女性法學的方法，分析幾個有關性別的大法官解釋❸，並以年代的先後安排分析的次序，也許對實務上對性別法律是否慢慢進步，會有比較正確的印象。這不表示除了這些解釋之外別無有關性別平等的例子❹，只是有些解釋講求男女或夫妻平等待遇，對女性權益雖有不可磨滅的貢獻，其平等理論實屬平淡無奇，無須多加討論。

一 釋字第 372 號解釋 (1995)：夫妻一方行為過當非當然構成「不堪同居之虐待❹」

依最高法院 23 年上字第 4554 號判例所示❷：夫妻「因一方之行為不檢而他方一時忿激，致有過當之行為」，不得即謂民法第 1052 條所稱「不堪同

---

❸　也有用歷史學的角度回顧大法官解釋，參閱陳昭如，〈大法官解釋中的歷史與傳統：女性主義觀點的批判〉，《中研院法學期刊》，第 7 期，2010 年 9 月，第 81 頁（認為不能一味以為歷史上臺灣的婦女地位或行動都是落伍，而西方的婦解才是進步。不過我認為失憶的歷史雖可能用來解釋現狀的來龍去脈，但不能以為已失憶的歷史必然影響當下的行為或態度）。關於社會心理學家認為容易浮上心頭 (available) 的過去典型經驗或訊息，影響我們對事物的判斷較早期的陳述，參閱 Amos Tversky & Daniel Kahneman, *Availability: A Heuristic for Judging Frequency and Probability*《浮上心頭：一種頻率及機遇的率斷》, in JUDGMENT UNDER UNCERTAINTY: HEURISTICS AND BIASES 163 (Daniel Kahneman, Paul Slovic, & Amos Tversky eds., 1982).

❹　參閱 Thomas Weishing Huang, *Judicial Activism in the Transitional Polity: The Coucil of Grand Justices in Taiwan*《轉型政治中的司法積極主義》, 19 TEMPLE J. INT'L L. 126 (2005).

❹　司法院釋字第 372 號解釋 (1995)。

❷　關於此判例不同的分析參閱王曉丹，同下註 46，第 1–65 頁。

居之虐待」。本案聲請人主張與憲法保障男女平等有違，應屬無效，不得適
用❸。

　　大多數大法官不同意聲請人的主張❹，而認為判例的見解及其後的適用
沒有違憲，並進一步解釋：所謂「不堪同居之虐待」，應就具體事件，「衡量
夫妻一方受他方**虐待**所受**侵害**之嚴重性」（粗體為我所加），「斟酌當事人之教
育程度，社會地位及其他情事」。並認為虐待如果沒有逾越「夫妻通常所能忍
受之程度而有侵害人格尊嚴與人身安全」，就不是「不堪同居之虐待」❺。

　　這個權威解釋之荒謬超乎尋常：其一、既已認定是虐待，侵害卻可有嚴
重或不嚴重之分；也有所謂夫妻通常可以忍受的「虐待」之說。這是將本應
是一個整體概念卻瓜分為「不堪同居」及「虐待」，以命理師的拆字（文義）
解釋「方法」做出法界常見的自成一格，卻不合常理的解釋的惡例。其二、
夫妻一方的「過當」（暴力）行為，有時法律上居然可以認為是「正當」，其
語無倫次莫此為甚。其三、虐待或不堪同居居然也有階級性，可因教育程度
或社會地位而有可忍與不可忍，或可堪與不可堪的差別。我看起來好像是說：
如果女方是一個喝過洋墨水的法學博士，她的皮膚比較細嫩，情感比較纖細，
當然比之大字不識，也許是粗壯的村姑無法忍受虐待，其不堪同居的認定就
該因而寬鬆（是這個意思嗎？連法學教授都看不懂，大法官在解釋什麼？可
怕的是類似的表述方式是屢見不鮮）。其四、虐待或過當的暴力行為卻也可能
不達違反空口說白話的「人格尊嚴」及「人身安全」的「抽象」「大」原則
（從宰制女性法學的觀點，這是另一種最常見的無聊至極的論述方式）。換句

---

❸　同上註 41。

❹　有批讀本文草稿的同儕認為我常用「大法官」或「多數大法官」這種有欠明確的指
　　稱，使人不知什麼大法官真正參與解釋。所以，除了以下指出的四位大法官（即林
　　永謀、蘇俊雄、戴東雄、施文森）之外，當時的大法官是：翁岳生、陳計男、劉鐵
　　錚、曾華松、吳庚、董翔飛、王和雄、楊慧英、王澤鑑、林國賢、城仲模、孫森
　　焱。歷屆大法官都可以在司法院網頁上查到，以下有類似情況不再特別註明。

❺　同上註 41。

話說，大法官認為虐待或過當的暴力行為不一定有損「人格尊嚴」或威脅「人身安全」。如果是這樣，我們不禁要問：果真有這樣的「人格尊嚴」（或「人性尊嚴」）及「人身安全」，大法官宣示的「尊嚴」及「安全」，不過是法律的紙老虎，用處何在？我可以了解大法官的集體解釋，免不了有時會有許多妥協文字出現，但是文字上無可奈何的妥協不代表可以在同一個句子裡同時表達相互矛盾的觀念（例如，「今天全天是晴天和下雨」）。其五、根據學者的觀察，「一時忿激」不只是事實的陳述，而且是「事出有因」的報復思想❹。大法官解釋雖說是要看「行為結果之影響」，思維上是脫離實際是否「不堪同居」，並非判斷結果的動機論，而且是兩性不平等的思維及結構下，允忍男性主張「激於義憤」(provocation) 的成見。總之，沒有一個論述禁得起考驗，每個說法都是中古世紀❼。

各別大法官的意見著力點或有差別，但與多數意見沒有質的不同。協同意見之一認為：是否「不堪同居之虐待」應「視各自之情況而定」，意思當然是以男性法學及服膺男性法學的男 / 女法官「視」的情況而「定」。並說民國 23 年的上述判例是「析義窮理，固深且微」❽。顯然比多數意見還要欣賞將近一個世紀前封建的最高法院見解。另一協同及部分不同意書則只是反對以「人格尊嚴」而非「人性尊嚴」做為但書的保護❾。只是，果真以「人性尊嚴」取代了「人格尊嚴」，除了或許滿足自以為抽象論述「正確」的快意，這

---

❹　參閱王曉丹，〈法律敘事的女性主義法學分析〉，《政大法學評論》，106 期，2008 年 12 月，第 11 頁，以及對本解釋略有不同的解析。

❼　類似批評亦見劉宏恩，〈我國法院對婚姻暴力問題之態度——臺灣受虐婦女以「不堪同居之虐待」訴請離婚之司法實務〉，《萬國法律雙月刊》，88 期，1996 年 8 月，第 42–43，54–55 頁；張宏誠，〈「性傾向」(sexual orientation) 歧視審查基準之研究——從「性別平等」論同性戀者平等權基礎〉，《東吳法律學報》，12 卷 2 期，2000 年 12 月，第 62 頁。

❽　同上註 41（林永謀協同意見書）。

❾　同上（蘇俊雄協同意見書）。

種朝三暮四，換湯不換藥的解釋，與虐待及暴力行為可以不是違反「人格尊嚴」如出一轍，完全沒有回答虐待及暴力行為為什麼可以和「人性尊嚴」共存的問題。「人格」或「人性尊嚴」既然只是無能的抽象宣示，甚至還認可「可堪」的虐待及「非嚴重」的暴力，誰需要這種事實上是毫無尊嚴的「人性尊嚴」？女性對這種合理化虐待及暴力的「人性尊嚴」，更應該是敬謝不敏，避之唯恐不及！

部分不同意見書很難得地認為：「過當行為」應即認為有「不堪同居之虐待」，可以離婚，可是並沒有反對法院依（男性眼中的）「具體事件」認定何謂「過當」或有無「過當」（所以只是「部分不同意」）❺。至於什麼是所謂「社會共通」（男性）認定的「情況」？那當然包括「虐待可以忍受」，「非過當暴力有時不侵害人格（或人性）尊嚴」，「雖是不堪仍應同居」等等不損害男性利益及「尊嚴」的所謂「具體」判斷。

天馬行空，乖悖常理的「抽象解釋」如此，案件的具體實情又是如何？據以解釋的高等法院原判雖然採用法匠慣用的技倆，大部分以結論式的語句駁斥原告證據不足採信，但在白紙黑字的驗傷證明面前也不得不承認：上訴人（男方）「兩次毆打被上訴人」。但是，「縱有過當，難認已致被上訴人不堪同居之程度」（!?）❺。問題是能否忍受、堪否同居，是女性當事人必須天天實際面對的主觀的認知、切身的感受、心身的恐懼，與男性法學的大小法官皮不痛、肉不癢，自以為真的是「公平」、「客觀」、「理性」、「中立」、「衡平」、「抽象」的「衡量」，卻是如假包換的武斷何干？在這種威權壓迫理論的籠罩之下，難怪會叫人產生被迫害狂。

如果我們接受女性比較不會是「一時忿激」的暴力加害者，而較可能是受到強暴而主張「不堪同居」的受害者這種事實❺，我們從才相隔十幾年的

---

❺　同上（戴東雄、施文森部分不同意書）。

❺　臺灣高等法院民事判決 79 年度家上字第 174 號，同上註 41 第 372 號解釋附件。

❺　王曉丹，同上註 46，第 37 頁（認為以不堪同居提起離婚訴訟者絕大部分為女性，

今天以女性法學的觀點分析這個解釋的實際後果，其充斥未經檢驗的男性沙文法理是顯而易見，毛骨悚然。看到解釋文、協同及部分不同意見一堆狀似大義凜然，但事實上是遠離實際的「人格尊嚴」「抽象解釋」，不僅馬上看得出其分析之遠遠不如女性法學方法，只有「象牙塔」裡灰塵滿佈的兩腳書櫥一陣撲鼻的霉氣，而且心中不由得湧起麥金穠「我（女人）的苦命，你（男人）的惡法」的感慨 ❸。或許更確切一點應該說是：「我（女人）的皮肉，你（男人）的尊嚴」。

二 釋字第 552 號解釋 (2002)：重婚無效與婚姻自由❺

　　嚴格而言，本解釋與性別平等沒有直接的關聯，但是它對婚姻制度的認定卻直接衝擊性別關係及有關性別關係的憲法解釋，並且影響了以下將要討論的釋字第 554 號解釋 ❺。本案關係到聲請人離婚之判決或協議離婚變更，對其配偶與信賴原離婚效力與之結婚之第三人是否構成重婚，抑或必須維持後婚為重婚的例外 ❺。本釋文引用第 362 號解釋認為 ❺：「重婚無效⋯⋯乃所以維持一夫一妻婚姻制度之社會秩序」❺。又說：「一夫一妻婚姻制度係為維護配偶間之人格倫理關係，實現男女平等原則，及維持社會秩序，應受憲法

但成功率遠低於一般離婚訴訟的成功率）。附帶一提，我認為成功率低是因為本解釋及最高法院第 4554 號判例本身就會產生對女性不利的必然後果，不該是在適用上的「性別差異」才造成女性使用「不堪同居」為離婚理由的成功率低。

❸　我改裝了 MacKinnon 的書名 "Women's Life─Men's Law"「女人的生命──男人的法律」。

❺　司法院釋字第 552 號解釋 (2002).

❺　感謝官曉薇教授提示本解釋在身分法上的影響及討論的必要，尤其是要思考異性戀之外的角度，但意見、評論、及錯誤是我的。

❺　同上註 54（解釋文及聲請書）。

❺　司法院釋字第 362 號解釋 (1994)。

❺　同上註 54（解釋文）。

保障……婚姻不僅涉及……身分關係之變更，且與婚姻人倫秩序之維繫，家庭制度之健全，子女之正常成長等公共利益攸關 ❺ 。」

　　從宰制女性法學的角度，這個解釋最大的問題在於脫離時空，而又不知所云的抽象論述。解釋文所謂一夫一妻制在「維護配偶間之人格倫理關係」究竟何指，令人費解。由於中文實在沒有此種表達方法，我嘗試把它翻成英文，看看是否能夠倒過來了解。「倫理關係」自然是可以稱之為 "ethical relations"，可是加上「人格」變成 "the ethical relations of personality"，根本不通。所以，我想沒有人知道一夫一妻制在維護大法官所說的配偶之間的什麼關係。再說「實現男女平等」，勉強可以了解為相對於過去的三妻四妾，或許一夫一妻是比較性別平等了。可是宰制女性法學從來就不以為有宰制關係存在的配偶關係，只因一對一的形式就「實現」了男女平等。如果我們再將「配偶」以現代的觀念稍微擴大為包括同居及同性，不要說連宰制女性法學截然以男女性別為分類的女性法學理論已早就為人詬病 ❻ ，解釋文這種以狹隘的「一夫一妻」為性別平等權的全部意涵，不僅是落伍，更無法妥適應對現代社會的問題。其後，大法官再扯進「社會秩序」的大帽子就更是無中生有，同義反覆。以解釋文自己的定義，本解釋是在試圖回答憲法保障的「婚姻自由」（如果有的話）是否受到重婚無效，亦即一夫一妻制度不當的限制 ❻ 。大法官的回答居然是「婚姻自由」受「一夫一妻制度之社會秩序」的限制 ❻ 。以問答問，義正辭嚴，「吹鬍子瞪眼睛」（「社會秩序」呢！），「自我

---

❺　同上（理由書）。

❻　參閱例如本書第八章中種族批判女性法學的批評。至於同性戀女性法學的批評參閱例如 Mary Eaton, *At the Intersection of Gender and Sexual Orientation: Toward Lesbian Jurisprudence*《性別與性向的交會》, 3 S. CAL. L. & WOMEN'S STUD. 185, 204 (1994). 特別是從黑人同性戀角度的批評參閱 Theresa Raffaele Jefferson, *Toward a Black Lesbian Jurisprudence*《黑人同性戀法理學》, 18 B. C. THIRD WORLD L. J. 267 (1998).

❻　同上註 54（解釋文）（「首開『重婚無效』規定……與憲法保障人民結婚自由權利之意旨未盡相符……。」）。

感覺良好」。至於一夫一妻是否即是「人倫秩序」，或「健全」的家庭制度，或一定促進子女的「正常」發展，毫無佐證，最多只是想當然爾的論述。我想要說穆斯林社會不是「文明社會」恐怕是會引發無限爭議的偏見❻，穆斯林婚姻及同居或同性關係也沒有造成社會秩序大亂。可見大法官的陳述只不過是順從社會上日積月累的成見，既無社會學上一定的根據，更乏憲法論證所要求的嚴謹。

　　本解釋另一個大問題是把婚姻制度（尤其是一夫一妻制婚姻制度）無端地全部提昇到憲法的層次。其中一個沒有詳細明說的理由是所謂一夫一妻的婚姻制度受憲法「制度性保障」。由於理論只出現在四位大法官的協同意見而不是解釋文❻，我會等到該理論正式在以下要討論的釋字第 554 號解釋冒出來成為臺灣親屬法的「憲法原則」之後加以批判❻。我在這裡只想指出許多大法官常常將一些法律問題以及無關爭議的其他問題無限上綱到系爭解釋及憲法之上的惡習❻。協同意見之一認為：「我國憲法雖**無直接明文規定保障婚姻制度**……在解釋上應與德國基本法……相同❻。」又說：「一夫一妻之原則為現今**文明社會**所保障之制度，其層次**應**解釋為憲法上之位階❻。」有些更是

---

❻　同上（理由書）。

❻　同上（戴東雄協同意見書）（「一夫一妻婚姻之原則為現今**文明社會**所保障之制度」）（粗體為作者所加）。

❻　又參閱官曉薇，〈性、謊言、婚外情：從大法官解釋釋字第五五四號談性行為自由之憲法基礎與架構〉，《判解研究彙編》，第 8 期，2004 年，第 40 頁（忠實地陳述幾位大法官對「制度性保障」的不同意見，但沒有明白分析其不同及錯誤）。

❻　參閱同下註 76 及其本文。

❻　例如釋字第 689 號解釋 (2011)（「公民記者」）；釋字第 499 號解釋 (2000)（完全照抄德國聯邦憲法法院的「修憲界限的基本憲政秩序」）。參閱 Huang, *supra* note 40, at 117.

❻　同上註 54（戴東雄協同意見書）（粗體為作者所加）。

❻　同上（粗體為作者所加）。

錯誤地顛倒「制度性保障」與憲法⑥，認為釋字第 362 號解釋主張婚姻自由優先於一夫一妻制度不對，反而是「一夫一妻之婚姻應受憲法制度性保障，婚姻自由須受限制⑦。」依我看來，民法有重婚無效的規定，刑法又有重婚罪⑦，法律已經承認一夫一妻的制度，有什麼必要在民刑法之外的憲法層次上大作文章？如果勉強要扯上憲法，最多是法律（重婚）限制是否有憲法第 22 條的目的，及是否合乎第 23 條的「必要」。如果能通過這兩條的檢驗，沒有必要再把一夫一妻、婚姻制度、以及重婚的效力，硬是提高到憲法疑義的「抽象審查」，混淆民刑法及憲法解釋，還似乎是以民刑法來指揮憲法。

三　釋字第 554 號解釋 (2002)：對通姦、相姦者處以罪刑是否違憲⑦？

在此解釋⑦的聲請人大概是主張性自主及人格自由受憲法第 22 條保護，不得以刑法第 239 條對通姦人及相姦人處以刑責。大法官不同意這種看法，而認為：「婚姻與家庭為社會形成與發展之基礎，受憲法制度性保障」。又說：「婚姻制度植基於人格自由，具有維護人倫秩序、男女平等、養育子女等社會功能，國家為確保婚姻制度之存續與圓滿，自得制定相關規範，約束夫妻雙方互負忠誠義務」⑦。至於性自由及人格自由則只有在「不妨害社會秩序及公共利益」始受保護⑦。

從女性法學的觀點，這個解釋充滿了未經大腦，邏輯鬆散的陳述。其中最莫名其妙，超脫脈絡的主張是所謂「制度性保障」（據說是 institutionelle

⑥　參閱同下註 81 及其本文的討論。

⑦　同上註 54（王澤鑑協同意見書）。

⑦　刑法第 237 條。

⑦　司法院釋字第 554 號解釋 (2002)。

⑦　同上。

⑦　同上。

⑦　同上。

Garantien，但似乎應該是 Institutsgarantie）⑯。其實，這個理論不過是德國史密特⑰一人的發明⑱。理論既非明確，又帶有一股強烈袒護（憲法所未明白規定，只憑史密特一人宣示的）既存制度的保守傾向。雖然據說在某些德國學者中有其影響力，但是並非是什麼人人贊同的學說，而只是學者認為可以是德國憲法法院五種權利保護的理論基礎之一⑲。憑什麼在臺灣學者的有限認識之下被憑空無限放大，忽然凌駕其他學說，變成憲法指導原則，在憲法的層次偏袒女性主義不能接受的傳統家庭不平等結構？

「制度性保障」的保守性，連鼓吹此種理論的學者都不能完全否認⑳。

---

⑯　據學者分析，在 Carl Schmitt 的用法裡，"Institutsgarantie" 與 "institutionelle Garantien"（英文翻譯為 "institutional guarantee"）不同，前者指私法制度的保障，後者專指公法上的制度保障。Robert Alexy, A Theory of Constitutional Rights《憲法權利理論》324, n. 163 (Julian River trans., 2002). 臺灣及大陸學者似乎以為「制度性保障」就是 "institutionelle Garantien"，卻在所有討論裡，其實是在講 "institutsgarantie" ("institution-guarantee")，即私法制度做為實現基本權的必要。參閱劉峰譯，卡爾‧施密特，《憲法學說 (Verfassungslehre)》，聯經，2004，吳庚導讀，第 viii 頁。我只是在指出一些學者在介紹外國學說時的草率，其實兩者的分別的實際意義不大。

⑰　Carl Schmitt (1888–1985) 是德國著名的憲法學家，其理論在威瑪時期頗具影響力，也是臺灣學界叫座的理論家。1930 年代加入納粹黨並任司法部長，此時期的理論多為納粹政權服務。戰後以戰犯服刑之後，仍繼續有所創作，影響力雖已中衰，但仍有許多人評論他的理論。我們雖不宜以人廢言，但一定可以以人而知其言。關於 Schmitt，參閱黃維幸，《務實主義的憲法》，新學林，2008 年 10 月，第 24，62 頁，註 10。

⑱　學者似乎暗示此理論其實得自 Martin Wolff，參閱 Alexy, *supra* note 76, at 157, 324.

⑲　參閱 Donald P. Kommers, The Constitutional Jurisprudence of the Federal Republic of Germany《德國聯邦憲法法理》49 (2d ed. 1997).

⑳　參閱劉峰，同上註 76 憲法學說，吳庚導讀，ix, n. 8, 229。本書無英譯，參閱法文譯本 Carl Schmitt, Théorie de la Constitution《憲法理論》308 (Traduit par Lilyane Deroche, 1989)（所謂「制度性保障」譯為 "Les guaranties institutionnelles"）。

在漫無標準，人云亦云的「繼受」理論之下，什麼雞毛蒜皮的「制度」（例如，基督教的星期日假日）都可以想像和宣稱是受到憲法無形的保障（為什麼不是伊斯蘭教的星期五?）。何況史密特的本意裡的「制度」，至少部分是以私法上的制度做為憲法權利保障或行使的必要程度內才有所謂「制度性」保障（即呈現以德國學者特殊的用語叫做「主觀的權利」）。以家庭婚姻制度為例，「制度性保障」並不即是將現有家庭婚姻制度無條件地升格為有其獨立的憲法地位，而是做為在保護權利（例如結婚的權利）的必要條件時，附帶地必須一併予以保障。斷不能解釋在宰制結構的家庭婚姻制度本身侵犯了基本權利（例如性別平等）時，像大法官在本解釋裡本末倒置地宣稱「制度性保障」家庭婚姻制度好像具有獨立的憲法地位，又好像任意挑選的「制度」獨立存在，而且還凌駕基本權利之上❽。就因為理論問題重重，所謂「制度性保障」即使在德國學者中，也並非沒有爭議的「通說」。例如，在另一個臺灣的留德學者頗為崇拜的德國學者 Alexy 眼中，此種理論根本沒有必要❽。學界這種放大外國一人，一本教科書，或一派學說為「普世價值」，引為憲法原則（並不斷出現在要人命的國考試題上），但其實是認識錯誤，曲解本意的陋習，本已非嚴謹可靠的學術態度，長此以往，更有誤導國內讀者，損其公信力的惡果。無論如何，女性法學的優越性即在於不受制於這種脫離實際的所謂「制度性保障」原則的抽象論述，直接具體地指出：現存家庭婚姻的宰制

---

❽　如前所示，雖然司法院在釋字第 552 號解釋中的解釋文裡用到了所謂「制度性保障」的觀念，但明白認為「制度性保障」應為有關身分法的憲法原則的是在四個協同意見（即王澤鑑、戴東雄、蘇俊雄、孫森焱）。即使同意這種理論，只有蘇俊雄正確地指出「制度性保障」沒有憲法上獨立的地位，不能凌駕基本權之上。參閱同上註 54。學界難得的深切反省，參閱楊智傑，〈制度性保障說理模式對社會改革的阻礙（下）〉，《本土法學》，61 期，2004 年 8 月，第 5 頁；楊智傑，〈制度性保障說理模式對社會改革的阻礙（上）〉，《本土法學》，60 期，2004 年 7 月，第 22 頁。

❽　ALEXY, *supra* note 76, at 326. ("The institution-guarantee as a doctrinal construction is unnecessary.")

關係才是改造而非「保障」的對象。

　　除此之外還有其他很有問題的論述：首先，所謂「婚姻與家庭是社會形成及發展的基礎」這種超越時空 (ahistorical) 的論述本已費解，何況大法官心目中的婚姻是「一夫一妻為營永久共同生活……人格得以實現與發展之生活共同體」❽。這個反映基督教義的理想型態，既不符合許多歷史❽以及當前的事實，更非當代女權運動所能苟同❽。何況在宰制女性法學的眼中，這不過是自由主義的陳腔濫調❽，以為存在壓迫關係的婚姻卻居然可以實現及發展人格。第二、在家庭結構存在壓迫關係的現狀之下，婚姻為什麼一定就是或能夠表現「人格自由」？英美傳統普通法之下，女性因婚姻而人格消失於丈夫之中，丈夫可以告妻子的通姦者，妻子並無權告丈夫的相姦者，因為女人被視為丈夫的財產❽。傳統中國禮教的三從四德及守貞義務以及社會縱容男性遠遠超過女性性自由的事實❽，都使解釋文這種陳述聽起來像是奇談怪論。

---

❽　同上註 54。

❽　關於整個西洋思想史成為男性思想史參閱 THE IRIGARAY READER《伊里嘉瑞文選》26, 47–48 (Margaret Whirford ed., 1991). 而尼采一個有趣的觀察是：婚姻不過是社會認可的人類解決性慾的安排，在貴族社會中的功能則是傳種（「無後為大」），何來人格得以實現發展的永久共同生活？ FRIEDRICH NIETZSCHE, THE WILL TO POWER《權力慾》§732 (Walter Kaufmann ed., 1968). 本書非尼采自己整理安排或出版，故有爭議。

❽　2 MICHEL FOUCAULT, THE HISTORY OF SEXUALITY: THE USE OF PLEASURE《性史第二冊》14 (Robert Hurley trans., 1985); 張宏誠，同上註 47，第 60–61 頁。

❽　不過這不是宰制女性法學的「一家之言」，文化女性法學對自由主義觀點也有嚴厲的批判，參閱 Robin L. West, *Jurisprudence and Gender*《法理與性別》, 55 U. CHI. L. REV. 159–80 (1988). 又參閱本書第八章、參、二節。

❽　MARTHA CHAMALLAS, INTRODUCTION TO FEMINIST LEGAL THEORY《女性法學理論導論》205–06 (2d ed. 2003). 又參閱 3 MICHEL FOUCAULT, THE HISTORY OF SEXUALITY: THE CARE OF THE SELF《性史第三冊》171 (Robert Hurley trans., 1986)（西洋歷史上對通姦原本的了解是一個男人經由與已婚女子的性關係產生對另一個男人的傷害）。

❽　關於當前臺灣社會具體存在的許多家庭結構上的性別不平等，參閱李立如，〈司法

難怪馬克思要說：婚姻基本上對女人而言是娼妓的私有化❽。我們不一定要同意馬克思，但家庭結構現狀距離抽象的「人格自由」（誰的?）還遙遠得很呢！最後，從女性法學的眼光看，婚姻保護的「人倫秩序」有些正好是兩性的宰制關係，以維護宰制關係的「人倫秩序」來實現「男女平等」，豈非與虎謀皮? 我前面已經討論了宰制女性主義對馬克思羅曼蒂克化現存家庭制度的批判，大法官同樣也是脫離現實，一面倒地美化現存婚姻家庭制度，好像是一種永恆普世、天經地義的安排，受憲法上毫無憑據的「制度性保障」，無視現有家庭制度不過是特定時空的產物，不幸長久以來還有壓迫關係的一面❾。

審查之表述功能與社會變革：以性別平等原則在家庭中的落實為例〉，《臺大法學論叢》，37 卷 1 期，2008 年，第 40–44 頁。

❽ *See*, Karl Marx, *Economic and Philosophical Manuscripts*《經濟及哲學手稿》, in KARL MARX SELECTED WRITINGS《馬克思選集》(hereinafter Selected Writings) 87 (David McLellan ed., 1977); Karl Marx, *Communist Manifesto*《共產黨宣言》, in *id*. Selected Writings, at 235. 法國女性主義先驅德波娃也有類似的觀察：SIMONE DE BEAUVOIR, LE DEUXIÈME SEXE II: L'EXPÉRIENCE VÉCUE《次等性 II》425 (1976). （"Pour toutes deux l'acte sexuel [de la femme mariée et la prostituéet] est un service; la seconde est engagée à vie par un seul homme; la première a plusieurs clients qui la paient a la pièce. Celle-là est protégée par un male contre tous les autres, celle-ci est défendue par tous contre l'exclusive tyrannie de chacun." 「因為（娼妓及妻子）兩者的性行為都是一種性服務；後者終生受雇於一個男人；前者有許多每回付費的恩客。一個男人保護後者，對抗所有其他男人，所有男人保護前者免於一人的宰制。」) 不太準確的英譯有 SIMONE DE BEAUVOIR, THE SECOND SEX《次等性》556 (H. M. Parshley trans. and ed., 1989). ("For both the sexual act [of the prostituted and the wife] is a service; the one is hired for life by one man; the other has several clients who pay her by the piece. The one is protected by one male against all others; the other is defended by all against the exclusive tyranny of each.")

❾ 參閱例如 Maxine Eichner, *On Postmodern Feminist Legal Theory*《後現代女性主義法律理論》, 36 HARV. C.R.-C.L. L. REV. 1, at 69–70 (2001) (arguing that since the traditional heterogeneous family plays a vital role in shaping practices which in turn

解釋文這種不相干連，脫離實際的大名詞堆砌法，顯然不會是準確的社會及歷史分析。

　　以上的批評對只習慣於法條分析及「繼受」外國法律學說的「純粹」法學派，其一超出這兩個範圍以外即可能不知所從，荒腔走板本可預期。但是，我特別要回到「純粹」法律的層面，質疑解釋文中對憲法第 22 條的法律解釋的妥當性。大法官說：性自主及人格自由只有不妨害社會秩序及公共利益才受保護。這是重複憲法條文的文字，本無待大法官的權威解釋，也就是說根本沒有解釋。

　　問題是通姦真的妨害社會秩序及公共利益了嗎？大法官認為有所妨害，但又沒能說出到底妨害什麼秩序及什麼公益，只能典型地以「人倫」、「公共」抽象觀念及論述搪塞。傳統社會「以夫為天」的「人倫秩序」❾❶不是普世永恆的「社會秩序」，因為現在不大時興這一套也沒看到臺灣社會因而秩序大亂或人類絕種。通姦刑罪似乎也不會是為了什麼了不得的 (compelling)「公共利益」。如果事關公共利益，我們何以那麼容易用法律允許配偶一方以「縱容」或「宥恕」私了，又以「告訴乃論」的私人抉擇來顛覆「公共利益」？你不一定要贊同通姦除罪。但是，你一定期待至少法律論述必須合乎起碼的邏輯和常識。我早說過：道貌岸然地引用法條及原則，不是論理的本事；如何知道條文或理論的妥適及切題，才是功力之所繫❾❷。前者是抽象論述，後者是具體分析。解釋法律不是「莫須有」的事業，不能不以必要的說理服人，而只以重複法條文字做出同義反覆的結論，在「先進民主」這已不只是「判決不

---

produces sexual hierarchy, the law needs to broaden the concepts and protections to alternate living arrangements).

❾❶ 對此很簡要的陳述參閱例如 Chih-Chieh Lin, *Regulating Pregnancy in Taiwan: An Analysis from an Asian Legal Feminist Using Feminist Legal Theories*《臺灣的懷孕法律》, 39 U. Balt. L. F. 204, 206 (2009).

❾❷ 參閱本書第三章。

備理由」而已❸，還是違反正當程序、廢棄原判決的錯誤呢!

四 釋字第 569 號解釋 (2003)：刑事訴訟法第 321 條規定不得對配偶通姦提出自訴是否違憲❹?

大法官在本解釋中認為為「夫妻和睦及家庭和諧」，限制配偶之自訴權為維護人倫關係之合理限制❺。但是，大法官又認為：相關解釋及判例，基於告訴不可分的原則同時將自訴的限制擴及第三人之相姦人，與上述限制的目的無涉，沒有必要，因而在做出本號解釋的同時變更為可以對相姦人提出自訴❻。

協同意見之一認為：多數意見以婚姻自由及憲法第 22 條之權利立論的方式不妥，但自訴既非訴訟權的必要設計，對有配偶之人的自訴權限制沒有違反憲法平等保護❼。部分協同意見則認為「家庭和諧」是立法目的，不是違憲審查的標準。配偶之性自主權尤不宜做為自訴權的客體。結論是對配偶及相姦人均不應有自訴權❽。

雖然以限制對配偶自訴的方式想繼續維持婚姻的和諧是否是實際的想法，而以告訴不可分為限制對相姦人之告訴理由有嫌機械，但是，從女性法學的角度看來，與其從像性自主權、平等保護、告訴不可分等等的抽象論證，還不如從法律效果來做具體分析。何況就像林永謀大法官所指出：例如唯一可能是憲法第 22 條位階的性自由權，似乎根本無適用的餘地❾。在配偶通姦

---

❸　民事訴訟法第 469 條第 1 項第 6 款。

❹　司法院釋字第 569 號解釋 (2003)。關於本解釋的評論參閱陳宜倩，〈改寫異性戀腳本? ── 通姦罪與罰之女性主義法學透視〉，《世新法學》，2 卷 1 號，2008 年 12 月，第 1，12，15 頁。

❺　同上註 94 釋字第 569 號解釋。

❻　同上。

❼　同上（林子儀協同意見書）。

❽　同上（林永謀部分協同部分不同意見書）。

的場合，告訴人無性自主的問題；相姦人的性自由保護還以不能侵犯他人的權利為前提；通姦配偶的性自由則在現存婚姻制度及觀念之下，如無特殊約定，應是在進入婚姻關係之後自願有所限制。所以，如果對相姦人自訴權的開放，客觀上只是造成因維護既存（不平等）的夫妻人倫關係，製造對女性更大的法律負擔**⓿**，則不僅第 321 條的自訴限制可以存在，限制對相姦人自訴的判解，也應該任其繼續。

從宰制女性法學的眼光看來，「男女相同」的平等主義有時只看到膚淺的表相，沒有仔細分辨實際後果。同理，大法官在這個案子解放了對相姦人自訴的權利是拘泥形式，畫蛇添足了。

五　釋字第 617 號 (2006)：刑法第 235 條有關散布猥褻資訊或物品的違憲問題**⓵**

本案聲請人經營成人書店，經檢方起訴，法院依刑法第 235 條判刑。聲請人以該法剝奪憲法言論、出版，及經營之自由，猥褻之定義不明確，以及限制措施違反比例原則為由申請釋憲。大法官則認為言論出版自由仍受憲法第 23 條之限制，立法為「維持男女生活中之性道德感情與社會風化」，則釋憲者就「立法者關於社會多數共通價值所為之判斷，原則上應予尊重」。解釋文進一步認為「猥褻」雖為不確定的概念，但「指客觀上足以刺激或滿足性慾」，並「引起……羞恥或厭惡感而侵害性的道德感情，有礙於社會風化者為限」，沒有違背法律明確性。所以，刑法 235 條合憲。

這個解釋的問題不少，以下我就其明確性，司法審查與保護少數，尤其是女性法學特別關注的色情言論的本質略為分析：

⓽⓽　同上。

⓿　參閱官曉薇，〈通姦不除罪，女人是大輸家〉，中國時報，2007 年 9 月 4 日，<http://www.coolloud.org.tw/node/8634>（最後上網日期：2010 年 10 月 1 日）。

⓵　司法院釋字第 617 號 (2006)。

1.法律的明確性

　　法律的規定，特別是刑法的處罰，必須有一定的明確性，使人知所遵從，傳統上是正當法律程序 (due process of law) 的一部分，也可以說是「罪刑法定主義」(nullum crimen sine lege) 衍生的要求。但是，法律無法不用抽象的字眼界定規範的範圍，所以，抽象的規定不一定違反明確性；法律是否過於含糊 (too vague) 而無效，必須看具體情況。如果抽象的字眼經過長久的使用已有大家可以了解的一定意義，或者有外部的資料（例如法院的判解）使其意思得以確定，那麼，法律並不一定因此而欠缺其明確性。

　　本案的問題是「猥褻」的定義並非多數大法官所認為的所謂「得確定」的抽象概念，因為解釋所認可的兩個標準互相矛盾：一方面猥褻物品要會刺激或滿足性慾，另一方面又要足以令人感到羞惡❿。但是，大法官沒有說明使人羞惡因而侵害性道德感情的猥褻物品，何以又能滿足人類自然本能的性慾？所以，不同意見書指陳「猥褻」定義之不明確，不是全然無見。

　　不但解釋文所解釋的法條及觀念，以及對「猥褻」的定義，充滿不明確的疑慮，有些解釋文所宣示的觀念也含糊籠統，甚至完全無法理解。解釋文說：為「維持男女生活中之性道德感情」❿，可以用法律規範性言論及性資訊。大法官指的是男女之間的性慾？道德？或愛情？沒有人弄得清楚。如果了解為男女性關係有關的道德觀念，也許女性法學者可以勉強接受它或許與性別不平等會有一絲關連，偏偏多數意見並沒有由性別歧視觀點去著力，而只是著眼於言論自由。女性法學這種善意的理解，恐怕是熱臉貼到冷屁股，完全是一廂情願。其實解釋文在延伸解釋的理由書中，已乾脆直稱「性的道德感情」❿，早與男女性生活無關，與性別平等無涉了。

---

❿　同上。這個定義延續司法院釋字第 407 號解釋 (1996) 對「猥褻」的認定。

❿　參閱同上註 101 第 617 號解釋。

❿　同上。

解釋文又說「猥褻」資訊可能破壞「社會性價值秩序」❶❺，但在沒有說明什麼樣的價值秩序之餘，馬上又說是為了維護「平等和諧之性價值秩序」❶❻，所以我只能了解所謂「社會的性價值秩序」即「平等和諧」之意。但是，宰制女性法學不認為當下的「社會性價值秩序」呈現的是性的平等和諧的秩序。在家暴、強暴、色情、壓迫、騷擾、尊卑還是兩性關係的現實及法律秩序之下，所謂維護平等和諧的性別關係大概是既不相干又無實質意義的空中樓閣，也就是宰制女性法學最為批判的法學論述方法。

2. 多數的感情與少數的權利：司法審查的本質

大法官認為原則上司法應尊重大多數的社會共通價值的判斷，這種說法不完全吻合民主社會司法權的本質。民主社會的確要服從多數，以多數決的方式做成許多共同的決定。但是，多數決不是民主價值的全部，否則過去比拳頭，現在比人頭，很可能形成多數的暴政 (tyranny of the majority)❶❼。所以，民主社會對多數的尊重，涵蓋對少數的保護。也就是如此，許多價值規定在憲法之上，即使社會多數的消長，不能以今日的多數剝奪憲法對少數的保障，司法權有這種依據憲法對抗多數的性質❶❽。

另一方面，因為這種對抗多數的性質，有一派意見批評司法有時欠缺民主的正當性。如何能做到既能對抗多數保護少數，又能不逾越民主正當性的約束，毋寧是一個矛盾而又艱困的難題。以女性法學而言，在評論有關「猥

---

❶❺　同上（理由書）。

❶❻　同上。

❶❼　關於 de Tocqueville「多數專政」的理論，參閱黃維幸，《法律與社會理論的批判》，新學林，2008 年 9 月，二版，第 54–62 頁。

❶❽　無法確切掌握這種基本的憲政意識，幾乎將「社會通念」凌駕憲法價值之上的惡例是司法院釋字第 689 號解釋 (2011)。參閱黃維幸，〈如此的憲法守護者〉，蘋果日報論壇，2011 年 8 月 1 日，<http://tw.nextmedia.com/applenews/article/art_id/33567330/IssueID/20110801>（最後上網日期：2011 年 9 月 1 日）。並見本書第 471 頁。

褻」的相關解釋時，林錦芳法官認為：「解釋不確定法律概念，應該反映社會的變遷及當時社會的法律感情，並以此解釋原則，來檢視立法當時所預想的……情狀與當今……事件之本質上差異，可以支持女性法學主義者的主張⑩。」這也許是可以接受的詮釋解釋方法，但在社會主流意見剛好不利兩性的平等關係之時，恐怕還是沒有解決問題。

對於司法權「對抗多數」性質著力甚深的 John Ely 因此認為：違憲審查權最好限縮在程序層面，關注並介入政治程序順暢的問題，而盡量避免干涉社會多數的實質決定⑩。但是，有效的政治程序固然在理論上會產生不受扭曲的民意，但這多數的民意仍有與基本權利衝突的可能。不論社會上多數民意的向背如何，把色情規範為「猥褻」是否言論自由，而以大多數民意對「猥褻」的情感為歸依，沒有解決司法權對抗多數的難題。這就是為什麼宰制女性法學認為色情與言論自由無涉，而是性別歧視的原因。

3.色情是不是受言論自由保護的言論？

前面已經說過，宰制女性法學在性別平等裡一個最為關切的領域是色情產品，並認為色情根本不是言論，而是描繪並強化女性卑從地位的性別歧視行為。可是除了林子儀大法官對此種觀點仍然從應否限制言論自由的角度給予一定的關注之外⑪，沒有其他大法官對此有任何討論。

如果從性別歧視去分析色情產品，色情既然與言論出版自由沒有關係，憲法第 23 條對自由權利的限制是否必要，就不是釋憲的重點。這麼一來討論社會多數與少數對社會風化或性道德觀念、言論自由的範圍、性自主權利、以及比例原則，即顯得失焦。比較重要的爭點似乎是法律的明確性問題。

---

⑩ 〈刑法修正爭議問題研析㈠〉，《臺灣法學雜誌》，126 期，2009 年 4 月，第 57 頁（林錦芳法官發言）。

⑩ *See* JOHN H. ELY, DEMOCRACY AND DISTRUST《民主與懷疑》181 (1980).

⑪ 同上註 101 第 617 號解釋（林子儀部分不同意見書，第五節）。

從宰制女性法學的觀點，本號解釋不僅突顯了「猥褻」等相關規定及觀念不甚明確，同時也顯示「色情」做為性別歧視的行為仍有待大眾擺脫傳統的成見。宰制女性法學既然將在職場或教育機構等場所裡面，傳統視為性的「言論」成功地轉換為性騷擾的行為，或許有朝一日我們也會接受：兩性既然不能不生活在社會，如果能夠在禁止的範圍及定義上做到適當，則社會上以描繪異性屈從卑下的物品就與言論自由無干，而是性別歧視的騷擾。

六　釋字第 666 號解釋 (2009)：社會秩序維護法第 80 條意圖得利與人姦宿之刑責違憲[112]？

本解釋只有一個簡單的爭點：上述第 80 條以刑責處罰意圖由姦宿得利是否違憲？由於事實上絕大多數因姦宿得利的性服務者為女性，多數大法官認為該條違反憲法上之性別平等保護。協同意見則認為違憲的結果可以接受，但應從隱私權、性自主、工作權，或職業自由分析[113]。

但無論自由主義或激進女性法學卻都同意：不應該以法律處罰提供性服務的人，因為他們是受害者[114]。從宰制女性法學的角度分析，本解釋所呈現的問題不是從女性法學的相同理論或相異理論本能的反應，質疑罰娼不罰嫖是否違反性別平等。換句話說，問題不在娼嫖都罰或娼嫖都不罰的形式平等。宰制女性法學之所以反對處罰性服務者是因為女性賣身通常是情非得已。但是，女性因為觸犯刑法（或臺灣的社維法）而得不到警察保護，使淫媒的幫助變成必要，並更有機會壓榨性服務者，例如在被捕時提供保釋等。所以，

---

[112]　司法院釋字第 666 號解釋 (2009)。

[113]　典型的分析是同上註協同意見書（陳新民），但其他協同意見重點容有不同，也大都從性別平等立論。又參閱李建良，〈立法禁止性交易行為的平等課題〉，《臺灣法學：公法特刊》，2010 年 8 月，第 11 頁（工作權）；黃瑞明，〈大法官們的德爾斐神諭〉，《臺灣法學：公法特刊》，2010 年 8 月，第 19，30 頁（性自主）。

[114]　Scott A. Anderson, *Prostitution and Sexual Autonomy: Making Sense of the Prohibition of Prostitution*《娼妓及性自主》, 112 ETHICS 756 (2002).

法律不只懲罰女性性服務者成為罪犯,更是淫媒榨取女性不可或缺的幫兇❶。不過如果從形式平等的角度切入,只以法律懲罰嫖客及仲介,勢必牴觸形式平等的要求。於是在形式主義的驅使之下,只有娼嫖都罰。但娼嫖都罰沒有解決性別平等的問題,更沒有解決女性做為非自願的性服務業者犯法而無法得到政府保護的後果❶。

同時,問題也不應該是完全閃避性別平等的考量,只分析性服務業者的所謂性自主、工作權、職業選擇等的自由權。如果視為性自主的工作權,雇主是否有權將性服務做為工作要求的一部分? 性服務或至少是願意提供性服務而不可得,是否是領取失業救濟金或社會福利的條件❶? 誇張一點說,應聘的人可否在履歷表的工作專長上註明:「打字每分鐘 100 字以上;嫻熟文書處理軟件;床上功夫一流」? 所以,宰制女性法學者大都主張娼妓應該禁止,是因為這是一種貶抑大部分是女性的制度及社會實踐,基本上是性別歧視。即使我們不願同意這是性別歧視,至少不必以工作權立論,而是將之視為沒有特別造成損害或反社會的私人行為。

在現有的性別壓迫存在的社會,的確很難想像一個性別平等的社會,是否還會有所謂性服務存在的必要或可能,所有的思考因而圍繞在制度存在的前提下如何達到性別平等。但是,至少柏拉圖曾經在《共和國》中想像一種我們如果不是無法認同,就可能是還沒有準備接受的性別關係。他主張至少有一部分女性完全可以和男人一樣充當共和國衛兵 (guardians),她們應該接受一樣的訓練,執行相同,但也許是較不繁重的任務。女性衛兵不許只與某一男性衛兵生活,而是應該與所有男性衛兵共同生活。所有女性衛兵的子女一律由國家扶養,父母不知其子女,子女也不知其父母❶。在這種制度之下,

---

❶ CATHARINE A. MACKINNON, WOMEN'S LIVES, MEN'S LAWS《女人的命——男人的法》157 (2005).

❶ *Id.*

❶ *Id.* at 761–63.

也許就沒有娼妓存在的餘地。我們不一定要贊同柏拉圖的觀點，但是，被壓迫者在與壓迫者對抗的過程裡，不可以使用壓迫者現在所用的語言，因為使用壓迫者的語言，就限制了被壓迫者的想像力。女性主義者的注意力不在如何改進現有制度或實踐，使之符合什麼客觀的標準，而是擺脫既存詞彙及制度的束縛，想像一種更為美好妥適的生活安排❶❶❾。臺灣也有陳宜中教授隱約指出各種不同的可能性，認為：「若要降低性交易的發生率，若要壓抑賣淫體制的規模，除了要有一整套促進社經平等、拉抬女性社經政治地位的做法外，亦必須促成更自由開放的性文化、性風氣，以及更平等、更多元的家庭或伴侶關係❶❷⓿。」

　　或許我們的臆測並沒有必要，就如馬克思所說：「所有社會生活基本上是實踐。所有將理論帶向神祕的神祕主義，將在人的實踐及實踐的了解之下找到合理的解決❶❷❶。」

---

❶❶❽　Plato, *Republic*《共和國》, Book V, ¶¶455–457, in Plato, The Collected Dialogues, Including the Letters 457 (b), (c), & (d) (Edith Hamilton and Huntington Cairns eds., 1961).

❶❶❾　Richard Rorty, *Feminism and Pragmatism*《女性主義與務實主義》, in 3 Richard Rorty, Philosophical Papers: Truth and Progress 202, 203, 204, 217, 227 (1998). ("Feminists who are also pragmatists will not see the formation of such a society as the removal of social constructs and the restoration of the way this were always meant to be. They will see it as the production of a better set of social constructs than the ones presently available, and thus as the creation of a new and better sort of human being.")

❶❷⓿　陳宜中，〈性交易該除罪化嗎？對性別平等論證的幾點省思〉，《政治與社會哲學評論》，37 期，2008 年 12 月，第 35 頁。

❶❷❶　Karl Marx, *Theses on Feuerbach*《關於費爾巴哈的提綱》, in 5 Karl Marx, Collected Works 5 (1976).

捌　結　論

　　以上主要在分析宰制女性法學理論與其他四個較具影響力的學派，包括「自由主義女性法學」，「文化女性法學」，「種族批判女性法學」，及「後現代女性法學」的同異，並指出宰制女性法學的主要主張是以為現有的兩性關係是當下歷史階段裡男尊女卑的宰制社會關係，並認為色情是製造宰制關係的方式及後果。在做成這種結論時，宰制女性法學使用非傳統的法學研究方法及取向，以女性觀點為中心，對性別關係進行具體分析，促成女性的覺悟。然後分析宰制女性法學主張色情不是言論而是性別歧視的觀點，以及將原本大都是國內法下的宰制關係的觀念及實踐擴大到國際人權的領域，指出武裝鬥爭中的性侵是違反國際人道罪的歧視性凌虐，在特殊場合下還是有系統的種族滅絕罪。最後本文運用一般女性及宰制女性法學的分析方法，批判了六個司法院有關性別的解釋，試圖呈現完全不同的分析及法律效果，希望對國內「相敬如賓」，但卻是因循苟且，日益趕不上時代的法學觀念及分析，提供一些省思的素材和機會。

　　人類社會及社會制度習慣性地劃分主流與異端、正常與非常、體制內與體制外，偏袒前者而忽略後者。女性法學及宰制女性法學部分採納並使用（後）現代思潮的主要目的，不在完全否認標準及原則的存在，而在顯現習慣性的標準及原則的背後所隱藏及壓制的其他可能，拒絕承認有所謂唯我獨尊的「主流」、「通說」、常態、體制，進一步挑戰現存性別關係的僵硬狀態，討論另類安排的可能及妥適。當法學討論的天空瀰漫一片「自主」、「平等」、「主體」、「自我」、「中立客觀」、「人格實現」、「人性尊嚴」、「正義要求」等狀似迷人，卻是一知半解，遠離實際的大名詞，也許德國的海德格說得好：當一個現象學的觀念被以口號宣示性的方式呈現，它就會被膚淺及錯誤地了解，喪失其原有的純樸，而成了無所依附的命題❷。或許女性法學不是你的

菜，但知之無妨。不過，宰制女性法學對既存性別體制乃至於鄉愿法學觀點堅決而無情的批判，帶給你的是真正的自由。不要誤解及害怕批評，正確及善意的批評意不只在摧毀既有（反），而在積極創造新的實在（合）。所以法國哲學家柯傑夫 (Kojève) 告訴我們：否定是創造，否定而不虛無是推翻現有，成就新事物的自由❷。我確信宰制女性法學會開闊你的眼界，解放你的心靈。

---

❷　MARTIN HEIDEGGER, BEING AND TIME《存在與時間》60–61 (John Macquarrie and Edward Robinson trans., 1962).

❷　為方便起見我用的是節譯的英文版 ALEXANDRE KOJÈVE, INTRODUCTION TO THE READING OF HEGEL: LECTURES ON THE PHENOMENOLOGY OF SPIRIT《黑格爾導讀：精神現象學講座》222 (Raymond Queneau assmb'd, Allan Bloom ed. & James H. Nichols, Jr. trans., 1980). ("The freedom which is realized and manifested as dialectical or *negating* Action is thereby essentially a *creation*. For to negate the given without ending in nothingness is to produce something that did not yet exist; now, this is precisely what is called 'creating.') 又參閱 ALEXANDRE KOJÈVE, INTRODUCTION À LA LECTURE DE HEGEL《黑格爾講座導論》494 (1947) ("La Liberté qui se réalize et se manifeste en tant qu'Action dialectique ou *négatrice* est par cela même essentiellement une *création*. Car nier le donné sans aboutir au néant, c'est produire quell-que chose qui n'existait pas encore; or, c'est précisément ce qu'on appelle 'créer'.")（斜體原有）。

▌第十章▌

憲法與民法的糾纏：新聞採訪與隱私的衝突與平衡——兼評 689 號解釋

Legal Rhetoric: Privacy v. Freedom of the Press

　　每個法院的判決並不只解決一個各別的爭議，它認可一種生活方式——一種思維，一種對某種論點的回應，一種世界觀，以及如何看待自己或彼此的權力。(In every opinion a court not only resolves a particular dispute one way or another, it validates or authorizes one for of life—one kind of reasoning, one kind of response to argument, one way of looking at the world and at its own authority—or another.)

JAMES BOYD WHITE, JUSTICE AS TRANSLATION（懷特，《正義是翻譯》）

摘要　　法學界的「通說」認為：法律適用是邏輯的「涵攝」，不曾言宣的前提假設是要求數學般的確定。本章以實例顯示：即使法律文書可以在事後安排成為邏輯推演的形式，法律人士遇到問題首先必須在毫無大小前提之下，將案件的性質及爭議的多寡「定調」。不僅在建構「事實」之時，只能陳述與法律理論相干的「法律事實」，而且在選擇爭點及法條之際，也不得不受先置性的法律觀念及分類的左右。平衡隱私權及新聞採訪自由的努力，基本上是論辯及說服的過程，並無「涵攝」的影子。從事的是可能性及機遇率和最為適當而可信的鋪陳，並非邏輯確定的推論。牢制的「主流」「法學方法」根本是博士賣驢、夢囈連連，與法律實務幾乎完全脫節，和法學研究大抵毫不相干。

壹 前 言

一 事 實

97 年 7 月 19 日、25 日，據當時傳出和名模孫正華結婚的聯華神通集團少東苗華斌稱，兩度為記者採訪拍照。苗不滿整日被跟訪，兩次委託律師寄發存證信函警告蘋果日報不得跟拍。

同年 9 月 7 日星期日，苗和孫在住處時，發現聲請人蘋果日報記者王煒博在外跟候，苗下午向中山分局報警檢舉。警方以聲請人無正當理由，跟追他人，經勸阻不聽，裁罰一千五百元。

聲請人以苗與孫先前已傳出結婚消息，二人屬商場和演藝界知名人物，有娛樂報導的必要性，前往孫正華可能出現的地點採訪，有正當理由，向北院簡易庭聲明異議。

法官裁定駁回。

聲請人認為相關法律之適用有憲法上之疑義，聲請釋憲❶。

二 爭 點❷

1.社維法第 89 條第 2 款關係到何種法益，此種法益在憲法上的地位如何？

---

❶ 本節事實採自臺北地方法院 97 年度北秩聲字第 16 號裁定（下引裁定），民國 97 年 10 月 28 日（司法院及作者存檔），及為臺北地方法院 97 年北秩聲第 16 號裁定所適用規定有牴觸憲法疑義解釋憲法聲請書（下引聲請書），民國 97 年 11 月 20 日（司法院及作者存檔）。

❷ 本文所列爭點與司法院整理之釋憲函略有參差。參閱司法院大法官書記處，關於大法官為審理社會秩序維護法第 89 條第 2 款規定有違憲疑義聲請解釋乙案（司法院及作者存檔）。

　　2.本釋憲聲請之新聞採訪自由，其憲法上之根據為何？如果有此種權利，則權利主體為何？什麼是新聞媒體及誰是新聞記者？

　　3.以新聞媒體而言，其新聞自由及新聞人員的採訪自由及工作權受到社維法第 89 條第 2 款什麼限制？

　　4.社維法第 89 條第 2 款對新聞自由及工作權的限制是否符合憲法第 23 條？應該以什麼標準審核？

　　5.社維法第 89 條第 2 款是否明確？

　　6.社維法第 89 條第 2 款的適用是否違憲？

三　適用法條

1.中華民國憲法

　　人民身體之自由應予保障……❸。

　　人民有……遷徙之自由❹。

　　人民有言論……著作及出版之自由❺。

　　人民之……工作權……應予保障❻。

　　凡人民之其他自由及權利，不妨害社會秩序公共利益者，均受憲法之保障❼。

　　以上各條列舉之自由權利，除為防止妨礙他人自由，避免緊急危難，維持社會秩序，或增進公共利益所必要者外，不得以法律限制之❽。

---

❸　中華民國憲法（下引憲法）第 8 條。

❹　憲法第 10 條。

❺　憲法第 11 條。

❻　憲法第 15 條。

❼　憲法第 22 條。

❽　憲法第 23 條。

2.社會秩序維護法

有左列各款行為之一者，處新臺幣三千元以下罰鍰或申誡：

二　無正當理由，跟迫他人，經勸阻不聽者❾。

被處罰人不服警察機關之處分者，得……聲明異議❿。

原處分之警察機關認為……不合法定程式或聲明異議權已經喪失或全部或一部無理由者，應於收受受聲明異議書狀之翌日起三日內，送交簡易庭，並得添具意見書⓫。

簡易庭認為聲明異議不合法定程式或聲明異議權已經喪失者，應以裁定駁回之。但其不合法定程式可補正者，應定期先命補正。簡易庭認為聲明異議無理由者，應以裁定駁回之……⓬。

3.法院辦理社會秩序維護法案件應行注意事項

受理違反本法案件……如事證明確者，得逕依警察機關移送之卷證資料製作裁定書……⓭。

4.民法

不法侵害他人之……隱私……或……其他人格法益……得請求賠償……⓮。

---

❾　社會秩序維護法（下引社維法）第 89 條第 2 款。

❿　社維法第 55 條第 1 項。

⓫　社維法第 56 條。

⓬　社維法第 57 條第 1 項。

⓭　法院辦理社會秩序維護法案件應行注意事項，第四點。

⓮　民法第 195 條第 1 項。

5.刑法

剝奪他人行動自由罪：私行拘禁或以其他非法方法，剝奪人之行動自由……⓯。

窺視竊聽竊錄罪：無故利用工具或設備竊視……他人非公開之活動、言論、談話或身體隱私部位者⓰。

無故以錄音、照相、錄影或電磁紀錄竊錄他人非公開之活動、言論、談話或身體隱私部位者⓱。

6.公民及政治權利國際盟約

人人有權享有人身自由和安全⓲。

合法處在一國領土內的每一個人在該領土內有權享受遷徙自由……⓳。

所有的人在法庭和裁判所前一律平等。在……確定他在一件訴訟案中的權利和義務時……人人有資格由一個……無偏倚的法庭進行公正和公開的審訊……⓴。

任何人的私生活、家庭、住宅……不得加以任意或非法干涉……㉑。

人人有自由發表意見的權利：此項權利包括尋求、接受和傳遞各種消息和思想的自由，而不論……印刷的、採取藝術形式的、或通過他所選擇的任何其他媒介㉒。

⓯ 刑法第 302 條第 1 項。

⓰ 刑法第 315 條之 1 第 1 項。

⓱ 同上，第 2 項。

⓲ 公民及政治權利國際盟約（下引盟約）第 9 條。

⓳ 盟約第 12 條。

⓴ 盟約第 14 條第 1 項。

㉑ 盟約第 17 條第 1 項。

㉒ 盟約第 19 條第 2 項。

四 臺北地院裁定內容、兩造主張、及鑑定人意見

1.地院裁定

苗華斌和孫正華在星期日進行休憩行為，沒有接受記者採訪義務，聲請人不但尾隨採訪，還以相機拍攝他人日常生活，並在不同時段不同地點持續追訪苗、孫，已侵犯二人在假日外出休憩及個人隱私，裁定警方裁罰並無不當❷。

2.聲請人之主張

聲請人主張新聞自由屬憲法所保護的表現自由，而採訪自由又為新聞自由之核心，須符合憲法第 23 條有以法律限制之「必要」的規定。準此，社維法第 89 條第 2 款違反法律明確性及限制須符合比例原則之要求而違憲。聲請人進一步主張對採訪自由之限制違反新聞記者之工作權，並用缺乏司法有效之介入而有違正當法律程序的要求❷。

3.內政部主張

內政部委託人主張：在程序上司法院不應受理本案，因為⑴憲法第 11 條的表現自由必須由立法實現，不能直接引為權利之主張；⑵本案純屬認事用法問題，非抽象解釋的標的。再就實體法而言：⑴人身自由由憲法明文保障；隱私權則為憲法第 22 條未列舉的權利之一，兩者同為基本權利。⑵新聞自由及採訪自由同受人身自由及隱私權所限制。⑶社維法第 89 條對新聞及採訪自

---

❷　參見同上註 1 裁定。

❷　參見同上註 1 聲請書及聲請人補充理由書（無日期書狀，作者存檔），以及釋憲聲請補充理由㈠書（無日期書狀，作者存檔）；釋憲聲請補充理由㈡書（無日期書狀，作者存檔）。

由合乎比例原則及法明確性。⑷多國法例均有「反跟蹤」之規定。⑸採訪自由僅限於當事人同意及公共場合的公共活動❷。

4.鑑定人主張

⑴鑑定人翁秀琪

新聞採訪為新聞自由的必要；何謂「公共利益」宜由司法機關決定，不宜由行政裁罰。記者身分的認定，報導及採訪尺度，宜由新聞界自律❷。

⑵鑑定人石世豪

本案有必要依法受理，在平衡各種憲法保障的不同權益之後認為：⑴雖然記者在假日採訪，以對象為公眾人物之故，屬有正當理由，不應受社維法第 89 條拘束。⑵社維法第 89 條不當地限制了新聞記者的工作權。⑶具體裁決似無違憲疑義，但法條立法不妥，有改善空間❷。

⑶鑑定人李念祖

社維法第 89 條不在保護憲法層次，而只牽涉了民法隱私侵權的問題。採訪如為工作上所需要，則社維法限制了工作權❷。

---

❷　參見內政部，釋憲案言詞辯論要旨狀（無日期書狀，作者存檔）；內政部（陳清秀），釋憲案言詞辯論補充理由狀（無日期書狀，作者存檔）；內政部（蔡震榮），釋憲案言詞辯論補充理由狀（無日期書狀，作者存檔）內政部，釋憲案言詞辯論要旨補充一狀（無日期書狀，作者存檔）。

❷　翁秀琪，王煒博先生就社會秩序維護法第 89 條第 2 款有違憲疑義聲請解釋案鑑定報告，民國 100 年 6 月 16 日（司法院及作者存檔）。

❷　石世豪，記者跟迫名人的必要性與法律界限（無日期鑑定書，司法院及作者存檔）。

❷　李念祖，王煒博先生就社會秩序維護法第 89 條第 2 款有違憲疑義聲請解釋案鑑定意見，民國 100 年 6 月 16 日（作者存檔）。

五　釋字第 689 號解釋理由

2011 年 7 月 29 日，司法院做出第 689 號解釋❷，認為人格權及一般行為自由及新聞採訪自由同受憲法保障。但社維法第 89 條第 2 款法律明確，對新聞採訪的限制亦不過當，合乎比例原則。而以警察為裁罰機關也不違反正當法律程序。最後指出由於採訪自由與隱私判斷及權衡的複雜性，相關機關應檢討修法。

六　本章主張：

除內政部有關程序異議部分，我認為只是辯護人為善盡其職責的動作，不擬著墨外。以下是有關其他爭點的結論及討論：

　1.社維法第 89 條第 2 款之目的在維護憲法第 8 條所保障之人身自由及安全，以及憲法所未列舉，而為憲法第 22 條保護之隱私權或人格權。

　2.新聞採訪自由係憲法第 11 條表現自由中出版自由 (freedom of the press) 不可或缺之內涵❸，並為憲法第 15 條工作權之行使。在公開場合，原則上亦為憲法之遷徙自由 (freedom of movement) 所保障。但何謂新聞媒體或新聞記者，宜採個案判斷，消極排除之方法。

　3.社維法第 89 條第 2 款保障之權益與新聞採訪自由必須妥善平衡。

　4.社維法第 89 條第 2 款「無正當理由」、「跟追」、「屢」經勸阻等抽象規定，並無案例或其他可資參照之文件確定其意義，屬不確定及非得確定觀念，

---

❷　司法院釋字第 689 號解釋 (2011)。所有解釋均能由司法院網址下載，不予詳列。

❸　英文的 "press" 既指出版又用來泛指新聞媒體，例如 "press conference" 不指出版會議，而是記者招待會；"press club" 不指出版商協會，而指記者協會。所以，我國憲法的「著作出版」自由，不能望文生義，以為是指「印刷」。第 689 號解釋就犯這個錯誤，所以雖然肯定新聞自由，在找不到這幾個中文字之餘，僅間接承認新聞自由「應」受憲法第 11 條所保障。同上註第 689 號解釋。

有違罪刑或處罰法定原則。

　　5.社維法第89條第2款造成允許不分何種公眾人物或一介平民,得借助沿襲而來的類似違警程序，在任何時段，任何地點，不問採訪性質及內容有無公益，單方主張不被跟追，限制新聞採訪及記者行動自由及工作權，其目的與手段之間以及採用之手段不成比例，違反憲法第23條。而因所限制者為表現自由及遷徙自由，應受最嚴密之審查。

　　6.本案社維法第89條第2款適用有憲法之疑義,其異議及抗告程序由法院依據警察機關單方移送之卷宗及警方可能附加之意見書裁決，法條之適用違反程序正當，或產生不當之形象，應屬違憲。

 討　論

■ 社維法第 89 條第 2 款所保障權益的憲法地位

　　社維法第89條第2款不得「跟追」的規定，從其立法目的上看，部分立法之理由為保護人身自由，尤其是女性的人身安全❸。這種權益固然在我國相關民刑家暴法上已有因應的條文，但從國際及各國的實踐觀察，該條實際的適用牽涉到的不只是私法或憲法層次以下之公法，實引動憲法上關於人身自由、遷徙自由；而本案兩造更主張有憲法層次的隱私權、人格權、表現自由、工作權、以及正當法律程序的適用。以下分別討論：

1.人身自由及安全與遷徙自由

　　從社維法第89條的法條精神看來，其為保障人身自由，應為不爭之事實。而人身自由既為憲法所保障，自無進一步澄清是否憲法權益之必要。

---

❸　據內政部委任人書狀之陳述，參閱例如同上註25，辯論要旨補充，五㈢（無日期書狀，司法院及作者存檔）。

該條又關係人民自然的移動，即憲法所稱的遷徙自由 (freedom of movement)。由於翻譯的不當，freedom of movement 中文的理解變成有似居所的變遷，其實其意遠非如此。無論如何，所有書狀都假定行動自由被限制的是採訪的新聞記者及被採訪的對象，而也許某些公務員（例如警察）在執行公務時，可以有些例外，事實遠非如此。非常明顯的例子是所謂徵信社以及保險公司的調查人員，也可能受系爭條文的限制。本案緣起固然由於新聞採訪，但解釋社維法的困難是不能只以為是新聞自由與隱私權的對決。

2.隱私權或人格權

⑴隱私權是否是憲法位階的權利

我國憲法並沒有明定隱私權或人格權為基本權利或自由，但是經過多次大法官解釋[32]，應該認為是憲法第 22 條所保護的權利。這種看法也與國際的一般潮流吻合。

⑷法　國

法國也許是民主國家中隱私權 (la vie privée) 的發展歷史最悠久（始於 1868 年），保護也最嚴密的國家[33]。隱私也被法國的憲法委員會 (Conseil constitutionnel) 宣示為基於 1789 年法國人權宣言 (la Declaration des droits de l'homme et de citoyen) 之下，具有憲法地位（valeur constitutionnelle，直譯為「憲法價值」[34]）的權利[35]。但是，在歐洲人權法院解釋歐洲人權公約的運

---

[32] 例如司法院釋字第 603 號解釋 (2005)（「隱私權雖非憲法明文列舉……受憲法二十二條所保障。」）。

[33] 參閱 Kathryn F. Deringer, *Privacy and the Press: The Convergence of British and French Law in Accordance with the European Convention of Human Rights*《隱私權與出版自由：英法法律在歐洲人權公約下的匯流》, 23 PENN. ST. INT'L L. REV. 191, 192–98 (2003); Jeanne M. Hauch, *Protecting Private Facts in France: The Warren & Brandeis Tort Is Alive and Well and Flourishing in Paris*《法國對私密的保護：華倫及布倫岱斯侵權理論盛行巴黎》, 68 TUL. L. REV. 1219, 1222 (1994).

作之下，逐漸放鬆隱私權的強調，進而提高新聞自由的保護❸。

　　不僅如此，與隱私權息息相關的人性尊嚴，也由憲法委員會依據法國第四共和憲法前言，保障所有人具有神聖的與生俱來的權利，宣告人性尊嚴為憲法原則❸。

　　⒝德　國

　　就像大法官第 603 號解釋的思路❸，德國對隱私權的發展以民法及根本法的人格權為基礎。二次大戰後德國最高法院在一系列的判決中逐漸形成完整的人格權觀念❸，聯邦憲法法院則在 1973 年伊朗王妃 Soraya 一案解釋基

---

❸　所謂「憲法價值」是法國解釋憲法基本權利的一種特殊現象。由於法國憲法沒有完整的權利典章，討論權利保障常由法國革命時期的人權宣言，各個共和的憲法，甚至前言，去發現那種權利具有憲法地位。參閱 JOHN BELL, FRENCH CONSTITUTIONAL LAW《法國憲法》64 (1992).

❸　Couverture Maladie Universelle, CC decision no. 99–416 DC, du 23 juillet 1999, para. 45. ("le but de toute association politique est la conservation des droit naturels et imprescriptibles de l'Homme. Ces droits sont la liberté, la propriété, la sûreté, et la resistance a l'oppression."; "que la liberté proclamée par cet article implique le respect de la vie privée." 任何政治群體的目的在於維護自然及人不可剝奪的權利。這些即自由，財產，安全，及不受壓迫的權利。該條涵蓋隱私的尊重。) 所有憲法委員會解釋都能由其官方網站查閱，不一一註明。

❸　Deringer, *supra* note 33, at 211–12.

❸　Bioéthique, CC decision no. 94–343/344 DC, du 27 juillet 1994, para. 2（"[L]a sauvegarde de la dignité de la personne humaine contre toute forme d'asservissement et dégradation est un principe à valeur constitutionnelle." 保障人性尊嚴不受任何侵犯乃憲法之原則）, case and comment, in L. FAVOREU & L. PHILIP, LES GRANDES DECISIONS DU CONSEIL CONSTITUTIONNEL《憲法委員會的重要解釋》852–68 (12ᵉ édition 2003).

❸　參見同上註 32 解釋。

❸　Paul M. Schwartz & Karl-Nikolaus Peifer, *Prosser's Privacy and the German Right of Personality: Are Four Privacy Torts Better than One Unitary Concept?*《普羅舍及德國的人格權：四個侵權好於一個統一觀念？》, 98 CALIF. L. REV. 1925, 1947–51 (2010).

本法中的人性尊嚴為涵蓋人格權,「是人獨處的私人領域,自主而不受外界干擾」,屬德國民法第 823 條「其他權利」之一❹。而在 Lüth 一案更主張: 憲法權利對如人格權的私法解釋直接發生效力❹。

(c)美　國

美國隱私權法的發展是從 Samuel Warren 及 Louis Brandeis 受到法國法的影響❹,在 1890 年的哈佛法學期刊提出「隱私權」的觀念之後,再由加州大學 Prosser 教授細分為隱私權的四大型態,直到現在成為美國一般州法院及聯邦法院解釋州法時的主流看法。其中以侵犯獨處權 (invasion upon seclusion) 與本案關係最大❹。但是,美國最高法院主要也根據憲法第四修增案免於非法搜索拘禁的規定❹,主張隱私權也有憲法的層次❹。

(d)英　國

由於英國沒有成文憲法,而普通法上也沒有隱私權的概念❹,遇到其他

---

❹ Soraya, BVerfGE 34, 269, Bundesverfassungsgericht (BVerfG) (federal constitutional court) (1973). For English translation <http://www.ucl.ac.uk/laws/global_law/german-cases/cases_bverg.shtml?14feb1973>（最後上網日期: 2007 年 6 月 1 日）; Schwartz, *supra* note 39, at 1951.

❹ Lüth, BVerfGE 7, 198, Bundesverfassungsgericht (BVerfG) (federal constitutional court) (1st Div) (1958). For English translation, <http://www.ucl.ac.uk/laws/global_law/german-cases/cases_bverg.shtm?15jan1958>（最後上網日期: 2007 年 6 月 1 日）。

❹ Samuel Warren & Louis Brandeis, *The Right to Privacy*《隱私權》, 4 Harv. L. Rev. 1, at 10 (1890). ("The right to privacy, limited as such right must necessarily be, has already found expression in the law of France.") 相反意見,蔡振榮,同上註 22 書狀,註 7 及其本文。而國內所有有關隱私權文獻也都根據某校博士生論文某個陳述,錯誤地認為隱私權觀念起於上述美國兩作者。

❹ 參閱 Schwartz, *supra* note 39, at 1739. 其他三種侵權型態為: 暴露隱私、使人誤解 (false light)、及侵用姓名肖像等。

❹ U.S. Const. Amend. 4.

❹ 此即著名的婦女避孕案 Griswold v. Connecticut, 381 U.S. 479 (1962).

國家會認為是侵犯隱私的案子，通常都以傳統的侵權觀念處理。但是，自從英國成為歐盟一員，自然也受歐洲人權公約的拘束。所以在 1998 年通過「人權法案」(Human Rights Act of 1998)，引進了人權公約上的隱私權❹❼。在這個意義下，英國事實上是將高於國內法的國際義務納入 (incorporate) 國內法。而實踐上與法國呈現一個有趣的對比：法國由高度的隱私保護逐漸放鬆，在與新聞自由衝突的情況下，越來越意識到新聞自由的存在；英國則在毫無隱私權之下，漸漸形成對隱私的保護❹❽。

　　總之，由各國實踐及學界討論看來，本案的法條雖是關係民法侵權及行政裁罰，既無絕對停留在民法領域之內的做法，也沒有所謂憲法保護非經立法不直接發生效力的問題。

　　(2)隱私權相對的憲法位階

　　隱私權即使是憲法第 22 條位階的權利，它與其他基本權利的相對位階又是如何？至少有三個可能性：(1)表現自由（同工作權）做為憲法列舉的權利之一，其位階高於未列舉而是推論出來的隱私權；(2)隱私權做為由人性尊嚴及人格權導出的權利，應該高於表現自由；(3)兩者同為重要的基本權，應該盡量取得一定的平衡，使兩種權益均得實現。美國最高法院前法官 Hugo Black 採第一個觀點❹❾。吳庚教授或多或少給予列舉權利較高的地位❺❶。內政部書狀法律意見，多處傾向第二說❺❶。本章採第三說❺❷。

---

❹❻　Basil Markesinis, Colm O'Cinneide, Jorg Fedtke, Myriam Hunter-Henin, *Concerns and Ideas about the Developing English Law of Privacy* (*and How Knowledge of Foreign Law Might Be of Help*)《英國隱私法發展的問題及想法》, 52 AM. J. COMP. L. 133, 138 (2004); Deringer, *supra* note 33, at 198.

❹❼　Deringer, *supra* note 33, at 191.

❹❽　*Id*. at 211.

❹❾　Konigsberg v. State Bar, 336 U.S. 36, 61 (1961).

❺❶　吳庚，《憲法的解釋與適用》，2004 年，三版，第 96 頁。

❺❶　例如陳清秀，同上註 22 補充理由，六㈡（「參照歐洲人權法院判決先例，有關隱私

二 新聞採訪自由為憲法保障之表現自由

1.什麼是新聞媒體？誰是新聞記者？

講到傳統出版自由的興起，與政治評論家及小印版機的形象分不開來，即使較大型的平面報紙也是十九世紀以後的現象。但是，由於新聞界本身的變化，以及科技的進步，尤其是網路及電子傳媒的廣為利用，傳統出版影像做為新聞的定義已非正確❸。時至今日，學者試圖對新聞媒體給予廣泛的定義，認為新聞界的型態包括出版人、電臺、媒體、編輯、新聞、電視、報章雜誌及新聞社❹。有些學者甚至主張新聞報導與娛樂已很難區分❺。

在此情況下，也就很難對新聞記者或新聞從業者下一個精確的定義，所以，有比較寬泛的定義認為：凡是以搜集資訊，並以對大眾傳達訊息及意見為業之人，均可稱之為新聞媒體❻。這種定義很可能將學者及一般作家包括在內，但這些人顯然不在一般人認知的新聞記者觀念之內。也有學者建議以

　　權之保護，應優先於新聞自由之保護。」）。事實上，所有我看到的人權法院判決均採平衡新聞自由與隱私權的取向（下詳）。

❺❷　參閱本章以下貳、三節。

❺❸　*Note: Developments in the Law of Media*《媒體法的發展》, 120 HARV. L. REV. 990, 1003 (2007).

❺❹　Diane Leenheer Zimmerman, *I Spy: The Newsgatherer under Cover*《祕密採訪》, 33 U. RICH. L. REV. 1185 (2000).

❺❺　Clay Calvert, *And You Call Yourself a Journalist?: Wrestling with a Definition of "Journalist" in the Law*《你自認是新聞記者嗎?》, 103 DICK. L. REV. 411, 415–16 (1999). ("Journalism and entertainment are difficult to separate; and the rise of internet publishers also adds to the difficult.")

❺❻　Erik Ugland, *Demarcating the Right to Gather News: A Sequential Interpretation of the First Amendment*《新聞搜集的民主化》, 3 DUKE J. CONST. L. & PUB. POL'Y 113, 138 (2008).

媒介 (media)、意向、活動 (must be engaged in investigative reporting)、內容，決定是否從事採訪❺❼。這樣似乎可將不使用新聞媒介的人限制在外。無論如何，是否自始有向大眾傳遞訊息或意見是一個必要的考慮❺❽。由於定義的困難，美國最高法院甚至認為無法下定義❺❾。

司法院釋憲雖不做具體審查，我認為就本解釋而言，聲請人的新聞從業身分無可懷疑，其合作之人之身分自應比照處理。既然如此，本解釋不必急於界定新聞媒體及新聞記者，將來可僅依個案為具體分析為妥。

在第 689 號解釋中雖沒有直接試圖做出幾乎不可能的定義，卻在對解決本案毫無必要的情形下，附帶說：「新聞自由……非僅保障隸屬於新聞機構之新聞記者……。亦保障一般人為提供具新聞價值之資訊於眾……而從事之新聞採訪行為。」如果說一般大眾也享用新聞自由，這是對的；如果如某些評論認為從此「公民記者」亦在保護之列，則不僅前後毫無討論，與案情又無關聯。本案從來不關「公民記者」，正反兩方也沒有提出這個議題，這樣一種「十三不靠」的陳述意義何在？什麼又是沒有定義之下的「新聞機構之新聞記者」？在沒有定義什麼是「新聞機構」及「新聞記者」之餘，如何界定「公民記者」？我可以理解某些大法官急於藉機加入他們認為是有關新聞自由保護的心切，但這卻也表現我國釋憲實務常常不知實踐現為哈佛法學院 Sunstein 教授所謂「收斂」(judicial minimalism) 的美德❻⓪。

---

❺❼　Calvert, *supra* note 55, at 431.

❺❽　Note, *supra* note 53, at 999 ("...at the inception of the investigatory process, had the intent to disseminate to the public the information obtained through the investigation."); see also Calvert, *supra* note 53, at 419 ("Must demonstrate an intent to use the material to disseminate information to the public and that such intent existed as the inception of the newsgathering process.")

❺❾　Branzburg v. Hayes, 408 U.S. 665, 703 (1972).

❻⓪　這種「擴張」解釋的惡例莫過於第 499 號解釋中，在非必要情況下模仿德國憲法法院宣稱我國憲法有所謂不可以修憲改變的基本原則，包括權力分立。也許真有這樣

2.新聞採訪自由

新聞自由必須由新聞採訪自由來實現，既是邏輯的必然又是常識的應然。所以，美國最高法院在 Wolfson 一案引用 Branzburg 及 Houchins 兩案例，強調新聞出版自由自然包括以合法手段，從任何來源採訪的權利，如果不予如此保護，新聞自由不過徒具形式 ❻。在 Branzburg 一案，Stewart 法官也指出：沒有搜集訊息的權利，就不能傳遞新聞 ❻。學者更主張：新聞採訪是新聞出版自由重要的一環，因為個人沒有採訪的能力，因而大眾取得資訊及意見的可能，仰賴新聞採訪來落實，有時是持續甚而祕密採訪──只要是沒有

的「基本原則」，只是確立這些原則與解決該案無關。而在如此快意馳騁之中，自己卻在毫無論證之下，將很多人認為是憲法基本原則的「權能區分」，以「權力分立」給「修」了。關於該案的分析參閱黃維幸，《務實主義的憲法》，新學林，2008年 10 月，第 295–297 頁；此段評論原採自英文論文 Thomas Weishing Huang, *Judicial Activism in the Transitional Polity: The Council of Grand Justices in Taiwan*《轉型政治中的司法審查：臺灣的大法官會議》, 19 TEMP. INT'L & COMP. L. J. 1, 17–18 (2005). 大法官在不可修憲改變的宣示中，自己修換「權能區分」的「基本原則」而不自知，是我的學生馮惠平的觀察。

❻ Wolfson v. Lewis, 924 F. Supp. 1413 (E.D. Pa., 1996)("Implicit in the right to publish the news is the right to gather the news." "Without some protection for seeking the news, freedom of the press could be eviscerated." [citation omitted].... There is an "undoubted right to gather news from any source by means within the law...." [citation omitted]. For discussion of Wolfson, *see* BARTON T. CARTER, MARC A. FRANKLIN, and JAY B. WRIGHT, THE FIRST AMENDMENT AND THE FOURTH ESTATE: THE LAW OF MASS MEDIA《第一修增案及第四權：大眾媒體法》204–05 (9th ed. 2005).

❻ Branzburg, *supra* note 59, at 728 (Stewart, J., dissenting). ("No less important to the news dissemination process is the gathering of information. News must not be unnecessarily cut off at its source, for without freedom to acquire information the right to publish would be impermissibly compromised. Accordingly, a right to gather news, of some dimension must exist.")

更重大的公共利益可以支持限制的必要 ❻❸。

三 新聞採訪自由與隱私權的衝突及平衡

1. 採訪自由與隱私權

就如本案所示，新聞採訪很可能與隱私發生衝突。除了本案的違警程序波及了兩權的衝突之外，我國一般以上引民法解決，最多在特殊的情況下，以刑事處理，但是實務上很難找到有關實例。

如上所述，各國傳統上也多以民法侵權解決這種衝突。即以美國各州而論，除了由 Prosser 發展出來的四種侵犯隱私的形態 ❻❹，尤其是侵犯獨處權之外，依據傳統侵權發展出來的還有騷擾 (harassment) 可以用來救濟採訪不當的干擾——即使在公開場合也是如此 ❻❺。但是，前提是在客觀上被採訪人必須有對隱私合理的期待 ❻❻。在獨處權的場合，採訪手段還須非常惡劣 (highly offensive)，並導致對象的精神痛苦 ❻❼。

---

❻❸ 參閱 Erwin Chemerinsky, *Protect the Press: A First Amendment Standard for Safeguarding Aggressive Newsgathering*《保護新聞界：保障強勢採訪的第一修增案標準》, 33 U. Rich. L. Rev. 1143, 1159 (2000).

❻❹ *See* Jamie E. Nordhaus, *Celebrities' Rights to Privacy: How Far Should the Paparazzi Be Allowed to Go?*《名人的隱私權：狗仔的限度》, 18 Rev. Litigation 285, 295–310 (1999).

❻❺ *Note: Privacy, Photography, and the Press*《隱私，照相，及新聞界》, 111 Harv. L. Rev. 1086, 1089 (1998); Sanders v. ABC, Inc., 20 Cal. 4th 907, 916 (1999) ("Like 'PRIVACY', the concept of 'seclusion' is relative. The mere fact that a person can be seen by someone does not automatically mean that he or she can legally be forced to be subject to being seen by everyone." (citation omitted)).

❻❻ Sanders, *supra* note 65, at 915 ("The tort [of intrusion] is proven only if the plaintiff had an objectively reasonable expectation of seclusion or solitude in the place, conversation or data source." (citations omitted)).

2.隱私權的人、時、地、物

(1)人

根據我國近年實例的見解❻，新聞採訪的對象如果是所謂「公眾人物」，其所享有的隱私權保護較為限縮❻。當然，這種觀點採自外國判例，例如歐洲人權法院就一貫認為：公眾人物必須承受對隱私限制較大的負擔❼。而一般人可能因為與公眾人物有關係，經由事件的發生而自願或非自願地成為半公眾人物❼。

但是，公眾人物究竟就什麼活動必須承受負擔則是較具爭議的問題。例如，在著名的甘迺迪遺孀一案，美國聯邦第二上訴法院就認為大眾對一般公眾人物的日常生活沒有什麼必要知道❼。歐洲人權法院也主張：即使在公開

---

❻　Note, *supra* note 65, at 1088 (1998).

❻　例如 100 年度台上字第 569 號判決（「公眾人物，言行事關公益，自應以最大之容忍，接受新聞媒體之監督。」）。

❻　所以對公眾人物報導不盡正確，仍需有「真實惡意」方始構成毀謗，而民事亦有適用。即在釋字第 509 號解釋下，無真實惡意，已盡相當程度之查證而有相當理由確信其為真實，最高法院主張在民刑事責任認定上均有一體之適用。96 年度台上字第 2292 號；類似意見 96 年度台上字第 928 號（「民事亦然」）；97 年度台上字第 970 號（「上述刑法阻卻違法規定，亦應得類推適用」）；相反意見 93 年度台上字第 851 號。

❼　Karhuvaara and Iltalehti v. Finland, para. 44, Eu. Ct. H. R. (2005).

❼　Tuomela and Others v. Finland, paras. 55–56, Eu. Ct. H. R. (2010); Prince Ernest August of Hannover, paras. 10–11, Bundesverfassungsgericht (BVerfG) (federal constitutional court) (2001), <http://www.bundesverfassungsgericht.de/en/decisions/rk20010> （最後上網日期：2011 年 5 月 7 日）。

❼　Galella v. Onassis, 487 F. 2d 986, 995 (2d Cir. 1973); MGN Limited v. The United Kingdom, para. 143, Eu. Ct. H. R. (2011). (Curiosity of the public is not of public interest.)

場合，大眾對名人的私生活並無知悉的正當要求❼❸。雖然在歐洲人權法院的 Hannover 一案 (2004) 以前，德國聯邦憲法法院曾經認為：公眾人物日常的私人活動常常成為他人模仿的對象因而帶有公益性❼❹，但最近德國聯邦憲法法院已將新聞採訪對象分為政治公眾人物 (personnes politiques)、一般公眾人物 (personnes publiques)、一般民眾 (personnes ordinaire) 而有保護程度之不同❼❺。換句話說，比較細膩的實踐應該是：無關政治性的訊息具較低的重要性❼❻，而政客的隱私保護最少❼❼。這個趨勢與歐洲人權法院的態度一致，對限制政治人物的批評採最嚴格的審查。所以，以隱私權保護最為周密的法國，常常被人權法院判為對表現自由的保障不足❼❽。

---

❼❸ Hannover v. Germany, para. 77, Eu. Ct. H. R. (2004).

❼❹ Princess Caroline of Monaco, para. 62, Bundesverfassungsgericht (BVerfG) (federal constitutional court) (1999). <http://www.bundesverfassungsgericht.de/en/decisions/rs199912>（最後上網日期：2011 年 5 月 7 日）。

❼❺ Caroline von Monaco II, para. 99, Bundesverfassungsgericht (BVerfG) (federal constitutional court) (2008), <http://www.bundesverfassungsgericht.de/en.decisions/rs20080226_1bur160207en.html>（最後上網日期：2011 年 5 月 6 日）。

❼❻ MGN, *supra* note 72, para. 30.

❼❼ Hannover, *supra* note 73, paras. 64–66. 但也有學者認為：缺乏對公眾人物的隱私適當的保護會使很多人對參與公共事務望之卻步。Dan Meagher, *Freedom of Political Communication, Public Officials and the Emerging Right to Personal Privacy in Australia*《澳洲政治溝通，公務員及個人隱私權的興起》, 29 ADELAIDE L. REV. 175 (2008).

❼❽ 例如一個競選毀謗的案子 Brasilier c. France, La Cour européenne des Droits de l'Homme (2006).（"Il est fundamental, dans une société démocratique de défender le libre jeu du débat politique. La Cour accorde la plus haute importance à la liberté d'espression dans le contexte de débat politique et considère qu'on ne saurait restreindre le discours politique sand rasons impérieuses." 民主社會必須保障政治討論的自由。法院賦予政治性辯論的自由行使最高的重要性。只有最必要的理由存在，方得限制。）關於英、德、法隱私權法對「公眾人物」觀念的發展及細分，參閱 Barkesinis, *supra* note 46, at 144.

(2)時

隱私權的保護也因時段的不同，可能有不同程度的保護，必須以個案為具體的分析。所以像本案臺北地院認為記者不該在星期六及星期日採訪，乃是過分廣泛而機械的禁止新聞採訪自由。與內政部書狀所呈現的解釋相反，在前面已經引用的德國聯邦憲法法院的卡羅琳第二案，憲法法院在對一般名人做出相當寬廣的保護之餘，也特別指出德國聯邦最高法院 (Federal Court of Justice) 的原判決認定假日休閒為隱私權核心部分的不當。憲法法院認為不應該只是因為假日而有特別保護人格權這種原則 ❼⑨。誠然，就如同地球不因週末而停轉，新聞也不因假日不發生。

(3)地

隱私權的保護也因地點的不同可能有所差異。傳統上，家與家中的活動受最嚴格的保護。所以上引的聯合國公民及政治權利國際盟約就有明確的規定 ❽⓪。而美國各州一般的實踐也都認為住家及家庭活動當然有隱私的期待 ❽①。但另一方面，公共場合幾乎沒有主張隱私的可能，此點尤其是美國一般法院的觀點，所以學者大都認為法院通常不願將隱私權擴大到公共場所 ❽②。誠然，至少在公開場合採訪公開活動，論者指出：「當公眾對資訊的正當要求開始，即是他（被採訪對象）說不的結束 ❽③。」所以，公共場合拍照幾乎不受限制 ❽④，一般也不構成侵犯隱私 ❽⑤。這也是早期德國聯邦憲

---

❼⑨　Caroline II, *supra* note 75, para. 106.

❽⓪　同上註 21。

❽①　Erwin Chemerinsky, *Balancing the Rights of Privacy and the Press: A Reply to Professor Smolla*《平衡隱私權及出版自由》, 67 GEO. WASH. L. REV. 1152, 1154 (1999).

❽②　Ethan E. Litwin, *The Investigative Reporter's Freedom and Responsibility: Reconciling Freedom of the Press with Privacy Rights*《偵察採訪記者的自由及責任：出版自由與隱私權的調和》, 86 GEO. L. REV. 1093, 1108 (1998).

❽③　Hauch, *supra* note 33, at 1219, quoting Ravanas as saying: "...his right to veto stops where the public's legitimate right to information begins."

法法院的態度 ❽❻。但是，如前面所說，隱私是一個相對的觀念。所以，德國聯邦憲法法院強調：人格權的保護不限於住家之內 ❽❼，而即使在隔離地點之外，媒體也沒有任意拍取公眾人物活動的權利 ❽❽。端看活動的性質會不會有隱私的期待。

(4)物

(a)照　片

新聞出版自由包括取得及發表照片應該沒有爭議 ❽❾，所以說：出版照片有益公共議論 ❾⓪。美國一般法院一貫維護在公共場合觀察及取照的權利 ❾❶。即以法國對隱私權嚴密的保護，一個人雖不一定可以發表他人照片，但法律也不禁止在公開場所拍照 ❾❷。

不過，對於非常多此問題案件的歐洲人權法院，採取的是個案判斷的具體分析。它主張公佈照片雖為新聞自由之一部分，但卻是衡量隱私重要的考量 ❾❸。法院觀察認為：尤其是登載在八卦新聞的照片常以近乎騷擾的方式取

---

❽❹　Note, *supra* note 64, at 1088.

❽❺　Wolfson, *supra* note 61 (citations omitted).

❽❻　Caroline, *supra* note 74.

❽❼　Caroline II, *supra* note 75, para. 47.

❽❽　*Id.* para. 73.

❽❾　Hannover, *supra* note 73, para. 59.

❾⓪　Reinboth and Others v. Finland, para. 82, Eu. Ct. H. R. (2011); Tuomela, *supra* note 71, para. 48.

❾❶　Wolfson, *supra* note 61. ("The court has consistently upheld the rights of photographers to take pictures in public places...watching or observing a person in a public place, or taking a photograph of a person who can be observed from a public vantage point, is not generally an invasion of privacy.")

❾❷　Nordhaus, *supra* note 64, at 312.

❾❸　Gourguenidze c. Georgie, para. 55, La Cour européenne des Droits de l'Homme (2007); Hachette Filipacchi Associes ("ICI Paris"), para. 45, La Cour européenne des Droits de

得❹。公眾人物的照片雖是取自公開場合，其出版仍須有助於公共利益❺。
與美國一般法院對公眾參與刑事審判程序的傳統相反，挪威、丹麥、賽普勒
斯、英國有禁止對嫌犯在審判過程中拍照的法律❻，目的在保護嫌犯最脆弱
的時刻❼。又有判決認為接受心理治療的照片不能增加報導的價值或公信力，
反而可能影響身心健康及復原❽。另外一方面又認為：禁止新聞媒體附以照
片報導企業家逃稅，不成比例又非民主社會所必要❾。從這一系列的判決看
來，法院對公開場合可以拍照的基本原則採取個案分析的例外。

(b)祕密採訪

本案涉及的「跟追」常常在想像上呈現祕密刺探的圖像。事實上有學
者主張：因為政府的怠惰，而一般民眾又無獨力調查的能力，媒體的祕密
採訪有時促進了公益❿。不過，祕密採訪可能構成侵犯隱私是不爭的事實。
至少在有隱私權期待的場合，也許可以規範。所以學者認為：當使用新的
器具可以採訪到傳統上非以侵入 (trespass) 的方法才能得到的私密，此時保
護隱私而限縮新聞採訪及出版，無關言論內容的審查，因而應該是合憲⓫。
各國法例多有如此處理者⓬，而上引我國有關刑法的規定也朝向此種方
向⓭。無論如何，這是一個尚在急速發展的法律領域，有待實務上更多的

---

　　l'Homme (2009).

❹　Hannover, *supra* note 73, para. 59.

❺　*Id*. para. 76.

❻　Egeland and Hanseid v. Norway, para. 54, Eu. Ct. H. R. (2009).

❼　*Id*. para. 61.

❽　MGN, *supra* note 72, para. 151.

❾　Verlagsgruppe News GMBH v. Austria (No. 2), para. 43, Eu. Ct. H. R. (2006).

❿　Thomas C. Dienes, *The Media's Intrusion on Privacy: Panel 1 Protecting Investigative Journalism*《媒體對隱私的侵犯》, 67 GEO. WASH. L. REV. 1139, 1143 (1999).

⓫　Chemerinsky, *supra* note 81, at 1158.

⓬　Markesinis, *supra* note 46, at 150–51.

具體實例調整。

　　⒞採訪內容

　　憲法保障的表現自由中的出版自由並非如內政部書狀所主張的「制度性權利」，而是個人的基本權利。所以美國最高法院就曾指出：由於是個人的基本權利 (fundamental personal right)，保障的不只是報紙及刊物這種「制度」，而且也是所有傳遞資訊及意見的媒介，包括小冊子及傳單❿。由於是個人的權利，表現自由的保障不僅及於「新聞」，也包括教育及娛樂⓪。德國聯邦憲法法院也指出：娛樂性報導為新聞出版自由之重要部分⓺。所以上述的公民及政治權利國際盟約才會說：「不論……印刷的、採取藝術形式的、或通過他所選擇的任何其他媒介」 ⓻。也就是說，人的思想表現不限於政治或經社議題的「新聞」或表現的媒介，人的表現慾望同時可以是文藝或娛樂。所以任何歧視或排斥後者而獨厚前者的法律或實際的適用，其合憲性就高度可疑⓼。

　　總觀以上對採訪的人、時、地、物的討論，可以知道判斷採訪的合理與合法與否的狀況 (context) 十分複雜，並不是社維法第 89 條第 2 款那種粗糙的規定所能妥善分別處理。

3.保護隱私權的一般法律

　　限制採訪自由最常見到的一個理由是：表現及出版自由仍受一般法律的限制⓽。但是，新聞採訪固然必須遵守一般法律，不得以非法手段搜集資訊，

---

❿　同上註 15，刑法第 315 條之 1。

❶❹　Branzburg, *supra* note 59, at 704.

❶❺　Shulman v. Group W. Prod., 18 Cal. 200, 225 (1998).

❶❻　Caroline II, *supra* note 75, paras. 61–64; Prince Ernest, *supra* note 71, para. 17.

❶❼　同上註 22。

❶❽　Dienes, *supra* note 100, at 1145.

❶❾　Branzburg, *supra* note 59, at 682–82 ("...despite the possible burden that may be

這並非聲請所以會發生的理由或問題的本質。就如同美國最高法院法官蘇特 (Souter) 指出：就像特別用來箝制言論的法律一樣，一般法律也會侵害表現自由❿。

學界也不一定認為所謂記者必須遵守一般法律這種不證自明的陳述 (truism) 有多大意義，甚至進一步主張：新聞採訪若有助於公益，應享有一定的豁免⓫，或者新聞採訪如果是為了公眾的利益甘冒法律的風險 (testers)，社會應該給新聞記者某種程度的豁免權⓬。也許如此，美國最高法院雖然不承認新聞採訪得享豁免權，但幾十年來下級法院至少就記者是否必須透露新聞來源這一點，大都認為最高法院只否認絕對豁免，而不否認某種程度的豁免權⓭。

---

imposed"); Cohen v. Cowles Media Co., 501 U. S. 672 (1991) ("[T]he First Amendment does not confer on the press a constitutional right to disregard promises that would otherwise be enforced under state laws...."); *see also* Caroline II, *supra* note 75, para. 49.

❿ Cohen, *supra* note 109, at 677 (Souter, Blackman, Marshall, & O'Connor, dissenting); *see* also, Ugland, *supra* note 56, at 129.

⓫ Lyrissa C. Barrett, *Intrusion and the Investigative Reporter*《偵察採訪記者及侵犯》, 71 TEX. L. REV. 433, 449–50 (1992).

⓬ Anthony L. Fargo & Laurence B. Alexander, *Testing the Boundaries of the First Amendment Press Clause: A Proposal for Protecting the Media from Newsgathering Torts*《第一修增案的出版自由的界線：保護媒體免於新聞採訪侵權責任芻議》, 32 HARV. J. L. & PUB. POL'Y 1093, 1141–53 (2009).

⓭ Stephen Bates, *Overruling a Higher Court: The Goodale Gambit and Branzburg v. Hayes*《陽奉陰違》, 14 NEXUS J. OP. 17, 25–26 (2009).

四 社維法第 89 條不符明確性而違憲

1.明確性

在近年來所有歐洲人權法院的判決裡，所謂依法限制人權公約權益之「法」，在能被法院認定為「法」之前，必須通過「明確，而有合理之預測性」這麼一個標準[114]。而法律的規定，特別是刑法的處罰，必須有一定的明確性，使人知所遵從，傳統上是正當法律程序 (due process of law) 的一部分，也可以說是「罪刑法定主義」(nullum crimen sine lege) 衍生的要求。但是，法律無法不用抽象的字眼界定規範的範圍，所以，抽象的規定不一定違反明確性；法律是否過於含糊 (too vague) 而無效，必須看具體情況。如果抽象的字眼經過長久的使用已有大家可以了解的一定意義，或者有外部的資料（例如法院的判解[115]）使其意思得以確定，那麼，法律並不一定因此而欠缺其明確性[116]。

社維法第 89 條第 2 款的問題在於「正當理由」、「跟追」、「屢」經勸阻等抽象規定並無定義，或可由外部資料的引用，使之成為得確定的規範，而其實際的效果是可任由警察單方的認定，對採訪自由（廣義的表現自由）及行動自由做出事先的限制 (prior restraints)，其因規範模糊的違憲效果相當明顯。

2.有關隱私比較明確之法規——以美國加州法規為主

一般公認美國各州的隱私權以加州最為發達完備[117]。首先，加州是美國

---

[114] Éditions Plon v. France, para. 26, Eu. Ct. H. R. (2004); "Ici Paris", *supra* note 93, para. 33.

[115] 相同見解參閱上引註 29 第 689 號解釋（許宗力一部協同一部不同意見書）。

[116] 參照司法院大法官第 617 號解釋 (2006)。

[117] Lior Jacob Strahilevitz, *A Social Networks Theory of Privacy*《隱私的社會關係理論》

少數將隱私權的保護規定在憲法上的一個州❶。其次，加州不僅有普通法隱私的侵權規定，又將與本案最有關係的「跟蹤」(stalking) 從普通法 (common law) 的傳統觀念擴大到民刑及其他領域，並且因為明星雲集而特別訂定了所謂「反跟拍」(anti-paparazzi) 的法律。

加州民法規定：

⑴原告證明下列侵權要件時，被告負跟蹤之侵權責任：

⑴被告故意反覆跟隨、驚駭、或騷擾原告。但原告須有獨立之證據證明其主張。

⑵因被告反覆之行為，原告為其本人或家人之人身安全心生畏懼⋯⋯❶。

(b)

⑷本條謂「騷擾」者，係無正當理由，以故意之行為對特定人嚴重之驚駭、困擾、折磨、威嚇。其行為須導致合理之人相當之精神困擾，並實際上造成該人相當之精神困擾❶。

加州民法另外又規定：

⑴被告明知無他人之允許進入他人土地或以其他侵犯原告隱私之手段，意圖取得任何形式之影片，錄音，或其他影像者，負侵犯隱私之責

(b)如不使用改進之視聽器材，則非以入侵之手段不能取得影片、錄音、或其他影像，且被告以合理之人所厭惡之手段，於原告有隱私合理之期待之情況下，以改進之視聽器材，意圖取得任何形式之影片，錄音，或其他原告個人或家庭活動之影像者，負視同侵犯 (constructive invasion) 隱私之責任❶。

---

18 (John M. Olin Law and Economics Working Paper No. 230, 2004) ("Privacy law is better developed in California than in any other jurisdiction....").

❶ Cal. Const. Art. I §1 (2011).

❶ Cal. Civil Code §1708.7 (a)(1) & (2) (2011).

❶ *Id.* §1708.7 (b)(4).

❶ *Id.* §1708.8 (a) & (b).

加州親屬法規定：

刑法……之警察得依刑法第 646.91 條，申請緊急保護令禁止跟蹤 ❿。

加州刑法則規定：

⒜任何人故意及惡意反覆跟隨或故意及惡意騷擾他人，並實際威脅該人，意圖使該人為其本人或家人之人身安全心生合理之畏懼者，為跟蹤罪…… ❿。

加州駕駛法又規定：為商業之用途，以取得他人照片、錄音、影像，之意圖妨礙他人駕駛，逼近他人，或危險之駕駛行為，可處六個月之拘役及二千五百元罰鍰 ❿。

雖然，「反跟拍」的合憲性尚有爭議 ❿，但無論禁止跟蹤或跟拍的法律都以原告心生恐懼，及手段或行為使合理之人心生厭惡，或對人身安全造成威脅為要件，與本解釋案中之社維法第 89 條第 2 款之「空白授權」完全不同。

美國大部分州都有依據傳統英美習慣法的禁止騷擾 (harassment)、跟蹤 (stalking)、陷人危境 (reckless endangerment) 等法律，但一概要求被害者對人身安全心生畏懼，至少是驚悚 (alarm) 或極度煩惱 (seriously annoyed) ❿。而雙方當事人都指出的德國刑法第 238 條第 1 項第 1 款有關「跟蹤」的規定，至少也要求行為「嚴重影響生活」 ❿。

所以，系爭社維法條文與上述法例相較，即顯得涵蓋過廣，極無預測性可言。

第 689 號解釋對法明確性的處理是⑴訴諸「社會通念」及「日常生活與

---

❿　Cal. Fam. Code §6274 (2010).

❿　Cal. Penal Code §646.9 (2011).

❿　Cal. Veh. Code §40008 (2011).

❿　Chemerinsky, *supra* note 81.

❿　Irene L. Kim, *Defending Freedom of Speech: The Unconstitutionality of Anti-Paparazzi Legislation*《捍衛言論自由：反狗仔法違憲》, 44 S. D. L. Rev. 275, 301–02 (1999)（討論新澤西、馬里蘭、夏威夷、紐約法律）。

❿　同上註 25 辯論要旨，九。

語言經驗」的理解，迴避上述法律規定缺乏外部參考資料而不明確的困境；
(2)自行發明一連串法條所無的條件「證明」羅織過廣的社維法並非含混❶。
兩種方法都是在所謂「合憲性解釋」的既定前提下的遁詞。關於濫用毫無意
義，同樣抽象的「社會通念」，我已在其他地方為文批評❷，除了必須指出：
法條不明確與以常識性理解法條是兩種不同的問題之外，似乎不必在此重複。
至於上述之(2)，解釋文對無法辨識的「正當理由」說是要看有無「合理化……
之事由」、「跟追之目的」、「相關情況」、「干擾程度」、「社會通念」❸。如此
以更多有待解釋的抽象觀念界定原來的抽象觀念，本來就等於沒有解釋，何
況如此急於七嘴八舌的澄清，更表示法條的不明確了。

五 社維法第 89 條的審查標準及比例原則

1.審查標準

因為表現自由是抵抗權 (negative right)，根據憲法第 23 條保障列舉權利
的規定，應該是推定其受保護，除非有依第 23 條四個條件之一依法予以限制
的必要。而與此略有不同的是在憲法第 22 條的設計下，像隱私權這種非列舉
的權利，則必須不違反社會秩序及公共利益才受保護。有美國學者也認為：
當法院試圖以憲法所沒有明訂的隱私權箝制憲法的表現及出版自由，法官最
不具正當性❸。

在美國憲法下，對涉及言論內容 (content) 必須採最嚴格的審查 (strict

---

❶ 同上註 29 第 689 號解釋。

❷ 黃維幸，「如此的「憲法守護者」」，蘋果日報，論壇，2011 年 8 月 1 日，
<http://tw.nextmedia.com/applenews/article/art_id/33567330/IssueID/20110801>（最後
上網日期：2011 年 8 月 4 日）。又見本書第 471 頁。

❸ 同上註 29 第 689 號解釋。

❸ Kim, *supra* note 126, at 291.

scrutiny)，要政府能夠證明有極端必要的公益 (compelling interests) 必須保護，才可限制，這點判例及學界沒有爭議。

　　但是可能影響到採訪的「反跟蹤法」審查標準如何比較沒有一致的見解。由於採訪新聞與最終的報導內容息息相關，學者主張法律的限制至少要用中度審查的標準 (intermediate scrutiny)，要證明有保護重大公益 (important interests)，而限制的手段在實質上實現此種公益（侵權責任不足證明重大公益），法律才可限制諸如表現自由❶❸❷。也有學者主張「反跟蹤法」必須推定為違憲，並須通過最嚴格的審查❶❸❸。我認為由於美國憲法對限制「表現」(expression) 自由採最嚴格的審查，近來對新聞自由的攻擊，不再強調出版或廣播內容 (content) 是否得以限制，轉而援用可能審查密度較低的路徑，挑戰資訊收集的方法❶❸❹。然而，「皮之不存，毛將焉附」，如果不論出版內容是否緊關公益，而一概以傳統態度衡量、限制、制裁新聞採訪的方式，久而久之，新聞媒體自然視高難度的採訪為畏途，民主社會眾人對資訊及意見的取得必打折扣。而表面上一體適用阻止跟迫的法律，事實上限制了媒體採訪；表面上不限制報導內容，事實上以限制新聞搜集的法律在出版之前控制了言論內容的實質❶❸❺。無論採取高度或中度審查標準，保護侵權責任既不是極端必要，也非重大國家利益，可以以之限制基本權利❶❸❻。

---

❶❸❷　Chemerinsky, *supra* note 63, at 1162–63.

❶❸❸　Dienes, *supra* note 100, at 1146. ("Because media speech-related activity is significantly and disproportionately burdened, the anti-paparazzi laws should be treated as presumptively unconstitutional, subject to strict scrutiny review.")

❶❸❹　Ugland, *supra* note 56, at 131.

❶❸❺　Zimmerman, *supra* note 54, at 1195. 又參閱同上註 29 第 689 號解釋（許宗力一部協同一部不同意見書）。

❶❸❻　連解釋文自己也說「追求重要公益」才符合比例原則，但大法官似乎只把它當口號，並沒有真正在腦中思考。防止妨害他人的隱私權不能等同重要公益，否則憲法第 23 條的限制沒有將兩者分立的必要。同上註 29 第 689 號解釋（最多也只能講

2.社維法第 89 條之不成比例

與外國法例相繩，即使承認系爭社維法的目的正當，因其處罰規定難予真正達到保護被跟迫者的人身自由及安全，其目的與達到目的之手段之間尚無必然連繫；其採用之手段對採訪者的行動自由、採訪自由、及衍生的必要工作權利，都造成過分的限制。即使不與外國法例比較，即以我國家庭暴力防治法得禁止跟蹤（包括監視及跟迫）❿之規定評比，無論是聲請通常、暫時、或緊急保護令，依該法第 14 條或準用該條，法院都必須認為有「家庭暴力之事實及必要」⓭，即有「實施身體或精神上不法侵害之行為」⓮。並非不論有無暴力或不法侵害，而僅以持續性監視或跟蹤為已足。由此可知系爭法條違憲而可待改進之處甚多。

可是第 689 號解釋對於某些大法官最為喜愛、一向最為得意的「比例原則」，其原則的提示漫不經心。解釋文對「比例原則」的註釋是這樣說的：「……新聞採訪行為……之限制，如係追求重要公益，且所採手段與目的之達成間具有實質關聯，即與比例原則無違。」這樣的「半套」定義既沒有說明什麼是「實質關聯」，也沒有提到手段是否合適。如上所述，達不到目的的手段，與目的當然沒有「實質」關聯；過分限制採訪自由的手段，當然不成比例。在這樣的處理手法下，相對於某些其他解釋較為嚴格看待的「比例原則」⓯，在本案已淪為宣傳的口號而已。更嚴重的是其解釋方法令人無法接受的錯誤，即以自己想像的內容，填充相對之下幾乎空無一物的社維法第 89 條第 2 款，然後說原條文「並未逾越比例原則」⓰。例如，原條文的「正當

　　「系爭規定所欲維護者屬重要之『利益』」）。

❿　家庭暴力防治法第 2 條第 4 款。

⓭　同上，第 14 條第 1 項。

⓮　同上，第 2 條第 1 款。

⓯　大法官會議其他解釋對「比例原則」的處理參閱 Huang, *supra* note 60, at 22–24.

理由」，被解釋文想像成為：「如係追求重要公益」；「如其跟追已達緊迫程度」；「危及被跟追人身心安全」；「如侵擾個人……（隱私的）合理期待」；「一定的公益性」；「受干擾的程度」；「社會通念……非屬不能容忍」；「具一定之公益性」；「具有新聞價值」；「須以跟追方式進行採訪」，即具正當理由。然後說：依此解釋意旨，「符合比例原則」。聲請人就是因為社維法羅織過廣，認為違憲。司法院的回答竟是：社維法應該有這麼多同樣抽象空泛的假設條件（請注意那麼多「如」字），所以合憲。濫用釋憲權已經不對，僭越立法權又該當何解[142]？如此自拉自唱，能算是「釋」憲嗎？

3.社維法第89條的適用不符審判公平的程序正當，或造成不當的形象

系爭法條的實際適用在司法程序上又允許地院依照警方之單方陳述做出裁決，使憲法及上引公民及政治權利國際盟約保障之「公平審判」形同具文。固然所謂「公平審判」（fair trial 或 fair hearing）常被誤解為僅有刑事程序之適用，然其真正的精神並不只侷限在民刑司法審判上，而是一種程序公平公正的意思，除程序上真正的不公之外，系爭條文的適用至少造成不公的形象而違反「公平審判」的程序義務。所謂不公的形象，其規範的客體不是實際的結果，而是可能造成的不當形象。因此，程序中實際的結果可能並無不妥，但如合理之第三者之觀感上 (perception) 產生不妥之形象 (appearances)[143]，即屬違反正當程序。

---

[141]　同上註 29 第 689 號解釋。

[142]　參閱同上（林子儀、許璧湖一部協同一部不同意見書）。

[143]　臺灣實務上亦有「司法形象」之用語，公務員懲戒委員會 88 年度鑑字第 8796 號，收入司法院編，《公務員懲戒委員會議決書：法官、檢察官受議決案例選輯》，司法院，2010 年，第 285 頁。

　　所以，美國最高法院在支持管制政治獻金合憲的 Buckley v. Valeo 一案，就引用先例，做了如下著名的陳述：

> 政府官員的黨派活動如果威脅到「公正與有效能的政府」，
> 可以限制官員的權利自由……如果要代議政府不致變成岌
> 岌可危，（那）避免不當影響的形象極關緊要 ❿。

又說：管制是為了「防止真正的貪瀆，以及貪瀆的形象 ❺。」在此之前，該院也說過：「只有當人民信賴主其政的人，民主政治才能成功；如果高官及其屬下的行為引起不法及貪瀆的懷疑，信賴就會蕩然無存 ❻。」

　　美國憲法上的觀念如此，歐洲人權法院對程序不當及不當的「形象」的闡釋，更是由一系列的判決確立為基本人權的原則之一。

　　首先在一個比利時有關當時本於傳統法國制度，在訴訟上設有獨立「鑑定人」(avocat-général) ❼ 的程序，雖然表示行之有年，不違反訴訟雙方武器平等及公平審判 (fair trial) 的觀念，但卻也引用英國 Lord Denning 一句名言：「不僅要實現正義，而且必須看起來實現了正義」❽，而成為日後一系列案

---

❿　Buckley v. Valeo, 424 U.S. 1 (1976) (*per curiam*). 圍繞在此案的一系列判決的討論參閱 John Copelang Nagle, *The Appearance of Election Law*《選舉法規的形象》, 31 J. Legis. 37, at 39–40 (2005).

❺　Valeo, *supra* note 144, at 26. 又說：「雖然，此種（以金錢換取政治照顧）邪惡的作法程度到底有多大，無法確實掌握，但是 1972 年選舉後發現的案例，顯示問題確實存在」。

❻　United States v. Mississippi Valley Generating Co., 364 U. S. 520, 562 (1961).

❼　由於臺灣沒有類似制度，avocat-général 最接近的翻譯是「鑑定人」。但在繼受法國制度的國家類似 avocat-général 的職權遠大於我們了解的「鑑定人」。一般而言，avocat-général 有獨立調查證據及提出法律觀點、在法庭陳述意見、出席法官評議（但不投票也不一定發言）的權力。

❽　Delcourt v. Belgium, para. 31, Eu. Ct. H. R. (1970) ("Justice must not only be done, it must also be seen to be done"). 關於「鑑定人」制度與審判公平在歐陸的發展，參閱

例發展出所謂「形象原則」(doctrine of appearances) 的濫觴。

在二十一年之後，歐洲人權法院重新檢視比利時最高法院 avocat-général 制度，做出了一系列判決說明公眾對司法公正日益關切，使司法公正的形象成為審判公平重要的內涵，因而以 18 票對 4 票推翻 Delcourt 的見解❹，改判比利時「鑑定人」制度違反歐洲人權公約有關公平審判的要求❺。

這種「形象原理」已成為歐洲人權法院的原則。所以，歐洲人權法院在 Kress 一案❺，雖然認為行之有年的法國最高行政法院 (Conseil d'Etat) 的類似「鑑定人」制度 (commissaire du gouvernement) 基本上沒有違反審判公平的要求，但是其參加法官判決的評議卻有違公平的形象而牴觸公約的規定❺。最近的判決也沒有改變這個原則。例如法院認為檢察官出席法官的評議，至少在外觀的形象上違反了審判的公平❺。

第 689 號解釋對有關社維法程序是否正當的處理是一知半解，認淺識薄，只以皮相的分析認為警察機關裁罰設計有以可以向簡易庭抗告為由，一語粉飾程序的不公❺。首先，以警察介入個人權利行使的當否，以及私人權利的衝突如何適當平衡，或至少是介入到何種程序之內才不構成對司法權的侵犯，

Michel de S.-O.l'E. Lasser, *The European Pasterization of French Law*《歐洲修正法國法》, 90 CORNELL L. REV. 995 (2005).

❹　Delcourt, *supra* note 148.

❺　Borgers v. Belgium, para. 24, Eu. Ct. H. R. (1991).

❺　Kress v. France, Eu. Ct. H. R. (2001).

❺　*Id*. paras. 81–83, 87. ("[T]he doctrine of appearances must also come into play. In publicly expressing his opinion on the rejection or acceptance of the grounds submitted by one of the parties, the Government Commissioner could legitimately be regarded by the parties as taking sides with one or other of them.")

❺　Atanasov v. The Former Yugoslav Republic of Macedonia, para. 33, Eu. Ct. H. R. (2011) ("if only to outward appearances"). 同樣意見 Nasteska v. "The Former Yugoslav Republic of Macedonia," para. 28, Eu. Ct. H. R. (2010).

❺　參閱同上註 29 第 689 號解釋。

本身已是亟待探討的問題❶。其次，如上所述，法院對警察如何處理「跟追」，依據警方一面之詞❶，極為表面的監督，已經不符程序正當，更造成不當的形象。所以問題是社維法這種抗告設計及實際適用是否合憲，不能說因為有向司法抗告的程序所以合憲；更不是解釋文中以問題當成問題的解答之後，一句缺乏憲法意識的「尚難謂與正當法律程序原則有違」，對此嚴肅的問題表現心不在焉，企圖蒙混過關。

參　結　論

　　新聞自由及新聞採訪自由對社會公益的重要性，不言而喻，也受到社會普遍的贊同與支持。所以最高法院就新聞自由就有一段精闢入裡的評論，它說：

> 新聞自由之目的乃是為保障人民「知的權利」，使人民獲得充分資訊，避免社會病象，並監督政府，為實施民主政治所必要，故新聞自由並非只是保護媒體或新聞從業者個人之自由，而是促進社會正常運作及國家發展之必要手段……❶。

外國的學者也說：新聞媒體不只是要求表現自由及出版自由對其私人權利的保護，而更同時是協助公眾在一個民主社會行使公民權先決條件的知的權利❶。

---

❶　參閱同上註 29 第 689 號解釋對此詳細的評論（李震山部分不同意見書）。

❶　參閱同上（許玉秀一部協同一部不同意見書）。

❶　96 年度台上字第 928 號民事判決。

❶　Ugland, *supra* note 56, at 130.

另一方面，隱私權也是社會共同生活及人際的親密關係所不可或缺的基本權利，不可受到不合理的侵犯。只是，一般人在本能上守護自己的隱私，防止他人干擾之餘，常常忘了隱私權也帶有攻擊性。隱私權不是絕對，也會被濫用❺❾，隱私權並非完全是防衛性的自我保護，它也可以被用來打擊不受歡迎的媒體及採訪，限制表現及出版自由❻⓪。更會被政客用來訴諸一般人的同情，來避免大眾的監督❻❶。可惜一般人防衛隱私待之有如肉臠，享用新聞自由卻以為是自由財，不知免費如空氣的公共財也須刻意維護❻❷。

這就是為什麼儘管我們在理性的認知上無不了解新聞採訪自由的重要，卻可能在心理上忽略對其保護的必要性。根據遠見民調中心的調查，新聞記者受大眾信賴的指數一向居於末段❻❸。國外的調查也印證這種偏見；所以說，公眾對新聞媒體的信任日漸降低❻❹，法院對電視採訪審判有很深的反感及偏見❻❺。當記者質問美國最高法院法官 Stephen Breyer，最高法院審理案件為何

---

❺❾　Litwin, *supra* note 82, at 1121.

❻⓪　John H. Fuson, *Comment: Protecting the Press from Privacy*《保衛新聞界免於隱私的侵害》, 148 U. Pa. L. Rev. 570 (1999).

❻❶　Maria Squera, *Note: The Competing Doctrines of Privacy and Free Speech Take Center Stage after Obcess Diana's Death*《隱私與言論自由的衝突在戴安娜死亡後成了注目的議題》, 15 N.Y.L. Sch. J. Hum. Rts. 205, 235 (1998).

❻❷　基於相同理由，我也曾批評私人限制新聞的企圖，參閱黃維幸，「公益豈容私了，新聞不打折扣」，蘋果日報，論壇，2010 年 12 月 23 日，<http://tw.nextmedia.com/applenews/article/art_id/33057189/IssueID/20101223>（最後上網日期：2011 年 8 月 6 日）。

❻❸　聯合報，民國 100 年 5 月 31 日，A9。

❻❹　Amy Gajda, *Judging Journalism: The Turn Toward Privacy and Judicial Regulation of the Press*《評價新聞：轉向隱私及司法管控新聞界》, 97 Cal. L. Rev. 1039, 1069 (2009)（Gallup Poll 從 1989 的 54% 降到 2000 的 32%）。

❻❺　Alison Lynn Tuley, *Note: Attakes, Hidden Cameras, and the First Amendment: A Reporter's Privilege*《攻擊，隱藏的相機及第一修增案：新聞記者的特權》, 38 Wm &

不許記者照相錄影，Breyer 回答：因為最高法院不願意讓崇高的機關，降格到被大眾瞧不起的新聞媒體一般地位，論者更認為整個司法界對新聞界懷有偏見❿。

在此情形下，平衡新聞採訪自由及隱私權面對雙重困難：在一方面，兩種幾乎同樣重要、又同樣應該被珍惜的權利之間的平衡，本來就已經是極端微妙的工作；在另一方面，由於感性能夠左右理性判斷的自然傾向，更呈現了雙重困難。以本案而言，面對日新月異的採訪技術，以及不得不在某種程度上回應消費者需要的市場壓力下❿，對於社維法第 89 條第 2 款如此明顯帶有立法瑕疵的法律，竟任由其輕易地由憲法法院把關的機制中溜去。從國際及各國的實踐中觀察，我國憲法及民法隱私權保護仍極有待發展，今將整個人格權與採訪自由平衡的重擔委諸違警程序，任由警察機關依其裁量判斷，僅由地院經由不符程序正當而極為表面的介入，實屬不幸。

本來司法院大有機會宣告社維法第 89 條第 2 款違憲，社會及立法機關仍有或才有機會重新訂定一個實質上比較呈現平衡新聞自由及隱私權，程序上又合乎正當的法律，既能保護個人獨處安居的權利，又能經由有效的新聞採訪，免除我們的無知及愚昧，直接同時促進對隱私權及新聞採訪保護的健全。奈何不此之圖，卻選擇了「保留」過度限制採訪自由，又不能適當保護隱私權的社維法，呈現極有疑問，保守封閉的判斷力。華格納的歌劇或可在解釋意見中拿來風雅風涼一番，我倒認為一度是華格納的崇拜

MARY L. REV. 1817, 1839–41 (1997).

❿ Chemerinsky, *supra* note 63, at 1134.

❿ 公眾人物的照片顯然有其消費者的需求，為了競爭及生存，媒體不能忽略這個市場，就是因為從中取得一定的利益，才有能力履行一定的媒體公益責任。Cristina M. Locke, *Does Anti-Paparazzi Mean Aiti-Press?: First Amendment Implications of Privacy Legislation for the Newsroom*《反狗仔法是反新聞?》, 20 SETON HALL J. SPORTS & ENT. L. 227, 246 (2010), 評論加州 2010 年反跟拍立法。

者，最後卻幡然醒悟，對之痛加撻伐的尼采說得再恰當不過了。他說：「有些糟糕的人不解決問題，而是把問題弄得使後人更困擾。拜託！如果你打不到釘子，就（小心自己的手）不要亂敲！」[168] 德國不愧是文明先進，太文雅了。以我們本土的說法那是：「嘸那種屁股，呷什麼瀉藥！」

---

[168] Friedrich Nietzche, The Wanderer and His Shadow《浪跡天涯及其身影》§323 (1880), included in On the Genealogy of Morals & Ecce Homo《道德的來龍去脈及自傳》185 (Walter Kaufmann ed., 1989).

┃第十一章┃
法律與社會科學的對話：兩岸關係與主權
Law and Social Sciences: Sovereignty

使重大議題難於了解的不是因為深奧的事情必須有特殊的方法去認識，而是議題的了解與多數人想要看到的相反。就因如此，最明顯的事情可以變成最難了解。必須克服的不是智能而是心理的障礙。(What makes a subject difficult to understand—if it is significant, important—is not that some special instruction about abstruse things is necessary to understand it. Rather it is the contrast between the understanding of the subject and what most people want to see. Because of this the very things that are most obvious can become the most difficult to understand. What has to be overcome is not a difficulty of the intellect, but of the will.)

LUDWIG WITTGENSTEIN, PHILOSOPHICAL OCCASIONS: 1912–1951（韋根斯坦，《哲學際遇：1912–1951》）

摘要　本章批判受國際法「主權」概念宰制的兩岸關係論述，指出純粹以法律本位及傳統主權分析的不當外，認為援用社會科學研究方法必須超越生搬硬套的「應用」，並進一步探討其方法的前提及假設的妥適。最後再試圖擺脫受傳統自然科學影響的所謂對客觀實在做「中立」觀察及論述的取向，改問例如「國家」、「主權」及兩岸關係對我們真正的意義何在。

壹 引 言

兩岸關係是臺灣社會大眾最為關切的重大問題之一，學術界自然也是給予高度的關注。但是，幾十年來，不論是法學、政治或國際關係學者，所有的論述都環繞在一個國際法的「主權」觀念打轉。所以，主張雖多，卻是萬變不離其宗。另一方面，法律人士一旦脫離純粹的法律研究進入其他社會科學的領域，卻因所受的訓練及對一般社會科學研究方法的陌生，常常顯得自說自話，或是手足無措。法律人士既不能了解一般社會科學的研究趨勢，更遑論知其侷限。而其他社會科學學者對法律學者的論述大都有一種僵硬而脫離實際的感覺。

過去幾十年來，法律界雖有援用社會科學觀念及方法的努力，我看其應用及取向不免淪於天真及簡陋。例如，所謂「法律與經濟」只是毫無疑問地接受傳統經濟學的原則，將經濟觀念直接運用到法學研究；又如所謂「法律與社會」也只是逕自套用社會學觀念到法律領域而已。但是，像義大利社會經濟學家巴瑞圖 (Pareto) 很早就指出：經濟解釋無法交代社會現象及發展的全貌，因為經濟不過是社會整體的一部分，不能以某一特定領域的結論，試圖解釋其他領域的現象❶。同樣的批評當然也適用到以社會學做單一解釋的研究取向❷。所以，像海德格 (Heidegger) 也指出：所有論證都只適用在與證據相對應的領域。將某個領域的證據勉強移用到另一個領域（例如用數學證明其他領域）的了解只是荒謬❸。

---

❶ 參閱黃維幸，《法律與社會理論的批判》，新學林，2007 年，修訂二版，第 202–03 頁。

❷ 值得注意的是近年來 Latour 對愛丁堡學派所謂「強勢社會解釋」的批評，參閱例如 BRUNO LATOUR, REASSEMBLING THE SOCIAL: AN INTRODUCTION TO ACTOR-NETWORK-THEORY《重組社會觀：角色－網脈－理論導引》1–25 (2005).

本章的目的在以兩岸關係為例，指出無論法律或其他政治或國際關係學者一旦受到傳統法理主權觀念的宰制，他們的論述會一直無法掙脫「主權」的魔咒，根本談不上對兩岸問題及關係的定位能夠有根本性的突破。而在兩岸關係的定位及主權的問題上試圖與一般社會科學有所對話，不是引進或應用政治或國關的理論就算解決。而是在知其理論之餘，進一步思考理論更前一步的妥善問題，而不是盲目接受傳統社會科學的假設及方法。我並試圖進一步呼應本書第七章已經提出來的研究取向，改變受傳統理性主義及近代自然科學影響，基本上是從柏拉圖以降的「寫實」式 (representational) 問題提法，不再問客觀的實相（所謂「實然」）或研究的對象（所謂「客體」）是什麼，而是問某種現象對我們的意義何在？舉例而言，我不問國家的要素是什麼，因循這種傳統認識論的取向之下，好像我們應該關切的是有沒有傳統定義下的「人民」、「土地」、「政府」、「主權」。反之，我不以觀念或定義處理「國家」問題，而要問「國家」對我們有什麼意義。同理，我不問「主權」是什麼？「主權」是不是「最高、獨立、排他」這類的定義及概念的問題，而是問「主權」有何意義？後一種問法才能披露事物真正的現象。

以下，我首先簡單地列舉臺灣一般社會科學界仍然奉為天經地義的一些很有問題的觀念及方法：即⑴理性主義 (rationalism) 的偏見；⑵自然科學的化約傾向 (reductionist)；⑶分割應然 (ought) 與實然 (is) 的謬誤；⑷偏好抽象論述 (abstractions)，輕視具體分析 (concrete analyses)；⑸汲汲於建立體系 (systems)，尋找規律 (laws)，建立（數學）模式 (models)，預測將來 (predictions)。

以所例示的缺陷檢驗本章選擇批評的各種兩岸論述，我們可以看出來本章探討的每個主要報告或觀點都包括一種或數種這類謬誤。至於受到其他法律本位主義影響的研究也不在少數。儘管口說國關及國際政治的角度必須參

---

❸ MARTIN HEIDEGGER, HISTORY OF THE CONCEPT OF TIME: PROLEGOMENA《時間觀念史芻論》50 (Theodore Kisiel trans., 1992).

酌，姜皇池等的研究是最典型的法律本位主義分析的例子，幾乎看不到真正運用了什麼政治學或國關的觀點及方法。其他例如孫亞中的研究取向也有顯著的「法理」(legalistic) 色彩。一些「和平協議」說，以為一紙「法律協定」即可保證兩岸關係的「永固」，也是法律中心主義的思維。

貳 目前各種兩岸定位研究的基本問題

過去無數的兩岸論述當然有它們某種程度的一定貢獻，但法律人士必須有一定的理論高度，才能在五彩繽紛的各種建言之中，判其高下，截其精華。我當然不在（也不能）提供完美或完整的社會科學研究方法。但是，在某種程度上我要指出所看到比較嚴重的偏見或謬誤，選擇數項略為分述：

一 理性主義 (rationalism) 的偏見

在所有我所檢驗有關兩岸關係對策的報告，其基本或未曾明言的假設是：當事人（包括政府及國家）以理性及損益的成本計算為決定行為的考量，最極端的例子是所謂「博弈」（或「賽局」）理論 (game theory)，而以數學公式或座標表現行為的「科學」的確定性。一般人不察，即以為能以數學描述的行為模式或現象必然像數學一樣可靠。

事實上連最早創始運用「博弈」理論到國際衝突的 Thomas Schelling 也不得不承認行為人理性的評估只是為了建構一套理論的假設，理性模式不代表行為事實上完全是理性冷靜❹。而新近研究國際衝突的社會心理學家更認為行為人常常受既存的偏見：包括過度自信、誤以為確定的情況其實只有機遇率的意義、以及防止損失重於得到好處❺。所以，要認識不僅對手的行為

---

❹ THOMAS C. SCHELLING, THE STRATEGY OF CONFLICT《衝突的戰略》16 (1960).

❺ BARRIERS TO CONFLICT RESOLUTION《解決衝突的阻礙》45 (Kenneth Arrow, Robert H. Mnookin, Lee Ross, Amos Tversky, & Robert Wilson eds., 1995). ("[T]hree relevant

不完全理性，自己本身常常也做出非理性的決定❻。

　　據此，在分析兩岸關係及主權問題時，應該了解所有以理性主義為假設的侷限，洞察其「理想化」的本質，才不會為其誤導。

二　自然科學的化約傾向 (reductionist)

　　在傳統科學強調專精主義 (reductionism) 的影響之下，社會科學汲汲以專精為務，認為這樣才能深入，也才是負責的科學研究態度。例如，傳統「法科學」以為所有法律問題理論上都可以在法典中找到答案。但是沒有一個社會或法律問題可以完全由法律角度得出完整的理解或妥適的解決。同樣的現象也發生在例如國際關係的分析上。所以以國際關係的理論分析兩岸關係的定位跟發展，不但很少質疑上面所指出來的許多社會科學上面的偏見，而且往往以現有實證國際關係理論的單一角度（像是系統論或者博弈理論）做出兩岸關係分析的結論，而沒有從國際關係理論以外的角度同時做多種學科的考量，其分析的結果往往非常的偏頗。

　　本書在第二章及第八章已指出從後現代思潮，尤其是後現代科學思維的角度觀察，這種單一角度的研究取向的危害甚大，例如現代科學的混沌

---

phenomena: optimistic overconfidence, and the certainty effect, and loss aversion [are emotional factors in interpersonal conflict]. Optimistic overconfidence refers to the common tendency of people to overestimate their ability to predict and control future outcomes; the certainty effect refers to the common tendency to overweight outcomes that are certain relative to outcomes that are merely probable; and loss aversion refers to the asymmetry in the evaluation of positive and negative outcomes, in which losses loom larger than the corresponding gains.")

❻　*Id*. at 60 ("[A] rational negotiator may wish to take into account the fact that her opponent may not be entirely rational. On a higher level of insight, a negotiator may realize that she, too, does not always behave in accord with the maxims of rationality, and that she also exhibit overconfidence, the certainty effect, and loss aversion.")

(chaos) 理論跨越許多不同領域,「由於它是對系統的普遍性的科學, 它聚集許多不同領域的思想家……他們覺得是在揚棄科學走向專精的潮流, 扭轉以分析單元諸如粒子 (quarks)、染色體 (chromosomes)、神經末梢 (neurons) 來分析系統。他們認為他們自己在發掘整體」❼。整體論者主張整體才能解釋部分, 整體不只是部分的集合; 反之, 機械論者則主張部分可以孤立而精確地掌握而不會對脈絡造成太大的影響❽。兩岸關係的分析, 如果繼續這種專精主義的導向, 而不是從整體去衡量關心所有的面向, 其結論常常不過是偏見, 因而不能審度所有的複雜關係。

本章採取了多種學科的比較方式, 不將研究及論述侷限在法律或純粹的國關理論之內。而以「科際」及「整體」的角度論證。所謂「科際」及「整體」就是避免在法律或國關一個狹窄的部門之內做迂迴式的概念分析, 而將視野擴展到政治、社會、經濟、心理、哲學、科學、文化的層面。我認為採取多方位的研究取向, 主要在從其他領域汲取靈感, 不是多學科的共同研究, 而在經由類比的方法探尋異同, 發現可能的共同模子 (family resemblances)❾。如此才有可能打破十七世紀以來自然科學『專精主義』的

❼ JAMES GLEICK, CHAOS: MAKING A NEW SCIENCE《混沌: 創造新科學》5 (1987). ("Chaos breaks across the lines that separate scientific disciplines. Because it is a science of the global nature of systems, it has brought together thinkers from fields that had been widely separated.... They feel that they are turning back a trend in science toward reductionism, the analysis of systems in terms of their constituent parts: quarks, chromosomes, or neurons. They believe that they are looking for the whole.")

❽ 參閱 STEVEN BEST & DOUGLAS KELLNER, THE POSTMODERN ADVENTURE: SCIENCE, TECHNOLOGY, AND CULTURAL STUDIES AT THE THIRD MILLENNIUM《後現代探新: 廿一世紀的科學, 科技及文化研究》22 (2001). ("Proponents of holism claim that parts are explained by the whole, rather than the whole being merely the sum of its parts, each of which, mechanistic theorists assert, can be isolated and precisely controlled without significant consequences to its context.")

❾ EVELYN FOX KELLER, REFIGURING LIFE: METAPHORS OF TWENTIETH-CENTURY BIOLOGY《生命的

有害傾向。例如，現代物理到了量子力學，所研究的對象越來越小，已經小得不能再小。但是部分量子力學的觀點，以及廿世紀末期興起的混沌及複雜理論，扭轉了這個趨勢，吸引了相當不同領域的專家，研究共同的系統，而非死守各自的單元❿。

此外，只要體會到兩岸問題的極端重要性，對任何重要知識的忽略，不只是學術上的過失，更是專業上的不負責任⓫。總之，唯有突破學科的本位主義，才有可能見其全貌。

三 分割應然 (ought) 與實然 (is) 的謬誤⓬

論者一般都以為可以截然劃分應然 (ought) 與實然 (is)。據說這種分別至少是從英國的休姆 (Hume) 開始的定律。他有一段非常含混不精準的陳述指出：人常常從實然的論述忽然導出應然的描述；所以休姆被很多人認為是首先提出來不能從實然得到應然陳述的第一位哲學家。但是如果仔細分析休姆原來的意思，他只是說兩種陳述方法所講的關係不相同，講成「應然」應再加解釋，沒有說絕對有實然與應然陳述無法相容的情況⓭。

再思：21 世紀生物學的隱喻》xi (1995). 我想 Wittgenstein 最早用 "family resemblances" 的比喻。參閱例如 2 Ludwig Wittgenstein, Remarks on the Philosophy of Psychology《心理學的哲學評論第二冊》§§551, 556 (G. H. von Wright & Heikki Nyman ed., 1980).

❿　參閱本書第二章第 49 頁。

⓫　Owen D. Jones, On the Nature of Norms, Biology, Morality, and the Disruption of Order《論規範的本質，生物，道德，及秩序的擾亂》, 98 Mich. L. Rev. 2072–73 (2000) (A review essay).

⓬　明居正，「國際體系層次理論與兩岸關係：檢視與回顧」，收入包宗和、吳玉山編，《重新檢視爭辯中的兩岸關係理論（下引重新檢視）》，五南，2009 年，第 329 頁；張亞中，「兩岸關係的規範性研究──定位與走向」，同上重新檢視，第 87 頁。

⓭　David Hume, A Treatise on Human Nature《人性論》335 (NuVision ed., 2009). ("In every system of morality...the author proceeds for some time in the ordinary way of

認為有辦法呈現客觀的社會狀態（例如兩岸關係）本來就是不切實際的幻想。所謂事實的陳述，無不是經由我們自己發明的觀念、分類、範疇、數據、圖表、形式做成。陳述不只是資料及以上所有的集合，而是取代了原來的狀態❶。

事實陳述不可能是一種呈現客觀的「實然」，已如上述，認為可以或應該分割「實然」與「應然」更是陳腐的偏見。所以說不能在情況已然決定之後才探討道德問題。道德問題不是程序的終端，而是存在於整個程序裡面❶。勉強分割事實與價值只是促使在所謂陳述事實之時，刻意滲入偏愛的價值判斷，因而在建構事實之時，預定的價值也就涵蓋於其中。久而久之，在價值影響之下的事實建構莫不符合原來就希望有的事實❶。語言學家 John Seale 也指出傳統形而上學以為「應然」與「實然」可以截然劃分，而由「實然」推不出「應然」這些說法都是錯誤的❶。當一個人主張某種陳述是「正確」或「客觀」，這本身已是「應然」的價值判斷。

所以，以下還要進一步討論張亞中所謂「客觀」的兩岸關係的「實然」，在其強烈的「統一」「應然」的價值前提下，兩者不可能分割。其「應然」也

---

reasoning. ...[W]hen of a sudden I am surprised to find, that instead of the usual copulation of propositions, is, and is not, I meet with no proposition that is not connected with ought, or an ought not. [I]t is necessary that [this new relation] should be observed and explained; and at the same time that a reason should be given...how this new relation can be a deduction from others....")

❶ BRUNO LATOUR, PANDORA'S HOPE: ESSAYS ON REALITY OF SCIENCE STUDIES《潘朵拉的希望：科學研究實相論文集》67 (1999).

❶ BRUNO LATOUR, POLITICS OF NATURE: HOW TO BRING THE SCIENCES INTO DEMOCRACY《自然的政治：如何將科學帶入民主》125 (2004).

❶ Id. at 98.

❶ JOHN SEARLE, SPEECH ACTS: AN ESSAY IN THE PHILOSOPHY OF LANGUAGE《言語行為：語言哲學一論》171, 187 (1969).

不可能是根據「客觀」的「實然」分析，而只不過是在「統一」偏向之下的「事實」。

四 偏好抽象論述 (abstractions)，輕視具體分析 (concrete analyses)

許多兩岸分析研究談了一些似是而非的抽象理論和觀念，到了如何解決面對的問題，不是惜字如金，三言兩語；就是捉摸不定，來歷不明。即使這樣，論者還認為理論不夠，說是：「〔除了體系分析之外〕其他的領域中談兩岸關係大多偏重實務，而且其偏重的程度有時甚至會達到輕視理論的地步……理論一方面是過去有關知識的結晶，一 [sic] 方面又是未來的指引❶❽。」這些當然是「學院派」典型的偏見。

首創務實主義 (pragmatism) 的邏輯學家柏爾斯就說過：「純粹的理論知識或科學對實際問題沒有直接的關係，對重大危機更無適用。理論對小事有用，但重大問題的處理端看感覺，也就是本能直覺❶❾。」他有一段名言更是點出空論的不切實際，他說：「邏輯思考中每個觀念的成分始於感官知覺，終於一定目標的行為。不能通過這兩個關口，就與推理不合❷⓿。」他的意思是觀念起於

---

❶❽ 明居正，同上註 12，第 305 頁。

❶❾ Charles Sanders Peirce, *Philosophy and the Conduct of Life*《哲學與生活》, in 2 THE ESSENTIAL PEIRCE: SELECTED PHILOSOPHICAL WRITINGS (1893–1913) (hereinafter Selected Writings)《帕爾斯哲學作品選集第 2 冊》33 (The Peirce Edition Project ed., 1998). ("Thus, pure theoretical knowledge, or science, has nothing directly to say concerning practical matters, and nothing even applicable at all to vital crises. Theory is applicable to minor practical affairs; but matters of vital importance must be left to sentiment, that is, to instinct.")

❷⓿ Charles Sanders Peirce, *Pragmatism as the Logic of Abduction*《務實主義做為推斷的邏輯》, in *id*. Selected Writings, at 241. ("The elements of every concept enter into logical thought at the gate of perception and make their exit at the gate of purposive action; and

經驗與事實，結果在目標的實踐，沒有什麼理論高於實際的神奇❷。另一個務實主義的哈佛大學心理學教授詹姆士對打破理論萬能觀說得更是懇切，他說：「理論是工具，而非我們賴以解惑的答案，而（天真地）以為有了理論問題就解決了。我們不仰賴理論，而是由理論再出發，只是有時藉由理論重新認識客觀世界❷。」

現代的社會科學家更是揚棄抽象理論高於並脫離實際後果的謬論。所以：「『普世』之無法涵蓋『具體』就像圖畫不能代表靜物。理論無法抽象，如果可以，那不過指的是一種式樣或流派，例如說抽象畫❷。」

如果任何有心解決實際困難的人遇到了這些談空說有的抽象理論而滿頭霧水，不要以為自己水平不夠，見短識薄，其實罪不在己，反而只是論者下筆千言，離題萬里而已。

五　汲汲於建立體系（或「系統」）(systems)，尋找規律 (laws)，建立（數學）模式 (models)，預測將來 (predictions)❷

第一章「導論」對「體系」論已做了某種程度的批判，但重點在其建構

whatever cannot show its passports at both those two gates is to be arrested as unauthorized by reason.")

❷ 尼采也認為分割理論與實際是錯誤的，參閱 FRIEDRICH NIETZSCHE, THE WILL TO POWER 《權力慾》 §422 (Walter Kaufmann ed., 1967) ("*Theory and practice*—Fateful distinction, as if there were an *actual drive for knowledge* that, without regard to questions of usefulness and harm, went blindly for the truth; and then, separate from this, the whole world of *practical interests*—") (emphasis original).

❷ William James, *What Pragmatism Means* 《什麼是務實主義》, in WILLIAM JAMES, PRAGMATISM: A NEW NAME FOR AN OLD WAY OF THINKING 《務實主義：舊瓶裝新酒》26 (Boomer Bks, 2006).

❷ BRUNO LATOUR, THE PASTEURIZATION OF FRANCE 《巴斯德化的法國》221 (Alan Sheridan & John Law trans., 1988).

❷ 明居正，同上註 12，第 328–329 頁。

理論「體系」的不當。此處的討論則是針對「體系」可以成立，並做為一項分析方法的疑慮。同樣是所謂「體系」，一般社會科學的「體系」概念稍微有別於幾何式的「體系」，而是受人類社會學家從生物或社會科學家從「訊息學」(cybernetics) 借用的觀念。

國際關係的理論中，「體系」或「系統」是一個重要的分析工具。但是，新近社會科學的觀點認為：「系統是種無用的觀念，因為系統是拼湊過程後的結果，不是進一步探討的起點。系統要能成立，構成系統的單元必須明確，但實際上從來沒有辦法做到。同時功能也必須明顯，但是，系統中的單元主導或被動的作用並不確定，而單元或次級系統的交換要有共同的認識，但事實上交換的頻率及方向極具爭議。系統是不存在的，但這不是說沒有系統化的傾向。〔關係〕中的強大因素或力量總是主導弱小依其方式運作，〔使之變得系統化〕」㉕。

實際的檢驗也可以看出「系統」分析沒有多少效用。例如，以下會進一步論及的明居正一篇兩岸論文的看法，認為：觀察國際關係是以體系論為主流，也有以次體系論的所謂三角關係理論，此外又有崛起反映派，全文對大陸政策的建議是：　1.在美日保安及導向中共之間擺盪㉖。　2.符合大國政策，促進中國的民主化㉗。不論這些建言有無實質意義，這些建言與「系統」分析的「理論」實無推論關係。

另外一個傾向是從十七世紀以來的唯科學主義 (scientism) 延伸的觀點：以為歷史的發展必然遵循某種規律，我們的方向就是努力發現及完善我們對規律的認識及運用。歷史上已證明是失敗或極不精準的著名例子包括十八世紀孔德的社會發展三階段說㉘。甚至從馬克思的資本主義必亡論到現代社會

㉕　Latour, *supra* note 14, at 198.

㉖　明居正，同上註 12，第 327 頁。

㉗　同上。

㉘　Auguste Comte and Positivism: The Essential Writings《孔德與實證主義：重要作品》

科學，對於「模式」永無止境的嘗試以及揮之不去的迷惑，也是基於同一種思維❷。

其實黑格爾早就指出歷史的狡點 (the canning of history) 使人無法預測歷史的發展。所以他說「夜幕已垂，神鷹展翼」❸，從來哲學家及歷史家都只有事後的「後」見之明。

雖然佛洛伊德的心理分析已被證明是哲學多過科學，但是即使在這種唯科學觀的影響之下，他對人生及歷史的偶然現象，似乎很少人說法比之更為懇切。他曾說：「我們太容易忘記人生的所有事情，在精子與卵子結合那一刻開始都是偶然❹。」他認為固然偶然和自然的必要有所關連，只是它與我們的願望及幻想無關❺。我們太不尊重自然界太多的因素是經驗所不能及的。他的意思是精卵結合是生命發生的必要，但不過是偶然的一部分，並不是什麼規律。同理，歷史與兩岸的發展帶有太多的偶然因素，企圖發現必然的規律，只令人有今世是何世之感。

某些社會科學的研究又喜歡模仿自然科學運用數學。但是，「數學可以適用到物理，就像人可以使用信用卡環遊世界。不過，就像信用卡一旦離開了關係企業就沒有用處，數學脫離了科學的關係網絡也會毫無用處❻。」意思是

71–72 (Bertour ed., 1975). 60 年代，Eugene Rostow 基本上還重複這種觀點，提倡現已無人相信的經濟發展三階段說。

❷ 關於直到廿世紀中葉被大家奉為天經地義的現代機械科學觀及受其宰制的社會人文思潮，很通俗的批評參閱 STEVEN BEST & DOUGLAS KELLNER, THE POSTMODERN TURN《轉向後現代》195–203 (1997). 本節分析取自黃維幸，「風水仙李光耀」，蘋果日報，論壇，2011 年 10 月 4 日。

❸ Introduction to HEGEL'S PHILOSOPHY OF RIGHT《黑格爾的法哲學》(T. M. Knox trans., 1971). ("The owls of Minerva spread their wings only at the fall of the nights.")

❹ SIGMUND FREUD, LEONARDO DA VINCI AND A MEMORY OF HIS CHILDHOOD《達文西與幼時記憶》87 (Alan Tyson trans., The Standard ed., 1964).

❺ *Id*.

說：數學符號的意義存在於一定的關係，並非有它客觀獨立的意義，不能以之做為衡量一切的標準。所以現代量子力學的先驅薄爾 (Neils Bohr) 就認為以數學「證明」物理，反而可能以形式的方式掩蓋了物理現象的根本❸❹。既然數學公式和模式對兩岸定位及對策提不出什麼確切有效的「科學」解決辦法，也許尼采說得有點道理：「以為將一個事件做成數學公式，我們就確知此事，其實是一種幻想。事件只是被（用數學）指出，被描述，如此而已❸❺！」所以，你在嘆服例如博弈理論「解釋」國際或兩岸關係公式或座標的整齊美觀之餘，還該隨時以這些警告自我提醒。

 現有兩岸關係及因應對策研究之探討

■ 姜皇池等的「兩岸定位可能選擇與因應方案❸❻」

1.研究背景、主題與目的

　　該報告認為近來中共對臺政策重心與態度從堅持統一、訴諸武力的恫嚇到彈性宣傳反對臺獨，此種轉變臺灣應有所警覺。但是中共對臺政策的轉變讓兩岸關係操作上出現彈性空間，臺灣應如何在此種彈性下尋求兩岸和平、穩定的架構將成為影響未來兩岸關係發展的重要因素。而兩岸關係向來受國際局勢所支配，因此處理該議題時必須就整個國際政治環境與國內環境加以

---

❸❸　Latour, *supra* note 14, at 221.

❸❹　參閱 1 P. K. Feyerabend, Realism, Rationalism & Scientific Method: Philosophical Papers《實在主義，理性主義及科學方法：哲學論文第一冊》274 (1981); 愛因斯坦類似的看法，*id*. 276, n. 68.

❸❺　Nietzsche, *supra* note 21, §627.

❸❻　姜皇池等，《兩岸定位可能選擇與因應方案》，總統府委託，2007 年。

理解。國際政治環境包括地理戰略地位、國際政治合法性等因素，作者主張將地理戰略位置重要的美國和日本納入研究，同時因國際合法性的高倡也一併將歐盟納入考量；國內政治環境上則分析國民黨與民進黨的基本主張。該計劃的主題「兩岸定位可能選擇與因應方案」係在研究臺灣應如何回應中共對臺的舉措以及臺灣對中共積極採取各種行動的政策擬定參考。該計劃的研究目的和方法是透過國際間現存的幾種國家與國家、國家與各類政治實體之間的關係進行分析與討論，並探究臺灣與中國間可能的定位模式做為未來發展的參考。

2.「重要發現」

該報告「發現」成為國際法上的主體不盡然必須擁有全部國際法所規定的權力和義務，只要擁有國際法人格 (international personality)（國際法上所具有之法律人格）的實體，就算欠缺國家屬性，則必然擁有國際法人格。在1933 年美洲國家所通過之關於國家權利和義務的蒙特維德爾公約 (Montevideo Convention on Rights and Duties of States) 裡要求一個國家必須有特定領土 (a defined territory)、一定人口 (a permanent population)、有效統治政府 (an effective government) 與具有從事國際關係的能力 (the capacity to enter into relations with other states) 四要件始該當國際法上的國家，而這四要件目前已成為習慣國際法 (customary international law)。

該研究歸納出目前國際上對於國際法主體間實踐的模式有三：

模式一、國家與國家間的關係，包括：一邊一國、歐盟、邦聯、特殊國與國關係、東西德、獨立國協等等。

模式二、非國家與國家的關係（但非從屬於該國家）：當代國際法之自治聯繫國（例如庫克群島和波多黎各等非屬完全主權國家，或屬於國家的馬紹爾群島）、朝貢國（其中更有保護國 "protected states" 與國際保護制度 "international protectorate" 的區別）。

模式三、從屬於一國：聯邦、國中國、海外自治領土、一國兩制（港、澳）等等。

在兩岸發展模式的選項上屬模式二最有解釋空間，在此模式下雙方可以各取所需、各自主張，在形式上兩者各皆尚有接受的空間與可能，也就是中國對內和對外均可以主張臺灣並非國家，臺灣反之亦然：即對外可以表示臺灣並非中國的一部分，在對內層次則主張臺灣為主權獨立的國家。

3.建議

該報告建議臺灣面對中共仍處於弱勢地位，要在兩岸關係上突破應避免直接與中共產生衝突。同時，在不排除中共訴諸武力侵犯之命題下，臺灣除了持續強化軍事實力，讓多國國際介入臺海戰爭是中共唯一須有所忌憚者。因此，在衝突發生時臺灣應喚起國際社會的同情而取得完整之合法性基礎使美日師出有名，並將臺海周邊武裝衝突成就為多邊國際衝突，引起多邊之軍事干預，讓歐洲國家與美日站在同一陣線，或至少不予以掣肘。

而臺灣欲取得完整的合法性基礎來引起多邊軍事干預，最厲害的手段莫屬「住民公投」。該研究建議臺灣應以加拿大魁北克為例。雖然此等公投的效力在國際法上不無疑問，而且加拿大最高法院在 1998 年魁北克分離的諮詢意見中指出該公投不能直接帶來獨立效果，但該法院同時指出若獨立公投以「明確多數」(a clear majority) 通過，則出於民主原則雙方有義務進行談判；若一方拒絕談判，則拒絕之那一方主張的合法性將會嚴重受損，至於究竟多少才算明確多數，法院則交由政治部門去解決。所以建議臺灣可以仿加拿大之設計來擬定二階段式的公投議題：第一階段目的在於請求人民授權給中華民國政府與大陸進行談判、第二階段則為請求人民決定是否接受這樣談判的結果。如果臺灣能像魁北克般授權進行兩岸關係的公民投票且獲得明確多數的支持，此時中共將有來自與我方談判的壓力，與中國相比，實施西方式民主政體的臺灣本較易取得國際之認同。而影響國體、政體變更等重大事件若能有

民意基礎往往具最大意義的說服力。在公投之後若中共仍執意使用武力侵臺，則易引起以美國為首，包含歐洲等多邊國家的戰爭乃中共所不樂見者，則此時即可讓中共上談判桌談判，使其自所堅持之一國兩制的框架中讓步。

如果純粹從在法言法的角度看，該報告不失工整。但此研究最大的問題是延續「兩國論」的覆轍❸，對所謂國際關係及國際政治的角度最多是口惠而實不至，事實僅企圖從國際法的單一角度定位兩岸關係，並提出對應方案。但是基本的常識告訴我們，沒有任何國際關係以及任何時候的兩岸關係，可以不顧國際法以外的因素，甚至在兩岸這種權力關係之中，國際法的考量有時無關痛癢。一個研究竟然期待中共只在臺灣單方及外國對公投的關注，即會自其談判的立場退卻，實令人擔憂。不論此研究對國際法的論述有多麼嚴謹，或對國與國、非國與國、或國中關係三種模式之下的十四種選項有如何詳盡的分析，由於研究角度偏頗，觀察及建議絕無正確之可能。而如有任何可行的建議，其意義或可操作性與國際法的分析，或國家的定義，亦絕無必然關聯。

該研究雖然指出兩岸可能有三種不同模式的安排，而從字裡行間似乎也可以猜測作者隱約的偏向，但是報告中並沒有明白指出作者究竟以為哪一種模式或定位是可行或應該的選擇，從而提出對策。報告的建議是：「要想在兩岸關係有所突破，達到預定目標，應該避免與中國進行直接對抗❸。」但是對於突破什麼，預定目標是什麼，「直接對抗」是什麼一種形式，全然沒有交代。最重要的是：所提的十四種模式環繞在未曾言明，也不再質疑的前提假設：即傳統國際法「法理主權」概念。

由於定位不明，目標不定，因應手段做為否定式的「不直接對抗」已經是含糊不明，報告中唯一法理式的對策是「公民投票」，以求「國際社會的關注」及引起「多邊之軍事干預」❸。我雖認為「公民投票」在某種情況之下，

---

❸ 參閱黃昭元主編，《兩國論與台灣國家定位》，新學林，2000 年。

❸ 姜皇池，同上註 36，第 233 頁。

可能有其合理的作用；但看不出這種結論是十四種選項及國際條約對國家的定義之後的邏輯延伸。對引起國際社會關注及多邊軍事干預的唯一做法是強調臺灣的主權獨立，以此為兩岸定位之策略，幾無可行性。

■二■ 羅致政等的「兩岸和平發展策略研究[40]」

「兩岸和平發展策略研究」是 2008 年總統府委託計劃，針對中共提議兩岸簽署和平協議，分別由兩岸關係的基本互動結構、中國提出和平協議的政策背景與可能內涵、臺灣內部對於和平協議的不同主張與看法、國際社會的可能態度與立場、和平協議的國際國內法律意涵等面向，探討兩岸和平協議所可能觸及的重要議題。

該研究認為國民黨與民進黨一致認為解決兩岸爭端的機制必須是和平的方式。但是目前中國處於崛起的優勢而臺灣在外交上積弱不振、國防建軍也沒有共識，因此除非臺灣接受一個中國——中華人民共和國，是不會有正式的和平談判更遑論撤除對臺的武力威脅。研究小組進一步主張：真正能夠驅使中國坐下來談判、接受和平的方案唯有強化我方軍備、積極加入國際組織，並且開放觀光等維持兩岸經貿與文化交流三大方向。以冷戰時期為例，美國與蘇聯在 1945 年到 1991 年冷戰結束時敵對狀態都沒有消除，但彼此之間從未發動過正式戰爭，原因就在於兩方皆積極整軍備武來預防對方發動軍事攻擊，因此沒有充分防禦力量的臺灣是絕對沒有建立和平架構協議的能力。

至於比較具體的政策建議及發現：

檢視中國方面提出的和平協議帶有「前提性」、「策略性」、「工具性」、「階段性」與「模糊性」五大特點。因此在「前提性」的條件之下，推動和平協議所會涉及的前提問題或兩岸談判北京可能提出的前提條件，臺灣都必須未雨綢繆；「策略性」係指和平協議的提出要配合中國總體國家戰略目標來

㊴　同上，第 234 頁。

㊵　羅致政，《對和平協議因應的策略分析》，總統府委託，2008 年 6 月。

針對兩岸關係發展所提出的策略性作法。理由在於中國對臺所提出的協議必是配合中國總體發展需要所提出的政策作為;「工具性」是指兩岸簽署和平協議只是工具,目的在於達成北京所堅持的「一國兩制」的基本框架。所以在思考和平協議時不能忽略北京真正的動機和目的;「階段性」(又稱「過渡性」)是指兩岸和平協議並非永久性安排,仍會有一定的時間壓力;最後,「模糊性」係指和平協議仍是一個模糊概念,仍須以客觀環境和現實加以補充,所以臺灣方面不宜太早揭露底限或是過度回應。

然而該報告強調兩岸談判的過程中「實力」才是談判基礎,所以臺灣在外交和國防上的實力培植和展現仍是能否成功推動兩岸談判的基礎。此外,民意的展現攸關和平協議在島內運作的正當性,所以透過公民投票也是值得思索的面向。同時,兩岸關係的推展並非在國際真空下運作,所以國際政治的現勢和其他國家的態度也要納入考量,尤其是美國的態度與作法更是至關緊要。

針對美國的作為上,首先就美方長期鼓勵兩岸和平解決紛爭的角度來看,美方很難去反對兩岸之間尋求降低衝突的作法,而和平協議會涉及美方的「一個中國政策」與對臺地位的看法,以及其在東亞區域安全的佈局,所以美國會十分關切和平協議的進程。最後,美國一再強調任何兩岸問題的解決方案都必須交由臺灣人民同意,所以美國會相當關心上述原則如何落實在和平協議的推動上。總而言之,美國長期在兩岸關係上主張中臺自行解決,所以應該不至於在政策上作過大的變動或轉彎,然而當和平協議內容可能影響其在東亞的利益時美國當然不會袖手旁觀,至於干預的強度則端賴協議內容而定了。所以整體而言兩岸和平協議可能牽動法律與政策效應,臺灣方面必須做好萬全準備。在國內要作相關政策法律的調整和檢討;在國際上要避免協議造成「法理統一」或「一個中國的實質化」的嚴重結果,所以對兩岸和平關係的政策上建議如下:

1.立即可行建議：

透過各種管道蒐集中方所提出的和平協議內容、時間以及進程；成立準官方性質的國內與國際兩岸論壇來就兩岸和平發展議題充分討論，並將兩岸問題國際化；成立專責的兩岸問題研究小組；掌握兩岸地區人民對兩岸議題的看法；針對國內相關法令進行研究和修正；不就和平協議所觸及的內容和方向做過早評論；在國安層級設立「和平協議規劃與因應小組」對兩岸關係可能的因應和策略做全盤推演；成立直屬行政院專責處理兩岸政治經濟談判的小組；厚植兩岸談判籌碼並擴大相關國際法法理的研析和理論論述。

2.中程實行方案建議：

推動公民投票複決和平協議；在總統府下成立跨黨派小組平臺取代國統會，並以跨黨派小組來研擬「兩岸和平綱領」草案，做為推動兩岸事務的指導文件；臺方主動提出兩岸主權對等的和平協議指導原則，並與對岸漸進式、互信地談判；將兩岸和平問題國際化；爭取美國參與兩岸和平事務，並期待美國成為臺灣在國際社會安全的保證人；推動兩岸互不敵對與互不侵犯的共識；外交單位將和平進程向國際社會宣傳並對和平協議所可能產生的國際法及外交意涵做必要準備；陸委會盡早培養兩岸談判人才並針對和平協議的前置作業進行必要性接觸。

3.長程實行方案建議：

堅持臺方立場與國家利益以一次性或階段性達成兩岸協議；持續邀請國際社會與主要組織和專家進行和平談判；展開立法程序和公民投票確認和平協議的合法性和正當性；因應公民投票建立完善機制；進行兩岸關係人民條例的修正；針對和平協議展開配套措施並逐步實踐協議內容。

從以上的摘要可以看得出來，此研究主要的關切在如何應對中共，找出

兩岸可以簽署和平協議的提議，略去例如成立研究和平協議的專家小組等許多較為枝節的建議之外，其主要的因應方法是「強化臺灣的軍備」讓臺灣積極加入國際組織以及「維持臺灣與中國兩岸經貿與文化交流」❹。但不僅看不出來強化軍備的具體方向及步驟，而以冷戰美蘇之軍備競賽類比兩岸軍事關係，只是擬於不倫。畢竟中共並非蘇聯，臺灣不是美國。鼓吹軍備競賽促成中共之改變，或促使中共「坐下來談」，或導致中共如同蘇聯一樣互解，究竟臺灣有什麼國防工業的基礎及龐大的資源，能與中共進行軍備競賽，則未見說明。而重要的是中共主動提出和平協定，不論其真正目的為何，如果臺灣能符合研究報告認為的中共的「前提性」❹，臺灣的軍備如何毫不相干，更沒有「真正能迫使中共坐下來談❹」的必要。另一方面，在目前條件之下，如果臺灣不能配合中共和平協議的「前提性」，多少軍備也沒有實現和平協議的可能。

加入國際組織是臺灣朝野一致的希望，但是在中共沒有改變法理主權的態度之前，不僅相當困難，甚至幾乎不可能，同時我們看不出多加入國際組織與簽署和平協議有何因果或邏輯推論關係。也許可以說簽署和平協議的某些條件或承諾（例如「一中共表」）可以導致臺灣享有某種程度的國際空間，但絕對不能說加入國際組織增加的空間，可以迫使中共依臺方的條件「坐下來談」。明白一點說，如果臺灣願意接受中共和平協議的「一中」前提，也許有更大國際空間的可能。但是，或許臺灣大部分民眾及執政者並沒有以接受「一中」換取國際組織空間的意願，國際組織的會籍本身畢竟不是目的，該報告顯然是倒因為果，錯把手段等同目的。

又兩岸交流應該鼓勵，甚至在全球化的趨勢之下，無法阻擋；但與簽署和平協議之必要或步驟，似乎沒有直接關係。

---

❹　同上，第 116 頁。

❹　同上，第 117 頁。

❹　同上，第 116 頁。

該報告許多細節之技術性建議雖不無建設性的構思，但多為常識性或直覺性建議，尚看不出與報告的主要研究有何邏輯推論關係。

三 包宗和等的「三角關係」理論[44]

包宗和等以國際有三角關係中的各種型態，預測三角關係的可能發展，尤其是認為一國常常以追求三角的樞紐地位的所謂羅曼蒂克型，又所謂在三角關係的結婚型的孤雛，則會努力提昇自己的地位，使三角關係發生變化。又僅次於羅曼蒂克型，是所謂三角關係中的家族型，作者認為家族型的均衡，有時更有助於國際關係的穩定與平緩。作者雖然沒有直言，但他的意思似乎認為，以此可以預測和指導臺灣如何因應與對岸及美國的互動，創造至少是穩定的家族型關係。然而，作者又以馬政府的政策，佐證及放棄利益之最大化，而使中美臺關係趨向家族型的三角關係[45]。通篇既無明顯結論，似乎是陷於同義反覆的論證。因此，決策者從文中除了猜測該文的意思，似乎是主張以國際合作的方式達到國家安全，與所謂現實主義以國家利益為中心，互相對抗或競爭的模式不同，似乎臺灣應該選擇不與中共對抗之外，實無從得出應對兩岸關係的具體方向及步驟。

以三角的圖形來描繪臺美中的所謂的三角關係只是看起來整齊美觀，但就像克勞塞維茨批評 Von Bulow 的幾何三角戰術，除了幾何圖形的美觀外，並沒有增加我們對戰術的真正了解。就像在兩岸情勢的三角關係分析，包宗和等的三角幾何圖形不能真正提高我們對兩岸定位及發展的正確了解[46]。

---

[44] 包宗和，「戰略三角個體論檢視與總體論建構及其對現實主義的衝擊」，收入同上註 12 重新檢視，第 335 頁。

[45] 同上，第 349 頁。類似的主張，可以參考林繼文以理性模式解釋三角關係，但卻沒有具體建議或指出可以遵循的策略，參閱林繼文，同上註 12 重新檢視，第 277 頁。

[46] 參見 MAKERS OF MODERN STRATEGY: FROM MACHIAVELLI TO THE NUCLEAR AGE《現代戰略家：從馬基亞維利到核子時代》115 (Peter Paret ed., 1986); RAYMOND ARON, CLAUSEVITZ: PHILOSOPHER OF WAR《克勞塞維茨：戰爭哲學家》55 (Christine Booker &

　　進一步而言，國際關係為什麼一定要用三邊關係的分析，是第一個必須
回答的問題。為什麼兩岸關係必須用美中臺三邊的互動做為分析的模式是第
二個必須回答的問題。三角關係的分析是以極有限的動態觀念（侷限在兩邊
關係的分析加入第三國的因素）限制了真正動態的處理方法。以兩岸關係為
例，美中臺三角分析忽略了其他國家對兩岸互動及中臺國內政治趨勢的影響。
即使以目前而論，美國在兩岸定位及發展中雖占有不可否認的地位，但是這
種現象不會是靜態而不可能變動的固定結構。以亞洲局勢而言，何以日本在
北韓及中共武力的影響日增之下，不會放棄其以經濟為主要外交策略的取向？
我認為，日本社會或已逐漸克服或忘卻二次大戰殘餘的罪惡感，日本的重整
軍備已是現實的寫照，而不是會不會的問題。而俄羅斯雖然沒有從後冷戰失
敗及蘇聯國體瓦解恢復元氣，但是中俄兩國的邊界長度及民族因素糾纏，即
使在同屬社會主義陣營的 60 年代也是矛盾重重❼，沒有人能預測幾年之後，
俄羅斯是否有能力及意圖重新展現其對國際及亞洲的安全地緣政治的積極企
圖心，以及以何種方式行使其影響力，尤其是以何種態度相對於中共及美國
的政策。果是如此，美中臺三角關係遠遠無法窺見北亞的局勢，以及做北亞
局勢一部分的臺海關係。因而恐怕必須是以四角或五角，甚至永遠應該是多
角的取向看待兩岸的定位及發展。

Norman Stone trans., 1976); CARL VON CLAUSEWITZ, ON WAR《論戰爭》86 (Michael
Howard & Peter Paret eds. & trans., 1976) ("[A]bsolute, so-called mathematical, factors
never find a firm basis in military calculations. From the very start there is an interplay
of possibilities, probabilities, good luck and bad that weaves its way throughout the
length and breadth of the tapestry. In the whole range of human activities war most
closely resembles a game of cards.") and 214–15.

❼ MARK BURLES, CHINESE POLICIES TOWARD RUSSIA AND CENTRAL ASIAN REPUBLICS《中國的俄國
及中亞政策》43–49 (1999). 就因如此，中共急速與俄羅斯解決邊界問題。

四 吳玉山的「權力不對稱」理論[48]

權力不對稱理論的主要內涵是說：國際關係中兩國之間權力不對稱是常態[49]，而經濟發展的程度及有無外援決定小國對抗或扈從大國的態度[50]。吳文借由吳本立的分析，同樣認為長期而言，經由小國對大國的尊重及大國對小國的承認，大小國之間的關係會趨向緩和[51]。也就是說，不對稱權力關係有長期趨向對大國的尊重，以及大國對小國的承認緩和關係為常態[52]。因此，小國應尋求與大國的最佳妥協[53]。

然後吳玉山借唐欣偉之口提出唯一策略性的建議是：在大國（中共）只求羈縻（而非兼併）小國（臺灣），而小國因經濟因素的退化[54]，但尚有外援之時，「即時與對岸妥協」[55]，以免時不我與，並認為這是馬政府就「小國理性抉擇、分析利害的結果」[56]。

但是國家大小如何劃分？何以大國的態度是常數[57]？對美國而言，英法都是小國，但英法之於美國的關係，是否存在由抗衡到扈從？美國是否一向以高姿態來壓制英法兩個小國[58]？因此只能在抗拒和扈從之間作一抉擇，而不能發展較為平等的關係。

---

[48] 吳玉山，「權力不對稱與兩岸關係研究」，收入同上註 12 重新檢視，第 31 頁。

[49] 同上，第 36 頁。

[50] 同上，第 42, 47 頁。

[51] 同上，第 39 頁。

[52] 同上，第 47 頁。

[53] 同上，第 49 頁。

[54] 同上。

[55] 同上。

[56] 同上。

[57] 同上，第 40 頁。

[58] 同上。

　　國家的關係既然是一種權力的關係，那關係的表現應該是所有因素（也可以簡單地稱之為「力」）構成的力量的互動。不對稱權力關係是一個整體，尤其是全面的關係中不會有一定由抗衡轉向合作的「規律」。同理，把整個權力關係分為有所謂「對內」與「對外」的分別，似乎是主觀的恣意。換句話說，像張亞中及包宗和等認為一個中國的最高主權觀念是對外而言，對內的兩岸關係就沒有這種主權觀念的適用。但是這種分辨完全沒有實質上的意義。例如兩岸的軍事關係也是一種權力關係，中共常常對其他國家對其軍事的現代化與整備的不安，表示主要是為了臺灣的問題所做的必要軍事強化，而不是為了威脅鄰近國家的安全，為的只是防止臺灣脫離中國而獨立。但是中共同時又對某些臺灣人的疑慮，說是軍事的加強和現代化不是為了對付臺灣同胞，「中國人不打中國人」，而是為了應付外國帝國主義的勢力。換句話說，同樣一個權力關係使用對內和對外這樣的區別，雖然表面上看起來似乎言之成理，事實上講的是一個同樣的全面權力關係。所以權力關係內外之別完全是文字遊戲，沒有任何實質上的意義。我認為：當強勢的力作用於較弱小的力時當然會有抗衡 (resistance)；抗衡之不足固然會導致對主導力之屈從，但不能說在力的作用的全面關係裡，會有一種從對抗到屈從，或從壓制蛻變為羈縻這麼一種「規律」，或有作用力的「內」／「外」之別。

　　無論如何，吳玉山認為在大國羈縻小國為目的時，如小國有外援之時，即應及時與大國尋求最有利的妥協，以免時不我與❺❾。此種靜態分析，不考慮大國是否是改變現狀，還是維持現狀的國家，似乏說服力。

　　「權力不對稱」理論指出一個顯然，但又時常被忽略的事實，有它一定的貢獻。但是，作者如何以前蘇聯的俄羅斯與衛星國的關係中排除所有其他因素，獨厚經濟及外援為決定對抗與否的兩個可變數 (variables)，本身即有很大疑問。例如，蘇共與當地共黨的統屬關係之有無，或當地共黨組織與其他組織（例如穆斯林、天主教）權力的關係，也有可能左右衛星國對俄羅斯的

---

❺❾　同上，第 49 頁。

態度，不是僅僅兩個可變數可以當然排除。不過，這本是建立社會現象的因果或規律共同的困境，不是吳文獨有的缺憾。但也因此不能即以為這樣的分析可以期待對政策有妥適的指導性，而是必須高度存疑。

就兩岸關係的因應對策而言，吳文「趕快妥協」論看不出是政策建言，還是以主觀以為的兩岸情勢的發展趨勢「驗證」理論的正確。我認為吳文假定中國是「維持現狀」(status quo) 國家顯然不切實際（否則何必「崛起」）。此假設中共以羈縻臺灣為滿足是建立在一個非常危險而不穩固，至少僅是中共崛起的全球戰略下對臺可能的暫時策略基礎之上。希特勒簽署慕尼黑協定時認為被英國不當地剝奪了德國以戰爭改變歐洲情勢的權利。因此，協定也許給英德帶來各懷鬼胎的瞬間和平，但希特勒自始即無遵守協定的意向。而歷史證明：英相張伯倫誤以為一紙法理式的協定足以將希特勒的納粹德國鎖定為維持現狀國家，完全是一種幻覺，足為殷鑑❻。

而假定在經濟有變而其他因素均無變化下，以立即的妥協（妥協什麼?）就可以期待長久鞏固兩岸的關係（什麼樣的關係?），不僅與似乎在某種程度想要是動態分析的立論（否則什麼叫「變數」）本身自相矛盾，而且這種從「不對稱」事實延伸 (extrapolate) 的所謂「不對稱」理論，更是不可能在現實中實現的精準國家發展觀。

五 張亞中的「共同體」及「一中三席」❻

與「分裂國家模式」思維相符，但是提出兩岸定位及走向比較有具體步驟的是張亞中的「整個中國」概念。他以一個中國的存在為基礎認為兩岸關係是一中在分裂中❻，並進一步主張在分立的兩岸中只有一個是完整國際法

---

❻ 參閱 GERHARD L. WEINBERG, A WAR AT ARMS: A GLOBAL HISTORY OF WORLD WAR II《二次大戰世界史》27–28, 45 (1994).

❻ 張亞中，上引註 12。

❻ 同上，第 89 頁。

人或兩個都是國際法人（例如國與國、中央／地方、或正統／叛亂等）都不是「客觀」的觀察之後❻❸，他認為兩岸的現狀應該是一個中國下的兩個部分❻❹。在這個「客觀」認知之下，他主張兩岸應該以平等關係建立各種共同體制、進行合作、簽署和平協定、放棄使用武力解決兩岸問題❻❺，並且在聯合國及其他國際組織中甚至可以有一中三席❻❻。

關於張亞中多年以來陸續發表的建議包括整個中國下的架構協議等，已有人批評，例如 Cabestan 認為各種建議沒有考慮中共的「主權」主張及臺灣人民日漸對中國人及臺灣人的雙重認同，而尤以後者為主要認同，因此不切實際❻❼。而且，很多觀點也與大陸某些「權威意見」相似❻❽。

以下本章針對張亞中最新的想法就 1.兩岸定位； 2.兩岸同屬中國； 3.兩岸法律平等； 4.雙方同意不使用武力； 5.成立共同體，進一步分析：

1.兩岸定位：

張亞中的提議受到所謂兩德的「分裂國家模式」及「歐盟模式」的共同影響，因此建議的導向是實現兩岸的統一或整合，而所謂的架構協定，與某

---

❻❸　同上，第 90–98 頁。

❻❹　同上，第 98 頁。稱之為德國式的「屋頂理論」或傳統的「一國兩府」或「一國兩實體」沒有實質的差別。

❻❺　同上，第 101，104 頁。

❻❻　同上，第 109 頁。

❻❼　Jean-Pierre Cabestan, *Commentary on* "*A Modest Proposal for a Basic Agreement on Peaceful Cross-Strait Development*" *by Chang Ya-chung*《評張亞中兩岸和平發展協定芻議》, 39 J. CURRENT CHINESE AFF. 163 (2010).

❻❽　是否是相互影響或誰影響誰並不重要，重要的是他們的主張極其類似。參閱例如中央社，「辛旗： 談治權化解主權爭議」，<http://news.cts.com.tw/cna/international/201009/201009220568883.html>（最後上網日期： 2010 年 9 月 22 日，網址已撤，作者存檔）。

些其他「和平協議」或「中程協議」有所不同，不以維持非統一的現狀，而明示以統一為其目標。除了以上所述，這個定位似乎建立在不正確的所謂兩德統一模式之外 ❻，張亞中也承認大部分臺灣居民的意願 (2008) 是維持現狀，而非實現統一，並有 95.9% 認同自己是臺灣人，46.6% 認同自己是中國人。張亞中既然又承認有 67.5% 民眾不贊成兩岸最終應該統一 ❼，則此種定位至少在目前狀態下沒有足夠的民意基礎，除了客觀環境改變促成民意的變化是一種可能性之外，似乎只有中共以武力或其他強制手段迫使臺灣就範，我看不出此種定位有何現實的意義。

2.兩岸同屬中國

張亞中的觀念裡，只有法理主權具有意義，其他主權觀念毫無「特殊」之處 ❼。這個法理主權屬於整個中國，因此與兩德統一模式或歐盟整合模式中的主權觀念相同，但在過程中的歸屬不同，即東西德或歐盟成員國具有法理主權（即使只是過渡）不同。所以張亞中的主張是以前各種不同版本的「一國兩府」的延續，只是兩岸的分立是暫時的狀況，其目標是終極統一。

對於法理主權的定義以及認為法理主權是主權唯一的觀念，我在其他地方已有批判，不需重複。雖然中共已表明不可能接受中共所代表的中華人民共和國擁有少於法理主權的說法，當然不因此就表示張亞中或任何人不能提出其他不同的看法。只是認為一國有所謂「最高不可分」的法理主權存在，這個主權的歸屬就會成為爭議。即使中華民國願意放棄法理主權的堅持，中共顯然沒有放棄法理主權的意願。所以「整個中國」的提議就法理主權而言與「一個中國」的差別只是文字遊戲，並無實質的差別。

---

❻ 參閱同下註 82–92 及其本文。

❼ 張亞中，同上註 12，第 111 頁。

❼ 同上，第 100, 102 頁。本節的分析亦參閱黃維幸，「虛幻的法理主權」，蘋果日報，論壇，2011 年 5 月 12 日。

　　由於張亞中極力主張只有他的建議是本於「客觀」的分析，我特別要再指出：在傳統社會科學的幻覺之下，以為實然與應然可以絕對劃分，前者為客觀的認知，後者為主觀的立場。但是現在的社會科學已經知道這是十八世紀唯科學主義的偏見。對於主張兩岸將來走向的最佳選擇是統合的人，自然會將現狀「客觀地」認為是一個中國之下的兩個政治實體或憲政秩序，有如在歐洲這個大觀念或架構之下的各個國家，其終久最佳的道路可能是有如歐盟的統合。但對於明白主張中國大陸及臺灣從非兩個政權的人，「客觀」狀態並非一中之下的政體分立，而是中國內部的內戰未了，所以邏輯的發展，應該是結束內戰，沒有必要或可能「統一」早已統一並沒分裂的中國。對於主張臺灣獨立的人，現狀的「客觀」表現在兩岸從來沒有互相干涉，事實是已經是一邊一國，因此最合理的走向是名實相符，達到臺灣有法理主權。所以無論採取任何觀點所謂實然，其實是應然的選擇之後的結果，並非獨立存在的客觀實象。張亞中自認的「客觀」，事實上是不可能的幻覺及信仰。

　　從改變現狀的國家追求統一的觀察，如果同時必須承認有客觀分治的事實，當然必須提出一個無法立即包含分治對方的一統的大架構，將這種架構稱為一中理論，整個中國或屋頂理論，實際上沒有實質的差別。但是，中共既然是改變現狀的勢力，並且拘泥於法理式的最高不可分的主權觀念，是否會以虛幻的整個中國，而事實上是分治的中華民國或臺灣為滿足，恐怕很有疑問。

　　以中國大陸之大與臺灣之小，要求中國與臺灣成立完全平等的共同體，不僅不公平，也不可行，更不切實際。

　　如果承認大部分臺灣居民的意願是維持現狀，而非實現統一，但又認為統一是尊重臺灣兩千三百萬人民的意願，這兩種無法並存的取向，本身相互矛盾。我看不出此種定位有何現實的意義❼❷。

---

❼❷　參閱同上註及其本文。

3.兩岸法律平等；

雖然這是中華民國一向的主張，認為兩岸關係的定位及進一步發展必須站在平等的地位。但是現實上以兩岸國力的懸殊，此種要求並不符合「客觀」的現實。而且要求如此實力懸殊的兩個不同政治實體之間，必須要以何種安排才是所謂關係的平等，不僅難於定義，而且也不是公平的安排。例如在許多國際關係與國際組織（例如 IMF）基於各國國力跟影響力的不同，也做出許多不同於傳統國際關係主權國家平等或一國一票這樣的安排，而是依據現實國力或影響力，或對國際條約和國際組織實際貢獻而有不同的決定權。即以一些解決國內多種族衝突的所謂「共治」(consociation) 主張，其安排也不是基於絕對平等，而是強調協商及某種程度的最後否決權❼❸。如何在這種情況下要求以面積只有中國大陸三百六十六分之一的臺灣，在所有兩岸的關係中與對岸大陸處於絕對平等的地位？

所以說，「當兩股勢力宣稱他們統一了，只會有其中一個勢力代表發言；當兩股勢力以為平等互換，永遠是其中之一決定誰來決定交換什麼，什麼才是平等，以及什麼時候平等交換❼❹。」如果統一是有如張亞中及包宗和那樣，至少是表面上所說的必須是臺灣的中華民國人民民主及理性的選擇，那猶有可說，只是不能盲目地以自欺欺人的理論搪塞。

4.雙方同意不使用武力；

關於要求中共方面以簽署和平協定等方法承諾對臺不使用武力，我在討論和平協議的章節裡會詳予分析❼❺，但是此處可以很簡單的指出來：就過去

---

❼❸ 關於 consociation 參閱例如 Arend Lijphart, Democracy in Plural Societies: A Comparative Exploration《多元社會的民主》25 (1977).

❼❹ Latour, *supra* note 14, at 168.

❼❺ 參閱本章以下有關「和平協議」一節。

幾十年來的狀況而言中共並沒有對臺灣真正使用過武力（放飛彈只是恫嚇），而只以原則性的不放棄武力的主張對外宣示。所以可以看出來，真正要中共不使用武力，即使在過去兩岸沒有和平協議的狀況下也已經是現實的寫照，即便增加了一個和平協議並沒有因此改變臺灣海峽基本上沒有武力衝突的事實。而我在前已指出以和平協議放棄用武一定帶有前提的條件[76]，這種前提條件與有沒有和平協議的存在，沒有必然關聯。

5.成立共同體

成立各種不同的共同體是相當有意思的建議，但是我所不了解的是：為什麼要在整個中國這樣的框架之下才有成立共同體的可能？例如經濟上面的兩岸共同市場可以看成是一種經濟的共同體，但是並不一定要以法理的整個中國不可分的主權下才有經濟共同體存在的可能，如果不是這樣，雙邊貿易協定其上也要有一個法理主權式的「屋頂架構」，APEC 亞太經濟合作組織或歐盟，也必須要有一個超政治實體的主權式「屋頂架構」。所以以一中來促成「共同體」不僅昧於現實，而且沒有必要，理論更是不切實際。

六　張五岳的「分裂國家」理論[77]

在兩岸關係定位及發展的分析研究中，占相當重要的一種意見是以冷戰期間及結束後分裂國家的關係做為兩岸現狀及未來定位之借鏡，而大都以統一前的兩德及二次大戰後存續到現在的南北韓情勢為案例。其中以張五岳的研究最為詳盡。張亞中的兩岸定位也在某種程度上以分裂國家為其模式[78]。

---

[76]　同上註 42 及本文。

[77]　張五岳，「分裂國家模式之探討」，收入上引註 12 重新檢視，第 61 頁。本節的分析係採自黃維幸，「兩岸關係『模式』的迷思」，蘋果日報，論壇，2011 年 4 月 9 日。

[78]　張亞中，同上註 12，第 89 頁（但認為兩岸是「分裂中」而非「已分裂」，實在看不出其文字間的差異對分析的結果有何實質的影響）。

此外，姜皇池等的研究報告也提出了分裂國家的模式是兩岸定位的可能選擇❼，只是姜教授認為所謂「模式」都以統一或整合為其假設，沒有考慮其他選擇「似有不妥」❽。

我認為德國及韓國的分裂國家關係的變化，其中有許多非常有創意的措施及安排，對兩岸關係的發展有啟發的作用❽，但是沒有所謂「模式」或「規律」的存在可為兩岸遵循。更不用說由臺灣採取類似的「模式」以達到本身的目的或實現自己的價值。

由於張亞中的主張主要是以「整個中國」＋「一中三憲」等具體建議為重心，前面章節已做了剖析。本節主要以張五岳的分析為對象，並認為張五岳的結論相當隱晦，只提出原則性「取法兩德、兩韓互動的經驗與教訓」，沒有表明一定立場，就具體策略而言，尚無法為具體的評論。

1.德國「模式」：

二次大戰之後，德國雖為四個同盟國分佔，但隨著冷戰的發展於 1949 年西德成立形成東西德對峙的局面。西德在其基本法中強調德意志人民民族及國家統一的目標❽，東德在其 1949 年憲法中亦強調其為德意志之唯一合法政權，其主權及於未能統治之西德領土❽。

但在西德總理 Willy Brandt 上臺之後，主張以務實的態度及人民真正的生活為主要考量而非抽象的國家或民族觀念宰制的統一觀念❽，積極尋求兩

---

❼　姜皇池，同上註 36，第 149–175 頁。

❽　同上，第 175 頁。

❽　類似觀察參閱例如湯紹成，「德國模式」與「兩岸關係」，「國政研究報告」，2008 年 9 月 5 日，<http://www.npf.org.tw/post/2/4620>（最後上網日期：2011 年 1 月 25 日）。

❽　張五岳，上引註 77，第 67 頁。

❽　同上，第 70 頁。

❽　Henry Ashby Turner, Germany from Partition to Reunification《從分裂到統一的德國》

德關係的和緩，隨後兩德簽署「基礎條約」(1972)，其中最重要的是雙方放棄以武力解決兩德關係，尊重他方的政權及獨立，在國際上不代表他方，兩德在此諒解之下，1974 年同時成為聯合國會員並互換代表❽，但與東德隨後在 1974 年憲法處理兩德關係的不同❽，西德不認為東德為一主權獨立的外國，而是在一個德國的概念之下的兩個主權國家❽，並且堅持統一德國的希望及目標❽。話雖如此，西德的真正做法是默認兩德為分立的國家的事實，只是促進雙方的交流及交往，試圖維持德意志的民族認同而已。而東德的實際作為則是強調東西德政治及文化的不同❽，是為有別於西德的主權獨立國家❾。

　　民意也顯示兩德的統一不是遵照了什麼「規律」：民調顯示 1968，1984 及 1987 年西德人民認為德國會統一的比例分別是 13%，5% 及 3%❾。而直到 1989 年，大多數的東德人民也反對德國統一，甚至認為西德總理 Kohl 的許多邦聯提議是他自己想當全德的總理❾。

　　兩德關係的解凍及統一不能以兩德領導人的主觀願望及想法脫離國際環境做孤立的觀察。Willy Brandt 的政策與冷戰過後及兩大陣營結束敵對一致。最後的統一與蘇聯社會陣營的崩潰也無法分開考慮。海峽兩岸的和緩很大部

---

150 (1992).

❽　*Id*. at 160.

❽　張五岳，同上註 77，第 71 頁。

❽　TURNER, *supra* note 84, at 162.

❽　*Id*. at 161.

❽　MARY FULBROOK, THE DIVIDED NATION: A HISTORY OF GERMANY 1918–1990《分裂國家：1918–1990 德意志史》210 (1992).

❾　*Id*.

❾　PETER MERKL, GERMAN UNIFICATION IN THE EUROPEAN CONTEXT《歐洲脈絡下的德國統一》119 (1993).

❾　*Id*. 125–26.

分也是後冷戰趨勢下的一個現象。但是，臺灣的外部環境與德國 1990 年代的國際環境毫無可相比擬之處。蘇聯崩盤沒有導致中共的瓦解。在可以預見的將來，也看不出美國會突然瓦解或無意干涉兩岸發展的情況。臺灣也非當年的東德，所有現象都表示兩德統一過程不會是兩岸統一的「模式」。

兩德當年的狀況與兩岸目前或可以預見的將來也有相當的不同：

⑴就兩岸關係而言，西德是「改變現狀」國家，東德則是「維持現狀」國家，兩岸的狀況正好相反，就兩岸關係的發展而言，民主政治的臺灣是「維持現狀」國家，中共則是「改變現狀」國家；

⑵兩德大小國力比較相當，臺灣與中共的國力懸殊；

⑶德國有長遠的歷史記憶在大框架下各個「主權」獨立的王公、郡主、自由市、神聖羅馬帝國等，以及西伐利亞條約簽定前後的主權的實踐。中國的主權觀念是舶來品，而且只偏頗的「繼受」絕對的法理主權觀。而傳統上有別於歐美主權的傳統而是中華中心的「夷夏之辨」。兩相結合更無彈性主權的餘地。

在沒有人可以預見 1989 年蘇聯社會陣營崩潰的情況下，兩德模式事實上是分裂模式，並非「統一」或「整合」模式，其最後達成兩德的統一，雖有雙方關係緩和的前提起了作用，但實際上是歷史的巧合，多於人為的設計。

2.兩韓「模式」

我認為兩韓關係的發展更沒有呈現任何「模式」或「規律」可言。與兩德的情況相似，二次大戰之後的冷戰同樣也導致韓國的分裂，經過韓戰，使雙方以武力實現統一的夢想難以實現。直到現在，兩韓大體維持二次戰後的分界。

兩韓雖然在法律層面上一直沒有放棄統一韓國的政策，但是南韓在 1974 年即以務實的態度對待兩韓關係，主張不干涉內政，互不侵犯，不反對北韓入聯。在 1991 年更與北韓簽訂「南北韓和解互不侵犯合作交流協議」，雙方

放棄以武力侵略對方。而自金大中政府採「陽光政策」之後，更提議以兩德模式試圖解決統一問題並積極促進經濟及文化交流❾❸。此一政策大致為其後的政府所遵守，但兩韓關係時好時壞，並沒有在基本上朝向統一的方向，張五岳也以為所有做法與統一實際上是背道而馳❾❹。

如果以民意做為有無「模式」的風向球，2000 年左右南韓的民意有 93% 認為應經由協商達到統一❾❺，南韓民眾堅持韓國終極的統一是目標❾❻，但又不希望統一在他們有生之年實現❾❼。對南韓人民而言，統一是併吞北韓的一種委婉的說法，象徵南韓在朝鮮戰爭的勝利❾❽。幾乎沒有一個韓國人真正在一個統一的韓國中生活過。因此統一其實對韓國人（尤其是南韓民眾）是一種對經驗的威脅及認同的挑戰❾❾。如果和平統一是分裂國家的「規律」，韓國人的情感及認知似乎又看不到這種「模式」。

北韓在法理上及語言上對韓國主權及統一一向堅持其有別於南韓，但在實際作為上不僅附合許多南韓正常化兩韓關係的作為❿⓿，並且在政策上變為採取守勢，即以其核武的發展，似乎也多半為自衛之目的，並不是以之為南韓屈服於統一目標為目的。

直到目前兩韓並沒有隨著所謂「分裂國家的模式」，由敵對化為合作交流最終走向統一，而在可以預見的未來也沒有明顯的跡象表示兩韓會由分裂走

---

❾❸ 張五岳，上引註 77，第 72-74 頁。

❾❹ 同上，第 73 頁。

❾❺ Young-Sun Ji, Conflicting Vision for Korean Reunification《韓國統一的不同觀點》33-34 (2001).

❾❻ Roy Richard Grinker, Korea and Its Future: Unification and the Unfinished War《韓國的未來：統一與未結束的戰爭》2 (1998).

❾❼ *Id*. at xi.

❾❽ *Id*. at xiv.

❾❾ *Id*. at 9.

❿⓿ 張五岳，同上註 77，第 75 頁。

向整合。而對於兩韓將來如何可能統一也沒有可靠的規律及結果浮現，從和平統一，北韓崩潰而為南韓接收，武力統一到中國直接入主都被視為可能的發展❶。

　　大多數研究在討論分裂模式之時，將兩德及兩韓的處境及經驗，幾乎認為是相同的案例，都是由冷戰對抗經由解凍，促進和平及共存，加上經濟文化的交流，經由簽定某種協定，在維持統一的意願下，承認互不侵犯及干預內政，最後達到統一（德國）或可以達到統一（韓國），似乎這是一種分裂國家達到統一的必然「規律」。這種理想化的「規律」與「模式」事實上是理論家的主觀而恣意的建構。

　　進一步而言，有些分析德國經驗是否可以適用於兩韓統一的研究，並不認為兩德分裂的模式可以毫無疑問的適用到南北韓，以為重複兩德模式，就可以促成兩韓的統一。其最重要的理由，是兩德統一的過程中有四個二次大戰的盟國居中協調及仲介，兩韓並沒有這種相同的條件，而且兩韓都反對由美中俄日的斡旋，更不用說，由他們保證兩韓的統一談判❷。

　　其次，兩德統一之前交流廣泛，幾乎有三分之一的西德人在統一之前，已經訪問過東德，因此在兩國的制度整合之前，兩德已有相當程度的價值整合，反之，兩韓雙方的交流極為有限，也沒有積極的證據顯示北韓人民嚮往南韓的政治、經濟、文化體制❸。到目前為止，兩韓只是試圖做制度上結構的整合❹。最後，兩德統一的成本，幾乎是全部由經濟實力強大的西德所承擔，但是南韓無法承擔兩韓統一的成本，尤其無法在一次或短期內負擔統一

---

❶ *See generally*, Jonathan D. Pollack & Chong Min Lee, Preparing for Korean Unification: Scenarios & Implications《準備朝鮮統一：發展趨勢及其意涵》(RAND, 1999).

❷ Kang Suk Rhee, *Korea's Unification: The Applicability of the German Experience*《朝鮮的統一：德國經驗的適用》, 33 Asian Survey 364 (1993).

❸ *Id*. at 366.

❹ *Id*.

的龐大成本❿。所以，將兩德及兩韓歸類為同一「分裂國家模式」已大有商榷餘地。

整體而言，所謂兩德或兩韓的分裂國家模式以資解決兩岸關係的分析，呈現下列無法克服的困難：

1.沒有具體行動的建議，只有認為必須記取兩韓、兩德互動的經驗與教訓及展開兩岸互動，兩項原則性的宣示。

2.就統一問題而言，西德是改變現狀的一方，東德是希望保持現狀的一方，因此和平統一、積極交流、互不侵犯，即不違反他方主權的承諾，實際上是拘束西德的承諾及西德的讓步。而東德的所謂主權宣示，是針對西德的主權主張的必要。

3.就統一議題而言，南韓較像是改變現狀的國家，因此，南韓同意放棄武力統一，及尊重南北韓的分治，以及各自可有國際活動。事實上成為約束南韓的承諾以及南韓的讓步。同樣的道理，積極發展核子武力，不能看成是北韓做為改變現狀的國家，而其實是針對南韓及其他外國的自衛行為。

4.海峽兩岸的問題，就統一問題而言，剛好與兩韓、兩德的狀況相反，中國大陸是改變現狀的一方，臺灣則是希望維持現狀的他方。兩岸與兩德、兩韓的差異，又有政治體制及國民意志形成不同；兩岸國力懸殊，非德韓分裂情勢所可比擬。最重要的是：就外部環境而言，德國的統一主要是因為蘇聯的瓦解；韓國無法統一是因為中國做為北韓背後支撐的勢力沒有瓦解。所以兩岸如果要統一，似乎只有美國國力瓦解或美國及其盟國亞洲政策的全盤改變，才比較有其可能。

七 Saunders 及 Kastner❿、Lieberthal❿等的「和平協議」說

較早中國通李侃如 (Lieberthal) 曾建議美國政府促成兩岸中程關係架構

---

❿　*Id*. at 373.

❿　Phillip C. Saunders & Scott L. Kastner, *Bridge over Troubled Water? Envisioning a* (framework agreement)，以臺灣不獨交換中共不武❶❶。此項極低調之提議未能為民進黨接受❶❶。

　　最近 Saunders 及 Kastner 則認為：自馬政府執政以來，兩岸政治關係大為和緩，呈現簽署和平協議的可能。主要目的是以臺灣的不追求法理 (de jure) 獨立交換中共對臺承諾不武❶❶。協定可以有其他更具體事項，但應該沒有明確規定臺灣的未來❶❶。協定的簽署人、形式、細節、期間或期間之有無、其他承諾（例如臺灣的國際空間、信任機制等）之有無❶❶，其詳細規範或正式的程度可有不同。作者認為一旦有了協定，兩岸都會受到違反協定時國內外民意譴責的代價❶❶、制度的制約❶❶、因協定創造新的利益❶❶、通過社會及文化進一步交流了解使臺灣地位的和平解決成為可能❶❶，這些因素可以促成協定之有效❶❶。簽署此種協定的困難包括拘束未來行動及內部反對、政治領袖談判失敗的政治代價，以及各種前提條件（如承諾「統一」）之有無❶❶。

　　既然臺灣不願也不會以武力犯中，而中共一時沒有能力真正大規模的軍

　　China-Taiwan Peace Agreement《險海搭橋：中臺和平協議的展望》, 33 INT'L SECURITY 87 (2009).

❶❶　Kenneth Lieberthal, *Preventing a War over Taiwan*《防止臺海戰爭》, 84 FOREIGN AFF. 53 (2005).

❶❶　*Id.*

❶❶　Cabestan, *supra* note 67, at 169.

❶❶　Saunders, *supra* note 106, at 91–92.

❶❶　*Id.* at 92.

❶❶　*Id.* at 96–98.

❶❶　*Id.* at 100.

❶❶　*Id.* at 101.

❶❶　*Id.* at 103.

❶❶　*Id.* at 105.

❶❶　*Id.* at 98–107.

❶❶　*Id.* at 107–10.

事犯臺，而又沒有可以真正保證將來即使放棄武力解決臺海問題，也必不再使用武力（端看有無藉口），雙方簽署和平協定的動機、目的、及期待完全不同，似乎只表示臺灣的弱勢及不安全感。

由於國際協定簽署之後有許多不確定因素，簽約時無法預測未來的發展會符合簽約的目的。有學者認為可以用協定的期限，如上包括解除或規避條款，來減低簽約國的不確定感，使簽約國比較容易採取合作的策略❶❶⑨。

也有學者認為協定本身並無多大的神力，國家因為協定的內容對其有利而簽約，因其符合其利益而遵守協定，不是因為有了協定才採取與協定相合的行動❶⑳。但有學者認為政府有意信守協定才會簽署協定。但這不代表協定簽署之後沒有一定的拘束力，因為政府改變協定所標示的政策會有一定的成本❶㉑。又有學者認為以戰爭法而言，民主國家簽署戰爭法條後即表示有意遵守國際規範。非民主國家簽署或批准戰爭法卻沒有代表一定遵守的意願。但如果民主與非民主政府同時批准戰爭法，則導致互惠效應，增加遵守的可能性。這樣看來，協定（包括兩岸和平協定）是否即能解決臺海的安全及和平問題，理論上莫衷一是。

再看中共遵守協定的實踐，其記錄也不一致。中共自 1971 年取代中華民國成為聯合國會員及安理會理事之後，可以說開始與國際社會及制度有比較廣泛的合作及對話。但是幾十年來其遵守國際規範的記錄各有解讀。有些因遵守符合其利益的協定（如 WTO），記錄較為良好，一旦國際及其他締約國

---

❶⑲　Martti Koremenos, *What Use for Sovereignty Today?*《主權當今何用?》, 1 Asian J. Int'l L. 549, 561 (2011).

❶⑳　Jana von Stein, *Do Treaties Constrain or Screen? Selection Bias and Treaty Compliance*《條約產生拘束還是過濾? 條約選擇的偏見及遵守》, 99 Am. J. Pol. Sci. Rev. 611, 622 (2005).

❶㉑　Beth A. Simmons & Daniel J. Hopkins, *The Constraining Power of International Treaties: Theory and Methods*《國際條約的拘束力: 理論及方法》, 99 Am. J. Pol. Sci. Rev. 623, 624 (2005).

的壓力被視為影響國家利益時，其遵守的程度就大為減低。至少中共對其協定下的義務，會傾向嚴格的限縮適用（例如人權、勞工議題甚至世界智慧財產權組織 WIPO）⓬。基本上這種觀點與傳統國關的實在主義的主張相去不遠，中共似無例外。所以，即使簽署了兩岸的和平協議，臺灣方面並不能高枕無憂，端看將來如何詮釋國家利益。

我認為以中共過去遵守協定的記錄來預測中共將來信守兩岸和平協定，與所有以歷史記錄判斷將來的論證一樣⓭，邏輯及經驗上都是無效的主張。有道是：「每個事件只在一個地方發生一次」⓮，而「沒有什麼叫做『預測』，預測只是把已經發生過的事情重述一遍而已。只有算命的以為可以預測將來⓯。」

八　馬政府的實際策略

馬政府的現行大陸政策包括：戰略模糊：「九二共識，一中各表」。恪遵中華民國憲法，現階段採「不統、不獨、不武」（所謂「一中憲法」）；「五不五要」：不宣布獨立、不變更國旗、不在憲法中列入「國與國之間的特殊關係」、不製造統獨麻煩、不會有「廢除國統會」的爭議。而五要則在：促進兩岸在「九二共識」下盡速恢復平等協商；30、50 年和平協議，建立軍事互信機制，結束兩岸敵對狀態；經濟交流、三通、兩岸建立共同市場；兩岸發展國際參與的整體架構；加強兩岸文化教育交流⓰。

⓬　*See generally*, ANN KENT, BEYOND COMPLIANCE: CHINA, INTERNATIONAL ORGANIZATION, AND GLOBAL SECURITY《守約之外：中國，國際組織，及全球安全》(2007).

⓭　參見 IF CHINA ATTACKS TAIWAN: MILITARY STRATEGY, POLITICS AND ECONOMICS《假如中共進犯臺灣：軍事策略、政治、及經濟》18 (Steve Tsang ed., 2006)（引用 Allen Whiting 及 Ellis Joffe 意見，認為中共歷史上一向大膽動武，「所以」一定會對臺動武）。

⓮　LATOUR, *supra* note 14, at 162. ("[E]verything happens only once, and at one place.")

⓯　*Id*. at 225.

⓰　馬英九大陸政策的五條輻線，<file://c:/users/TW/Desk tip/majinggeou dalu chengche.

最近由包宗和提出的「一中共表」主張❷，雖然不是馬政府的現行政策，但卻可能是兩岸都堅持「法理主權」之下，邏輯上不可避免的下一步。

依據包文，兩岸自 2008 年 3 月中國國民黨重新取得執政地位後，「擱置爭議、追求雙贏」已成為雙方之共識。惟如何擱置爭議、追求雙贏仍是一個高難度的議題，北京當局面對臺灣民主化的現實必須以新的作法來達到上述目標；臺灣在面對中國大陸的和平崛起也必須以務實的態度來開創新局。

1.擱置爭議的具體作為：一中各表，互不否認

1992 年「香港會談」（又稱「九二共識」）兩岸在「一個中國原則」及「謀求國家統一」上取得共識，但對於「一個中國」的涵義界定，雙方認知各有不同：中共當局認為「一個中國」即為「中華人民共和國」，臺灣係其轄下的一個「特別行政區」；我方則認為「一個中國」為 1912 年成立迄今的「中華民國」，其主權及於整個中國，僅治權及於臺澎金馬。臺灣固為中國的一部分，但中國大陸亦為中國之一部分。兩岸從 1999 年李登輝總統提出「特殊國與國論」造成臺灣立場從「一個中國」倒退，迨 2000 年民進黨執政，不再接受「一個中國」原則轉而追求獨立。2008 年國民黨重新執政，兩岸復談，彼此認為應「擱置爭議、追求雙贏」。針對「一個中國」的爭議應如何擱置的問題，可循 1992 年香港會談的互動模式來處理。

該會談中雙方無共識之處在於對「一個中國，各自表述」的具體內容，海基會在 1992 年 10 月 30 日所提出的方案內容明言「雙方……對於一個中國的涵義，認知各有不同。」海協會對此並未提出異議，並對海基會以口頭方式各自表述一中原則表示尊重。「一中各表，互不否認」就擱置爭議角度來看是

---

titm.loutuested>（最後上網日期：2011 年 2 月 5 日，網址已撤，作者存檔）。

❷　包宗和，「一個超越歷史局限的兩岸觀：迎向『擱置爭議、追求雙贏』的新路線」，收入蔡朝明編，《馬總統執政後的兩岸新局：論兩岸關係新路向》，遠景，2009 年，第 189 頁。

一種不得已情況下求取雙方接受一中的最大公約數作法，也是將兩岸納入一個中國框架的可行辦法，至少多數臺灣民眾可以接受臺灣屬於中華民國，而北京不否認我方說法也比其否認來得較易得到臺灣人民的好感，也較不會逼使臺灣人民選擇獨立，同時又符合其一貫主張的一中原則。若將「一中各表」推及到國際關係上，因北京不接受雙重承認，故可詮釋為一中非中華民國即為中華人民共和國，此亦為「各表」的展現。在多邊關係上，臺灣因須面對中共為國際組織會員國的事實，故只有在「不否認但非接受」的思維下才能兼顧「一中」（即中國為中華民國，但不否認中華人民共和國目前代表中國之說法或事實）及「參與」的立場。接受一個中國已非為不為的問題，而是能不能的問題，如今最重要的是如何在一中原則下維護中華民國的尊嚴，並能打破兩岸僵局及外交困境。

2.解決爭議的芻議：一中共表，相互承認

如前所述「一中各表」只是擱置爭議，並未實際解決問題。包文認為只有「一中共表」、「解決爭議」才能共創兩岸雙贏。未來如欲解決一中的爭議，在中華民國及中華人民共和國均存在的政治現實上，勢必要先將一中的概念適度去政治化以保留更具彈性的詮釋空間。回顧中國歷史，從戰國時代到近代的國共時期，實為改朝換代的概念，不影響中國一貫存在的事實。換言之，政治中國容有不同朝代的名稱，惟文化上、民族上、歷史上、地理上的中國卻始終是一體的。故就文化、民族、歷史與地理中國而言，臺灣確為中國的一部分，所剩的只是臺灣是否為政治中國的一部分。所以一中原則應避免以政治角度去詮釋，須將一中原則適度去政治化才能使兩岸有更廣闊的解釋空間並擺脫零和局面。

再者，依照國際法上對於國家型態、有效政府、國家主權及國際法人等幾項指標的界定來看可知中華民國與中華人民共和國對於其轄區具有完全行使國際法上權利義務關係之能力，但對於全中國土地則不具有完全行使權利

義務之能力，因雙方均無法代表對方轄區行使國際的權利義務。換言之，中華人民共和國只能代表大陸地區；中華民國只能代表臺澎金馬地區，兩岸若欲成就「一中共表」必須就雙方存在的現實，以文化、民族、歷史及地理中國的概念去建構一中。就我方而言，若能換取北京接受中華民國存在的事實，接受臺灣為中國的一部分恐怕是降低堅持一中的代價以及在外交上尋求活路的必要作法，如此一來，我方才可能在一中原則及臺灣屬於中華民國兩者間取得最大詮釋空間。

未來若參酌九二共識中海基會與海協會表述的一中原則及國統會界定「一個中國」涵義決議文「臺灣固為中國之一部分，但大陸亦為中國之一部分」的文字精神，一中可思考共表的方式為「在海峽兩岸共同謀求國家統一的過程中，雙方均堅持一個中國原則，並相互承認現階段中華人民共和國是實際代表中國大陸之唯一合法政府，中華民國是實際代表中國臺灣之唯一合法政府。未來彼此如各自透過內部合法程序得以實踐整合，將再共議整合的模式及整合後之國旗、國號與國歌。」無可否認，一中共表是以統一為取向，不如此很難達成協議，不論是否接受共表文字或是統一，可行作法是必須獲得全臺灣人民同意以及將共表文字載入未來和平協議，並經立法院通過方能生效。至於將來如真正面臨統一及如何整合之決定時，則須透過全民公投，由全體臺灣人民決定，是朝野可以達成的共識。

包宗和進一步說明：對「一中共表」之文字感到排斥或有疑慮之人宜留意：中國並不等於中華人民共和國，而是建構在文化、民族、歷史、地理取向的架構下。換言之，兩岸關係重點是中華民國能否獲得北京及國際社會的認同，並以臺灣民主機制來控管未來統一與否及統合模式之最終決定，而一中共表的架構係建立在雙方共享中國主權的概念：**主權可不可分係對外，在一個中國架構下則是可共享主權並可分別代表其轄區行使國際上的權利義務。**（粗體為作者所加）

對包宗和「一中共表」的主張，我有如下的觀察：

⑴「一中共表」與他前面提到的「三角關係」理論分析沒有邏輯上的必然推論關係，因為無論由所謂羅曼蒂克型三角關係的抗衡或樞紐，或所謂穩定家庭型的合作妥協，都無法看出為什麼就必須與中共共表「一中」。

⑵共表一中的目的似乎是以附合中共的「一中」，企圖換取中共對臺的「不武」及中華民國的某種國際空間。這種主張並無新穎之處，因為中共早就說過：只要承諾在一個中國下統一，「什麼都可以談」，當然包括國際空間及臺海的和平。至於「不武」應該是多此一舉，就像中共沒有必要對任何地方政府宣佈「不武」一樣。再說所謂有外交空間才是臺灣的中華民國的「活路」，不過是「法理主權」迷思一路下來的幻覺。問題不在有了多少國際組織的會籍或會籍表示了「主權」這樣的「空間」；問題在「會籍」這種「空間」對臺灣的意義何在？例如，有國際衛生組織的「會籍」增加了臺灣民眾什麼樣的福祉？

⑶由於包文又重彈在其他地方已經略為批判過的所謂兩岸可以以內外之別共享「法理主權」的老調❷，我必須再一次指出此種說法的虛幻不實。

國際關係或兩個政治實體之間的關係是權力關係❷，權力關係是各種力或勢力的互動與激盪。因此，除非是遺世獨立，沒有一種關係是既有一個關係，又可以是「最高、獨立、絕對、排他」的矛盾存在。權力關係如何呈現，要看各種作用力的角力。權力關係的存在及呈現沒有必要在權力關係之外，

---

❷　參閱同上註 71–72 及其本文。

❷　不論 Foucault 後來說了什麼，權力關係主張是散見尼采《權力慾》多處論述的啟發，參閱例如 Nietzsche, *supra* note 21, at §552 ("All events, all motion, all becoming, as a determination of degrees and relations of force, as a *struggle*－") (Emphasis original); *id*. at §633 ("It [causual relation] is a question of a struggle between two elements of unequal power: a new arrangement of forces is achieved according to the measure of power of each of them. The second condition is something fundamentally different from the first (not its effect): the essential thong is that the factions in struggle emerge with different quanta of power.")

再加上一層空泛抽象的「獨立、最高、排他」的「主權」。如果在兩岸的權力關係之外還有所謂一層共同的「對外」權力關係，那已是兩岸的政治整合或統一的表現，不因「對內」或「對外」而有實質的差異。

從以上的討論可以看出來無論我們用純粹法律的角度、單純國際關係理論，或者是數學的模式所做出來的建議，基本上對於兩岸關係的定位和發展都不十分確切，尤其是所有的研究幾乎都建立在同樣一個前提和假設。換句話說，都是停留在法理主權的舊框架之下，以為只要仔細分析、嚴密地思考，就可以得出比前人已有的研究更好的對策。

但是就像杜威 (John Dewey) 曾經指出：知識的進步不是對一個古老問題不斷地想要提出更好的解答，而是因為情況的變遷或者重要性的改變，放棄了老的問題而提出新的問題。老的問題不因為持續不斷的研究與努力而解決，而是因為新的問題提出來以後老的問題因而消散 ⑬。兩岸關係的定位及因應也是面對同樣的情勢。

我認為從法理主權的角度去進一步分析兩岸的關係與發展，已經沒有得到更好解決辦法的可能。而是應該放棄已經經過無數研究的老問題，而從另外一個新的角度去分析及審視兩岸關係如何定位，從而得出不同的因應方法。從這個研究方向，我認為應該放棄在法理主權觀念之下各種不同的安排，例

---

⑬　John Dewey, *The Influence of Darwinism on Philosophy*《達爾文主義對哲學的影響》, in 4 JOHN DEWEY, THE MIDDLE WORKS, 1899–1924《中年作品第四冊，1899–1924》14 (Jo Ann Boydston ed., 1977). ("[T]he conviction persists－though history shows it to be hallucination－that all the questions that the human mind has asked are questions that can be answered in terms of the alternative that the questions themselves present. But in fact intellectual progress usually occurs through sheer abandonment of questions together with both of the alternatives they assume－an abandonment that results from their decreasing vitality and a change of urgent interest. We do not solve them: we get over them. Old questions are solved by disappearing, evaporating, while new questions corresponding to the changed attitude of endeavor and preference take their place.")

如國與國、非國與國、中央及地方、「一中」、一國兩府、聯邦及邦聯等等現成的法律框架或範疇。而是將兩岸的關係定位為特殊、不能用現有的概念及範疇所規範的關係。同時要改變所謂最高排外不可分的法理主權概念，而用多元的角度去處理所謂主權的問題，只有這樣兩岸的關係才有可能呈現一個嶄新的面貌❶❸❶。

🔵 肆　代結論：對法學方法的意涵

本章以兩岸關係論述及國際法「主權」觀念的宰制性影響為批判對象的意涵，至少在呼應前面各章指出的：法律論述在說理及說服的嘗試及努力當中，不能以「在法言法」為已足。尤其在法律的論述已經超越訴訟文書及法律訴訟的脈絡，「在法言法」那種除了法匠之外無法也不想了解的陳述，其說理及說服的功效必然喪失殆半。

其次，與社會科學交流，務必了解流行的傳統社會科學研究方法有許多無法克服的缺憾，不能照單全收其現成的觀念及方法。

在這樣的了解之下，要試圖更換整個研究取向。以本章為例，不要問「客觀」「實在」的兩岸關係是什麼；而首先要問兩岸為什麼要有某種關係？這種關係對我們的意義何在？不要問「主權」的國際法定義是什麼，這種問題的答案不問可知；而要改問為什麼有所謂「主權」這種觀念？「主權」的意義何在？你如果能夠大膽地放棄習以為常，不拘泥也許能使你心理比較篤定的傳統思維，不再以為論述的目的在描繪「客觀」的「實然」，也不再期待發現本就是想像的「客體」；而能篤信自己，面向似乎是渺不見底的「深淵」，卻一躍而下，放手從整體的脈絡探討法律或任何現象的意義，你的思想才有可能為之煥然一新，出類拔萃！

❶❸❶　參閱黃維幸，「主權迷思當務實面對」，中國時報，論壇，2010 年 12 月 4 日及本書附錄。

▋第十二章▋
哲學視野下的法律倫理
Transplantation of Legal Ethics

我們製造生命的每一刻，而每一刻都是創造。就如同畫家的才能被他的作品改造，我們生命的每一段落塑造了我們的人格。所以，我們可以說我們是什麼樣的人就做什麼樣的事。但是必須加一句：某種程度內，我們做什麼，決定我們是什麼樣的人。我們做什麼更能解釋，也更是我們自我發展的理由。這種理由不像幾何，不能由固定的前提產生固定的結論。([W]ith regard to the moments of our life, of which we are the artisans. Each of them is a kind of creation. And just as the talent of the painter is formed or deformed—in any case, is modified—under the very influence of the works he produces, so each of our states, at the moment of its issue, modifies our personality.... It is then right to say that what we do depends on what we are; but it is necessary to add also that we are, to a certain extent, what we do.... This creation of self by self is the more complete, the more one reasons on what on what one does. For reason does not proceed in such matters as in geometry, where impersonal premisses are given once for all, and an impersonal conclusion must perforce be drawn.)

HENRI BERGSON, CREATIVE EVOLUTION（柏格森，《創造性的演化》）

📖 **摘要**　法律倫理本身主要不是什麼「法學方法」，但是臺灣或任何法律的輸入國在建構法律倫理時，一定會遇到如何看待「繼受」的倫理規範，以及如何與本國特殊的文化道德傳統及實踐相容或結合的問題。本章批判將西洋倫理觀念及實踐視為理所當然的「普世價值」的粗糙及粗暴。並進一步指出倫理是實踐，不可能以「繼受」西洋法律倫理規範的方法，就以為可以妥善地建構本國的倫理實踐。

壹　審　判

一　蘇格拉底之死

西元前 399 年，在一次可能是歷史上最有名及最深刻的審判，雅典的法庭及公民判處年屆七十的哲學家蘇格拉底 (Socrates) 死刑，他的罪名是大不敬及蠱惑青年。他的學生柏拉圖 (Plato) 當時在場，將審判過程及蘇格拉底的辯解寫成他的《對話錄》(*Dialogues*) 中最有名的一篇「答辯」(Apology)❶。柏拉圖的目的自然不在完整而忠實地記錄整個審判過程，而是藉由蘇格拉底的名義，大部分在陳述自己的理念❷；而蘇格拉底當然也不是辯解他一輩子的作為。

蘇格拉底很了解，代表新執政的雅典政府起訴他的政客阿尼圖斯 (Anytus)、詩人梅蕾圖斯 (Meletus)、及名嘴李龔 (Lycon) 並沒有什麼堅強的理由，而不過是順應雅典新政府及一般人對他的敵意，欲圖除之而後快而已。蘇格拉底很容易地指出指控無據，前後矛盾。但是，他更知道他真正的罪行是他的哲學教導：鼓吹人要追求智慧真理，挑戰無知，修身向上，而不在盲從多數，不知檢驗自己，暴露了指控者的無知，踩到了很多雅典公民的隱痛，構成了對新政府的威脅。

蘇格拉底雖然在法庭上雄辯滔滔，並建議以罰金替代死刑，但是，如果

---

❶ Plato, *Socrates' Defense* (*Apology*)《答辯》, in PLATO: THE COLLECTED DIALOGUES, INCLUDING THE LETTERS (hereinafter Dialogues)《對話錄及書信全集》3 (Edith Hamilton and Huntington Cairns eds., 1961). 關於蘇格拉底的生平及審判參閱 W. K. C. GUTHRIE, SOCRATES《蘇格拉底》58–65 (1971).

❷ 4 W. K. C. GUTHRIE, A HISTORY OF GREEK PHILOSOPHY: PLATO: THE MAN AND HIS DIALOGUES: EARLIER PERIOD《希臘哲學史第四冊：早期柏拉圖》72–80, particularly 79 (1986).

多數雅典公民不從，他說他身為雅典一員歷經許多戰役，從來不以生死為度，不會選擇向法庭求饒，寧願遵守更高的價值。柏拉圖借助了蘇格拉底的口說出了：「一個不知反省的生命沒有存在的價值❸。」這就是「答辯」真正的教導所在。

當戲劇性的審判過後，在柏拉圖的《對話錄》中又記錄了在行刑前一天蘇格拉底與前來獄中探望的學生及摯友克里托 (Crito) 的對話❹。克里托帶來了他自己及蘇格拉底的一些朋友勸說蘇格拉底脫獄流亡的計劃。與激情的「答辯」相比，「克里托」截然相反的冷靜，同樣動人心弦。

克里托認為既然雅典公民以莫須有的罪名和不公正的審判判處蘇格拉底死刑，蘇格拉底應該逃跑，否則就正是親者痛，仇者快。他要蘇格拉底不要為想要幫助他脫獄的朋友擔心，因為事實上沒有太大的成本及負擔。他說沒有人應該傷害父母及國家養育的身體髮膚。如果不敢逃亡，只是缺乏勇氣，蘇格拉底其實是對不起自己、家人、朋友、及國家。

對於克里托的好意及勸說，蘇格拉底以其著名的對話方式逐一反駁。他首先說：他一輩子教導別人的原則之一是與其在意很多人的意見，不如遵從一個智者的教誨。如果他現在逃脫，他不僅是在意多數雅典人對他的不公，也是背叛了一生的教導，嘲笑自己在審判中表示寧願面對死亡，不願接受放逐的宣示。

其次，他身為雅典一員，出生及教育都在雅典，雅典先他而在，他死後也會繼他而存。他一輩子選擇雅典生活，除了少數如打仗的場合，沒有真正離開過雅典。他雖然有無數的機會斷然求去，但是他選擇認同雅典。那麼，現在自然就應該接受雅典的國家及法律的權威及效力。

然後，他說只有一個正當及榮譽的生命，才是有價值的生命。除非克里托能夠提出使他信服的理由，認為脫逃是正義及榮譽的要求，他不應該在雅

---

❸　Plato, *Apology*, in Dialogues ¶38a, *supra* note 1, at 23.

❹　Plato, *Crito*, in Dialogues ¶43, *supra* note 1, at 27.

典人判決他有罪之後選擇逃亡。他認為自己以一生的行動證明他與雅典有一個約定：他必須接受雅典法律對他的裁判，他不能做傷害雅典的事情。雅典雖然對他不公不義，但他選擇不以牙還牙，以眼還眼，以不義對付不義，以損害償還損害。他自己雖然鼓勵別人不能盲從，但他卻也不能違反自己選擇的價值。他對克里托說：這就是他在耳中聽到的輕聲細語，像是通靈者耳中聽到的神祕的笛聲。最後他對啞口無言的克里托說：「放了我吧！追隨神給的無論怎麼樣的安排❺。」

　　柏拉圖又藉由蘇格拉底行刑的前刻與見證的朋友之間的對話，譜成幾近是詩歌一般美麗的「斐多」(Phaedo)❻。蘇格拉底談到了哲學如何是探討生死的學問，所以真正的哲學家不會恐懼死亡，沒有死，就沒有生的對立觀念，而生就變得無法了解。又說到只有靈魂才能追求真理，肉體的感官知覺作用有限，有時反而造成障礙。在他眼中，肉體的存在是短暫的，只有脫離了肉身的精神才能永垂不朽。他又談到來生，但這就不是本章關切的議題。最後，他嚥下毒藥，從容就義。在閉目之前最後一句話是對在場的克里托說的：「我還欠阿斯克里斯一隻雞，你記得幫我還。」好像蘇格拉底做為一個哲學家終於可以解脫所有世俗的紛擾。

　　我的目的主要不在分析或贊成柏拉圖藉由蘇格拉底說出的觀點，而是藉由這個歷史上最有名的審判，說明只要人有所謂自由意志，他的行為無時無刻必須反映他對善惡、是非及好壞，正義及不公的價值，以及因為這些價值選擇行為的方向，這就是千古以來的倫理問題，而法律倫理不過是主要在法律專業之內必須評估的倫理行為。

■二 司馬遷的宮刑

　　中國的歷史上也不乏著名的刑獄，只是沒有留下與審判有關比較深刻的

---

❺　*Id*. at 39.

❻　Plato, *Phaedo*, in Dialogues ¶57a, *supra* note 1, at 40.

哲學討論，但是，這並不代表沒有著名的審判呈現倫理問題。無獨有偶，紀元前 99 年，漢武帝劉徹起兵攻擊匈奴，大將李陵兵敗投降，武帝怒不可遏，朝庭上下揣摩帝意，一致詆毀李陵。武帝劉徹詢問太史令司馬遷的意見，據司馬遷自己的說法❼，他認為：李陵事父母至孝，待兵士有如己出，常常奮不顧身，勇赴國難，平日的思想作為，有國士風範。如今不幸在一次戰役中失敗，那些在後方舒舒服服，擁妻抱子的官員，不思戰場艱苦，反而落井下石，捏造構陷，使人痛心。李陵率領不滿五千步兵，深入匈奴，對抗強敵。單于動員匈奴各部軍隊，大舉圍攻。漢師轉戰千里，箭盡道絕，戰士們仍然苦苦搏鬥。李陵能得到部下如此效忠，即令古代名將，亦難望其項背。現在，李陵雖然降敵，然而他給予敵人的創傷仍足以激勵天下。司馬遷又認為：李陵所以不死，並不是真的投降，而是等待適當時機，報效國家。這項意料之外的回答，使劉徹更為憤怒，認為司馬遷欺君誣罔，企圖嫁禍武帝外戚的主將李廣利。於是，逮捕司馬遷，判處宮刑（割掉生殖器），並戮李陵一族。

司馬遷在武帝詢問之時，已然知道劉徹的想法，他當時可以順劉徹的意思大罵李陵一番，他也大可保持沉默，不置可否，可是用他答任安的話說：「僕竊不自料其卑賤，見主上慘愴怛悼，誠欲效其款款之愚」，選擇為臣應盡的義務，提出自己的看法，供武帝參考。不料卻慘遭大變。司馬遷遭此奇恥大辱，想到輕生，但又因先父遺命，只好忍辱偷生，終於完成許多偉大的著作❽。

三 倫理問題

這兩個同是歷史上的大審判，呈現了下列可以思考的一般及法律倫理問

---

❼ 司馬遷，《報任安書》，參閱劉偉民，《司馬遷研究》，文景，1975 年，第 33–34 頁。關於司馬遷受難的前因後果參閱霍必烈，《司馬遷傳》，國際文化，1988 年，第 43–52 頁。

❽ 同上，劉偉民書。

題：

1.就像蘇格拉底與克里托之間的對話及辯論：到底應該根據「身體髮膚受之父母」而逃跑呢？還是信守承諾，接受國家及雅典人民對他的裁判？在各種選擇之下，司馬遷如何善盡人臣之責；刑後是自殺還是為了更高的目的苟活❾？行為常常並不是簡單的奉行某一倫理原則的表現，而是包括一些倫理原則之間的互動與調和。

2.倫理的原則及標準從何而來？蘇格拉底的對話裡出現了許多可能性：他說他寧願遵守一位智者的教導，也不願屈從多數人錯誤的意見，顯然，這個意見以為倫理標準客觀存在，只是只有智者才能發現。但是，他又說：他與雅典人民有至少是默示的約定，這個約定使他必須遵守國家的權威，包括對他的裁判，那麼，似乎又認為倫理原則是基於他與社群之間的同意。但是他又對克里托說：他應該接受神（即 Apollo）的安排，不想接受親友幫忙脫獄，則又似乎指出倫理行為出乎神的諭旨。

3.如果倫理原則是客觀存在，可得發現，或是人人必須遵守的神諭，那麼，倫理應該有普世的適用。另一方面，如果倫理原則出於蘇格拉底與雅典人民的約定，那麼，倫理只存在雅典人民之中，似乎只有特殊時空的存在意義。或者，約定雖只適用在雅典人民之間，但是本身卻也是基於普世的信守承諾的倫理標準？

4.蘇格拉底的審判發生在二千年前古希臘的城邦政治時代，司馬遷的審判也發生在大約兩千年前，我們以不同文化，不同的倫理道德的傳統，或以不同的時代，是否可以將這些審判所提示的倫理問題及意義，轉移到我們當下面對的情況？

5.蘇格拉底說他不願逃跑，願意接受裁判，他到底是在衡量如何遵守某

---

❾　孝經中記載孔子說：「身體髮膚，受之父母，不敢毀傷。」對康德來說，自殺也是一個倫理問題，參閱 IMMANUEL KANT, THE METAPHYSICS OF MORALS《道德的形而上學》176 (Mary Gregor trans. and ed., 1996).

種倫理規範（例如「法律應該服從」）？還是剛好相反，是從行為中看到了倫理，行為即是倫理，而倫理即是行為，根本無從分別？

　　6.如果倫理是一種活動或實踐，那倫理可以傳授或學習嗎？遵從上帝或智者的教誨，或者信守與雅典人民的約定，是學習可以傳授的規則？還是本身就是倫理活動？

　　本章以下的討論主要就圍繞在上面提出來的幾個主題，試圖分析及回答兩個審判呈現的一些倫理問題。在第一節分析倫理思考活動中的倫理原則，包括倫理原則、法律倫理與一般倫理、法律倫理之間的互動與衝突，以及行為上的兩難與困境，從而指出倫理思考不是有如邏輯推理的前提與結論的形式推論，而是有時並無必然的答案。倫理實踐表現在對倫理原則的反思，以及具體行為的妥適。第二節及第三節討論倫理原則來源以及效力的不同觀點，指出並無獨立存在，超越時空的倫理標準，也無從建立一個永恆的著力點來品評特殊倫理實踐的對錯與好壞。在一個民主社會，倫理標準產生自社群的審議和溝通，為的是共同生活的妥適。同時，在我們這種本無法律倫理觀念的社會，到底是全盤「繼受」外國的倫理規範？還是著重「本土」的實踐？「繼受」更是假定倫理價值及規範的「普世性」，因此是一個相關而又困難的議題。要成就自己一套妥當的倫理規範，更需要長久的溝通及辯論，也許才能得到法律倫理的共識。第四節主張倫理是一種活動和實踐，有別於目的／手段的器物工具性關係。法律倫理尤其不只是遵守或使用規範的權衡，而是一種專業的生活習慣。同時探討倫理是否可以傳授和學習，而認為養成倫理習慣，無法依賴規範的分析和灌輸，而在培養倫理省思及審議的習慣。

貳 倫理思考

一 倫理及倫理的判斷

　　如果我們用西洋哲學的觀點及分類，簡單地說：倫理 (ethics) 是哲學中的道德哲學 (moral philosophy) 關係道德問題及其判斷的一門學問❿。中國傳統文化雖然沒有這種明顯的分類，但哲學的討論其實絕大部分關係道德倫理。有學者甚至認為：無論儒、法、道各家對大自然的興趣不大，哲學討論都以入世的人倫關係居多⓫。中國歷史上有「禮」，既是社會制度，也是人與社會，以及人與人之間的倫理規範⓬。漢朝的董仲舒又根據儒家思想發展了「三綱五常」，也是人與人關係的倫理⓭。在人的互動之中有意識或無意識地遵照或表現了這些倫理原則。

　　但是，倫理的實踐並不是直接了當的事情，前面蘇格拉底及司馬遷的審判故事都告訴我們：倫理規範之間會有衝突，產生困境。又如，儒家也遇到這種問題。孟子曾說：「男女授受不親，禮也；嫂溺則援之以手者，權也⓮。」便宜行事雖然違反了某些倫理原則，但是卻實現了更重要的道德要求⓯。

　　不僅一般的倫理規範之間會產生判斷與取捨的問題，不相涉的像科學、

---

❿　William K. Frankena, Ethics《倫理學》5 (2d ed. 1973).

⓫　陳立夫編，《李約瑟的中國之科學與文明》，三民，1985 年，修正四版，第 368 頁。

⓬　馮友蘭，《中國哲學史新編（下引哲學史）第一冊》，藍燈，1991 年，第 162 頁。關於中國傳統禮制的討論又參閱瞿同祖，《中國法律與中國社會》，里仁，1984 年，第 361–371 頁。

⓭　同上註 12 哲學史第三冊，第 80–81 頁。

⓮　《孟子正義》，〈離婁上〉，《新編諸子集成（下引集成）第一冊》，世界書局編，1974 年，二版，第 306 頁。

⓯　同上註 12 哲學史第三冊，第 87 頁

法律、及醫學的專業倫理有時會被更寬泛的一般倫理要求所取代 ❶。例如，律師在當事人進行主義之下，應該盡最大能力為當事人謀取利益（所謂 first-person morality），與更廣泛的以公正第三者角度每個人都應有的倫理行為，兩者會有衝突 ❶。所以，即使將倫理原則做成規範，什麼時候遵守什麼規則的問題並不因而自動消失 ❶。

不同專業領域的倫理考量之間也會產生衝突，例如醫生面對病人不願延續垂死掙扎，要求安樂死的狀況，究竟是否應該以醫學的方法結束病人的生命，既是醫學專業又是法律倫理問題。法律應該如何看待此種問題，包含了複雜的醫學及法律倫理的互動及調節。

最後，法律倫理規範之間也會產生判斷與選擇的難題。例如，律師有替當事人守密的一般義務，但是又有協助法院發現真實的責任，有時會發生何去何從的困境，這些都牽涉到倫理判斷的問題及必要。

二 知識分子的一般倫理

如果說中國傳統社會或臺灣在日據時代，由於缺少法律專業，自然沒有法律專業倫理，卻不能不承認傳統社會「士」的興起及知識分子的存在所發展的某些特殊的倫理觀念。中國社會自東漢以後，逐漸形成了門閥士族，這些士族掌握政治權力，延續社會地位，自有一套文化及行為規則，有似西方

---

❶ STEPHEN TOULMIN, RICHARD REIKE, AND ALLAN JANIK, AN INTRODUCTION TO REASONING《推理入門》395 (2d ed. 1984).

❶ Daniel Markovits, *Further Thoughts about Legal Ethics from the Lawyer's Point of View*《從律師角度再論法律倫理》, 2004 YALE J. L. & HUMAN. 85, , 88, 104–06 (2004).

❶ *Id*. at 116. ("Observations about the positive character of law cannot eliminate tensions between law and morality, because—as familiar discussions of civil disobedience emphasize—the authority of positive law eventually runs out in the face of its sufficiently great immorality, so that announcing the law-like character of a rule cannot spare persons the difficult choice whether or not to obey it.")

的貴族階級。後來雖然因有了考試制度，對士族有了相當的打擊，使他們不能成為貴族，但是，由於「士」做為可以進入政治權力範圍的特殊群體，為四民之首，也發展了他們特殊的階級意識及倫理標準❶。例如，「士不可不弘毅，任重而道遠。」又如「士可殺不可辱」，未嘗不是有如西洋貴族階級的「榮譽信條」(honor code)。

　　而如果我們將現代的知識分子比擬為過去的「士」，那現代的知識分子固然沒有一定的專業倫理，也許卻有士所流傳下來的某種特殊倫理觀念。例如說：「儒有席上之珍以待聘，夙夜強學以待問，懷忠信以待舉，力行以待取，其自立有如此者」❷，強調知識分子的獨立自主，專業知識，忠人之事等品質，與以下所要討論的法律倫理完全一致。知識分子固然不全是法律專業，但是，法律專業的倫理必然與知識分子的精神相通。所以查士丁尼法典中有對法律專業這樣的期許，它說：

> 學習法律首在了解「法」(jus) 一字的來源，「法」來自「正義」(justitia)。根據 Celsus 崇高的定義：法是至善與公正的藝術。以這種藝術而言，我們法律人士很恰當地被視為祭司。我們之所以被如此比喻，是因為我們奉行正義的美德，自認知道至善與公正，區分公平與不公，辨別合法與非法，使人不僅因為對處罰的恐懼，而且因為對報賞之故而行善，並且愛好一種真正而非虛妄的知識❸。

法律人士做為一種專業有特殊的專業知識，但法律專業也是知識分子，因此既會遭遇專業的倫理問題，也一定同時呈現為知識分子一般的倫理抉擇。

---

❶　同上註 12 哲學史第四冊，第 1–7 頁；哲學史第五冊，第 6–8 頁。

❷　《禮記》，〈儒行〉，參閱同上註 12 哲學史第五冊，第 6 頁。

❸　1 JUSTINIAN's DIGESTS OR PANDECTS《查士丁尼法典》, Book I, §1 (Ulpian) (Alan Watson ed., rev. ed. 1998).

三 省思均衡

當倫理觀念尚未形成我們的直覺反應，不同的倫理原則和規範促使我們必須思考和選擇，我們就會進行道德的思維與省思，法律人士也不例外。所謂法律人士的思考與一般人的思考必須清晰並沒有兩樣。法律人士的思考也不過是與一般人一樣，包括道德的、經驗的、以及演繹的思維[22]。所謂道德推理[23]就是在具體的道德判斷與一般道德原則之間的來回調整，也就是羅爾所謂的「省思的均衡」(reflective equilibrium)[24]。羅爾曾以對正義的判斷做例子，認為由道德哲學的角度看，在沒有檢驗任何正義觀念之前已經符合一個人的判斷的，不是他最正確的正義感，而是在省思的均衡之下符合其判斷才最能表現正義感。這是在一個人衡量各種不同的觀念之後，調整判斷與之相符或堅持原來信念以及相對應觀念的一種均衡狀態。簡單地說，道德推理具有以下基本特點：(1)對具體事件做出具體的道德判斷；(2)從許多具體判斷以推斷的方式 (abductively) 做成可以適用到具體情況的暫時一般原則；(3)從一般原則演繹地適用到其他情況；以及(4)對人性、社會、以及其他諸多影響道德判斷的因素，從經驗上做出推理。以上的判斷及推理並非專屬法律人士，而是與任何做道德推理的其他人無異[25]。在這種省思的過程，法律人士希望妥適地解決倫理原則的衝突，達到個人價值及行為的一致。

---

[22] Larry Alexander, *Premises and Conclusions: Symbolic Logic for Legal Analysis: The Banality of Legal Reasoning*《前提與結論：法律分析符號邏輯：稀鬆平常的法律推理》, 73 Notre Dame L. Rev. 517 (1998).

[23] 我認為所謂道德推理就是某些學者所謂的「倫理推理」(ethical reasoning)，參閱 Toulmin, *supra* note 16, at 393.

[24] John Rawls, A Theory of Justice《正義一論》48 (1971).

[25] Alexander, *supra* note 22, at 518–19.

參 普世還是相對的倫理原則

傳統上道德哲學對道德價值的本質一向有普世或相對原則之爭，前者認為道德律是客觀存在的普世原則，有一般及永恆的效力；後者主張沒有客觀永恆的道德價值可以放諸四海而皆準，有的只是因時因地各個不同的價值觀。這不僅是歷史上聚訟紛紜的哲學問題，而且是在建構法律倫理的努力中一個先決的方向前提：如果倫理原則普世永恆，我們的工作只要發現這些原則，包括從外國現有的規範採擷。但是，如果沒有普世的倫理，只有存在於各個不同文化不同社會的倫理道德，顯然我們無法移植整個外國社會。

一 普世原則

柏拉圖藉由蘇格拉底之口認為：如果不知道什麼是「正義」或「美」的概念，我們無法探討什麼是正當的行為或什麼事物叫美這類美學的問題。所以，如果我們心中沒有關於正義或美的一定標準做為判斷的依據，我們無法斷定什麼行為是正當，什麼事物是美。而如果這些標準可以由人而異，而不是客觀地獨立存在，那所有討論變成言人人殊，各說各話。所以，道德或美學原則是永恆不變，獨立存在的一種「形式」(Form)，不是我們主觀的想像。這就是柏拉圖著名的「形式理論」(Theory of Form)，或「意念理論」(Theory of Ideas)❷⑥。

蘇格拉底反對詭辯學派 (sophists) 的相對理論，他認為詭辯學派也承認道德不是主觀的冥想，而甚少是合乎社會的共識。那麼，只要原則有那麼一點與實在 (realities) 的連繫，它不可能因時空的不同，同時又是真又是假。我們

---

❷⑥ GUTHRIE, *supra* note 2, at 32–33; 5 W. K. C. GUTHRIE, A HISTORY OF GREEK PHILOSOPHY: THE LATER PLATO AND THE ACADEMY 《希臘哲學史第五冊：後期柏拉圖及學院》 375 (1978).

如果對使用的觀念或詞句沒有共同的認識，道德的探討即成為各說各話，雞同鴨講，完全失去意義❷。所以，蘇格拉底說：我們如果沒有一種什麼叫「平等」的既存概念，就無法判斷一堆棍子或石頭是相等還是不等；你認為相等的別人卻認為不等❷。

亞里斯多德強烈批判柏拉圖那種永恆不變的抽象形式，認為那只是「空話及詩人的比喻」❷。由於亞里斯多德主張宇宙最基本的事實是變動 (movement and change)，抽象的「形式」完全無法視為變動之因❸。從他看來，唯心的「形式」沒有意義，重要的是原則與具體的連繫❸。他說：織布的人或木匠知道了「善」本身的「形式」觀念，並不會對他們的手藝有所助益❸。但是，亞里斯多德基本上沒有完全跳脫普世的觀念❸。

同樣是普世觀，但是基於不同基礎的是康德 (Kant)，他認為對自我、作為或不作為的觀念及判斷，不是本於經驗。睿智 (prudence) 也許只能基於經驗，但是它不是道德，道德是純粹基於人類理性 (reason) 的形而上 (metaphysical) 範疇❸。所以，他反對所有的功利主義，而將道德視為人性尊嚴的內涵❸，絕對命令成為普世規範才能有客觀的存在❸。他最重要的倫理

---

❷　GUTHRIE, *supra* note 1, at 111–12.

❷　Plato, *Phaedo*, in Dialogues ¶¶74a–75e, *supra* note 1, at 57–59.

❷　Aristotle, *Metaphysics*《形上學》, Book I, ¶991a20, in 2 ARISTOTLE, THE COMPLETE WORKS OF ARISTOTLE (hereinafter Works)《亞里斯多德全集第二冊》1566 (Rev. ed. Jonathan Barns ed., 1984).

❸　*Id*.

❸　6 W. K. C. GUTHRIE, A HISTORY OF GREEK PHILOSOPHY: ARISTOTLE: AN ENCOUNTER《希臘哲學史第六冊：亞里斯多德》339 (1981).

❸　Aristotle, *Nicomachean Ethics*《尼可梅強倫理》, Book I, ¶1097a5, in Works, *supra* note 29, at 1733.

❸　參閱同下註 73 及其本文的討論。

❸　KANT, *supra* note 9, at 9.

❸　IMMANUEL KANT, THE METAPHYSICAL ELEMENTS OF JUSTICE《正義的形而上要素》ix (John

原則是：普世的原則才能夠是行為的準則 ❸。又說正義是一種普世原則：「如果行為能夠依照普世原則與他人的自由共存，或遵守原則的自由選擇，與他人遵照普世原則的自由共存，那就是正義 ❸。」現代一些道德哲學理論很多都是基本上沒有超越康德的理性決定的普世觀 ❸。

康德反對功利主義只是反對它對倫理來源的看法，但是並不能否定功利主義主張倫理道德的普世性。不過，即使功利主義 ❹ 以為「最大多數的人的最大幸福」的公式，是一個可以避免過去先驗或宗教式倫理道德上的客觀標準，因而有其普世的效力。但是進一步的分析可以發現功利主義此種公式本身是空洞的，必須訴諸其他非功利主義的倫理道德內涵才能了解。則決定什麼是非功利主義的內涵重新又回到了有沒有一種永恆不變的普世倫理道德規範這個老問題。所以，功利主義雖是普世說，但並不能提供一個普世說的新基礎 ❹。

廿世紀初一位頗具影響力，基本上是功利主義者的 G. E. Moore 主張「善」(good) 是一個無法定義的觀念 ❹。西洋哲學史上有各種角度（例如用處、工具、結果、本質、生活）解釋「善」的觀念 ❹，雖然，他這種神祕主

Ladd trans., 1965). 事實上是康德道德的形而上學中的一章，只是譯者不同。

❸ KANT, *supra* note 9, at 17.

❸ *Id*. at xii. ("Act only on that maxim through which you can at the same time will that it should become a universal law.")

❸ KANT, *supra* note 9, at 24.

❸ ALAN GEWIRTH, REASON AND MORALITY《理性與道德》48 (1981).

❹ 關於功利主義者邊沁 (Jeremy Bentham) 及穆勒 (John Stuart Mill) 的理論，參閱 THE UTILITARIANS《功利主義者》24, 407 (Anchor ed., 1973).

❹ ALASDALE MACINTYRE, A SHORT HISTORY OF ETHICS: A HISTORY OF MORAL PHILOSOPHY FROM THE HOMERIC AGE TO THE TWENTIETH CENTURY《倫理簡史：從荷馬時期到廿世紀的道德哲學》238 (2d ed. 1998).

❹ G. E. MOORE, ETHICS《倫理學》16, 28 (19[12]65).

❹ 參閱 FRANKENA, *supra* note 10, at 81.

義已少有人信奉，他卻也主張在具體情況下能夠產生最大的「善」的選擇，就是倫理行為❹。而是否是「善」是一個客觀的問題，不依賴人的主觀情感❹。因此，儘管在歷史上曾以各種不同的面貌出現，普世主義直到目前仍然是西洋哲學一股強大的思潮。

二　相對主義

與普世主義分庭抗禮的是相對主義，主張道德觀念及實踐是社會生活的一部分，不同的社會生活產生不同的道德觀念❹。所以學者批評：因為道德觀念的相對性，道德哲學有歷史性，不能將古希臘、中世紀、康德、以及現代的理論放在同一個平臺上，以為各個時代都在講同樣一種事情❹。

西洋的相對主義淵源久遠，早在西元前五世紀希臘的詭辯學派 (sophists) 就主張倫理道德的原則以及法律並非神的賜與，也非自然存在，而是人為的約定，甚至神都是出於人的構想。所以道德與法律各地不同，而且也因情況及環境的變遷時而調整❹。而在一段著名的辯論裡，詭辯學派最重要人物普羅塔哥拉斯 (Protagoras) 說：即使連食物、藥物、及許多其他物品，其對人有利或有害因人而異，對其他動物或植物的利弊也各有不同。甚至同一個人，內服與外用利害不同❹。

普世原則的空泛早為哲學界所詬病，以康德為例：康德的絕對命令以及普世原則是一種公式，雖然康德舉了一些例子（例如不能說謊，遵守諾言），現在看起來這些例子不過是康德自己所處的時代及環境的主流基督教新教價

---

❹　G. E. Moore, Principia Ethica《倫理原理》149 (19[03]66).

❹　Id. at 201.

❹　MacIntyre, supra note 41, at 1.

❹　Id. at 1–2.

❹　W. K. C. Guthrie, Sophists《詭辯學派》59, 115, 129, 164, 196 (1971).

❹　Plato, Protagoras《普羅塔哥拉斯》¶33a–b, in Dialogues, supra note 1, at 329.

值觀。所以，康德的公式在另一個時空，而即以德國而論，不佀完全可以，而且事實上也曾經將完全不同的内涵（例如納粹對猶太人的觀念）注入這些空洞的「普世原則」❺。

對以為必須有客觀實在、自然規律、或神諭為基礎的「基礎主義」(foundationalism) 的批判並非是例如羅蒂這樣的務實主義者的偏見，就像羅蒂指出像康德那種脫離時空的「絕對命令」和「理性」，早就與像黑格爾充滿歷史感的觀點格格不入❺。所以黑格爾在談到各國憲法的相對性時曾說：

> 歷史上許多國家賴以發達的憲法，是這些國家特有的，因此，不能放諸四海而皆準。他們不只在構造和發展共同基礎的方法有別，而且基本原則相異，所以無法從歷史得到如何制定當前憲法的教訓。當前憲法的原則，也就是我們自己需要的憲法原則，無法從過去歷史國家的憲法中發掘❺。

他的意思是法律因各個國家在時空上的不同而有別，沒有什麼放諸四海而皆準的客觀不變的法則，倫理道德當然也不例外。

---

❺　參閱 MACINTYRE, *supra* note 41, at 198; ALASDAIR MACINTYRE, AFTER VIRTUE《追求德行》11, 51, 266 (2d ed. 1984).

❺　4 RICHARD RORTY, PHILOSOPHICAL PAPERS: PHILOSOPHY AS CULTURAL POLITICS《哲學論文集第四冊：做為文化政治的哲學》144–45 (2007). 康德的學生 Johann Gottfried Herder 對所謂普世的理性的看法也是完全與康德相反。簡單的討論參閱 William Ewald, *Comparative Jurisprudence (1): What Was It Like to Try a Rat?*《比較法理學：怎麼審判老鼠?》, 143 U. PA L. REV. 1889, at 2004–12 (1995).

❺　GEORG WILHELM FRIEDRICH HEGEL, LECTURES ON THE PHILOSOPHY OF WORLD HISTORY: INTRODUCTION《世界歷史講座：導論》120 (H. B. Nisbet trans., 1975).

三 中國傳統哲學中的普世與相對

　　在中國傳統哲學中也有普世觀點的主張，荀子就說：「天行有常，不為堯存，不為桀亡❸。」又如漢朝的王充認為自然和人類都有永恆不變的一面，治世之道，道德倫理也是不變的。所以說：「上世之天，下世之天也；天不變易，氣不更改。上世之民，下世之民也；俱稟元氣，元氣純和，古今不異。」又說：「帝王治世，百代同道，人民嫁娶，同時共禮❹。」這種普世的觀點也延續到例如宋明理學，所以程頤就認為：「理」是事物的準則，永恆不變，與人真正認識與否無關，與增減某一特殊實則也不相干。所以說：「夫有物必有則。父止於慈，子止於孝，君止於仁，臣止於敬。萬物庶事，莫不各有其所❺。」所有倫理原則永久不易。

　　但是相對主義在中國傳統哲學裡也有淵遠流長的歷史，例如莊子齊物論中就有許多從事物本身差異性方面說明事物認識標準相對性的例子。莊周說：「民濕寢則腰疾偏死，鰌然乎哉？木處則惴慄恂懼，猿猴然乎哉？三者孰知正處？」人睡在潮濕的地方會生病，但泥鰍則非生活在潮濕的地方不可；人爬到高樹上會感到膽怯，但猴子卻可攀跳自如。這三者究竟誰真正知道「正處」呢？「民食芻豢，麋鹿食薦，蝍且甘帶，鴟鴉耆鼠，四者孰知正味？」人、鹿、蜈蚣和貓頭鷹，各有自己所喜歡的食物，究竟誰知道什麼是最好的味道呢？「毛嬙、麗姬，人之所美也，魚見之深入，鳥見之高飛，麋鹿見之決驟，四者孰知天下之正色哉？」人以為是美的事，魚、鳥、鹿並不以為美，究竟以誰的認識作為衡量美與醜的統一標準呢？何為「正處」？何為「正味」？何為「正色」❻？不同的事物有不同的好壞美醜標準，無法用統一的尺度去衡量。這

❸　《荀子集解》，〈天論篇第十七〉，同上註 14 集成第二冊，第 205 頁。

❹　王充，〈齊世〉，同上註 12 哲學史第三冊，第 296 頁。

❺　《艮象辭傳》，《易傳卷四》，同上註 12 哲學史第五冊，第 110 頁。

❻　《莊子集解》，〈齊物論〉，同上註 14 集成第四冊，第 15 頁。

就突出了事物的差異和相對性。基於這樣的認識莊子不承認有判斷制度或道德的一定標準，所以他說：「古今非水陸與？周魯非舟車與？今蘄行周於魯，是猶推舟於陸也，勞而無功，身必有殃⋯⋯故禮義法度者，應時而變者也 ❺❼。」使用時空不同的制度，就如同在陸地開船，必不可成。其實就如不同的水果，「其味相反而皆可於口」 ❺❽，制度與道德只是對特定社會及社群是否妥適的問題。

韓非也認為：事物的道理不是永恆不變，而是隨事物的變化而改變，所以，「道，理之者也。物有理不可以相薄。物有理不可以相薄，故理之為物之制。萬物各異理。萬物各異理，而道盡稽萬物之理，故不得不化；不得不化，故無常操 ❺❾。」所以，沒有放諸四海而皆準的「普世價值」。

肆　倫理原則的來源

一　缺乏法律倫理的傳統

人的行為是依據或表現倫理原則，而法律專業的活動也牽涉倫理觀念，但是，倫理從何而來，人類或專業人士如何得知或認識倫理，如何判斷行為是否符合或呈現倫理原則？具體地以本書關切的法律倫理而言，不論從事法律工作的是律師、法官、檢察官、或其他法律專業人士，他們的專業活動如何才能合乎倫理？他們又如何才能判斷自己的行為表現專業倫理的要求？就以倫理規範的歷史較為悠久，規定較為詳細的律師行業來說，現行律師倫理規範的前身採訂的日期是 1983 年 12 月。再以法官的倫理規範而言，目前的法官守則不僅極為簡陋（只有五條），而且是基於 1995 年方行制定的守則而

---

❺❼　《莊子集解》，〈天運〉，同上註 14 集成第四冊，第 91 頁。

❺❽　同上。

❺❾　《韓非子集解》，〈解老第二十〉，同上註 14 集成第五冊，第 107 頁。

來 ❻⓪。

　　如果再進一步探索，中國傳統社會除了一些公務員兼法律工作者的刑部官吏、按察使、縣令等之外，還有一些與現代法律專業功能類似的法律人士如代書或幕府師爺之類 ❻①，事實上是談不上有什麼法律專業。而就以「律師」一詞，也要等到清末洋務運動之後方始出現 ❻②。即以臺灣特殊的殖民歷史，日據時代臺人的法律專業人士不僅鳳毛麟角，是否有意識地認識到專業的倫理問題，至少是尚待深入研究，無法定論。如果觀察例如美國的律師倫理規範的發展，我們或許可以合理的假設：臺灣到相當近期之前，連有如西方基於歷史上的行會形成的一種帶有某種自主性的法律專業都談不上，遑論有職業倫理的傳統。那麼，大海茫茫之中，何處發現倫理規範？

二 可以發現的實在

　　蘇格拉底與克里托的對話裡呈現了各種可能性，其中最重要、最具影響力的觀點是認為道德標準是外在獨立的實體。前面已略為提及，柏拉圖著名的「形式理論」(Theory of Forms) 或「理念理論」(Theory of Ideas) 就認為：有一種外在獨立的形式 (Forms) 包括美和善，是我們知識所無法絕對掌握 ❻③。他又說：「事物不因人喜歡它而可愛，而是因其可愛人才喜愛它；德行不因神喜愛它而神聖，而是因為神聖而受喜歡 ❻④。」在這種看法之下，倫理道德的原則就像客觀獨立的實體存在於自然之中。至於我們如何發現這些客觀存在的

---

❻⓪　黃凱裕編譯，《法律倫理基本文件》，自刊，2010 年，第 181 頁。

❻①　Robert M. Marsh, *Weber's Misunderstanding of Traditional Chinese Law*《韋伯對傳統中國法的誤解》, 106 Aм. J. Sociology 281, 293 (2000).

❻②　好像到 1906 年左右伍廷芳起草訴訟法時才有律師的觀念。參閱黃源盛，《法律繼受與近代中國法》，元照，2007 年，第 25 頁。

❻③　Plato, *Parmenides*, in Dialogues ¶134a–b, *supra* note 1, at 928.

❻④　Plato, *Euthyphro*, in Dialogues ¶10d, *supra* note 1, at 179; *see also* Guthrie, *supra* note 2, at 121.

倫理? 柏拉圖似乎是認為人應該與生俱來就有這些倫理觀念，例如，他認為：人生而有平等的觀念 ❻。蘇格拉底則主張：正義，善，及其他德行，是由具體事件的共同特質歸納於同一種分類或範疇 ❻，這種天生的倫理道德觀念可以經由許多具體事件歸納而察覺 ❻。無論柏拉圖或柏拉圖筆下的蘇格拉底都把倫理視為獨立外在人之外，可以由人生來具有或發現的標準。

神諭也可以是客觀存在的倫理原則。蘇格拉底提到神的安排，而古希臘也有道德倫理觀念出於神諭這樣的主張。到了中世紀，尤其是中世紀末期，取而代之自然觀或自然法的是基督教的宗教信仰。在此觀念下，上帝成了「善」的化身，上帝的命令成了普世適用的倫理原則 ❻。馬丁路德 (Martin Luther) 的新教教義基本上認為上帝的命令即是道德規律，無須進一步論證或合理化，其所以是普世必須遵守的原則，全然因為它們是上帝的命令 ❻。

康德則認為倫理來自人的理性，理性告訴我們道德原則是我們絕對應該遵守的「絕對命令」(categorical imperatives)，因為絕對命令是先驗的道德原則，所以不是基於人的經驗，而是理性 (reason)❼。所以，康德的道德原則內涵雖然普世，但既非得自自然，也非來自上帝❼，卻也是普遍存在，永恆不變。

三 社會成員的同意

前面已經提到，蘇格拉底在審判後不願逃跑，因為他認為與雅典人民有約，必須遵守，似乎道德倫理的原則出於他們相互間的同意。不過，類似的

---

❻ Plato, *Phaedo*, in Dialogues ¶75c–d, *supra* note 1, at 58.

❻ GUTHRIE, *supra* note 1, at 112.

❻ Plato, *Phaedo*, in Dialogues ¶74b, *supra* note 1, at 57.

❻ MACINTYRE, *supra* note 41, at 119.

❻ *Id*. at 121.

❼ KANT, *supra* note 9, at ix, 221.

❼ KANT, *supra* note 35, at xvii.

看法也不限於蘇格拉底，亞里斯多德也說過：法律是社會成員同意的行為規則❷。他又說過：正義，有部分是自然存在，是到處一樣的觀念，不因不同地方不同人的想法不同而有差別。但是，正義也有部分是法定或約定俗成，這一部分是可以改變的❸。

在這種看法之下，學者主張倫理道德是基於社會共同生活必要，經由辯論溝通達成的互為主體性的安排。這些安排及實踐是基於安全感的需要及同理心的延伸，而不是由於遵守不存在的客觀的獨立標準，或冷冷冰冰又同時需要皈依的所謂「理性」❹。羅蒂進一步主張：共同生活的道德基礎是相互的信賴 (trust)，而非康德式的各設藩籬的「義務」(duty)❺。其實，馬克思早就批判這種基於傳統個人自由主義，將人的共同生活曲解為有如互不侵犯的國際關係❻。

四　相對主義與虛無主義

對於道德相對主義最常見的質疑是認為：道德的相對會導致虛無主義 (nihilism)。換句話說，如果沒有一定客觀的普世價值，而是將之視為特定時空下的產物，則道德倫理變成毫無原則，因此，任何既存的道德觀都是正當，

---

❷ Aristotle, *Rhetoric to Alexander*《給亞歷山大的論辯術》 ¶1424a10, in Works, *supra* note 29, at 2276.

❸ Aristotle, *Nicomachean Ethic*《尼可梅強倫理》, Book V, ¶1134b1–30, in Works, *supra* note 29, at 1790–91 （Nicomachus 是亞里斯多德的兒子）。

❹ 3 RICHARD RORTY, PHILOSOPHICAL PAPERS: TRUTH AND PROGRESS《哲學論文集第三冊：真理與進步》7, 11, 83, 169, 180 (1998).

❺ RORTY, *supra* note 51, at 45.

❻ 馬克思最經典的陳述要屬「論猶太人問題」，參閱黃維幸，《法律與社會理論的批判》，新學林，2007 年 9 月，修訂二版，第 80–82 頁；Karl Marx, *On Jewish Question*《論猶太人問題》, in KARL MARX SELECTED WRITINGS 39 (David McLellan ed., 1977).

在這種實證觀點之下，據說會產生許多流弊：納粹德國許多違反人道的措施在道德是相對的觀點下得到合理化。也就因為如此，二次大戰後的德國法學界有一股回歸某種自然法價值的浪潮，以為唯有如此，才能矯正被視為毫無標準的實證相對主義的缺失 **⓻**。而事實上德國基本法也以「人性尊嚴」做為最高的「普世價值」指導原則 **⓼**。又如許多極權或獨裁國家，常以國情不同的相對性做為剝奪某些人權（例如所謂「溫飽才是人權」）**⓽**，或維持非理性習俗（例如非洲某些部落切割女性生殖部位的作法）的藉口 **⓾**。再所謂「亞洲價值」人權的辯論 **㊶**，也無非是普世與相對主義思潮的激盪。

　　不過，我們已經說過，無論是「正義」、「善」、「自然法」、「理性」、「人性尊嚴」、或「上帝的命令」，做為「普世價值」，除了也許名稱相同，既沒有一定的客觀標準，也缺乏實質的內容。歷史已經一再證明，每個特定時代的特定社會有其受歷史及社會條件制約的道德倫理觀念，將之稱為「普世價值」不僅不確，也沒有特別意義，納粹德國亞利安人的「尊嚴」，正是壓迫少數民族的藉口。而就如同羅蒂在類似場合下所說的：沒有一成不變的所謂普世的「人性」，足以做為人權保護的「基礎」(foundation)**㊷**。

⓻ 某種程度上對納粹的反應固為事實，其實與一般先入為主的刻版印象相反，納粹德國也非常重視及保護「尊嚴」，只是它的「尊嚴」是德國亞利安人的「尊嚴」。參閱 James Q. Whitman, *The Two Western Cultures of Privacy: Dignity Versus Liberty*《兩種西方文化的隱私權：尊嚴與自由》, 113 YALE L. J. 1151, 1180 n. 126, 1187 (2004).

⓼ 德國基本法第 1 條第 1 項 ("Human dignity shall be inviolable.").

⓽ 參閱 JACK DONNELL, UNIVERSAL HUMAN RIGHTS IN THEORY AND PRACTICE《世界人權的理論及實際》114 (2d ed. 2003) 對中國此種人權主張的批評。

⓾ 參閱 HENRY STEINER and PHILIP ALSTON, INTERNATIONAL HUMAN RIGHTS IN CONTEXT《縱視國際人權》409–25 (2d ed. 2000).

㊶ *Id*. at 550.

㊷ 參閱 1 RICHARD RORTY, PHILOSOPHICAL PAPERS: OBJECTIVITY, RELATIVISM, AND TRUTH《哲學論文集第一冊：客觀，相對，及真理》21–23 (1991).

批評相對主義為虛無主義還有的謬誤是以為相對主義即是毫無道德觀念，這是錯的。相對主義者只是務實地認為道德倫理就像科學判斷或理論的形成，最終是由社會因素諸如利害、權力、或派系所決定❸。那麼一方面否認有所謂「普世的」基礎做為倫理道德的標準，他方面又要求社會大眾可以互為主觀地接受同意的倫理道德，則唯有保持審議 (deliberation) 及溝通的暢達，社會才可能經由辯論及說服達成社群認為妥適的道德倫理共識❹。在這個過程，我們所要注意強調的是溝通的可能及平等，以及道德倫理經由審議形成及改變的可能性，更不能有國家、政府、或某一群人獨占意見形成的資源或優勢的狀態❺。在此情況下，像納粹德國的「尊嚴」，不過是極權國家的意識形態；「亞洲價值」極可能是壟斷政治權力的政治寡頭企圖繼續壟斷的煙幕；非人道的倫理（例如守貞的「婦道」）極可能是壓迫群體的藉口。但是，這是政治程序不良的後果，不是由於所謂相對主義的不講道德，或相對主義必然放棄道德倫理的實質要求❻，也不是道德相對主義的本意或願意姑息的作為，更非徒有「普世」觀的倫理所能防止或改善。

「繼受」倫理規範

■ 倫理規範的移植

前面已經略為提及，法律倫理及法律專業本非我們的傳統，某些倫理規

---

❸ HELEN E. LONGINO, THE FATE OF KNOWLEDGE《知識的命運》23 (2002).

❹ 最經典的陳述參閱 BENJAMIN R. BARBER, STRONG DEMOCRACY: PARTICIPATORY POLITICS FOR A NEW AGE《強勢民主：新時代的參與政治》([1984] 2003); AMY GUTMANN and DENNIS THOMPSON, DEMOCRACY AND DISAGREEMENT《民主與歧見》(1996).

❺ 類似意見認為：社會建構科學理論需要此種知識脈絡 (intellectual context)，參閱 LONGINO, *supra* note 83, at 206.

❻ 參閱 GUTMANN, *supra* note 84, at 347.

範甚至尚在建構之中，形成規範「繼受」及立法「模仿」的兩重特殊現象。在某種程度內，這也許是無可奈何之事。但是，不能不意識到未加解釋地創造一些倫理規範，或逕以西洋的倫理理論為我們應有的原則，或以某國或數國現行的倫理規範為我們必須採用的規範的不當，可是，這些卻是當下正在發生的現實。

以道德倫理及法律的傳統觀念來說，中國缺少像西方的神授或宗教性的自然法觀念，無論儒、道，或法家的道德或法律理論都帶社會性質，對大自然毫無興趣。如果有天道的思想，它不像西方是指自然規律。中國傳統思想中所謂的法律，是人世的刑法，而非自然界之法⑧。

除了一般倫理與法律倫理、法律倫理與其他專業倫理、法律倫理內部之間的互動及衝突之外，我們還須面對一種移植的法律倫理與社會既存倫理調適與衝突的可能。無可諱言，臺灣的法律制度，包括法律專業，與傳統的關連較為薄弱，絕大部分是從外國移植而來。而移植的法律制度是否已具足夠的期間形成一個新的法律傳統，本身可以有不同的看法⑧。但是，以法律倫理而言，不僅沒有說得上來的傳統，甚至還沒有移植的或任何可觀的法律倫理觀念及實踐可言。在發展及建立一套法律倫理規範的努力中，我們看到的倫理學討論幾乎完全侷限在西洋倫理學的範圍，法律專業倫理的分析，也絕大部分是外國與本國實踐不分。也許想要在一種幾乎是無中生有地在極短時

---

⑧　參閱同上註 11 陳立夫，第 315–320，368 頁；但有人認為：「自然之道」指天地萬物內在的自然規律。羅立乾譯注，劉勰，《新譯文心雕龍》三民，1994 年，第 11 頁。天地萬物的文采源自「天地之心」、「神理而已」。同上，原道。這是後人以現代觀念穿鑿附會。

⑧　討論法律移植的著作及論文可謂汗牛充棟，主張移植是法律最重要的方法及現象的如 ALAN WATSON, LEGAL TRANSPLANTS: AN APPROACH TO COMPARATIVE LAW《法律移植》(2d ed. 1974); 認為法律深植整個文化無法移植的如 PIERRE LEGRAND, LE DROIT COMPARÉ《比較法》32–49 (1999); Pierre Legrand, *Against a European Civil Code*《反對歐洲民法典》, 60 MO. L. REV. 44 (1997).

間內建立法律倫理，模仿及移植外國現成觀念及規範是不得已的辦法，但是卻也無可避免地必須面對移植的規範與社會既存價值能否融洽的問題❽。

　　普世與相對主義的討論，並非只有學術上的意義，而是有實際上深切的後果。但是，臺灣法學界一般不僅大都以為：所謂「普世價值」、「人權」、「正義」、「人性尊嚴」背後所代表的普世主義，是西洋哲學毫無爭議的唯一真理，而且根本不知道：即便在中國傳統哲學裡，普世與相對主義是歷史上長久以來分庭抗禮的兩種不同主張❾。一談到「人權」、「正義」、「人性尊嚴」，就以為西方這些觀念有普世的適用，可以毫無疑問地適用到臺灣這個文化傳統全然不同的社會。

　　在這種普世主義的心態之下，幾乎沒有人思考法律「繼受」背後的真正意義何在；法律的「整合」或各國民法的「統一」法典是否穩妥；超國界法律運動的法律普世前提❿。同理，建構法律倫理自然僅止於各國倫理規範的翻譯編纂；發展倫理規範不過是對美國式或德國式現成規範的「繼受」或模

---

❽　參閱例如 Daniel Berkowitz, Pistor, and Jean-Francois Richard, *The Transplant Effect*《移植效應》, 51 Am. J. Comp. L. 163, 171 (2003).

❾　雖然近年來也有所謂「本土」的呼籲，我的印象中似乎沒有對歷史及社會層面這些哲學先決問題的探討。反之，有法律最高評審機構的國科會敦聘的「權威」，在談到相對主義時，不僅以極不相信的口吻說：「這也是一種法律見解」(?)，而且接著竟然做出更多匪夷所思的評論。而國科會參與法律評審的「專家」居然也會毫無判斷能力，同意那些荒唐的論述。由於這已不是見解不同的爭論，使人合理懷疑法界對這些問題的缺乏省思。參閱黃維幸，《務實主義的憲法》，新學林，2008 年，第390 頁。

❿　對這些運動的理論基礎全面的質疑參閱 Pierre Legrand, *The Same and the Different*《同與異》, in Comparative Legal Studies: Traditions and Transitions《比較法學研究》240–311 (Pierre Legrand and Roderick Munday eds., 2003). 面對「繼受」是法律「科學」發展的「通說」，臺灣法學界極少數意識到法律「繼受」只有有限的意義，幾乎是一定與本國文化脫節的例子，參閱陳添輝，〈以繼受外國法律做為開發中國家現代化之工具〉，《東海大學法學研究》，第 5 期，1989 年 11 月，第 1 頁。

仿；解決倫理爭議主要是這些普世規範對「本土」案件的解釋及適用；研究倫理學當然也多半是討論「普世」的西洋倫理；測試法律倫理無非是從「普世」的規範尋找「普世」的答案。

但是，如果意識到原來倫理道德不是（或至少不一定是）普世的觀念及標準；了解原來臺灣社會也有異於西方的豐富倫理傳承；領略到也許臺灣也有不同於其他社會的文化及環境；警覺到外來的倫理原則及規範，或許不能完全嵌入臺灣的法律版塊，也許法律倫理的「繼受」應該呈現一種相當不同的風貌。

二　律師守密的例子

拋開規範能否移植的問題不談，移植的倫理規範一定會與「本土」倫理道德觀念相互衝突，絕非理論上的想像，我們可以舉律師有為當事人守密義務的具體例子思考。一般而言，在沒有得到當事人許可之下，律師由於代表當事人得知的祕密原則上不能透露，也得拒絕作證。這種法律專業倫理是源自西洋的觀念，並非我們傳統上古已有之的原則。即使西洋社會如何產生這樣的倫理義務，學者也是語焉不詳，有說是早在羅馬法下就有這種觀念，但提不出證據❷。中世紀的四種專業：武士、醫師、神職人員，以及律師，據說由於專業的榮譽（所謂「榮譽信條」honor codes），都有某種守密的義務❸。如今，大部分的意見都認為不管歷史淵源為何，是為了律師能更適當地履行職務，要鼓勵當事人對律師完全坦白，有必要讓律師有拒絕證言的權利及保守祕密的義務。

不管是否如此，將此種倫理觀念移植到我們社會來至少引起兩個問題：傳統社會為什麼沒有這種倫理原則？既然沒有，對這種外來的觀念是全盤「繼受」呢？還是「繼受」到某個程度？不論西方的律師守密在中世紀以後如何

---

❷　MᴄCᴏʀᴍɪᴄᴋ ᴏɴ Eᴠɪᴅᴇɴᴄᴇ《馬考米克證據法》150 (Kenneth S. Broun ed., 6th ed. 2006).

❸　*Id*.

發展深化，至少因為基督教（尤其是天主教）教徒有經由教士向上帝告解的必要而形成教士守密的傳統，而有一強大的模式可以模仿，甚至可能因為由於他們讀書識字又能講由諾曼地入主英國的貴族所講的法文，英國早期的「律師」都是教士❾❹，是否因而將守密的習慣帶入法律專業，我們沒有堅強的證據，只能臆測想像。但是，為什麼中國的傳統社會只有極有限而薄弱的類似人倫觀念，例如孔子說過：「子為父隱，父為子隱，直在其中矣❾❺。」但沒有強有力的專業守密倫理卻是不爭的事實。如果說中國的和尚或道士從來沒有宗教告解的義務，或是中國本來就沒有法律專業，當然不會產生類似西方的守密倫理。但是，至少我們沒有證據否認：中國傳統社會中的中醫師似乎並沒有因為職務上的需要，發展出守密的專業倫理。如何看待這種移植的外來觀念，相對主義者沒有一定的藥方。但是，真正的相對主義者在摒棄一定的公式之餘，至少提醒大家要對這些問題有一定的認識與意識。

倫理規範的實踐與教導

一 倫理即實踐

倫理既是有關人的行為的判斷，討論倫理如果停留在理論的層次，顯然意義不大。所以，亞里斯多德曾說：我們討論什麼是道德的高超不在了解道德高超是什麼，而是為了成為高超，否則討論就沒有什麼用處❾❻。又說：成

---

❾❹ *See e.g.*, J. H. Baker, An Introduction to English Legal History《英國法制史導論》133–34 (2d ed. 1979).

❾❺ 《論語正義》，〈子路〉，同上註 14 集成第一冊，第 291 頁。

❾❻ Aristotle, *Nicomachean Ethics* Book II, ¶1103b25–30, in Works, *supra* note 29, at 1743. ("...we are inquiring not in order to know what excellence is, but in order to become good, since otherwise our inquiry would have been of no use....").

就道德是一種實踐活動的習慣，勇敢的人做勇敢的事而成為勇敢 **❾**。

現代的分析哲學也認為：「哲學不是一個理論體系，而是一種活動或實踐 **❾**。」遵守規範是一種實踐，如果必須想要怎麼樣才能遵守規範，那已經不是遵守規範 **❾**。所以，「遵守規範……是習慣 **⑩**……」換句話說，倫理是一種實踐，實踐必須成為習慣，不能每遇到一個倫理的抉擇就重新評估或衡量倫理原則。例如我們開車並不會也不必時時去考慮如何操作方向盤；我們看到紅燈也不會先想到紅綠燈的含意，而是自然反應。在這個意義下，我們才能了解為什麼韋根斯坦 (Wittgenstein) 說：「當我們遵守規範，我們只是盲從 (blindly) **⑩**。」對韋根斯坦來說，規範本身沒有拘束力，也沒有任何能力驅使人採取某種行動。所有的拘束感或規範的驅動力，來自創造規範及遵守規範的人本身 **⑩**。

中國的墨家也認為能夠實行的原則才有真正的意義，所以，墨子說：「言足以復行者常之，不足以舉行者勿常，不足以舉行而常之，是蕩口也 **⑩**。」意思是說：只有能見諸實施的理論才值得提倡，光有原則而不見實行，是空口說白話。

所以，建構法律倫理的目的，是在法律的實踐中表現倫理道德。純粹以倫理規範為依據則使法律人士專注在遵守條文文字，忘記條文所代表的精神

---

❾　*Id*. Book II, ¶¶1103a15–1103b25, at 1742–43.

❾　LUDWIG WITTGENSTEIN, TRACTATUS LOGICO-PHILOSOPHICUS《邏輯哲學論》 ¶4.112 (D. F. Pears & B. F. McGuinness trans., 1961).

❾　LUDWIG WITTGENSTEIN, PHILOSOPHICAL INVESTIGATIONS《哲學調查》 ¶202 (3d ed. G. E. M. Anscombe ed., 1958).

⑩　*Id*. ¶199.

⑩　*Id*. ¶219.

⑩　參閱 DAVID BLOOR, WITTGENSTEIN, RULES AND INSTITUTIONS《韋根斯坦，規範及制度》22 (2002).

⑩　《墨子閒詁》，〈耕柱〉，同上註 14 集成第六冊，第 260 頁。

和條文真正要達到公平正義的目的。現代法律經濟分析專注交易損益成本大小，就有類似這種傾向。所以說：嚴格而言，法律專業的表現不在遵守某些規範，而是在態度及舉止的修為符合專業❶。進一步而言，法律倫理的實踐，是行為舉止表現了社會的倫理習慣，絕非純粹「認知」西方倫理，更不可能在心態及舉止上，由於認識了西方法律倫理而忽然轉換為西洋的律師或法官。

■二　倫理活動的實踐與省思

但是，正因為倫理實踐大部分是習慣性的活動，對於倫理原則及困境的省思 (reflection) 才更突顯了它的重要性。倫理活動之中不會經常有機會省思倫理原則，不能表示不能或不該評估倫理原則❶，使之與我們的整體價值觀念一致而不相互矛盾，我們也可以說這是 Rawls 所謂的「省思均衡」的部分意思❶，我們甚至可以說：倫理活動不只是倫理的行為，而是包含倫理的檢討及反思。如此，才能說：只有有意識而重複地以行動表現才是真正的德行❶。

■三　倫理教育

倫理道德的行為既然以實踐為要，即要以行動學習倫理和形成習慣。柏拉圖甚至曾經主張：德行不是一種純粹的知識，因此德行無法教導❶，但是，柏拉圖這樣表示的時候，是因為他說整個雅典找不到一個合格的老師❶，與

---

❶ 1992 ABA Working Group on Civil Justice, in THOMAS D. MORGAN & RONALD D. ROTUNDA, PROFESSIONAL RESPONSIBILITY《專業責任》24 n. 28 (9th ed. 2006).

❶ MACINTYRE, *supra* note 41, at 230.

❶ 參閱同上註 24–25 及其本文的討論。

❶ 6 W. K. C. GUTHRIE, A HISTORY OF GREEK PHILOSOPHY: ARISTOTLE: AN ENCOUNTER《希臘哲學史第六冊：邂逅亞里斯多德》252–53 (1981).

❶ Plato, *Meno*, in Dialogues ¶¶98d–100c, *supra* note 1, at 382–84; *but see* GUTHRIE, *supra* note 2, at 239.

他在其他地方（例如《共和國》中共和衛兵的教育）的代表性意見不同。所
以，他認為：除非包括共和衛兵的統治階級成就高深的哲學素養，具有一定
的智慧，而有高尚的行止，不然永遠無法達到一個公正的社會⑩。亞里斯多
德也認為：德行不是天生而是後天的訓練，我們有天生的能力，然後運用能
力。但是德行是由行為形成的習慣，我們以公正的行為成為一個公正的人，
以勇敢的行動成為勇敢的人⑪。又說：高超的德行固然仰賴天生的生性與能
力，但是也依靠後天教育的成長⑫。他的倫理觀念最重要的部分是：以教育
使人了解德行因而成為有德之人⑬。總之，德行並非天生，而是必須學習；
但是德行必須經由努力實行與修養，不能僅僅知道倫理或義務的觀念⑭。

中國傳統哲學中，漢朝的賈誼也認為道德倫理是可以教育的，人的品質
會因為教育的不同有所改變，所以他說：「夫胡粵之人，生而同聲，嗜欲不
異；及其長而成俗，累數譯而不能相通行者，有雖死而不相為者，則教習然
也⑮。」明末的王夫之也談到「知」、「行」的問題，他所謂的「知」是「良

---

⑩ 當今的學者也重複柏拉圖的觀點，有說哲學教授沒有能力教法律倫理，也有認為法律學者無法教哲學。Comp. M. B. E. Smith, *Should Lawyers Listen to Philosophers about Legal Ethics?* 9 L. PHILO. 67 (1990) (Philosophers do not know enough law to lecture lawyers about legal ethics. Nor are moral philosophers particularly more virtuous than others.) with Martha C. Nussbaum, *The Use and Abuse of Philosophy in Legal Education*, 45 STAN. L. REV. 1627 (1993). (Law professors who do philosophy are not particularly good at it and are strange in believing that they can do it.)

⑩ Plato, *Republic*, in Dialogues, *supra* note 1, at 576, 623.

⑪ Aristotle, *Nicomachean Ethics*, Book II, ¶1103a15–30, in Works, *supra* note 29, at 1742–43; MACINTYRE, *supra* note 41, at 64.

⑫ Aristotle, *Nicomachean Ethics*, Book II, ¶1103a15, in Works, *supra* note 29, at 1742. ("...intellectual excellent in the main owes both its birth and its growth to teaching....")

⑬ ALASDAIR MACINTYRE, WHOSE JUSTICE? WHICH RATIONALITY? 《誰的正義？什麼理性？》109–10 (1988).

⑭ KANT, *supra* note 9, at 221.

知」，即分辨善惡，也就是倫理問題。他認為：「知之非艱，行之惟艱」，又認為知行雖有分別，但「知中有行」、「行中有知」，兩者不可截然劃分。所以他主張：「蓋云知行者，致知力行之謂也。唯其為致知力行，故功可得而分。功可得而分，則可立先後之序。河立先後之序而先後又相為成，則由知而知所行，由行而行知之，亦可云並進而有功❶⑥。」

柒　結　論

在臺灣的法學努力建構法律倫理的過程中，有極基本的取向問題有待釐清。本章以蘇格拉底及司馬遷的歷史審判為引子，雖然也廣泛討論西方的倫理及哲學觀念，但更指出：

⑴倫理判斷常在解決不同倫理原則之間的衝突，包括我們從外國移植而來的法律倫理與本國文化裡既存倫理觀念的互動；

⑵外來的倫理規範不是普世原則，而是深植外國特定文化的一部分；

⑶目前的法律倫理討論仍停留在脫離時空的西洋倫理及歐美法律倫理的介紹；

⑷倫理的實踐要成為習慣，有待長期的教育與耕耘，不宜急躁；貿然以西洋倫理及純粹從歐美移植的法律測試法律人士，亦非恰當。

但是，由於整個建構法律倫理的努力方才開始，本章並沒有提出特定的對策，勿寧是陳述某些前提認識，做為法學界共同審議及溝通的素材。

---

❶⑤　《漢書》，〈宣帝紀〉，同上註 12 哲學史第三冊，第 29 頁。
❶⑥　王夫之，《讀四書大全說卷四》，同上註 12 哲學史第五冊，第 310–311 頁。

附錄
Appendix
法界的集體早發性痴呆症

2011 年 4 月 4 日蘋果論壇

最近由於提名大法官提了據說是「恐龍」法官而弄得全國上下沸沸揚揚，而自從白玫瑰運動以來，法界一些法匠依然義正辭嚴，堅持法律解釋是一種外行人無法了解的「科學評價」的「涵攝」，因此強制性交罪裡的「違反其（意即『女方』）意願」的正解，法匠一致認為就是要求女方有反抗或至少是有不願意的表示。雖然即使這種奇特的解釋可能「違反法官意願」或良知，法官做為一個法匠不願也不能「反抗」這種「通說」，據說不這麼解釋就可能違反了法律的「客觀」意思。

然而，民意難違，選票要緊，解決之道，在於修法。修法雖是路途遙遠，遠水救不了近火，但既順應了民意，又遮羞了據說是法匠的「專業」，真是兩全其美，顧全大局。我看沒有什麼比這種全國性的法律滑稽劇，更能顯示法界集體的早發性痴呆症。

法界一向有一種迷信：認為法條的文字有一種客觀確定的意思，只要解釋法條的人理性公正，不上下其手，並使用正確的解釋方法，就可以做出每一次都符合文字的正確意思並符合客觀實相的同一結果。法匠不僅如此麻醉自己，並且用之恫嚇他人，稱之為關乎法治存亡的法的安定性。事實上，這種「恐龍」理論只有臺灣的「恐龍」法界深信不疑，視為鐵律。

別被「恐龍」騙了

早在 100 年前，結構主義始祖蘇敘 (de Saussure) 就對語言文字代表客觀實相的謬論給了致命的一擊，指出文字的意思是它與語言的其他關係所決定。例如，我們說「ㄍㄡˇ」，腦筋裡才會浮現「狗」這個字及其圖像，不是狗的圖

像非要我們叫之為「ㄍㄡˇ」不可。所以，同樣的動物日本人稱之為「意奴」，美國人稱之為「多哥」，法國人稱之為「喜安」，沒有什麼客觀的實體以一定的語言代表，反而是我們以約定的言語製造客觀的圖像。

又如，女兒之所以是女兒，只有是相對於父母及家庭的觀念而言，沒有這類語言上的相對關係，「女兒」無法代表什麼，更不用提是反映什麼「客體」。所以，法匠眾口鑠金地認為「違反其意願」指稱女性的拳打腳踢，尖叫求救，或至少是堅決說「不」的「反抗」，只不過是法匠們的偏見，當然不是什麼在判決裡變更適用法條，或進一步修法改變或刪除文字才有得補救。為什麼不「違反其意願」不能至少是「害羞點頭」、「嗯！」、「好！」、「我要」、甚至是把男性壓在底下才算數？「違反意願」不是什麼男性中心的反抗說的必然陳述是太明顯了，也只有相對於男性沙文性文化才能了解其所扭曲的意義。

不過，法匠們一定不服，說是把抽象的「違反其意願」這樣的解釋是忠實於法條的文義，至少是合理的解釋，即使有所不妥，法官不能造法，只能修法解決。這又是臺灣「恐龍」法學另一個萬年化石。現代的法國人類社會學家拉杜 (B. Latour) 告訴我們：除非是同義反覆，沒有兩種語言陳述會完全相同。所以，「反抗」絕對不會與「違反其意願」的意思相同。我說：法官的解釋就是「造法」，而且是造了非常壞的法，只不過不是立法機關的立法或修法意思下的「造法」。不過不要被「恐龍」騙了，法官既然造法，一念之間也可以「修法」，何待冗長的立法。

修書不如修腦袋

加重強制性交罪的「違反其意願」規定也許有很多問題，但如何才是妥善的解釋卻非其中之一。14 歲以下「合意」都算強制了，舉輕以明重，何以「違反意願」而加重其刑期一定需要不合意的「反抗」？我看法條文字沒什麼問題，法匠的腦筋才是問題。要去除「恐龍」理論是「修法」不如「修書」，「修書」不如修「腦袋」。

吳淑珍當然是公務員

2009 年 2 月 14 日蘋果論壇

用常識看問題

打從前第一夫人涉嫌弊案伊始至今，我們最常聽到的她的一句表面謙遜，但不無得意的話是：「我不是公務員」。意思是我雖然拿錢洗錢，但不能以公務員瀆職辦我，只能從輕發落。

很多法界人士雖然認為吳淑珍惡行重大，應予嚴懲，但是下意識地受到教條主義、形式主義、文義主義、甚至是自以為這樣才是「嚴謹」的罪刑法定主義的影響，也只有搖頭嘆息，同意「吳淑珍不是公務員」；除非能證明她是陳水扁的共犯，也只有任由她嘲弄法律的無能。

眼看檢察官力不從心，法律威嚴掃地，即使有可能「三代不得好死」，也只好建議我們少一點咬文嚼字，多用一點常識邏輯，正當正確地認定吳淑珍就是公務員！

第一夫人是公務員

總統夫人之所以被尊為第一夫人是因為她實際上扮演重大的公共角色。不說禮儀外交等形式上的活動，除非總統人格特殊，她總是總統最信任的政治顧問。所以周美青不是說她常常反映總統聽不到的民意，而吳淑珍也承認常常「喬」事情嗎？國外的例子也多得不勝枚舉。所以美國前總統卡特夫人不僅代表總統訪問拉美，接見使節，甚至列席內閣會議。希拉蕊‧柯林頓從來就是美前總統柯林頓最親密的政治夥伴，不僅參予決策，還積極推動領導最後不幸失敗的健保計劃。所以有好幾個美國聯邦高等法院的判例認為：總統夫人雖無任命，也無職等，也許不是某些特定法條定義下的公務員，她卻在功能上是地地道道，如假包換，行使重要公權力的公務員。有些學者甚至認為她也是美國憲法條文定義下的「公務員」，可以彈劾。

吳淑珍或任何第一夫人如果沒有任命，又無官等，當然不是我們銓敘意

義下的公務員；但是如果她事實上運用或濫用總統的職位所衍生的職權，她當然是公務員。即使我們的法律，不也規定某些不是嚴格銓敘意義下的政府「聘用」人員也應「視同」公務人員嗎？更何況總統本尊的「分身」(alter ego) 的第一夫人，有什麼道理視為非公務員？

華人與狗不准入內

2011 年 12 月 13 日蘋果論壇

前些日子有人向「蘋果日報」投訴板橋地院某法官要把盲人的導盲犬轟出法庭，引起各界不平，法院發言人雖說會虛心檢討，但又說有（明文）規定狗（動物）不得帶進法院，似乎法官於法有據。這使我想起過去上海法國租界「華人與狗不准入內」的規定，也再一次領略臺灣法學及實務界偏好「文義」解釋，只從法條看世界的惡習。

臺灣法界一向迷信「文義」解釋是法律解釋的天條，雖不一定是探討法律真意唯一的方法，卻以為是法律人士學到的最重要又最可靠的技巧，其實當然不是。因為看似明白的文字，常常隱藏無限的混淆。例如「華人與狗」看似直截了當，其實不然。在這寥寥數字之下，一個不管盲與不盲的法國人想帶狗進入法租界，你說他／她可以進入嗎？

拉回本案，不要說導盲犬本不在「動物不得入內」的本意之中，更有極多情境顯示「文義」的無奈。例如，假定一隻狗本身與案情有關而必須接受原被告及法官的檢視，這狗可以進入法院嗎？如果有人放話法院有人置放炸彈，警察可以帶特殊警犬入內偵察？所以，「文義」的解釋常常不會有你我認為妥適的結果，其自以為有科學的優越性只是幻想。

你說地院法官歷練不夠，但不能一竿子打翻一船人？不要太鄉愿了。某法界最高領導在有一次法律解釋中氣憤地認為他的同僚脫離「正確」的文字解釋，引用一句德國「法諺」義正辭嚴地責問：到底法律人士應該是法律的主人還是僕人？答案是應該是法律文字忠實的僕人。換句話說，法官只是有如孟德斯鳩在十八世紀比喻的法律的傳聲筒。但不要說照本宣科本已不可能，觀點更是老朽荒謬。何以荒謬？以本案為例，解釋法條被「狗」一字宰制已夠荒唐，何況不以此為足，法律人士不僅成了法律文字的僕人，忘卻法律意義的脈絡，整個思想被「狗」套牢，有似成了狗的僕人。在這樣的大氣氛之

下，我們對地院的小輩或許真是苛責了。但導盲犬案卻又指出一個殘酷的事實：連還有大半生要指導臺灣法界實務的法律工作者都奉機械的法律觀為圭臬，你我能不不寒而慄？

法界必須早日清醒：法條文字沒有脫離脈絡的獨立意義。剛好相反，人不從解釋文字之中發現法律的意義，而是將法律發生之前先存的意義宣諸法條文字。因此，法律解釋在顯現法律先存的意義，不在（也不可能在）以什麼「從文字出發再回到文字」或「發現文字明顯而普通的意思」的「方法」發現法條獨立的意義（例如爭辯導盲犬是不是「狗」）。我們不一定需要了解現象學才有這種認識，常識就可以告訴我們：沒有這種先存的意義，根本無從立法，也就不可能有法條，當然就更不會有「文義」。

「文義」解釋把法律意義的詮釋截頭去尾，本末倒置：既不顧其真義，又不關切其效果。真正的法律解釋的重心卻應該在披露法律發生之前的意義和之後的實效。推而言之，大部分法律人士極為淺薄的知識基礎及法學極端狹窄的教育過程是法界以咬文嚼字為能事，而屢屢出包的根源。無怪乎法律人士只知從法典的抽象規定認識世界和人生，而非從真實的人生檢驗法條；從法條的文字解釋生活，而不是從生活的妥適理解法律；以法律制定的關係為唯一標準，盲目擴大套用到其他非法律的關係及領域。

莎士比亞筆下的暴君李爾王晚年眼瞎，跌跌撞撞，說了一句悔恨卻令人酸鼻的感慨：「眼睛何用？當我能看的時候，我卻跌倒！」像瞎子一樣看不清那一個女兒真正忠心。同樣，法律人士瞪著浩瀚的「文義」卻不知其真義，與瞎子何異？有「解釋」何用？論者在蘋果論壇上評論：「問題不只在導盲犬」，對極了！但太客氣。法界需要的不是睜眼說瞎話的「有權解釋者」，而是更多的導盲犬！

誰說法律絕對不能溯及既往

2009 年 4 月 7 日蘋果論壇

財產來源不明罪終於在國會三讀通過了，可惜它不能溯及既往（下稱「既往原則」），因為大家以為這是法治國家的「鐵」則。但是，「既往原則」既不能這樣理解，更不能如此運用。

法律溯及既往的例子其實是屢見不鮮：法院判決以法律適用到已發生的事實，甚至是久遠以前的事件，就是法律溯及既往；事情發生之後法律改變為對當事人（包括刑事被告）更有利，通常應該適用更有利的新法，這也是法律溯及既往；法院修正或推翻有拘束力的先例，更是所在多有；有時法律應付社會緊急危難，矯正過去的錯誤或不公，必須溯及地適用。這些都是溯及既往的著例及原則。

以刑法來說，「既往原則」的形成是由於在歷史上與絕對王權及國會濫權鬥爭的過程中發揮了重要的作用。例如事後用新法將反對黨打成叛國，或修改法律加重刑罰（例如加上流放），通通是事後溯及既往羅織罪狀的惡法。但是另一方面，並不是所有刑法有關的法規一旦適用到過去已發生的事實都是禁止的對象。最有名的是二次大戰後盟國審判納粹戰犯的例子。面對被告以「既往原則」及「罪刑法定」的辯護，法庭認為對於如此重大違反人道及和平的罪行，法律的良知不能容忍技術性的解套。也許有人會說：盟國的作法不過是應驗了強權即是真理的原則，只不過是政治性判決，不能拿來解釋「既往原則」。可是戰後德國自己的聯邦憲法法院也同樣溯及地將納粹時期對待猶太人的國籍法以違背正義判為違憲，則又該當何解？

貪污枉法不值保護

部分的困難來自對於這個做為「舶來品」的法律觀念及辭彙的翻譯及理解的錯誤。早在 1798 年美國最高法院法官蔡斯 (Chase) 就明白指出：美國憲法禁止事後羅織 (ex post facto) 罪狀，但是，憲法不禁止所有法律溯及既往。

他說：「事後羅織罪狀（雖然）都是溯及既往 (retroactive)；但不是所有溯及既往都是（憲法禁止的）事後羅織罪名。」我們要是一股腦兒將溯及既往一概視為故入人罪，「誓死捍衛」這種想當然耳的「鐵則」，焉能不「熱血沸騰」，兩眼昏（洪英）花？

當法律造成了某種合理的期待，以新的法律溯及過去，改變既成的現狀，如果造成因遵循法律而產生的困難，法律溯及既往當然不公。可是，貪污枉法並沒有任何法律引起的合理期待值得保護。反之，貪瀆從來就是犯法，貪瀆的罪犯從來就不可能有對貪瀆合法的合理期待。所以美國最高法院很早 (1865) 就說過：「從來沒有犯罪的信賴利益。」隱匿財產罪沒有創造前所未有的貪污罪，如果立法謹慎，也不會改變定罪標準或被告的權益，最多只是面對貪污方法的漏洞，標示認定貪污的型態。

當國會順應民眾期待，保衛公共利益，將法律做為溯及的適用，那才真正是「立法形成的空間」，與民主法治恰好吻合。至於多數濫用法律事後入人於罪的可能，自有憲法審查機制把關，勿把法律正當的溯及既往與羅織罪名等量齊觀。

學習法律最怕一知半解，更怕不能確實把握法律的真正目的。「既往原則」有其重大的功能，但就以隱匿財產罪對付貪瀆而言，不能將之視為違反絕對不能溯及既往的「鐵」律。如果不是如此正確理解運用這種「鐵」則，不但大眾要圈銬惡棍，使其銀鐺入獄的合法權益鐵定泡湯，恐怕反而倒過來成了打昏自己腦袋的「鐵」棒。

大法官竟不敢消滅貪腐

2008 年 10 月 9 日蘋果論壇

在立法院大法官審查會中，三位大法官對立法院審議之中的「財產來源不明罪」，表示疑慮，呼籲慎重。疑慮何來？據說是有違「法治國」的「無罪推定」假設，故多為西方「先進」民主所不取。大法官是對立委及公民示範了一堂糟糕的法治課。

其實「財產來源不明罪」與「無罪推定」或廣義的「罪刑法定主義」無涉，根本沒有牴觸這些原則，也不是例外。觀點錯誤的來源是不知分辨舉證責任、定罪標準與證言證物的多寡，和「無罪推定」的觀念層次不同。「財產不明罪」既非推翻「無罪推定」，也不「轉換」舉證責任，最多只是與想像中應有一成不變的僵硬定罪標準及有巨量的證言證物存在不同。

定罪困難出自法律界

「財產不明罪」並不允許任意以「莫須有」的方式進行「政治鬥爭」，要公務員自證無罪；而是一定要在控方做出相當的舉證（例如展示無法解釋的巨額財產）之後，轉由嫌犯提出說明反證，這與訴訟程序中一般的舉證原則沒有差別（例如被告「不在場證明」）。而英美刑法的「超越合理懷疑」，以及我們的「心證」，並不是得以「量化」的絕對標準，而只是不違反常識的經驗法則。面對絕對祕密，盡在不言中的貪腐，認為提出大量的證言證物（收據?）才能與想像中的「無罪推定」相符，和特殊的「舉證責任」與「認罪標準」相當，只是自我挑戰常識和經驗。

「財產不明罪」更與「法治國」觀念風馬牛不相及。「法治國」是一種受歷史及政治脈絡制約的觀念，自古希臘以降，內涵代代不同，內容迭變，不是什麼確定的固定原則，無從由「法治國」推出法學家想像中的特定舉證責任與定罪標準。法界人士常常受制於先入為主的意識牢結，以抽象的觀念試圖將事實（尤其是新事物），削足適履地擠入既定觀念的框架，難怪研究「聯

合國反腐公約」的學者感嘆：「財產來源不明罪」落實的困難原來出自法律界。一些法律人士將衍生自其他不同脈絡的傳統刑法及其他法律觀念，生搬硬套到情景迥然不同的貪污腐化問題來，焉有不生大人包尿布的挫折感。

臺欠缺清廉文官體系

臺灣不是西方世界，而是民主轉型的「後進」國家，很大程度上是所謂的「軟國家」。軟國家欠缺清廉的文官體系，社會缺乏公益思想的「公民文化」，貪婪無罪，洗錢萬歲。「硬」國家不是沒有貪腐，只是問題的環境與程度大大不同，其現行法制對反貪之雷厲風行，也是一般後進國家望塵莫及。大陸人士在美國總以為律師應該而且可能幫助他們「走後門」，可是美國絕大多數公職人員對即使只可能產生貪腐的形象都絕對避免。在這樣非常不同的法律文化下，對「財產不明罪」落實的急迫感當然不同，不能用來解釋或搪塞臺灣不可制定該罪的正當與必然。

民主轉型不是觀念分析，更不是抱殘守缺。既要轉型，就要立足現在，面向未來。緊抱「原則」想像中的「純度」，而不思解決面對的實際困難，勾勒前瞻的願景，帶給小民一絲希望，是後退的落伍思維。轉型民主面臨的最大困難之一是如何防堵貪腐，大法官不加思索、先入為主的「大」原則，是對已然嚴峻的形勢，大大地雪上加霜！

奧妙推理　法律人不食煙火？

2009 年 3 月 7 日聯合報

　　最近法界有些有關扁案的言論，使我想起我以前特地選為教材的聯合報報導：斗大的標題：「妻會小情郎　衣衫不整　逆轉無罪」，細閱後不僅令人噴飯，也使我這個忝列法學教育的教授搖頭嘆息。為我們排難解紛、主持公道的法界精英到底怎麼了？難道真的是像我這種不食人間煙火的學究，把法律人教得生活在自成一格的抽象夢幻世界了嗎？

　　事情是這樣：丈夫懷疑四十歲的妻子與一小她十四歲的情人有染，發現他們至少三次到旅館開房。最後一次由徵信社通知後，丈夫會同警察捉姦，發現兩人全身赤裸。初審有罪，合議庭改判無罪。通姦是否應該除罪不論，法官認為兩人赤裸相處一室，固非「普通朋友」，只是「交情匪淺」。由於缺乏其他「證物」，最多是「準備」階段，因此宣告無罪。

　　這使我想起多年以前我與一位伊斯蘭教的同事探討該教許多對婦女歧視的法律規定，以及法律對婦女通姦獨特的殘酷（斬首示眾）。我的同事後來半開玩笑地說：伊斯蘭的證據法有時也很「科學」，並有豐富的人性的一面。據說男女兩人被發現赤裸疊在床上，不能就此證明兩人的姦情，尤其在男方有勢頭的情況下，還必須證明當時無法用一條線穿過兩人疊在一起的身體。這與我們的法官「堅持」被告沒有姦情，實有異曲同工之妙。

　　我又想起來多年以前在美國學習證據法的時候，也念到一些如何以常識及合理推論證明或建構案情的例子，其中自然也免不了有些由於事情的隱密性，很難取得直接證據的案件。許多判斷或事實的認定不過是常識性的經驗，否則大概極多數的法律事實都無法建構；即使所謂自然界的法則、因果，最多也只是或然率而已。以通姦來說，有一個著名的案子只有鄰居證言：女被告的對方時常在丈夫不在時登門造訪，通常汽車停留在女方屋外超過一兩小時，據此通姦因而成立。若依本案法官大人的邏輯，男女發生姦情，只要學

習另一位法律人——美國前總統柯林頓——不用「草紙」，運用「忍功」，在任何情況下，無法成立「通」姦，最多只能證明「交情」「匪淺」。

這則新聞固然令人啼笑皆非，但是做為法律工作者心情應該是沉重的。法律精英如此表現，無怪乎今天是有如過街老鼠，人人喊打。法律人有「奧妙」的推理屢見不鮮：大小法官老是把貪瀆與正當的「財產權」、「隱私權」結合一起；總是在貪污案裡尋找不存在的「對價」關係；一直感嘆貪污贓款怎麼永遠只經手沒有「銓敘」的「非公務員」。所以可以想像，千萬禮金不過只是「交情匪淺」；百萬現鈔，那當然只是「普通朋友」；至於珠寶，那只好算是政治獻金。是什麼地方錯了？我想也許應該是少迷信法律的形式邏輯，多領略人世的常識經驗的時候了吧。

無罪「推定」不是「真正」無罪

2009 年 10 月 15 日蘋果論壇

控訴司法對陳水扁不公、認為是刻意以羈押程序在三審定讞，或者判刑之前「懲罰」被告，是違反刑法「無罪推定」原則，有違憲之虞，實在是開人權保護以及法治社會的大玩笑，不僅是沒有法律知識，更是欠缺常識。「無罪推定」固然是人權法治的重要內涵，民主社會的基本價值，但是，它不能這樣解釋，扁案也沒有違反這個原則。

僅是預設程序立場

討論法律的抽象原則，不能脫離實際，缺乏常識。就像哥白尼推翻了地球中心說，沒有改變詩人「夕陽無限好」的感受；被人打了一個耳光，臉上發熱的是你，你不會「推定」沒人打你；無罪「推定」是「假」定，不是「真」認，只是有罪裁判必須克服的假設，不能抹殺連陳水扁自己都承認的不法事實。

「無罪推定」雖是民主社會出於寧可縱放，不傷無辜，選擇有利被告的高標準定罪障礙，我們應該擁護，但與發現真實、犯罪真相，沒有直接或必然的關連，更非掩耳盜鈴、自欺欺人的代名詞。

許多自認的法律「專家」之缺乏法律知識，抱持錯誤的成見，胡亂解釋「無罪推定」，更是令人咋舌。「無罪推定」只是法律的假設，一種程序上的預設立場，適用範圍侷限在判決時有罪認定的場合。可是刑事程序何止判決？警察逮捕犯人（尤其是現行犯）是認定（至少是推定）嫌犯有罪；檢察官（或美國的大陪審團）起訴被告，也是認定被告犯罪；法官裁定立案、設立保釋金、或羈押候審，也是認定被告極可能犯罪。只是在定罪之時，法官必須有足夠證據推翻無罪「推定」的假設，形成確定真正犯罪的心證，如此而已。所以，美國最高法院一貫主張：除非法律意在「報復」，對被告判刑之前的種種限制（包括羈押），不是「懲罰」，更非違憲 (Bell v. Wolfish, 441 U.S. 520

(1979))。「無罪推定」既非高深莫測的法理，亦非動輒干犯的天條。如果不是如此正確了解，刑事程序只能停擺，法治社會只有崩潰，沒有比這更可笑及更胡鬧的「專家」意見了。

討論扁案超越藍綠

　　人權與根絕貪腐及防堵濫用權力沒有衝突，只是民主社會有多元的價值，而價值有高低緩急之分。人權當然要捍衛，程序正當也要堅持，但是不能以批評有待改進的法律枝節，盲目訴諸風馬牛不相及的「推定」，無視民主基本價值的維護。羈押的要件是否適當，看守所的環境是否人道，拘提被告的手段及形象是否不當，我看都有商量改進的空間。甚至扁案羈押的決定是否妥當，可以辯論，各自判斷，相互理解，彼此尊重。但是這些都與「無罪推定」無涉。

　　人要有遠見，社會要進步，比之緬懷過去要有意義。在我看來，大部分批評扁案的人也不是真正對所謂違反人權痛心疾首，而是對自己及「本土」政權潰敗的失落及失望的心理防衛。花落水流，良機已失，都已經是無可挽回的現實了。還是忘了曇花一現的「光榮」，抹掉那午夜夢迴的「如果」，跳脫法律本位主義的框架，堅持權力為民的基本價值，超越藍綠腐濫政治的惡性循環，放眼公平公正的民主實踐的願景罷！那麼，扁案的法律醜聞未始不是臺灣社會邁向健全民主的過程中，浴火重生的契機。

▌總統職權不只寫在憲法▐

2010 年 11 月 12 日中國時報

　　陳水扁前總統涉及的二次金改案與龍潭購地案最近陸續宣判，法官們對總統職權的解讀備受關注。特別是由三位畢業於頂尖大學的法官組成的合議庭宣判二次金改被告一審無罪，合議庭認為根據「罪刑法定主義」，貪污必須與職務有關；因為總統的職權僅限於憲法列舉的權力，而金改不屬總統職務，所以無法定罪。我認為：無論是「罪刑法定主義」的解釋，或總統權力的認定，都錯得離譜。就像說：「所有人都有三隻腳，所以周占春有三隻腳」。前提既然無效，無罪的結論既不相干，復又錯誤。

　　「罪刑法定主義」(nullum crimen sine lege) 是拉丁法諺，即行為時如果沒有法律規定犯罪行為，不能無中生有，課人刑責。不過，本判決以「罪刑法定」立論實在牽強。其一、不論本案引用的法條是否最為貼切，各種型態的貪污罪是明白規定在刑法及懲治貪污條例之內，即使以合議庭的定義，當然是「法定」。其二、「職務」大小，最多與解釋的鬆緊有關。換句話說不能把相關的刑法條文加入原來沒有的文字而解釋為：「公務員『總統』……對於『憲法列舉之』職務上之行為……」，然後硬說這才是「罪刑法定」。我看這樣才不是「法定」。

　　最重要的是「法定」與法條列舉無關，許多普通法的犯罪根本沒有法條。有些（例如婚內強暴）還是法院的創制。所以，「罪刑法定」，根本不能等同「憲法列舉」。這種解釋是「法定」兩字望文生義的「本土」創見。

　　總統的權力及職務當然也不會只限於條文所列舉，這種「書上」的法律是法匠的想像。早在近乎一世紀之前，美國最高法院就說過：任何政府天天面對的是必須解決的實際問題，因此憲法的解釋主要不是在做抽象的論述，而是在不顛覆憲法架構的前提下，使政府能夠運作。

　　在這種務實的態度之下，美國總統的權力不能只限於憲法條文上明示的

權力，而有其因職位而生的固有權力，以及因為運用這些權力所附帶的默示權力。前者例如總統本於國家元首代表國家必然擁有的外交承認權；後者例如為履行三軍統帥保護國家的職責附帶的採取必要軍事行動的權力，即令宣戰權屬於美國國會。沒有這些固有及默示的權力，總統無法履行憲法責任。

中華民國憲法雖然不是美國憲法，政府必須生存，必須有某種程度的效率，總統需要能夠實際運作，道理則一。要實現這些要求，總統固有及默示的權力必然與明示列舉的權力同時存在。所以，地院主張總統職權侷限憲法所列舉的權力，事實上是神話，法理上也全然不通。

我們 1997 年修憲學的是法國第五共和的半總統制，它的憲政實踐又在在證明合議庭法官成事不足，敗事有餘。第五共和在制憲的時候，即使以戴高樂的強勢，也不得不與國會的政客及國會主權的傳統妥協，在憲法中明定總統提名的總理必須向國會負責。可是當議員問到誰可以撤換總理，主導制憲又是戴高樂第一位總理的戴布瑞回答：「如果戴高樂總統要我走路，我不會留到明天」。這是活生生的總統權力在執行職務，與列舉無干。

尤其是法國總統後來改為直選之後，法國著名政治學家杜爾傑就說：不論憲法怎麼寫，千千萬萬的選票絕非等閒，一定會帶給總統許多「看不見」的權力。合議庭說是以列舉為限，因為學校從前只教他們看文義。

長久以來，一些有識之士指出我們法學教育的某些缺憾。不幸，陳年宿疾藉由這麼荒唐又嚴重的判決，有如花博的煙花展示在世人之前，讓人沮喪到說不出話來。我想不必那麼洩氣，有道是：「山窮水盡疑無路，柳暗花明又一村」，至少我是這麼希望的。

▌精神分裂的娼嫖罰而不罰▐

2011 年 11 月 10 日蘋果論壇

在大法官的釋字第 666 號解釋的指導及壓力下，內政部推動的修正版社維法上路了，並做出進退失據，人格分裂的娼嫖都罰及娼嫖在「性專區」都不罰的奇特組合。這種結果固然是多數大法官落伍的嫖男與娼女必須同樣對待的形式主義性別平等觀的必然結果，但卻也不一定是對（尤其是女性）性自主自由權及選擇性服務的工作權缺乏認識所致。而是包括所有大法官的法界以及受法界偏好抽象議論影響的人，以為解決觀念問題就可以解決實際困難的宿疾的表現。

娼妓制度是性別壓迫，不是男女應該有相同或不同待遇的形式平等問題。在現有的社會經濟制度下的男女宰制關係裡，還談不上女性能夠行使性自主權。所以鼓吹性工作者抽象的性自由，不過是像法國人自嘲窮人與富人都有在巴黎大橋下睡覺過夜的權利一樣可笑。這樣說也許太抽象而不好了解，那麼如果在當今的社會經濟情況下，有人主張為了男人可以三妻四妾，只要給女性三夫四郎的權利就與性別平等無違，你說這樣就是大法官自以為是合情合理，是合乎實際的「平等」嗎？所以把性服務看成多數大法官認為的平等權與少數大法官鼓吹的性自由的衝突，只是在脫離實際的權利觀念中打轉，沒有認識問題的本質。

助淫媒榨取女性

罰不罰性工作者也不該從工作權立論，因為性行為是個人選擇的倫理問題。如果視為性自主的工作權，雇主是否有權將性服務做為工作要求的一部分？性服務或至少是願意提供性服務而不可得，是否是領取失業救濟金或社會福利的條件？誇張一點說，應聘的人可否在履歷表的工作專長註明：「打字每分鐘 100 字以上；嫻熟文書處理軟件；床上功夫一流」？所以性服務不是我們一般了解的勞動不是昭然若揭嗎？

　　為什麼既應該消滅又不可管制娼妓制度？娼妓應該滅絕，是因為這是一種貶抑大部分是女性的制度及社會實踐，基本上是性別歧視。即使我們不願同意這是性別歧視，至少不必以工作權立論，而是將之視為沒有特別造成損害或反社會的私人行為。而反對處罰性服務者是因為女性賣身通常是情非得已。但是，女性因為觸犯刑法（或臺灣的社維法）而得不到警察保護，使淫媒的幫助變成必要，並更有機會壓榨性服務者，例如在被捕時提供保釋等。所以，法律在司法院、內政部及立法院的處理下，不只懲罰女性性服務者成為罪犯，更是淫媒榨取女性不可或缺的幫兇。在臺灣社會缺乏公務倫理的情況下，結果是增加管制者（包括但絕不只警察）貪污的機會。不過如果從形式平等的角度切入，只以法律懲罰嫖客及仲介，勢必牴觸形式平等的要求。於是在形式主義的驅使下，只有娼嫖都罰。但娼嫖都罰未解決性別平等的問題，更沒解決女性做為非自願的性服務業者犯法而無法得到政府保護的後果。

　　在現有宰制性別關係下，沒有必要對娼嫖問題「大義凜然」，「吹鬍子瞪眼睛」。問題的本質及性別關係的安排都不是你我受制於自己渾然不覺的現狀所能完全了解和預測。馬克思和法國女權主義者德波娃都說現在的婚姻制度對女性而言不過是一種專屬一個男人的性服務。雖然你我都不會贊同，但柏拉圖在他的《共和國》計劃一種人人不知其父不知其母的社會。如果想像一個社會大部分的政治經濟社會的權力掌握在女性手中，女性又能不一定要負起生兒育女的主要責任（例如試管育嬰等成為時尚），我不敢說不會產生蓬勃的牛郎制度，但我想會不會還有像現在的男嫖女娼現象，恐怕十分可疑。在社會的現實還是男尊女卑的宰制關係，男性還掌握絕對優勢的政治經濟權力的現下，還是放了女性性服務者一條可能比較不受壓迫的生路吧！

如此的「憲法守護者」

2011 年 8 月 1 日蘋果論壇

《蘋果》記者王煒博聲請社維法釋憲結果出爐了，司法院雖肯定跟追採訪是新聞自由一部分，並認為社維法有待修法改進，但是，又主張社維法的實質內容明確而又合乎比例，違警程序也無不當，所以合憲。司法院在短短幾千字的解釋文裡提到「社會通念」八次之多，好像是妥善釋憲的中心思想，其實在新聞自由與隱私的糾纏中，沒有什麼「社會通念」；即使勉強製造「通念」，也只是不懂懷疑「通念」到底是什麼「碗糕」的不幸結果；而隨「通念」釋憲，更是荒謬。

解釋文一方面認為：「社會通念」告訴我們什麼情況之下什麼是「隱私的合理期待」，因此社維法不牴觸法律明確性原則；「社會通念」又知道什麼樣的跟追採訪屬於具有公益性而可得容忍的採訪行為，法律限制並未過當。他方面卻說：隱私的合理期待、跟追的容忍界限、以及事件是否具公益性的「判斷與權衡」具有複雜性，應檢討修法或另定專法。前一種說法主張社會對新聞採訪與隱私之間的關係有明確的共識，後一種看法卻主張兩者之間關係複雜，衡量困難，須有立法的審議。兩種觀點，南轅北轍，相互矛盾，無法並存。

我們理解大法官必須妥協，才能湊足三分之二以上的必要票數通過解釋文，所以理由書末段修法或立法的建議或許是對不滿社維法的法官的一種戰術上的讓步，不須過分誇大解釋文的前言不對後語。然而，即使忽略解釋的矛盾，也無法補救純屬想像，卻不存在的「社會通念」。之所以訴諸水中撈月的「通念」，是因為聲請人已經明明白白告訴司法院：相關社維法的規定太含混了，太使人無所適從了。可惜多數法官就是不信邪，堅持例如社維法規定的「正當理由」是社會上人人了解，深具共識的「通念」。

可是，深究之下，連大法官也不知道有什麼「通念」。社維法說有「正當

理由」可以跟追，所以大法官說有「正當理由」就可以跟追採訪，社維法的規定再明顯不過，大家鼓譟什麼？可是，當記者、警察、名模、小開、律師、學者對「社會通念」各有解讀之下，「正當理由」似乎又不那麼「明確」。

「通念」無需釋憲

只是大法官卻不為所動，因為「正當理由」「明明」告訴我們跟追採訪必須「屬大眾所關切並具一定公益性」，要有「新聞價值」，「須以跟追方式進行」，並為「社會通念所能容忍」。換句話說，除了一些虛無縹緲的抽象限制之外，跟追採訪必要的合法性在於跟追採訪的必要，這種邏輯也真虧我國的司法權威機關才說得出口。

你不要誤解我在鼓吹臺灣盛行的「法條解釋菁英謬論」，以為法律的理解可以脫離生活經驗自成一格。我是說：不是法條文字不該以常識性的了解去解釋，而是當詞句超量的負荷已超越常識理解的可能，不能仍然以為可以以萬無一失的公式去處理。前者是睿智，後者是低能。

以為「社會通念」具有憲法價值不僅危險，更是知識的怠惰。套用尼采一段名言：「道德價值（社會通念）本身的價值是首先必須檢驗的東西──為此，需要知道道德價值（通念）發生及演化的條件及變化。（可是）人們把道德價值（社會通念）的價值當做理所當然，當成事實，當似無可懷疑……。」

不顧對「通念」有無的認知有重大歧異而武斷認定，已是法律解釋方法上非常不妥的態度；自詡是憲法守護者卻在個人權利的問題上隨「通念」逐流，更是釋憲的基本謬誤。「通念」不勞憲法保護，更無需釋憲。大法官過去並不是毫無這種認識，例如宣傳共產主義的好處雖非臺灣「社會通念」，可是大法官卻敢承認這是受憲法保障的個人權利自由。這樣看來，現在的司法院是退步了，憲法法院居然淪為「社會通念的守護神」。

主權迷思當務實面對

2010 年 12 月 24 日中國時報

半年一度的江陳會又在臺北行禮如儀地舉行。當然，對話及交流對兩關係的和緩及穩定有一定的作用。但是，在「形勢一片大好」的陶醉，及「以經促統」的「陽謀」氛圍下，以及臺方認為可以在同樣是法理式主權觀念之中，做模糊的「一中各表」或「主權獨立」的宣示、或基本教義派「一邊一國」的堅持，我看不僅兩岸可以把酒言歡的場景終將成為絕響，而且在各方高度期待落空之後，恐怕兩岸真正的矛盾即將圖窮匕現。這個對撞的真正原因在於兩岸政治目標雖然不同，但理論根源卻絲毫沒有差異的「主權」迷思。

盡管「不從抽象出發，要從具體分析」是美國務實主義光輝的理論，也是中國共黨革命光榮的傳統。可是在兩岸關係的思維上，卻只抽象論述法理式的「主權」，必也將臺灣納入這種「主權最高又不可分割」的中央／地方框架，很少討論實際情況是否符合，或是否有必要吻合抽象法理觀念。

在這種抽象原理指導之下，事實上也產生與兩岸關係良性發展背道而馳的實際後果：一、在兩岸政治人物頻頻互訪，氣氛熱絡的表象下，卻時常有國際場合矮化或羞辱臺方的言行與舉動；二、在軍事上的強化與更新，大部分以對臺軍事行動所需對付臺方及美方戰力的空、海、電子作戰能力為思考的重心；三、在經濟交流及整合的趨勢之下，不忘嘗試以經濟手段對付臺商或臺灣，以達政治目的的作為；四、文化及民間交流也帶有濃厚的統戰意味。所有這些現象都出自追求不切實際的法理主權的渴望。

而臺方在迷失方向之餘，也只能附合主權迷思，防衛性地宣示「一中各表」或「主權獨立」。基本教義派也以簡單草率的「保臺」、「賣臺」二分，無視在後資本主義全球化規律之下，對岸已成為臺灣最大貿易夥伴及投資地主國的事實，以主觀願望繼續「一邊一國」法理主權的夢囈。兩岸在這種抽象論述的軌跡上，外熱內涼，事實上是益發朝向對撞的方向挺進。

　　我認為只有反向思考從理論到實際的思維與行動，從實際出發，體認由於特殊歷史經驗，就如同歐盟的發生與發展，兩岸是一種前所未有的獨特關係，並非傳統國與國、中央與地方、「一中」、邦聯、國協、甚至「宗主國」這類的範疇所能涵蓋與解釋。也不是必須契合這些想像中的抽象分類兩岸才有實質關係可言。如此，方能真正拔本塞源。

　　而法理主權不僅不合兩岸關係的現實，即以當今全球化下的國際實踐而言，也沒有任何國家真正享有「最高、獨立、不可分割」的法理主權。法理主權非但是理論家的杜撰，根本不存在歷史上西伐利亞條約之前或之後的國際關係裡，其虛構而不實在，也沒有導致理論家恫嚇的：國際上若非主權國家組成，世界就會淪為無政府狀態的想像。那麼，兩岸何苦作繭自縛，惜指失掌？

　　如果兩岸各自一意堅持法理主權的迷思，最終的攤牌就無法避免，要能在兩岸對撞的道路上及時煞車，又能和平穩定地發展兩岸獨特的關係，唯有放棄（而不只是擱置）法理主權的爭議。即使兩岸獨特關係的現實一時無法為各方了解接受，但是除了兵戎相見之外，總有一天，兩岸必須誠實面對，破除「主權」迷思的魔咒，務實地看待兩岸關係的定位及發展。

　　兩百多年前普魯士一位與康德同樣重要的哲學家赫德說過：「一個祖國一定有必要奮起對抗與我們同源同種的另一個祖國的必要嗎？……政府官員也許可以自欺欺人，政治機器也許可以起而粉碎對方。祖國不會這樣子相互對抗，它們就像家庭一樣和睦相處。國與國必須血拚，是最為野蠻的人類語言。」這是所有輕言「民族尊嚴」或「一邊一國」，受抽象的主權迷思宰制的蠢人，午夜夢迴之際必須深思的警言。

宇昌案的「左傾」幼稚病

2012 年 1 月 2 日蘋果論壇

隨著選情緊繃，對據說是蔡英文自導自演自肥自利的「宇昌案」的指控愈演愈烈，認為有濫用權力及利益衝突的倫理問題。不論宇昌投資是否可議，在高舉倫理大旗的同時，我們要防止將倫理要求無限上綱的不健康傾向。

在過去不太講究公務倫理的背景下，積極推動及呼籲倫理要求有其重要性。但是，許多公職或公務有關的法律及倫理要求不能望文生義視為絕對，而要以常識判斷解釋。例如，最近有退休大法官出席「馬吳司法改革後援會」慘遭輿論撻伐。連我很欣賞的「司法良心」林孟皇法官也認為違反司法中立。我卻認為意識形態辦案或司法黨派化雖該譴責，但在不損害司法公正形象下，不能把法官倫理無限上綱到剝奪法官合理的權利。又如過去有位候選人在競選中表示要推動原住民區的「頭目金」，遭檢方以對有投票權之人期約或其他不正利益起訴，還援用美國某些法條支持其論點。我的朋友問我美國法律如何解釋？我說照檢方這種毫無常識的「文義解釋」，不僅貽笑大方，而且箝制政治言論，把所有競選語言（不論是減稅、築路、年金）變成都是圖利「特定」他人的「期約」。

創投須講求時效

倫理規範不可無限上綱，抽象規範常常無法妥適地適用到真實的情況。因為抽象命題本身必須從脈絡中抽離出來，自然無法記錄所有真實情況的脈絡，當然更無法窮盡及涵蓋許多實際生活的例外、節奏或氣氛。所以，即以宇昌案有關的所謂「利益迴避」要求，抽象規定無法分辨蔡英文當時主動製造機會或是出於投資者力邀擔任董事長（即法規無法呈現的氣氛）。許多情況下，當事人也可同意免除利益衝突的適用。例如，承審法官擁有一造公司的股票，表面上有瓜田李下之嫌，卻不一定要迴避，至少他造可以同意不適用利益迴避的原則。換句話說，將抽象一般的倫理原則無限延伸，常常難保不

是生拉硬扯，中標不中的。

投資宇昌又是一種創投。國發基金是否適合創投是另一個問題，但既然是創投，那就要講求速度及承擔風險。創投的空窗期及創新技術的領先期常常以月，甚至以星期計算。一旦市場被類似技術的競爭對手先占，即使有更好的技術也可能回天乏術，徒呼負負。也許這可以部分解釋何以政院在簽案後幾天內就批准撥款宇昌的原因。又如蔡家的投資雖以股權形式，我看起來更像對缺乏資金的新科技公司的「過渡貸款」。貸款是債權，還有請求權。股權卻可能完全泡湯，其實帶有更大風險。說創投獲利一千萬是「暴利」真是沒有見過世面；以為創投是穩操勝券，更是痴人說夢。不要說創投成功百中有一已屬萬幸，要知道即以美國一般新成立的公司而言，僅有百中之二能夠存活。當然，公司獲利不能掩蓋可能的行政瑕疵或倫理缺憾。但是，僥倖創投獲利，也不必然代表有人能神準地預先撥款自肥。

剝奪公務員權利

將倫理要求違反常識無限上綱更嚴重的惡果在導致：(1)剝奪公務員正當權利；(2)打擊公務員的積極；(3)增加公務員「收租」的機會。當誠實的公務員在「圖利他人」的淫威之下消聲匿跡，潔身自保，必然有另類的「勇於任事」的不肖分子收租自肥。任由這種負面公務文化形成，真是作孽！

老共把脫離現實以純粹的意識形態做為要求叫做「左傾幼稚病」。因為極「左」不易挑剔，政治上不會有責任，可以義正詞嚴，逞口舌之快，但對實際卻造成無止境的困擾和破壞。同樣，泛道德主義也是枉顧實際的幼稚病。倫理考量成為絕對，表面上正氣凜然，事實上恰好造成極壞的反效果。公領域講求倫理，我舉雙手贊成，只是要分辨及防止以極「左」的姿態，掩蓋其實是「右」的傾向。

後記、書目、及展望
Epilogue and Suggested Further Reading

廿一世紀的文盲不再是不會讀書識字，而是不會學習，又不能放棄所學，重新學習。(The illiterate of the 21st century will not be those who cannot read and write, but those who cannot learn, unlearn and relearn.)
Attributed to ALVIN TOFFLER（「通說」認係托富勒所言）

將來這個觀念含有無限的可能性，所以比之將來本身更迷人。希望比之實有，夢想較之現實更美好。(The idea of the future, pregnant with an infinity of possibilities, is thus more fruitful than the future itself, and this is why we find more charm in hope than in possession, in dreams than in reality.)
HENRI BERGSON, TIME AND FREE WILL: AN ESSAY ON THE IMMEDIATE DATA OF CONSCIOUSNESS（柏格森，時間與自由意志）

有很多同學問過我：做為一個法律人士應該如何研讀法學領域的書籍及論文？我認為臺灣的法學院六法全書式的訓練是成就法律專業及學者的大敵。其實，德國思想家海德格 (Heidegger) 早就看穿了現代科技掛帥，在有如「國科會」「研究計劃」的驅使之下：「學者不見了，有的只是有如科技的技術人員❶。」要成為真正的知識分子，我想胡適說得對：為學要如金字塔，既能博大又能尖。（英國的培根 (Francis Bacon) 說過類似的話：「知識有如金字塔，它的根基是歷史❷。」）所以從古希臘及羅馬的傳統看來，法律活動是一種說

---

❶ Martin Heidegger, *The Age of the World Picture*《時代的世界觀》, in MARTIN HEIDEGGER, THE QUESTION CONCERNING TECHNOLOGY AND OTHER ESSAYS《科技問題論叢》125 (William Lovitt trans., 1977)（對受科技影響的「研究計劃」(research program) 式研究有強烈的批判）。

理及說服的工作，基本上是論辯的藝術。所有包括法律論辯的討論一致強調做為一個有效的論辯家必須浸淫「哲學」(philosophy)，即今日我們說的人文社會科學。例如羅馬最成功的政治家及律師西塞羅 (Cicero) 就曾教誨布魯塔斯 (Marcus Brutus)，指出「哲學」對成就論辯家（orator，包括現在的法律人士）的根本的重要性❸。

　　但是，在人的有限精力及時間限制之下，最重要的是穩紮穩打：在一個特別的領域選擇一本基本而持平的入門書，精讀並反覆閱讀。等到你對該領域的大部分議題的各種角度有了確切的掌握，才能開始研究其他更廣泛或更深入的材料。如果你的外文程度可以，一定要選擇外文著作。外文著作比較能保證一定的素質，並進一步加強你以外文研究的能力。在你做這種基本功之前，不要好高鶩遠，一下子栽入比較深入或專門的著作，你的吸收及了解能力還沒達到能夠馬上大量受益的地步。對於有強烈求知及好奇的年輕學者而言，這是相當不容易，甚至是痛苦的自律。我很懊惱，沒有人在我年輕時早點告訴我這個祕訣。

　　同樣重要的是要溫故知新：在任何追求知識的階段，選擇數本（也許不多於十本）你最喜歡，也對你最有影響及啟發的著作，重複閱讀研究。我保證你每次的了解會有不同及增加。你選的這些著作會因為你在人生知識進取的不同階段的不同興趣而有不同。例如，雖然該書現在看起來並不一定是最具原創力及最困難的著作，較早期我在兩、三年間，讀了七次羅蒂的 PHILOSOPHY AND THE MIRROR OF NATURE❹ 才敢說真正完成和了解該書的十之八九。1730 年義大利人文巨擘韋科出版他的 THE SECOND NEW SCIENCE（《再論新

---

❷　我想培根在他的 "The Advancement of Learning" 說過這句話，只是我一時找不到確實的出處。

❸　CICERO, ORATOR《雄辯家》, Book iii, ¶¶14–15 (H. M. Hubbell trans., Loeb Classical ed., 1939).

❹　RICHARD RORTY, PHILOSOPHY AND THE MIRROR OF NATURE《明鏡本非檯》(1979).

科學》）的時候，他懇請讀者至少要讀它三次來了解他的新書，並放到更廣泛的脈絡不斷思考，才能把書中的知識變成自己的思想❺。

還有，很重要的是不要選擇一些時尚，但不一定經得起時間考驗的所謂「名著」精讀。後者如果是你的領域，你當然要熟悉它的內容。但是，它不是你反覆攻讀的對象。也不要以為熟悉幾本這樣的時髦，你就真有學問或智慧。例如，雖然懂比不懂要強很多（而且我也建議你要弄懂），但引用了一本什麼羅爾的 A Theory of Justice，或 Dworkin 的 Law's Empire（所謂「法律帝國」（?)），或什麼波斯納的 The Problems of Jurisprudence，還有等而下之的什麼「法學方法論」，最多也只是趕那時的「流行音樂」。又例如任何人（包括我）推銷「恩師」的「名著」，你也要小心。你可以熟讀，但是否精讀仍須具體權衡。不論這些是否被選為「名著選讀」，算不了什麼大不了的學問，更不要以為是研讀聖經。真正的思想家像海德格，建議以哲學為對象的年輕學者要以至少十五年的時間先精通亞里斯多德。海德格尚且如此，何況你我？

在選擇你必須消耗寶貴精力及時間精研的書籍的時候，除非你有了解然後批評它的必要，品質一般的作品只好（而且應該）略過。不要迷信「開卷有益」或「書中自有黃金屋」，一定只選擇優秀學者的作品。這就要談到如何判斷一個真正的學者？至少你要看：⑴時間及精力是否主要放在追求知識及研究學問之上。所以，雖有例外，一般而言我對商／學或政／學兩棲的學者，通常採仔細觀察的態度，才會予以肯定。⑵是否保持開放、獨立、好奇、及進取的心情及態度：我對思想過分單一，或興趣過分狹窄（例如只知「在法言法」或「言必稱法條」）的知識分子，通常有所保留。不要被什麼「博士」的頭銜嚇唬，「博士」千百種；同一個學校的「博士」程度差異也很大。也不要以為「洋博士」就一定是品質保證，在講究某種程度內必須涉獵深廣的人

---

❺　Giambattista Vico, *Appendix: Giambattista Vico to the Readers* [in *The Second New Science*]《再論新科學附錄：韋科致讀者》, in Vico Selected Writings《韋科選集》270 (Leon Pompa ed. & trans., 1982).

文社會科學領域，由於缺乏成長過程的「社會化」(socialization)，洋博士對其領域的掌握常常是「專」而不「精」，很可能是在極為狹窄的題目上「洋化」了，但是除少數例外及法理學專攻之外，多數洋博士其他方面的見識（尤其是法學方法），很可能是「原封不動」地將「本土」老套帶出再帶回，你一定要具體分析，不能一概而論。最重要的是：⑶是否 EQ 過高，導致 IQ 退化；鄉愿迂腐，只結「善」緣。最後一項尤其重要：我們要「堅信學術的健全與進步，一定要通過並歡迎不同觀點，並做誠實的交互詰難（不是吹捧）與相互監督（不是中傷）❻。」尼采說過一句更為深刻的觀察：「科學穩定而快速的成長只有在科學家不是完全太不信任與之太間接的領域的發現及成果。但是，條件是每個人在他自己的領域都要有**非常不信任他的對手監督**。『不大不信任』及『非常不信任』成就知識的誠實❼。」意思是沒有人能全通天文地理，必須仰賴他人在其他領域較可靠的研究。但是，只有被嚴格監督的研究才有可能正確。這就是我為什麼不得已要建議你盡量選擇外文書籍，並學會如何判斷學者的真偽，以免受愚。因為臺灣法學界主要是以「和稀泥」文化為「高段」，你不要被騙而浪費生命了。

其實，有些所謂「系出名門」、「名重士林」、「桃李天下」、「資歷完整」的「專家學者」或「大師泰斗」，事實上在忙著搞公關與外交，努力學官場與政客，致力於保衛自己的「犬威」及「領土」之餘，已經無暇或無意精進❽。

---

❻ 本書第三章註 8。

❼ FRIEDRICH NEITZSCHE, HUMAN, ALL-TOO-HUMAN: PARTS ONE AND TWO《人性，太人性了》，Part II, ¶215 (Helen Zimmern and Paul V. Cohn trans., Dover ed. 2006)（粗體為作者所加）。

❽ Vico 有一段「和稀泥」的臺灣學界必然會瞠目結舌的評論：「假學者為利益而學習，因此花了比追求真學問更多功夫表示博學。一旦穩坐江山，就用最卑下的手段塑造他的『名重士林』的聲望」。GIAMBATTISTA VICO, THE AUTOBIOGRAPHY《自傳》142 (Max Harold Fisch & Thomas Goddard Bergin trans., 1944). 美國學界絕不「和稀泥」嗎？我的一個朋友不服。美國學界當然也有人「和稀泥」，但多數人不會，也做不出來。

即使幾十年前學到一點皮毛，學問及見識已是江河日下。一些也許勉強可算是雕蟲的小技早為時代所淘汰。更何況本來學到的一些「恩師」的宏論還是依據「恩師」的「恩師」的教導。這些見解如果經不起歷史及時代的考驗，或早成了年代久遠，已無可考的三、四手的古董理論。年輕法學者如果不加細辨，不願堅持判斷真偽，不認為這是嚴肅的議題，不會以批判的態度保衛自己，還以為只是有人偏好議論，寧願繼續「和稀泥」的態度，盲目「繼受」這樣的理論，其不產生知識的災難者幾希！我有時看到一些「權威」在臺上把一些「恐龍」理論講得口沫橫飛，而臺下純潔的年輕學者還畢恭畢敬地尊之為「大師」，我心裡著實有欲哭無淚的絞痛。

　　由於我的批評一向實話實說，有些人在成見的影響下，仍然在心理上抗拒不服。但願不願接受忠告，受益或受傷的不會是我。不過，也有很多明白事理的年輕朋友為此常常為我擔心不已。只是，你不必擔心。我的書是寫給你看的。這些人雜務及「政／商務」都忙不過來，早已失去真正看書的能力及興趣，是不會看書或看不下書的。他們自認才高八斗固不在話下，更以為早已學富五車，當然不必與人交流，更不會看或看得懂我的書。但是，話說回來，會撥冗看我的書，而且有心看到這裡如你者，必不是「老賊」或「小賊」，當然更不會是「恐龍」卻自認是「狻龍」，或「小沙彌」／「小同修」倒自以為是「大和尚」／「大尼姑」了。

　　我們既然談到海德格，我就姑且以我自己如何認識他的哲學做具體解釋。當然，我並非哲學專業，無法給你哲學方面的專業意見；我更不敢以海德格專家自居，只是以認識他的哲學的心路歷程與你交流。但無論如何，我深深

對少數違反知識誠實的人，如果不是公開譴責，至少私下都會表示不齒。臺灣學界剛好相反，你努力維持某種程度的誠實，大部分人認為你不會「做人」。我執業時有一次與其他兩家律師事務所共同處理一件案子，由於我不客氣地批評主其事的律師與對方的草約，我最後向這位律師道歉也許說得過分。他說：「不會，你很專業 (professional)。」

感受沒有釐清哲學的前置性的根本問題，實在無法處理許多面對的法律議題❾。或者勉強從事，也只會表現出膚淺幼稚的言論與討論。很多法學方法無厘頭式的討論或主張（例如一句「類推適用是正義的要求」的口號），既不知抄來的理論何意，又不能妥當地解釋及適用於面對的困難❿，其問題的根源在此。

又如我們常常聽到什麼婚姻制度或什麼自由權利是什麼「人格發展」或「自我實現」的「制度性保障」⓫。但從來沒有人解釋「人格發展」或「自我實現」是什麼意思？從何而來？在我看來，我們既不能假定這種已經轉了不知多少手的康德理論是「普世原則」，更不能假定康德的「普世原則」理論真是「普世原則」。如果你經過一番深思熟慮當然可以接受甚至進一步發展康德的理論，也當然可以成為康德的信徒。但是囫圇吞棗，搖旗吶喊毫無內涵的「大名詞」，是絕對要不得的研究態度及論述方法。何況，我們還要看看別人怎麼說。康德同時代的普魯士哲學家 Herder 就有很不同的看法。他說「人要無限發展他的精神，以他的觀念及行動促動進步是什麼意思？是像有人說的是為了國家？或者，個人的存在只是為了人類〔康德〕，而個人要為後代犧牲快樂⓬？」所以，只知其一已經是很危險的事，光是複誦口號，能算得了什麼論述或知識？

我想海德格專家不一定同意，但以我對海德格的了解，他一生有兩大階段的兩大主要著作：即 1927 年出版的《存在與時間》⓭；及幾乎十年後再陸

---

❾　Hayek 也說他在想要批判社會主義濫用理性主義時，不得不窮數年時間先釐清大量的哲學前提。F. A. HAYEK, THE COUNTER-REVOLUTION OF SCIENCE: STUDIES ON THE ABUSE OF REASON《科學的反革命》10 (1952). 但請注意，我沒說我一定贊成他的其他觀點。

❿　參閱本書第四章，第 117 頁。

⓫　參閱本書第九章，第 319–323 頁。

⓬　J. G. Herder, *Ideas for a Philosophy of History*《歷史哲學觀點》, in HERDER ON SOCIAL AND POLITICAL CULTURE《賀德論社會及政治文化》309 (F. M. Barnard trans. & ed., 1969).

⓭　有兩個英譯版本：較新的是 MARTIN HEIDEGGER, BEING AND TIME (Joan Stambaugh trans.,

續撰寫（但保留到 1989 年去世後才出版）的《為哲學添輝》❶。在這些之前之後當然還有許多重要著作。例如 Hannah Arendt❶認為 1951–52 年在富萊堡大學講座：《什麼叫思考》❶，又是最重要的作品（但很多人不會同意）❶。不過，當然以《存在與時間》最具影響力，也是我個人選為精讀的著作。如果你精通德文，當然可以選德文版。如果你像我，不諳德文，但英文可以，我不認為看英文版是多大的不利條件。我相信我即使用十年的苦功學德文，用我的「半桶糞」（臺語）德文去了解海德格，一定比不上任何譯者。所以，你有 Stambaugh 和 Macquarrie & Robinson 的兩種英文譯文可以選擇❶。

　　但是，如果你不熟悉海德格的思想，一下子就要了解《存在與時間》會有一定的困難。所以，你需要先精讀我上面所說的入門書。介紹海德格的入門書不少，但我最後選擇多讀的是一本 Gelven 寫的平實的小冊子❶。我選擇它正在它的平實。不過，海德格是特例。通常很少人為自己的大部頭寫個什麼入門❷。但海德格在寫《存在與時間》之前卻有一部講義後來出版為《時

2010); 最早的是 Martin Heidegger, Being and Time (John Macquarrie and Edward Robinson trans., 1962), 奠定許多英文譯法，貢獻很大。

❶ Martin Heidegger, Contributions to Philosophy (From Enowning)《為哲學添輝》(Parvis Emad and Kenneth Maly trans., 1999).

❶ Hannah Arendt 是著名猶太裔政治哲學家，著有 On Revolution《論革命》(1963); The Human Condition《人的條件》(1958) 等名著。海德格在馬堡大學時與她亦師亦友。

❶ Martin Heidegger, What Is Called Thinking?《什麼叫思考?》(J. Glenn Gray trans., 1968).

❶ See, Graham Harman, Heidegger Explained: From Phenomenon to Thing《解釋海德格：從現象學到東西》171 (2007).

❶ 見同上註 13。

❶ Michael Gelven, A Commentary on Heidegger's Being and Time《海德格「存在與時間」評註》(Rev. ed. 1989).

❷ 例外有如 Gunnar Myrdal 為三大冊 Asian Drama 寫類似方法論的小冊子導論，即

間觀念史芻論》❷。它比較簡單易懂，可以充當導讀。熟悉了這些才談得上進階。

以下我以幾個領域推介幾本進階書目，因為熟悉一個領域可以運用到不同的議題。例如，我不僅從許多科學哲學的看法處理第二章，而且其後數章也看得到它明顯的痕跡。我想這樣比之逐章提示對你有幫助得多。

1.哲學及科學哲學

本書一開始就指出科學典範對現代思潮的主導性。我建議精讀的名著是：

ALFRED NORTH WHITEHEAD, SCIENCE AND THE MODERN WORLD（懷德海，《科學與現代》(1925)）。臺灣的法學界沒有人對懷德海表現過什麼興趣，也許你也不熟悉。著名政治哲學家 Leo Strauss 認為這位原籍英國後來到美國哈佛大學任教的數學／哲學家，是廿世紀（至少是後期之前）四大最有原創力的哲學家之一（其他三位是德國的 Husserl 和 Heidegger，及法國的 Bergson）。他這本書雖然出版在 1925 年，但其深度及平易是我推薦的主因。

MARTIN CURD & J. A. COVER, PHILOSOPHY OF SCIENCE: THE CENTRAL ISSUES《科學哲學的中心問題》(1998) 是一本科學哲學的入門。研讀後對科學的觀念、邏輯推理、推斷、機遇、類推等等都會有一定的了解。缺點是它仍然受傳統科學觀一定的影響，對後現代科學觀的著重不夠。

關於科學理論及事實從那裡來，可以參考德國的 LUDWIK FLECK, GENESIS AND DEVELOPMENT OF A SCIENTIFIC FACT 胡列克，《一個科學事實的發生及開展》(Thaddeus J. Trenn & Robert K. Merton eds., 1977)。Fleck 的理論對科學哲學家 Thomas Kuhn 起了決定性的影響。

GUNNAR MYRDAL, AN APPROACH TO THE ASIAN DRAMA: METHODOLOGICAL AND THEORETICAL 《亞洲史劇探索：方法及理論》(1970).

❷　MARTIN HEIDEGGER, HISTORY OF THE CONCEPT OF TIME: PROLEGOMENA《時間觀念史芻論》(Theodore Kisiel trans., 1985).

　　我沒有必要的專業訓練來推介一般哲學的讀物，只能以自己的經驗與你分享。由於法律人士不是哲學專業，很多見解及一般陳述是在未曾言明的（大部分也是沒有了解的）哲學背景及假設下的論述。例如，一般人容易脫口而出的最時興而又不經大腦的「普世價值」口號，不過是基於笛卡爾及康德一脈相承的普世理性主義的成見。但是，法律人士根本沒想過自己為什麼如此說。你不必我介紹笛卡爾及康德，但如果要平衡這些只知其一的「通說」，我建議你設法了解普魯士哲學家賀德及義大利人文主義者韋科。

　　賀德的著作很多，但以 HERDER ON SOCIAL AND POLITICAL CULTURE《賀德論社會及政治文化》(F. M. Barnard trans. & ed., 1969) 一書較適合法律人士。

　　韋科當以 GIAMBATTISTA VICO, ON THE STUDY METHOD OF OUR TIME《論當代研究方法》(Elio Gianturco trans., 1990)，及 GIAMBATTISTA VICO, NEW SCIENCE《新科學》最為重要。後者至少有兩個版本。但有人批評 Penguin Classic 版的翻譯不是最好。

　　入門書則是英國政治哲學家 Isaiah Berlin 的 VICO AND HERDER (1948)。此書當然是 Berlin 自家的解釋，但是我很少看過思想史的導讀寫得如此精采。

　　第十二章有關道德哲學，我推薦熟讀 Aristotle 的 Nicomachean Ethics《尼可梅強倫理》。Nicomachus 是亞里斯多德的兒子，此篇是故意做成類似為人父的教誨。至於比較入門的當屬 ALASDAIR C. MACINTYRE, A SHORT HISTORY OF ETHICS《倫理史》(1998)。

　　對中國哲學全盤的了解仍然以馮友蘭，中國哲學史新編，藍燈，1991 年為首選。

2.推　理

　　關於邏輯推理最古典的作品是 Aristotle, Prior Analytics《前解析》及 Posterior Analytics《後解析》。版本很多，但可在 1 THE COMPLETE WORKS OF ARISTOTLE《亞里斯多德全集第一冊》(Jonathan Barnes ed., 1984) 找到。

關於「推斷」最古典的陳述參閱 2 Collected Papers of Charles Sander Peirce: Elements of Logic《柏爾斯作品集第二冊：邏輯》(Charles Hartshorne & Paul Weiss eds., 1960)。

現代通俗的入門書我推介 Abductive Inference: Computation, Philosophy, Technology《推斷推論：計算，哲學，科技》(John R. & Susan G. Josephson eds., 1996)。

Steven E. Toulmin, The Uses of Argument《怎樣辯論》(updated ed. 2003) 是邏輯及辯論的入門書，但與一般典型的邏輯導論非常不同。我早期看過原版，沒有留下特別深刻的印象。直到我對「論辯學」發生興趣，我才了解其原著的難能可貴。

3. 社會心理學

心理學對判斷研究的總其成要屬 Daniel Kahneman, Thinking, Fast and Slow《速想與慢思》(2011)。

此學派許多奠基之作參閱 Judgment under Uncertainty: Heuristics and Biases《不確定狀態下的判斷：率斷及偏見》(Daniel Kahneman, Paul Slovic and Amos Tversky eds., 1982)。

4. 論辯學

論辯學的古典作品是 Aristotle, *Rhetoric*《論辯學》及 *Rhetoric to Alexander*《論辯學：致亞歷山大》；Aristotle, *Topics*《議題》。都收錄在上述 The Complete Works of Aristotle 上下兩冊。

我很少推介當代未受過太多時間考驗的著作，下列以論辯學手法的作品是少數的例外：James Boyd White, Justice as Translation《正義是翻譯》(1990)。

對「論辯學」一般而詳實的介紹該屬 George A. Kennedy, A New History

OF CLASSICAL RHETORIC《古典論辯術新論》(1994)。

5.女性主義

關於女性主義，我仍然喜歡早期的 SIMONE DE BEAUVOIR, LE DEUXIÈME SEXE《次等性》(1976)。它的英譯是 SIMONE DE BEAUVOIR, THE SECOND SEX《次等性》(H. M. Parshley trans. & ed., 1989)。此譯本雖非上品，無礙對原書的了解。

6.務實主義

除了 Peirce 的作品之外，務實主義的入門書當屬 William James, *Pragmatism*《務實主義》, in WILLIAM JAMES: WRITING 1902–1910 (Bruce Kuklick ed., 1987)。但版本極多，不限所列。

關於所謂「新務實主義」(neo-pragmatism)，我推薦 RICHARD RORTY, PHILOSOPHY AND THE MIRROR OF NATURE《明鏡本非檯》(1979)。

現在，本書已經出版，而你也花費了一點心思看了一下。我已說過，不敢保證「開卷有益」，也無法操縱其命運。如果用傳統的說法，只能說我是完全沒有保留地將所知所學呈獻給大家。如果僭越一點，我最多套用韋根斯坦 (Wittgenstein) 曾經說的：他寫書是寫給少數願意看及看得懂的人看的 [22]。他說他的書最多像是一面鏡子，讀者從中可以看到自己扭曲的思維，從而改進 [23]。不過，德國著名法學家 Gustav Radbruch 說過一句臺灣法學界的（留美）「立法原意」及解釋法條的（留德日）「主觀／客觀說」信徒一定視為謬論的名言：法條比立法者聰明 [24]。意思是法律一旦制定，就有其存在於不同脈絡中的意義，早與立法者毫無瓜葛，也沒有什麼（立法者）單一確定的主

---

[22] LUDWIG WITTGENSTEIN, CULTURE AND VALUE《文化及價值》7e (Peter Winch trans., 1980).

[23] *Id*. 18e.

[24] *See*, Ino Augsberg, *Reading Law: On Law as a Textual Phenomenon*《讀法律：論做為章句現象的法律》, 22 LAW & LITERATURE 369 n. 116 (2010).

觀意思。就是這樣，法國的 Roland Barthes 才說：「作者已死，讀者誕生❷。」本書雖是我在臺七、八年學術活動暫時的總結，但我最多不過將各種素材，以及包括我自己在內的不同的思緒組合，並將組合的過程及方法呈現給你而已。一旦離我而去，這成了你的書。我想你一定會以你自己的方式珍惜它，讓它「起死回生」。

　　我的工作雖告一段落，你的探索方才開始。我所讀過尼采最動人的語錄之一是這麼讓我有所期盼的：

> 所有那些勇敢地翱翔天空的鳥總會有無法再飛而在桿線或屋檐棲息的一天……但這不能證明他們沒有盡力在無限的太空高飛。到最後所有我們偉大的教師及先輩總有停下來的時候，但這不代表他們的倦煩迫使他們休息，同樣的情形也會發生在你我……有什麼關係呢？其他的鳥會飛得更遠！我的靈魂與希望與他們一起又高又遠地飛翔。他們飛越我們的頭頂與挫折，從高空俯視天邊千百成群比我們更強壯的鳥，振翅飛向那一望無垠的海❷。

「希望最美，追夢相隨」曾經是一句動人的口號，不要讓它幻滅了！

---

❷ ROLAND BARTHES, THE RUSTLE OF LANGUAGE《語言的悸動》55 (Richard Howard trans., 1986).

❷ FRIEDRICH NIETZSCHE, THE DAWN OF DAY《黎明破曉》, Book VI, ¶575 (J. M. Kennedy trans., 1911).

索 引
Index

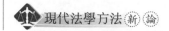

T

V

W

現代國際法參考文件

丘宏達、陳純一／編著

　　傳統國際法以國際習慣為主，內容不容易確定，在實用上也易引起爭執。二次大戰後，在聯合國國際法委員會的努力下，許多國際習慣的內容都已經編纂為多邊條約。另外，國際社會面對新的挑戰，也制定了許多新條約以解決問題。在這種趨勢下，國際多邊立法性的條約愈來愈多，成為現代國際法法源的主要部分。本書收集彙整當代重要的多邊立法性條約以及聯合國大會通過的重要有立法性的決議，供學者及學生參考。此外，與我國有關的重要國際法文件也一併收集在內。書後並有中英文名詞及英中文名詞對照表，以及有關國際法參考書簡介等文章以方便讀者進一步參考研究。